福州市统计局
国家统计局福州调查队 编

福州统计年鉴

FUZHOU 2010 STATISTICAL YEARBOOK

中国统计出版社
China Statistics Press

（京）新登字 041 号

图书在版编目（CIP）数据

福州统计年鉴. 2010/福州市统计局编. —北京：中国统计出版社，2010. 8
ISBN 978－7－5037－6051－8

Ⅰ. ①福… Ⅱ. ①福… Ⅲ. ①统计资料－福州市－2010－年鉴 Ⅳ. C832. 571－54

中国版本图书馆 CIP 数据核字（2010）第 165067 号

福州统计年鉴－2010

作　　者/ 福州市统计局　国家统计局福州调查队
责任编辑/ 佘竞雄
责任校对/ 黄忠春
封面设计/ 李海明
出版发行/ 中国统计出版社
通信地址/ 北京市丰台区西三环南路甲 6 号　中国统计出版社
邮　　编/ 100073
电　　话/（010）63376907
E－mail/ yearbook@gi. stats. cn
印　　刷/ 福州诚信达彩印有限公司
经　　销/ 新华书店
开　　本/ 880×1230 毫米　1/16
字　　数/ 900 千字
印　　张/ 29 印张
印　　数/ 1－500 册
版　　别/ 2010 年 8 月第 1 版
版　　次/ 2010 年 8 月第 1 次印刷
书　　号/ ISBN 978－7－5037－6051－8/C·2402
定　　价/ 230.00 元

地区生产总值(亿元)

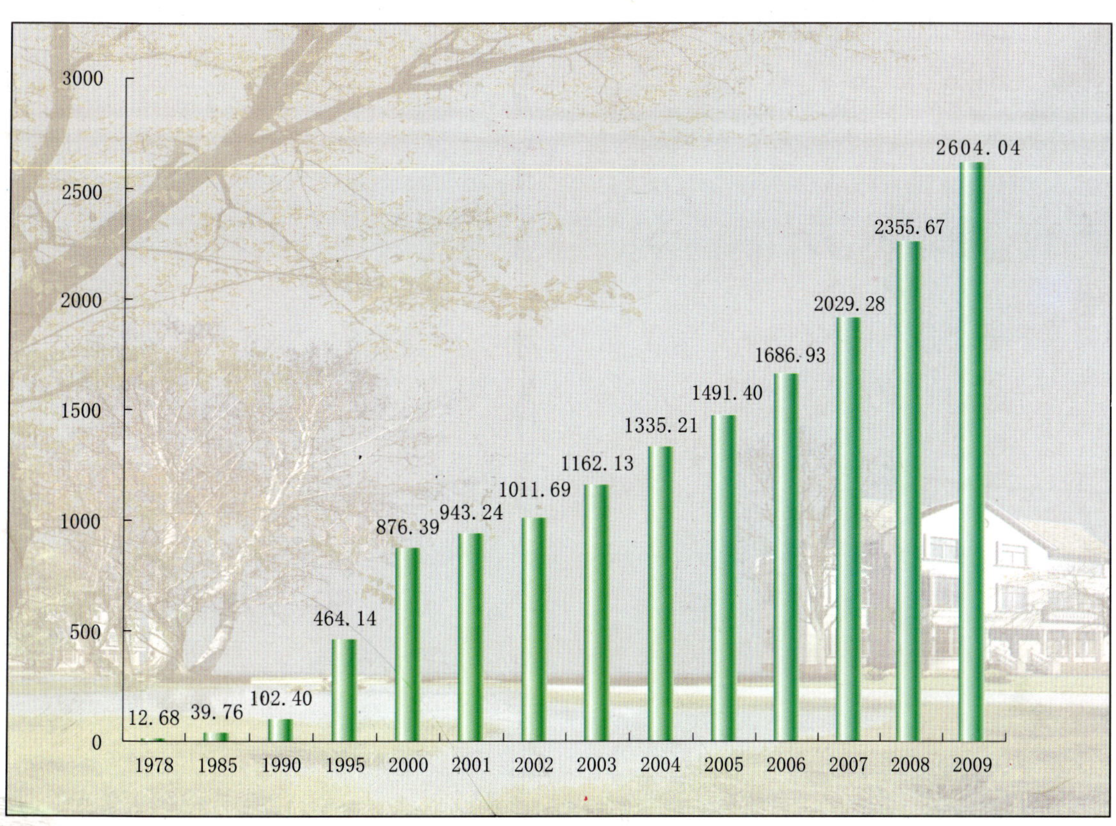

人均地区生产总值(元)

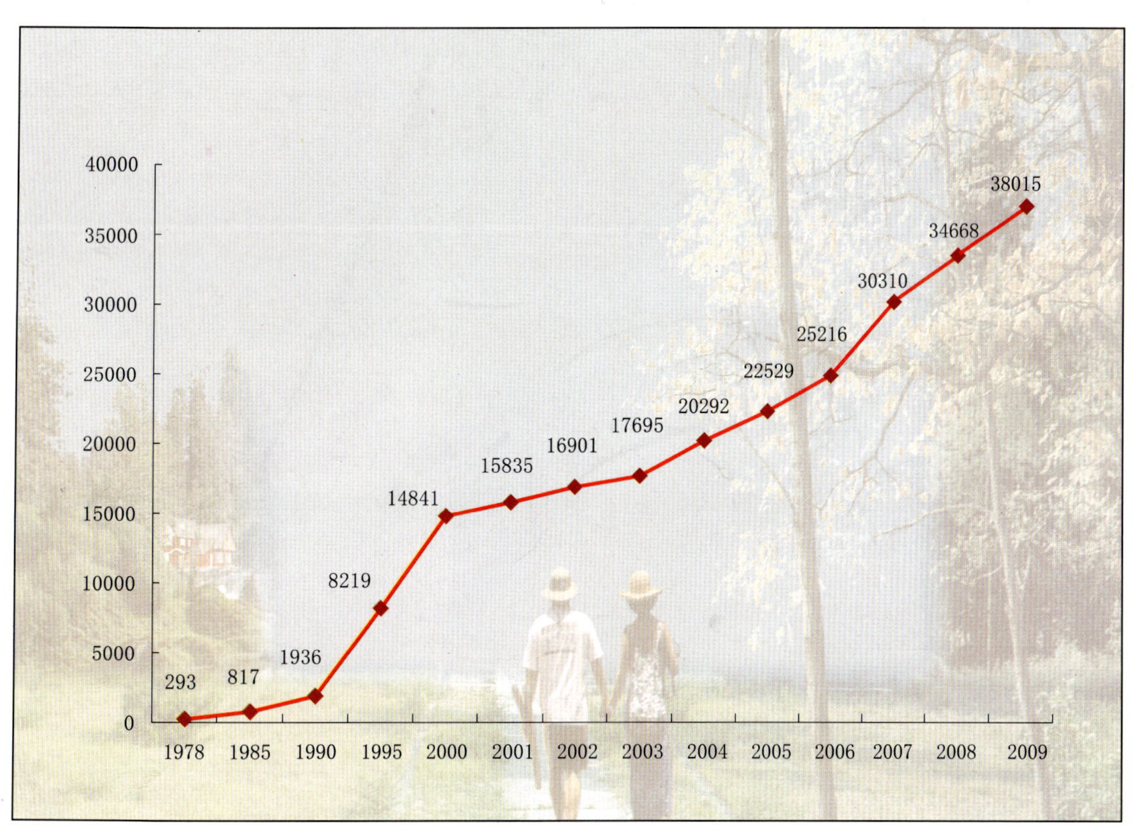

三大产业比例（%）

第一产业
第二产业
第三产业
26.00
26.76
47.24
1978年
31.03
28.72
40.25
1990年
43.30
11.72
44.98
2005年
9.29
48.15
42.56
2009年

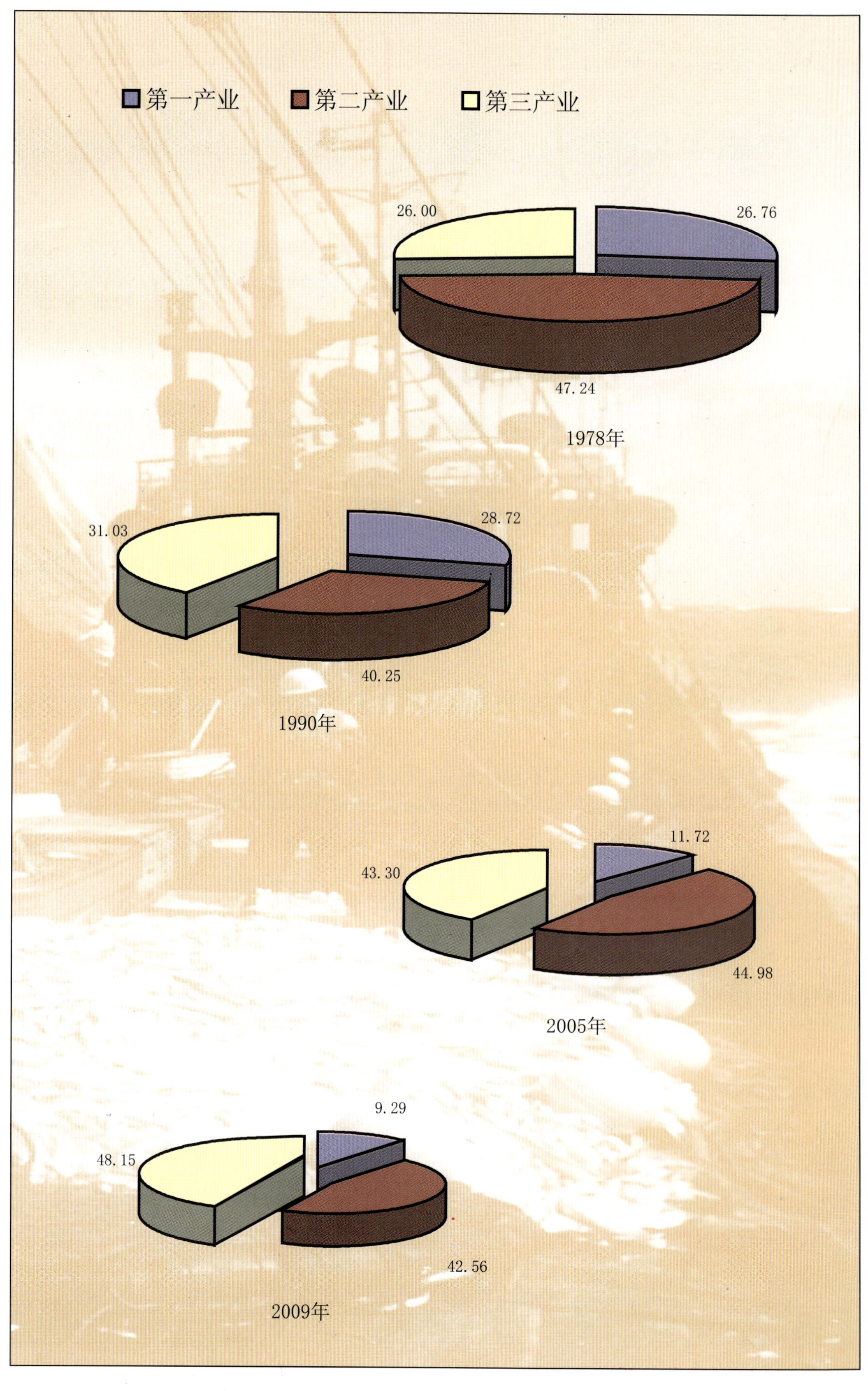

农林牧渔业总产值（亿元）

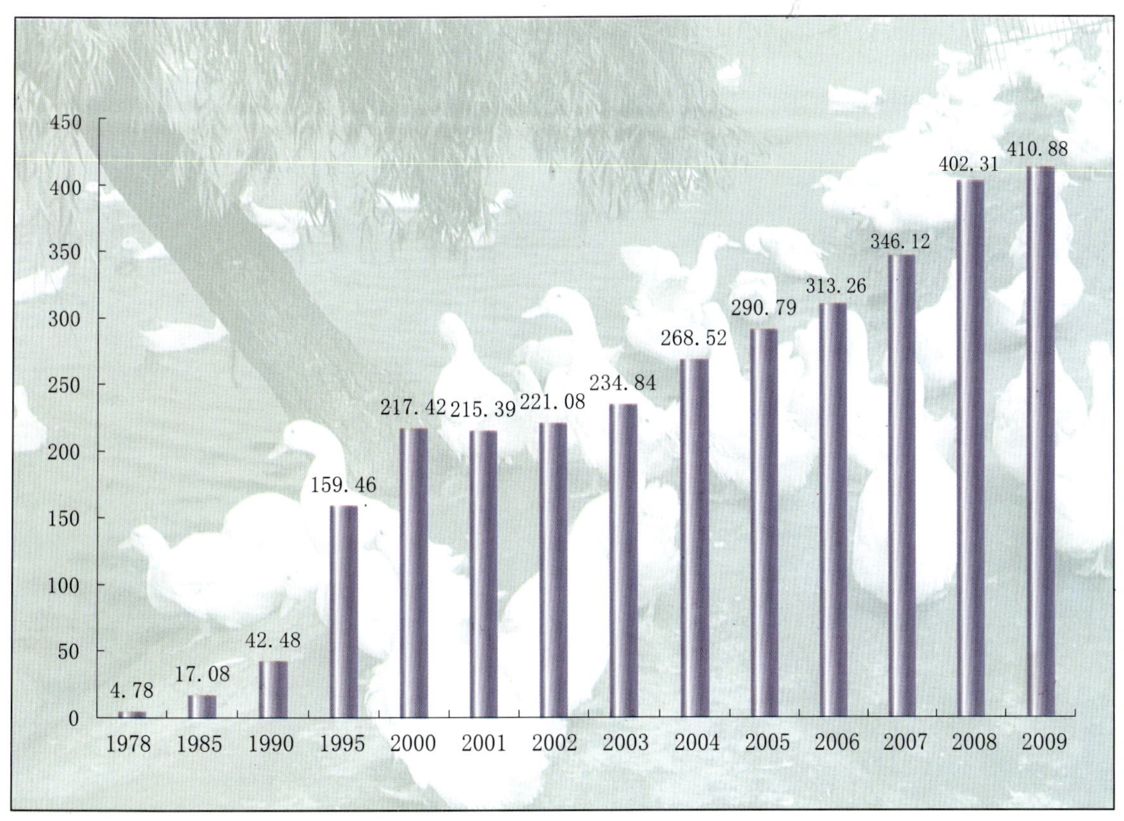

全社会固定资产投资（亿元）

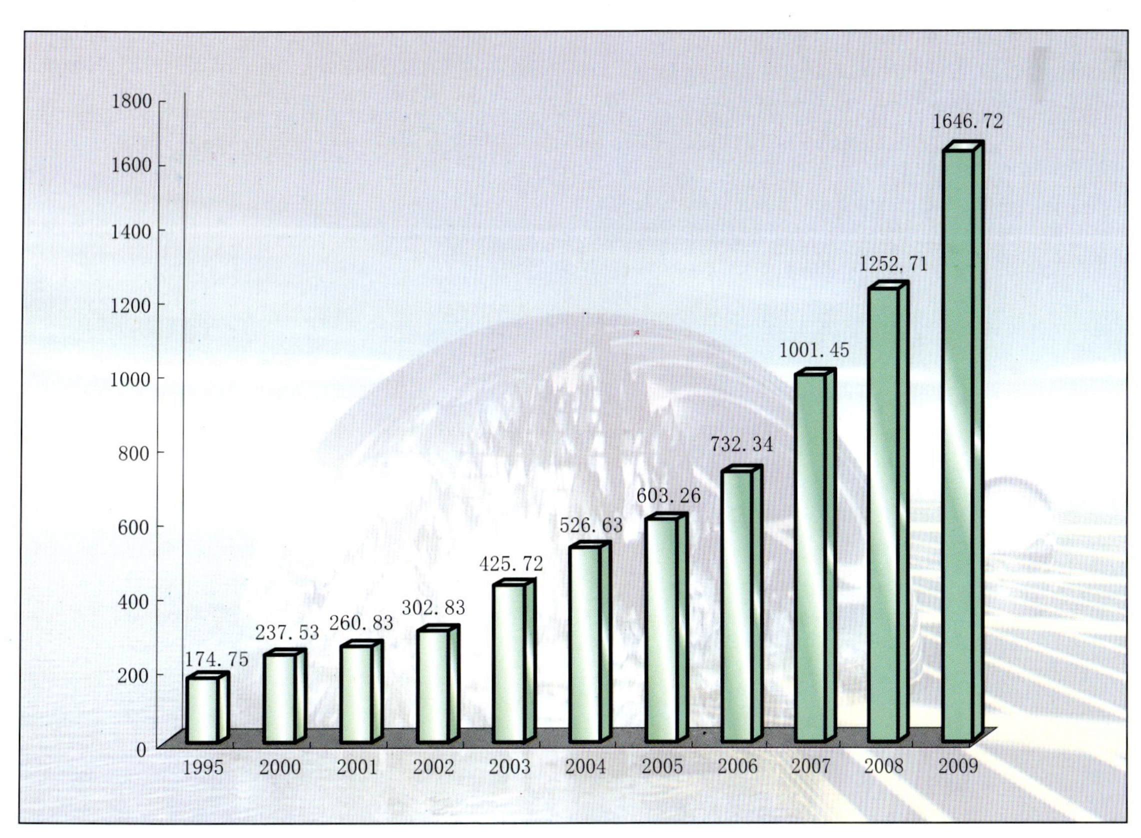

工业总产值(亿元)

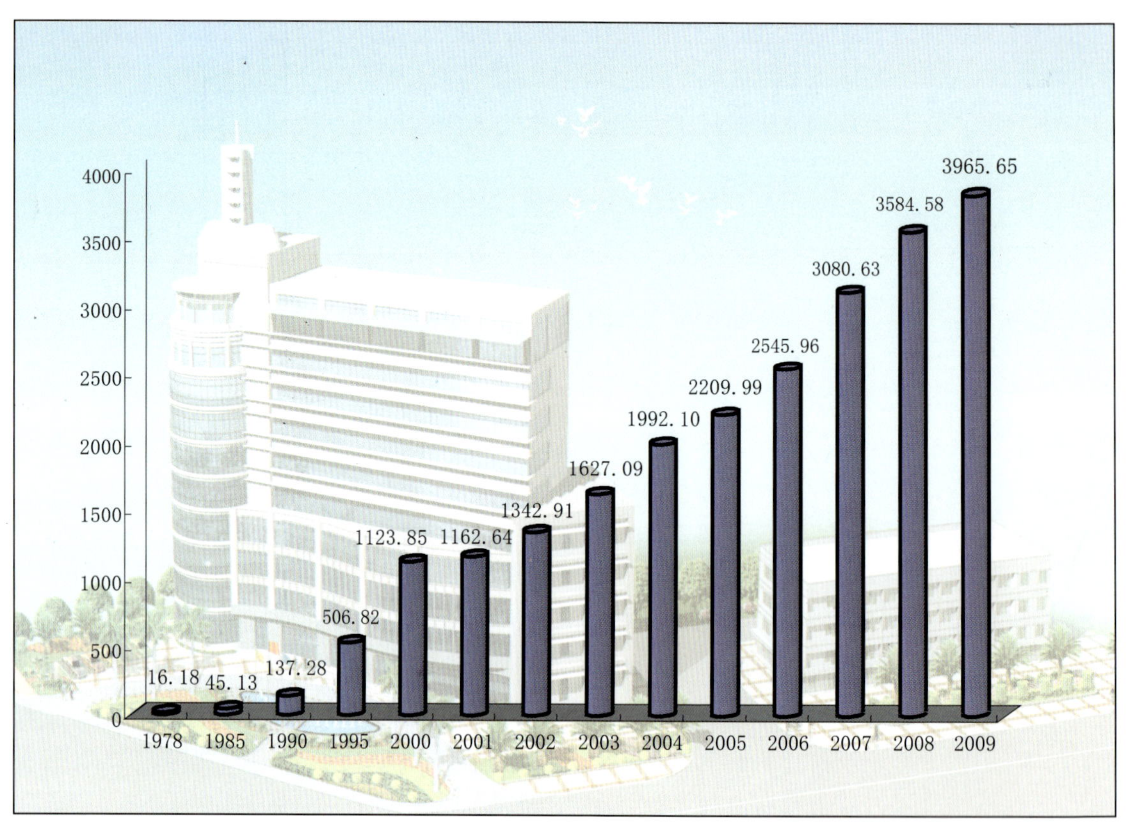

规模以上工业总产值(亿元)

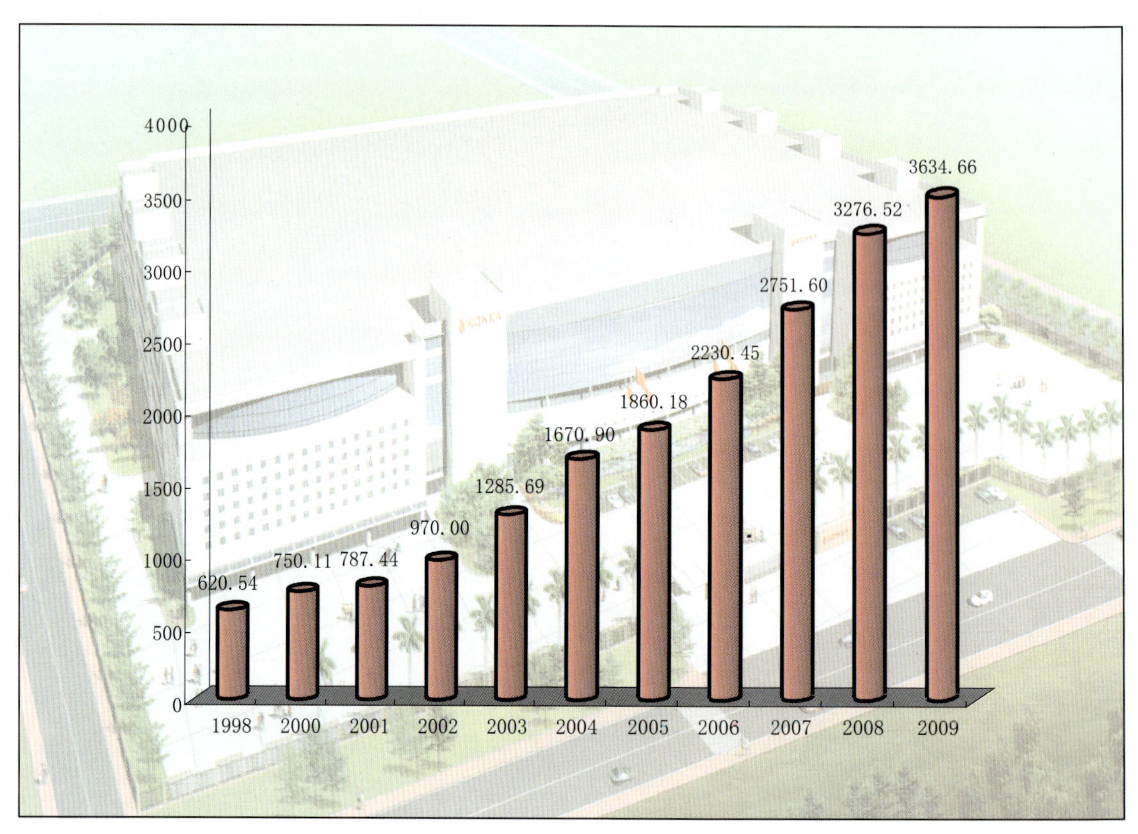

社会消费品零售总额(亿元)

居民消费价格指数(以上年价格为100%)

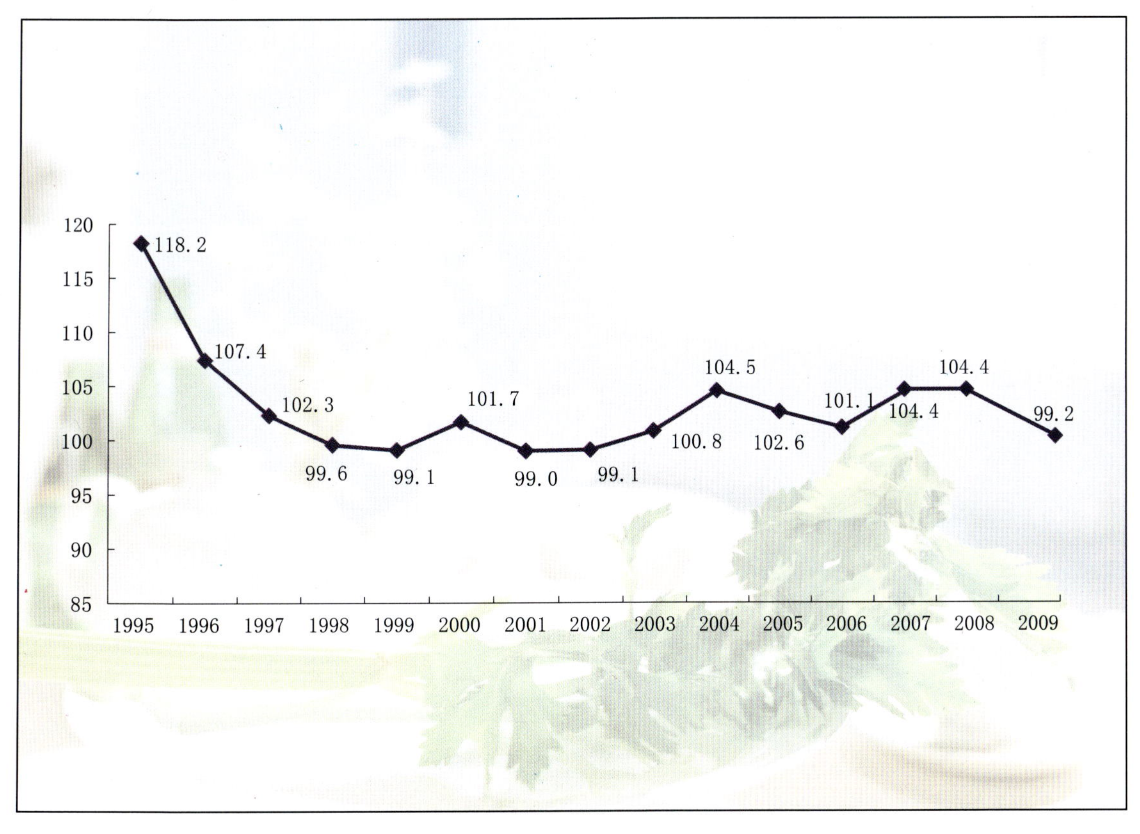

财政总收入(亿元)

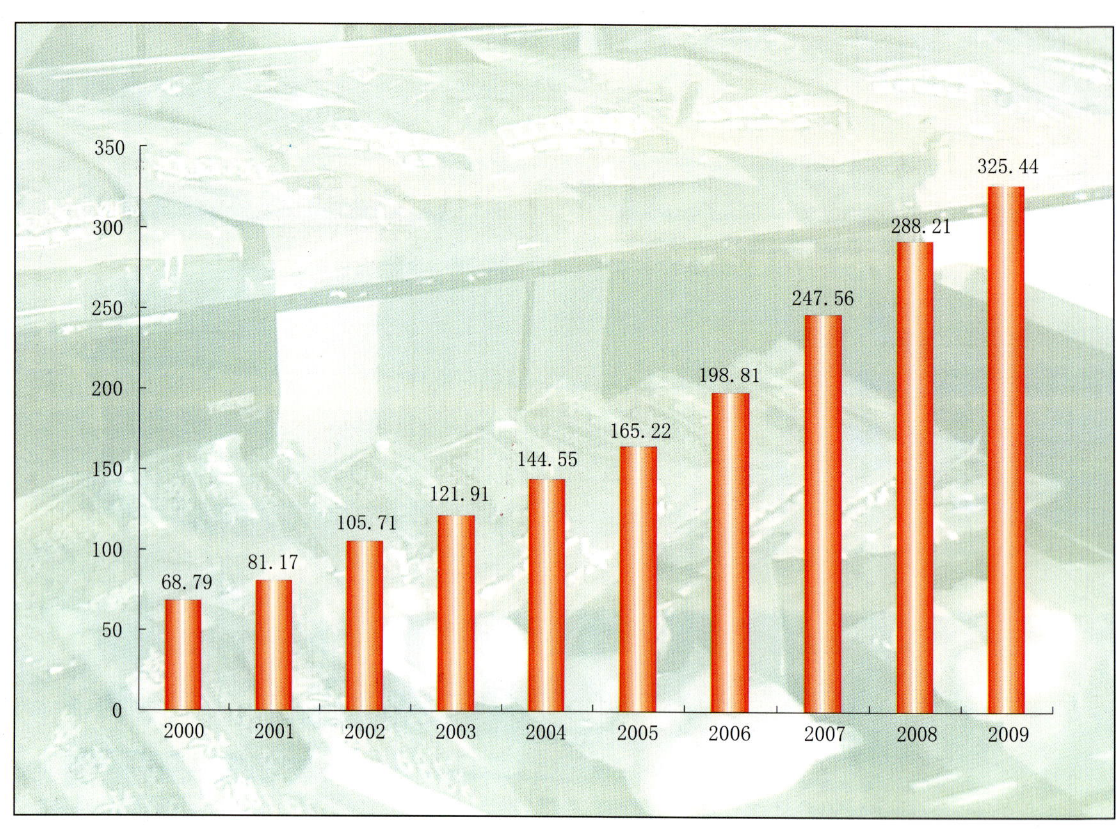

地方财政收入(亿元)

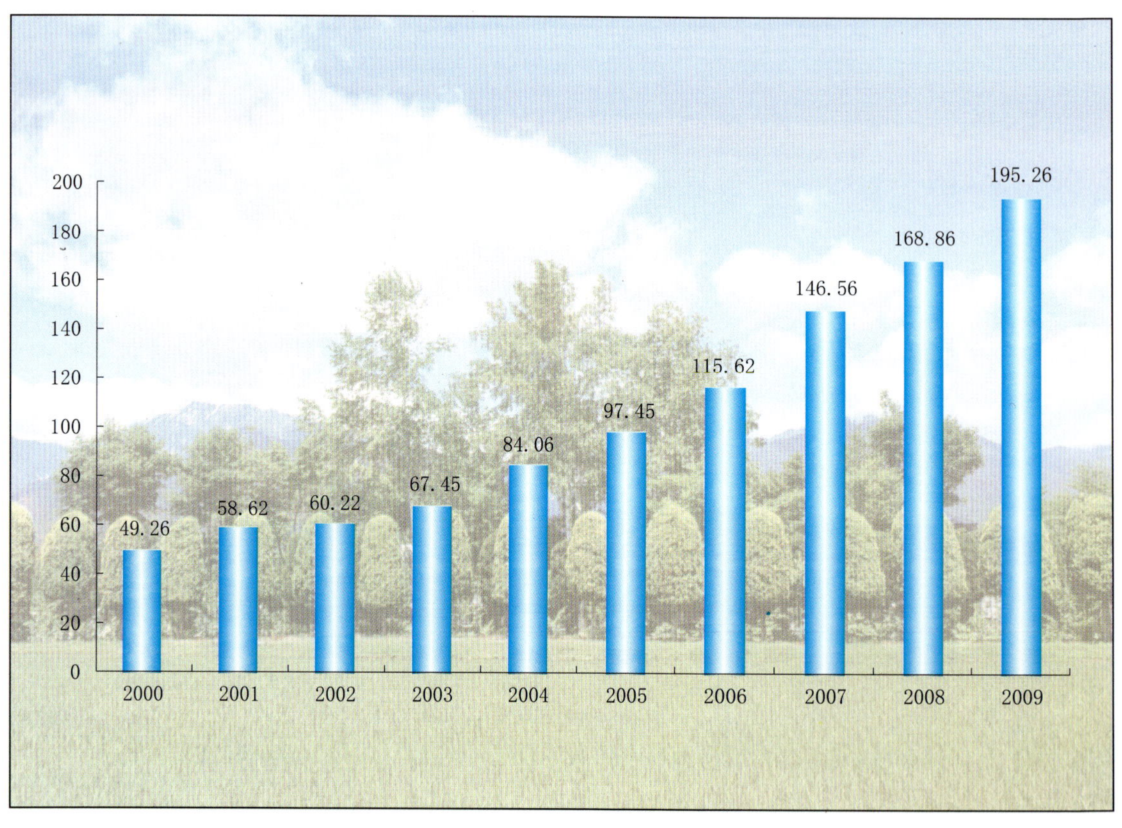

注：财政总收入、地方财政收入按新口径调整，不含基金数据。

进出口总值(亿美元)

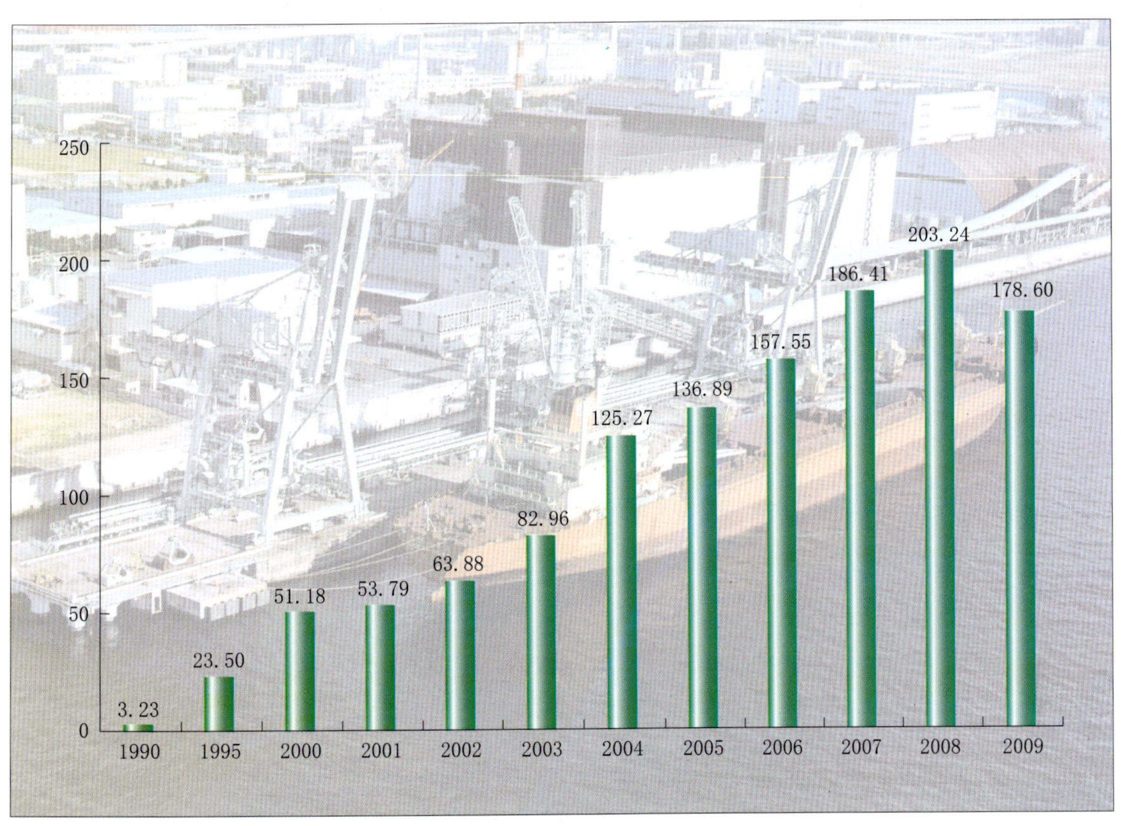

出口总值(亿美元)

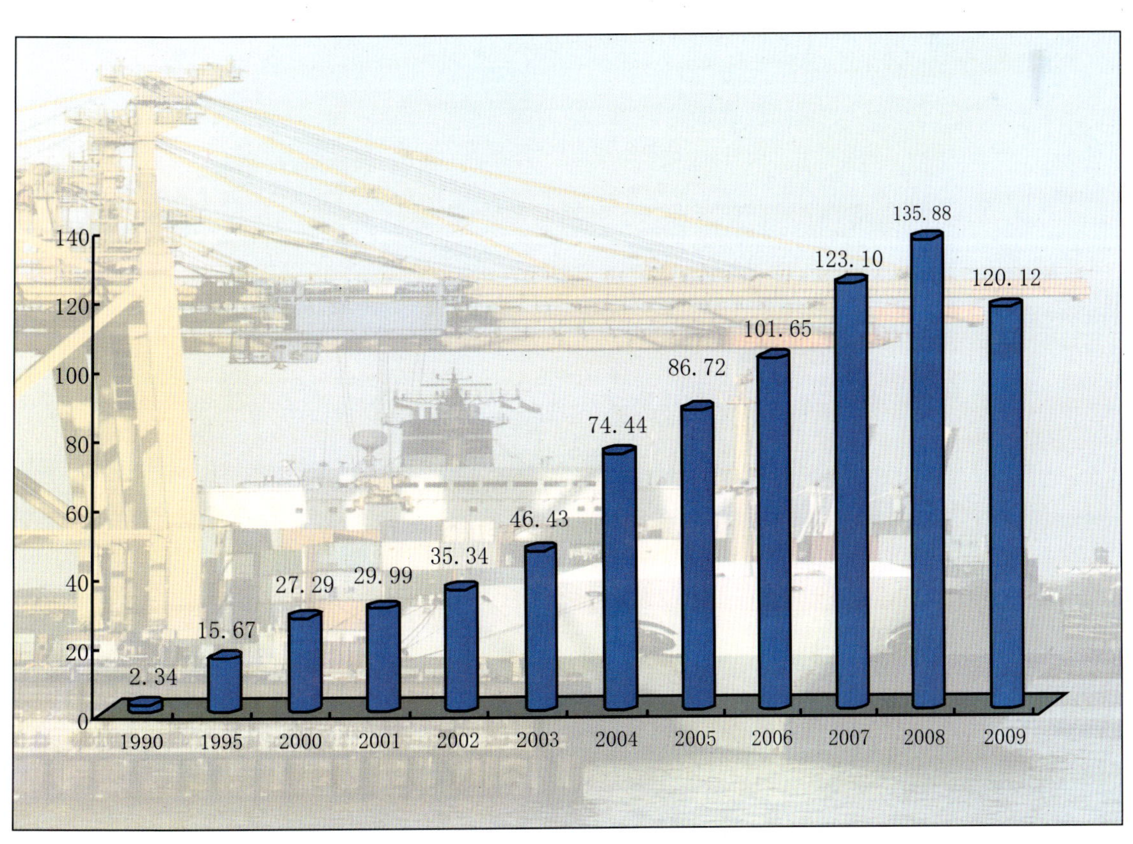

实际利用外资(历史可比口径,亿美元)

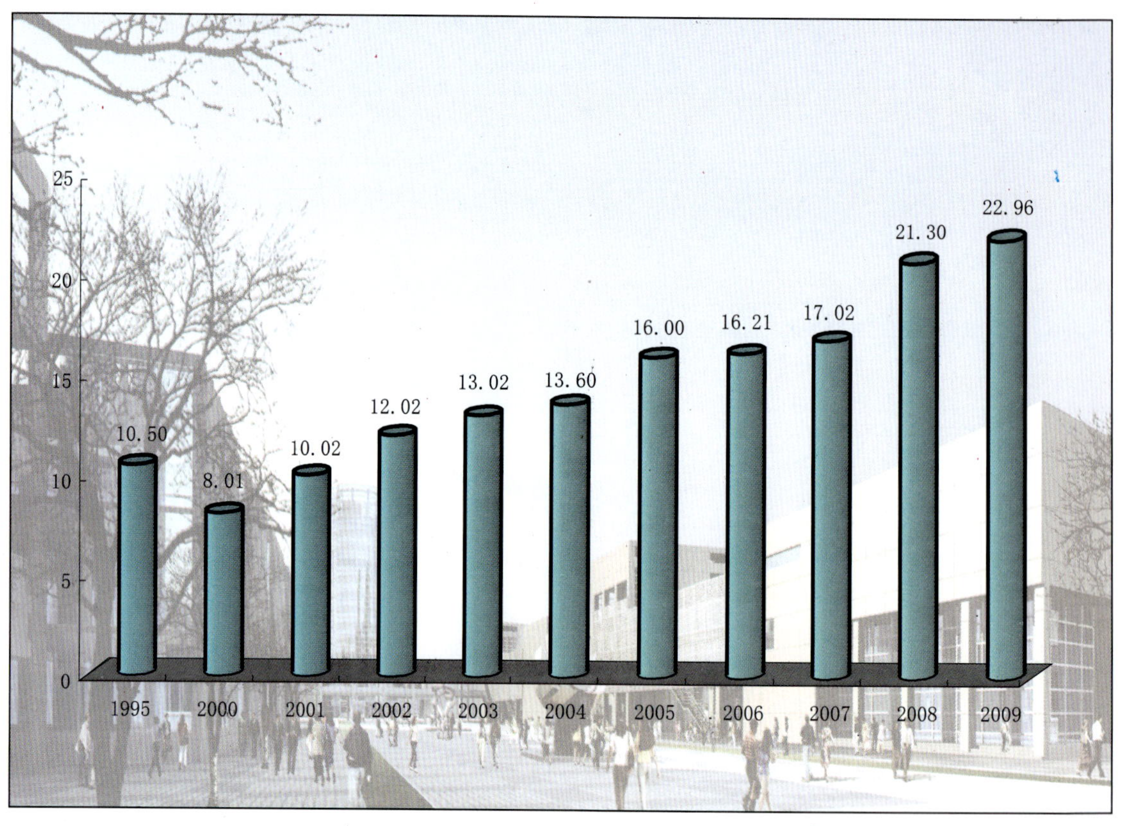

居民储蓄存款余额(亿元)

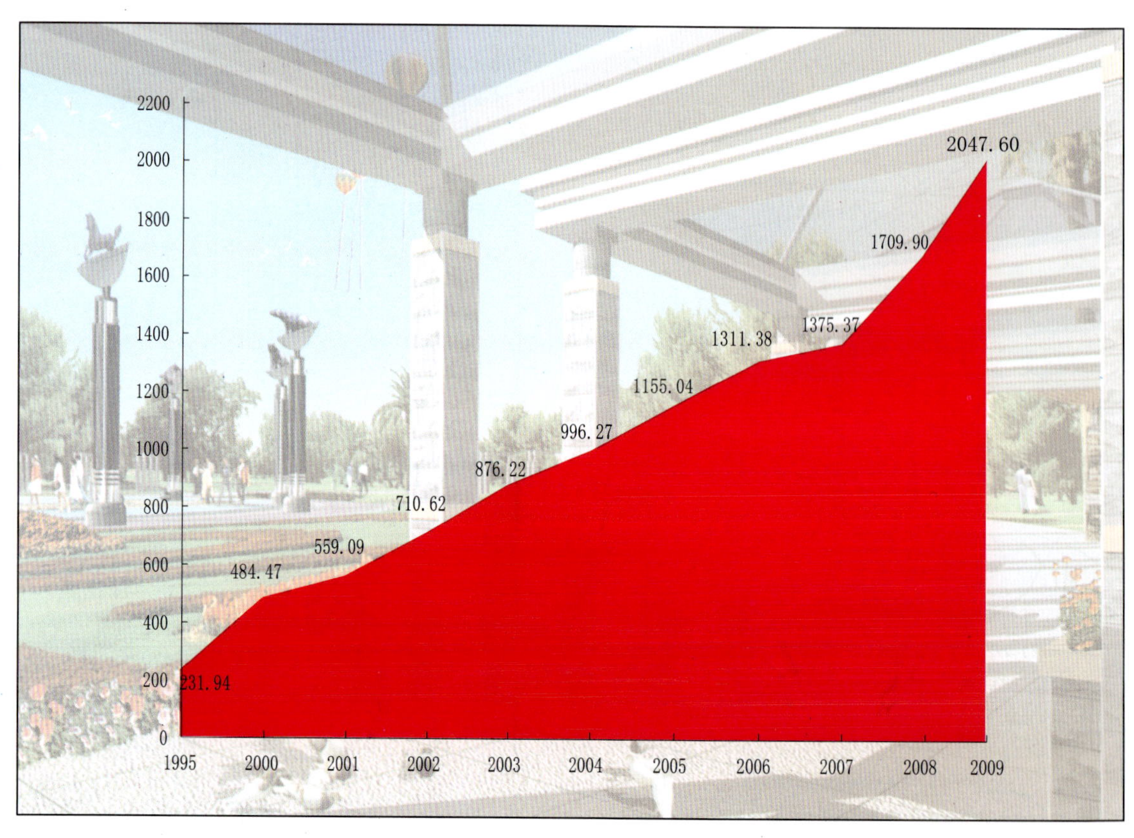

金融机构存款余额(亿元)

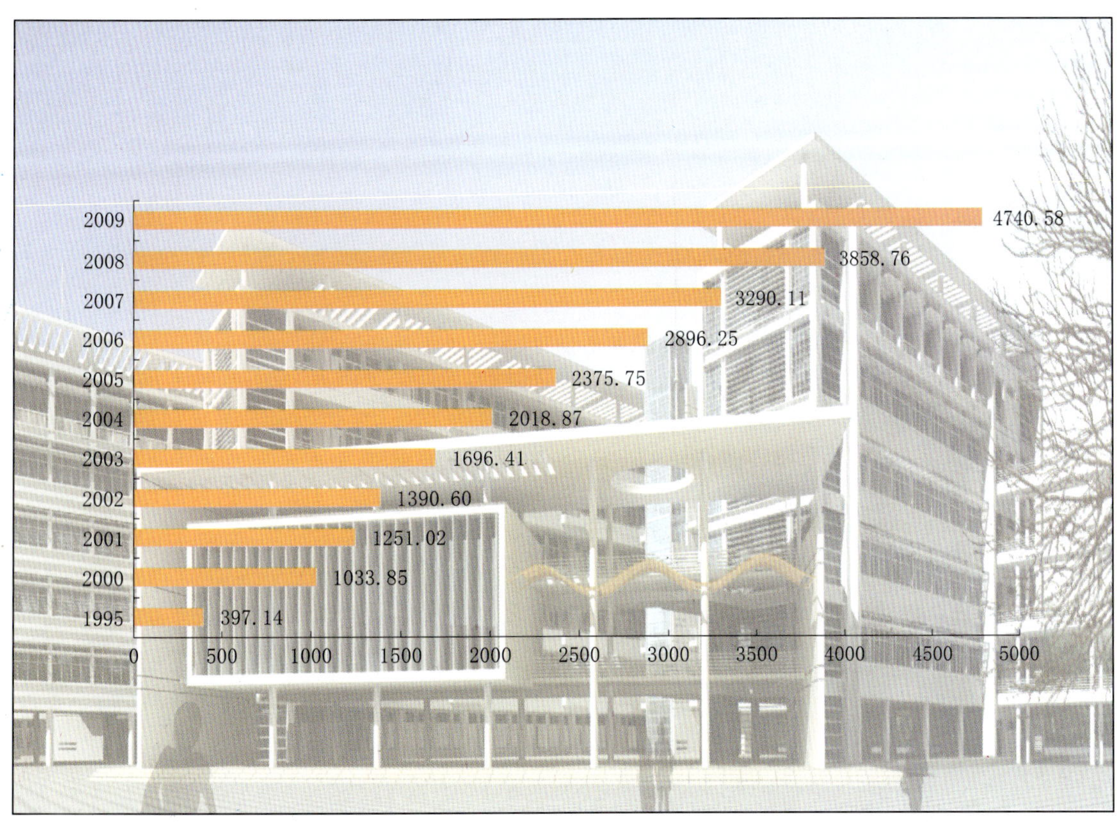

金融机构贷款余额(亿元)

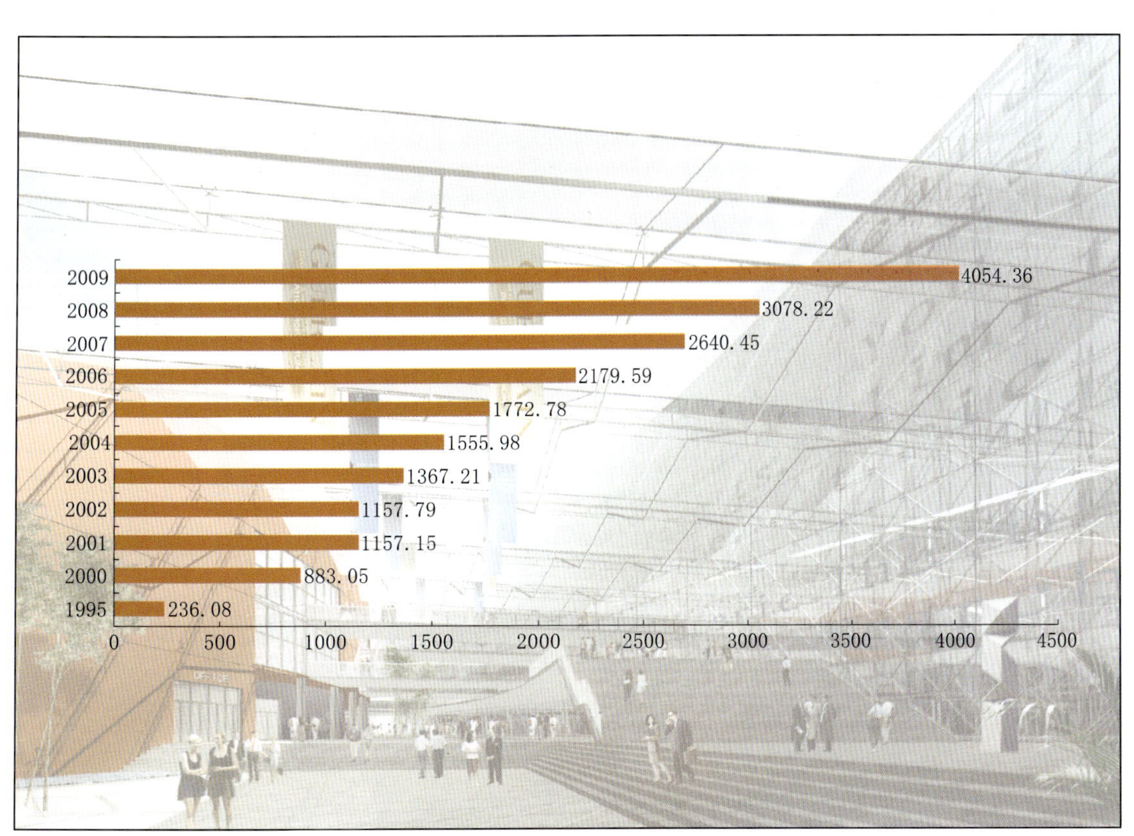

城乡居民收入(元)

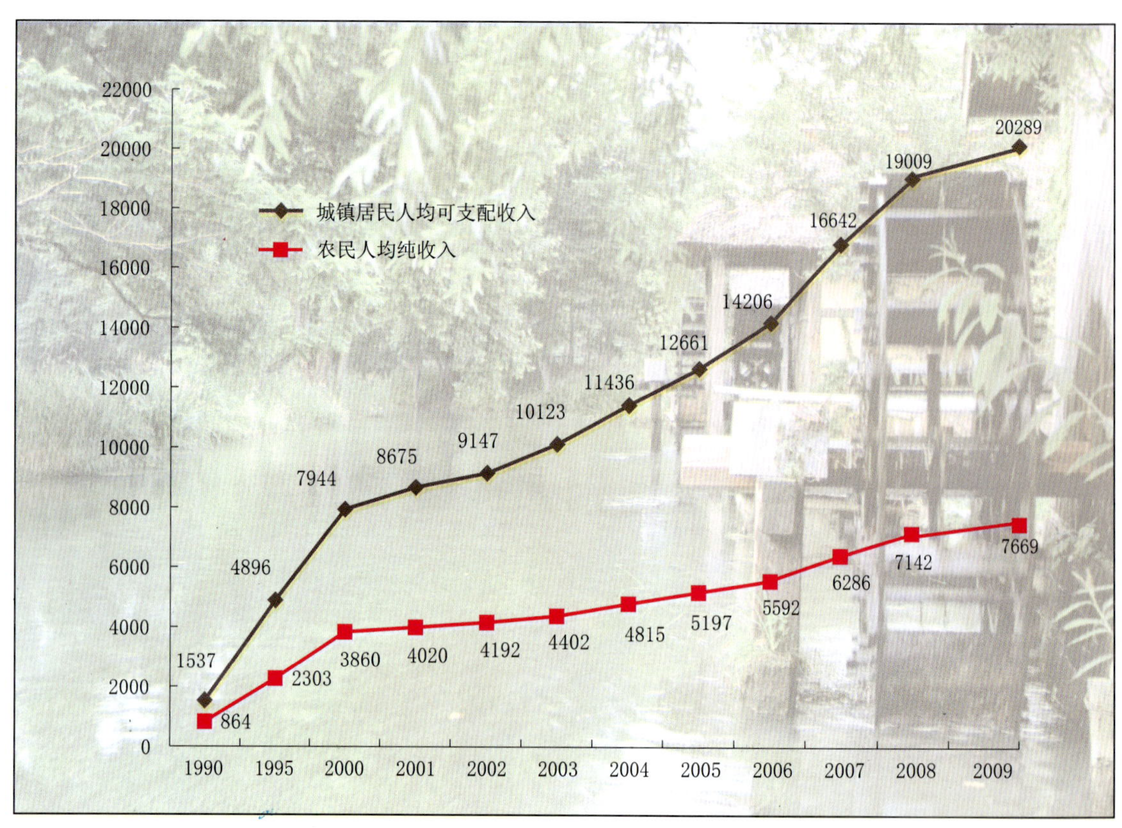

普通高校在校学生人数(万人)

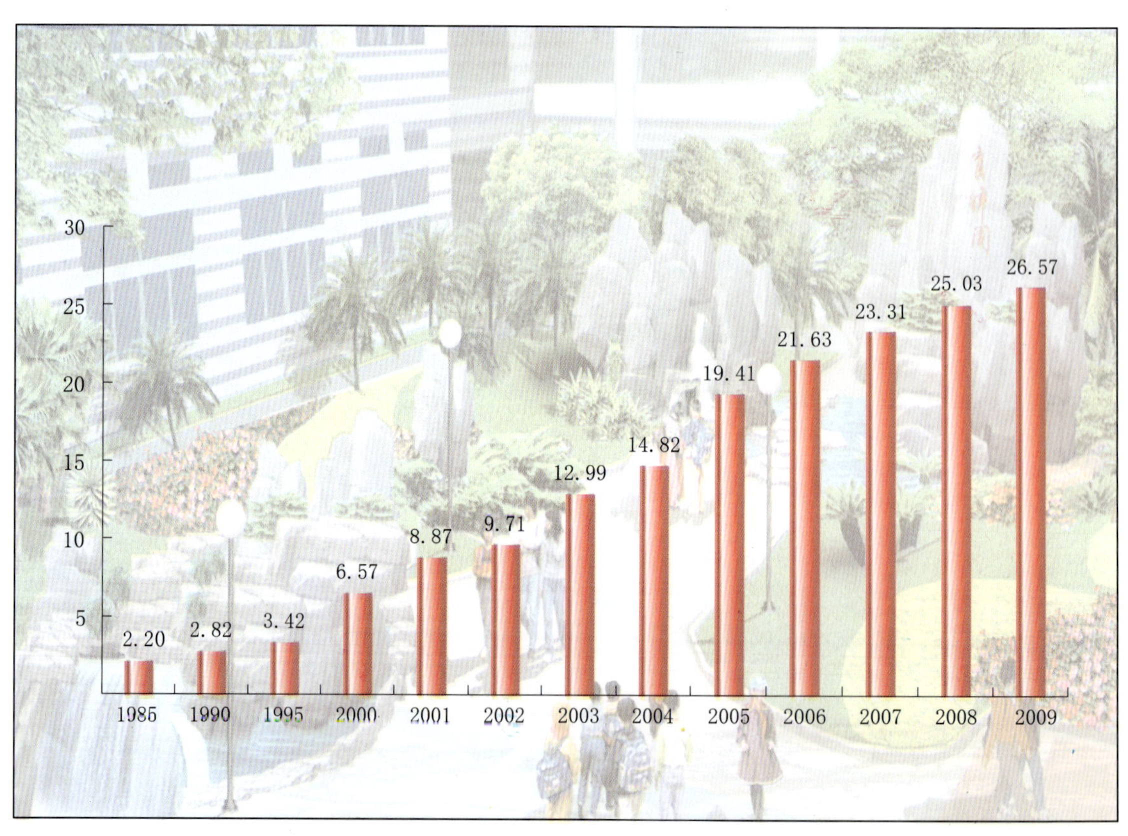

专利申请公告量(件)

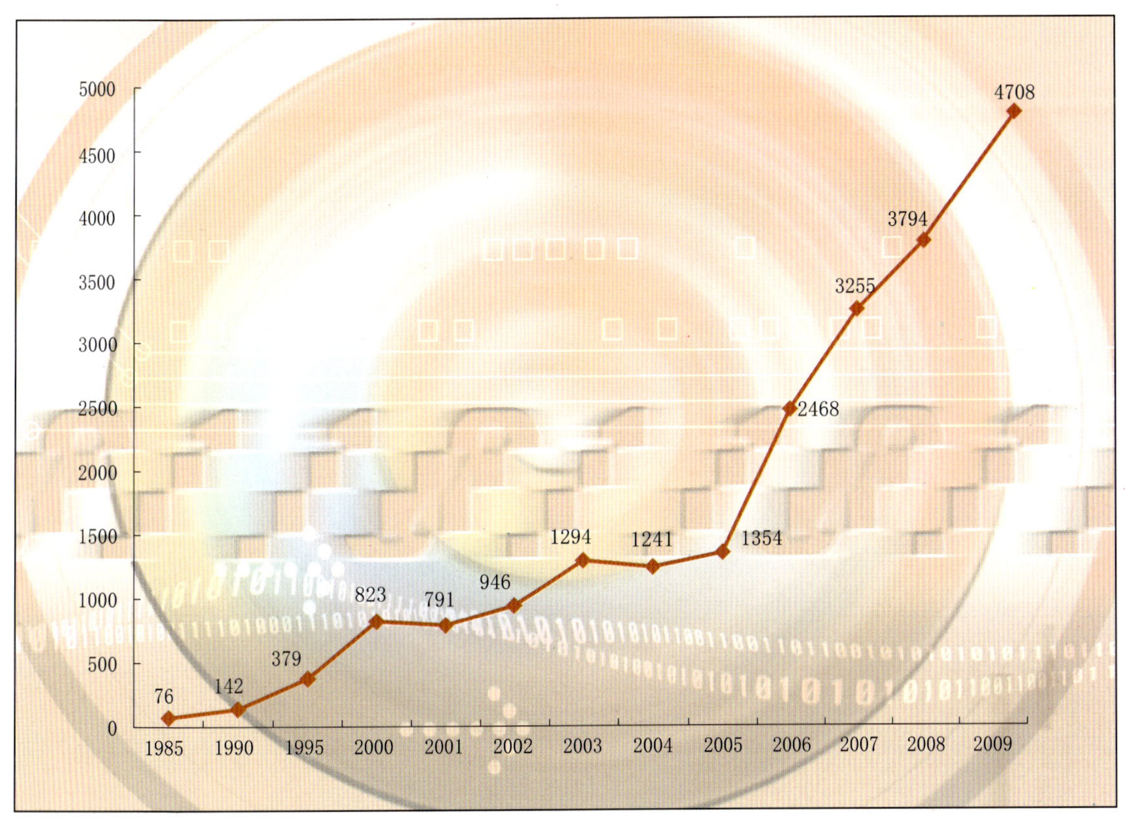

卫生医疗机构数(个)

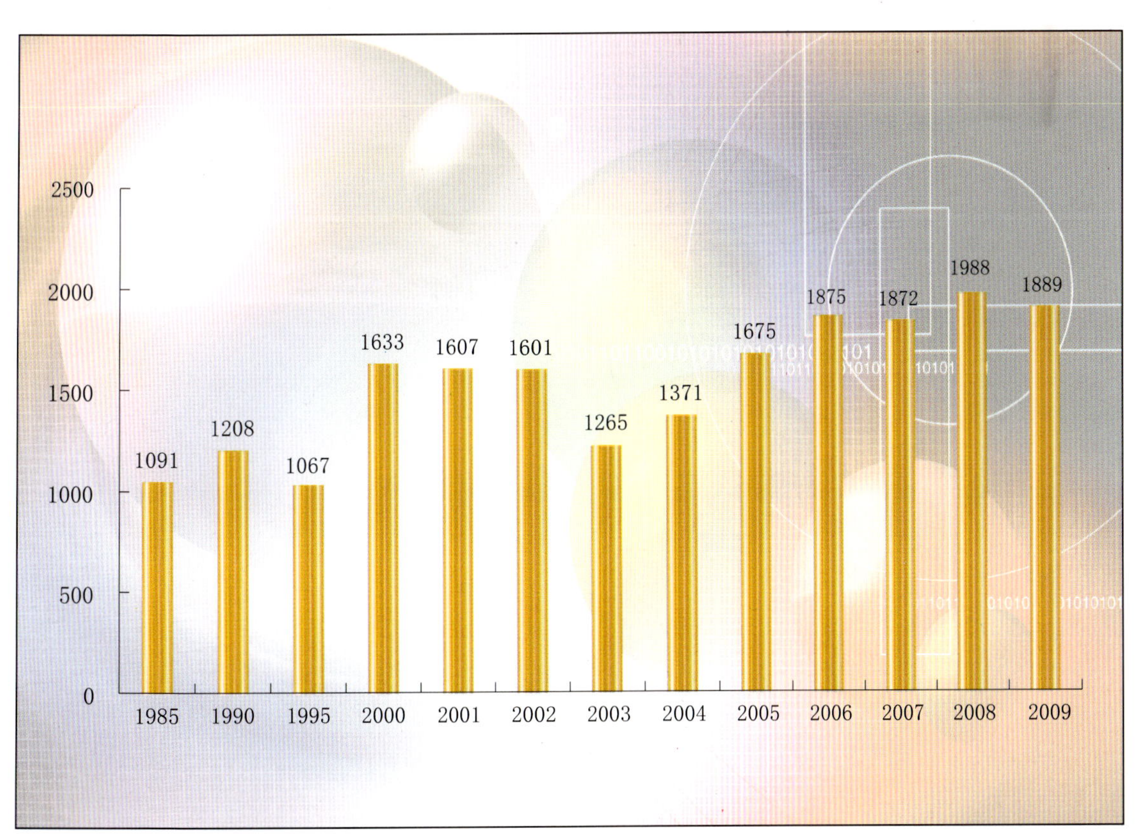

卫生技术人员数(人)

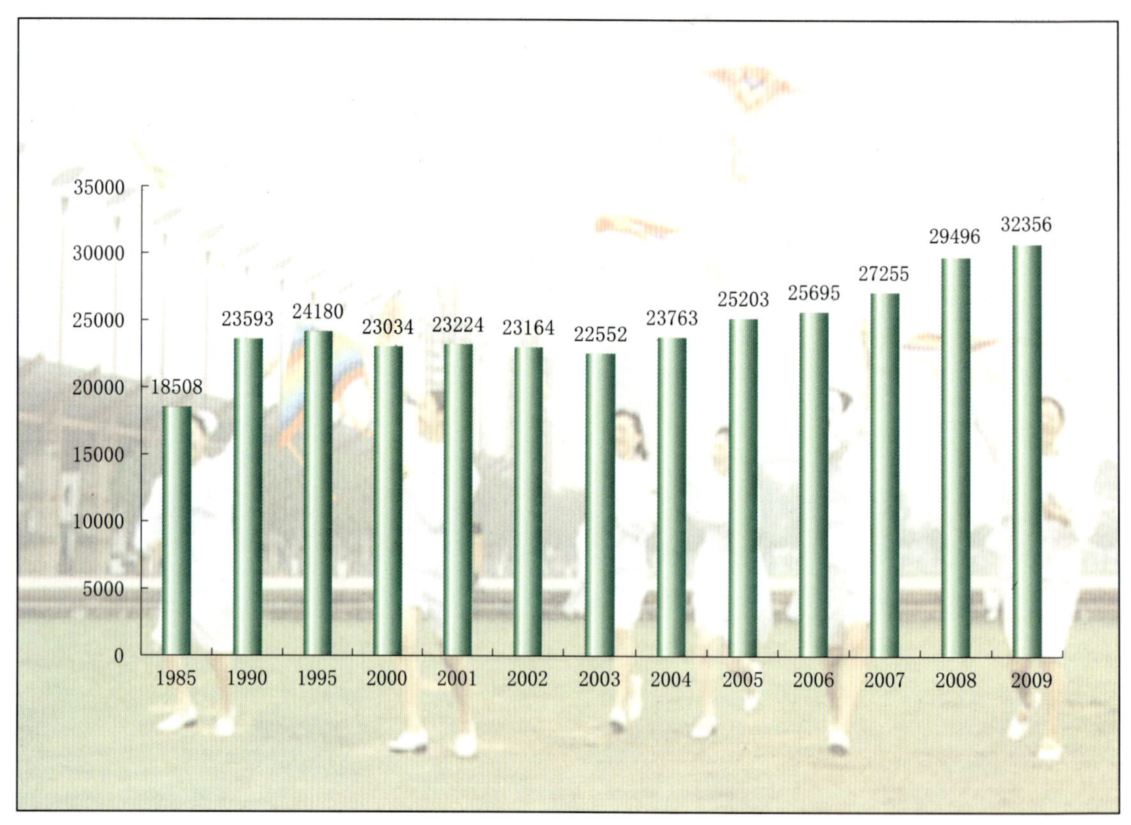

卫生机构医疗床位数(张)

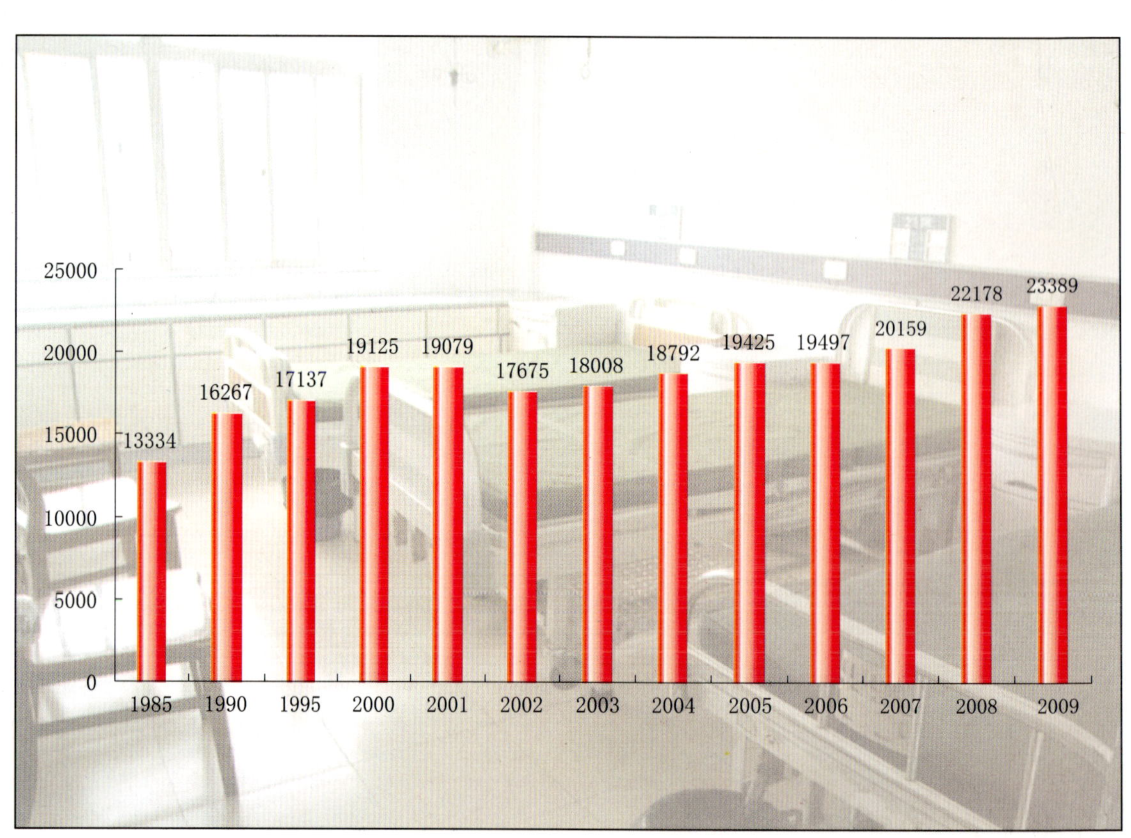

FUZHOU STATISTICAL YEARBOOK

《福州统计年鉴》编辑委员会

《福州统计年鉴》编辑部

FUZHOU STATISTICAL YEARBOOK

编 者 说 明

一、《福州统计年鉴-2010》是一部全面反映福州市国民经济和社会发展情况的资料性年刊。本书收录了福州市及所辖各县（市）、区、各部门2009年经济、社会和科技各方面大量的统计数据，以及历史重要年份福州市国民经济主要指标的统计数据，是一部研究福州经济和社会发展的工具书。

二、全书内容分为16个篇目：(一) 综合；(二) 国民经济核算；(三) 人口、就业与职工工资；(四) 农林牧渔业；(五) 工业、交通邮电业；(六) 固定资产投资；(七) 建筑业；(八) 批发零售与住宿餐饮业；(九) 对外贸易与旅游；(十) 价格指数；(十一) 财政金融；(十二) 人民生活；(十三) 科学、教育、文化与出版；(十四) 卫生、体育与其他；(十五) 企业景气指数；（十六）城市比较。在城市比较部分，收集了福建省各设区市、全国省会城市及副省级城市主要经济指标对比资料。各篇末均附有《主要统计指标解释》。

三、本《年鉴》重要统计数据的资料来源、计算口径等均在各篇另有注明。

四、本《年鉴》使用的度量衡单位均采用国家统一标准计量单位。

五、本《年鉴》表中的符号使用如下：

"…"表示数据不足该指标最小单位数；

"空格"表示该项指标无数据；

"#"表示其中的主要项。

六、本《年鉴》工业部分"规模以上"工业企业系指全部国有及年产品销售收入500万元以上的非国有工业企业；批发零售与住宿餐饮业部分"限额以上"批发零售和住宿餐饮业分别指年销售额2000万元及以上的批发企业（含外贸企业）和年销售额500万元及以上的零售企业、星级住宿企业和年营业额200万元及以上的餐饮企业。

七、本《年鉴》中地区生产总值、农林牧渔业总产值、工业总产值等总量指标按当年价格计算，增长速度和产值指数按可比价格计算。

八、本《年鉴》在编辑过程中得到许多部门和同志们的大力支持，在此深表谢意。敬请读者对年鉴内容、编排等方面提出宝贵意见，帮助我们进一步提高编辑水平，更好地为读者服务。

目　　录

第一篇　综　　合

第二篇　国民经济核算

第三篇　人口、就业与职工工资

第四篇　农林牧渔业

第五篇　工业 交通邮电业

第六篇　固定资产投资

第七篇　建　筑　业

第八篇　批发零售与住宿餐饮业

第九篇　对外贸易与旅游

第十篇　价格指数

第十一篇　财政金融

第十二篇　人民生活

第十三篇　科学 教育 文化与出版

第十四篇　卫生 体育与其他

第十五篇　企业景气指数

第十六篇　城市比较

CHAPTER 1 第一篇

综 合

本篇内容包括：

1、福州市2009年国民经济和社会发展统计公报

2、基本市情简介

3、行政区划

4、主要年份国民经济指标及发展情况

福州市 2009 年
国民经济和社会发展统计公报

福州市统计局
国家统计局福州调查队

2009 年，在福州市委、市政府的正确领导下，全市上下认真贯彻落实党的十七大和十七届三中、四中全会精神，紧紧抓住《国务院关于支持福建省加快建设海峡西岸经济区的若干意见》出台的良好机遇，深入学习实践科学发展观，积极应对国际金融危机的冲击，全力以赴保增长、保民生、保稳定，经济社会发展呈现平稳较快的良好势头，科技、教育、文化、卫生、体育等各项社会事业呈现新局面，城乡居民收入稳步增长，人民生活水平进一步提高。

综　合

经济增长加快，综合实力提升。全市认真贯彻落实中央、省关于扩大内需、促进经济平稳较快发展的一揽子政策，迅速制定出台支持工业产品开拓市场、扶持高成长性企业发展、鼓励重点外贸企业出口、帮助企业减轻负担等措施，积极应对国际金融危机的挑战和冲击，经济增长登上新的台阶。据统计，全市实现地区生产总值 2604.04 亿元，比上年增长 13%，其中第一、二、三产业增加值分别为 242.00 亿元、1108.19 亿元和1253.85 亿元，分别增长 4.8%、14.8%和 12.9%。产业结构继续调整，三次产业比重由上年的10.04：41.49：48.47 调整为 9.29：42.56：48.15。第一、二、三产业对 GDP 增长的贡献率分别为 3.1%、48.6%和48.3%。全市人均地区生产总值达 38015 元，增长12.1%。

经济的稳定增长，促进了财政的增收。全市完成财政总收入(不含基金)325.44 亿元，增长 12.9%，地方财政收入 195.26 亿元，增长 15.6%，财政一般预算支出 205.09 亿元，增长 15.1%。

农　业

农业和农村经济稳步发展。全市完成农林牧渔业总产值 410.88 亿元，增长 5.4%，其中农业产值109.32 亿元，增长 5.1%；林业产值 10.17 亿元，增长 3.8%；牧业产值 58.21 亿元，增长 3.7%；渔业产值 216.80 亿元，增长 5.6%。粮食生产保持稳定，种植面积继续调减。全年粮食播种面积 178.04 万亩，比上年减少 4.9 万亩；全年粮食总产量 61.92 万吨，比上年下降 2.9%。名优水果、蔬菜、食用菌、花卉等经济作物的生产规模扩大，全市食用菌产量 9.8 万吨，增长11.8%；茶叶产量 1.55 万吨，增长 3.5%；肉、蛋、奶总产量 38.70 万吨，增长 4.4%；蔬菜瓜果产量 276.51 万吨，增长 3.5%；水果产量 33.84 万吨，增长 5.6%。渔业生产重点发展水产品深加工和优高养殖，全市水产品产量 164.83 万吨，增长 7.1%。特色优势产业发展加快，209 家农业产业化龙头企业年产值 337.1 亿元，比增 12.2%。

海峡两岸农业合作加强。继续引进台湾农业优良品种、技术，发展高、优、特农业。一大批台湾名优水果、蔬菜、食用菌、花卉、茶叶、水产、畜禽等良种先后在福州市落户。

林业生产保持稳定。完成人工造林 12345 公顷，增长 10.8%，其中速生丰产林 5553 公顷，沿海防护林

2838 公顷。全年商品材产量 13 万立方米,全市森林覆盖率 54.9%。

工业、科技

工业经济稳步回升。全市工业经济运行逐月回升,总体上呈现出较为稳健的增长势头,197 项工业新增长点项目新增产值 195 亿元,南北"两翼"对工业增长贡献率为 43.2%,戴姆勒汽车、德盛镍合金等 50 项重大工业项目建成投产。全市完成全部工业总产值 3965.65 亿元,增长 13.6%,其中规模以上工业总产值 3634.66亿元,增长 14.5%;实现全部工业增加值 891.64 亿元,增长 13.7%。完成国有控股工业总产值 501.39亿元,增长 18.6%;股份制工业总产值1428.37亿元,增长 26.3%;外商及港澳台商投资工业总产值 1850.52 亿元,增长 9.3%。

支柱产业增长明显。电子信息、汽车、冶金、纺织等支柱产业继续主导全市工业层面,产品竞争力不断增强。从规模以上工业企业分行业看,通信设备、计算机及电子设备制造业工业产值 590.02 亿元,增长3.0%;纺织服装、化纤制造业产值 529.62 亿元,增长 24.9%;黑色金属冶炼及压延加工业产值 246.49 亿元,增长 44.9%;交通运输设备制造业产值 232.55 亿元,增长 33.5%;食品制造业产值 63.29 亿元,增长27.0%。规模以上工业主要产品产量增势良好,主要有:汽车增长 114.9%,商品混凝土增长 64.2%,化纤增长 23.0%,钢材增长 49.1%,发电量增长 17.0%。

科技创新能力不断增强。高新技术产业增势强劲,瑞芯、网龙、福大自动化等一批企业已走在全国同行业前列,福州申报国家动画产业基地通过验收。全市共实施星火计划 67 项,其中国家级 9 项,火炬计划 52 项;共有 13 项科技成果获得省市科技进步奖。受理专利申请 4320 件,批准授权 2733 件,增长 35.4%。突出发展高新技术产业,建设创新型城市迈出新的步伐。全市重新认定高新技术企业 159 家,其中上市公司 18 家,实现高新技术产业工业产值 1503 亿元,增长 20%。拥有民营科技企业 300 家,其中年产值超亿元的民营科技企业 8 家。市高新区拥有企业 201 家,福州软件园拥有企业 395 家。市高新区实现高新技术产品产值 321 亿元,增长 14%,利税 29 亿元,出口创汇 11.4 亿美元。

质量技术监督不断加强。全市质量技术监督部门共抽查 2800 家企业产(商)品,批次合格率为 93.1%,其中生产领域抽检 2315 家企业产品 2327 批次,批次合格率为 92.7%;流通领域抽检 485 家企业商品 485 批次,批次合格率为 94.8%。全市共有 11 家企业 15 项产品采用国际标准或国外先进标准,共有法定计量技术机构 8 个,强制检定计量器具 6.27 万台件。

固定资产投资、市政建设

固定资产投资迈上新台阶。省、市重点项目及重大项目高速增长。温福、福厦高速铁路建成通车,福永高速公路、福泉高速公路福州段扩建工程、火车南站建设、火车北站改扩建,江阴铁路支线、林浦大桥、螺洲大桥、乌龙江大桥改扩建工程、罗源湾 15 万吨级码头项目等陆续开工建设,拉动了投资的快速增长。重点项目建设完成投资 561.70 亿元,占全社会固定资产投资的 34.1%。全社会固定资产投资完成 1646.72 亿元,增长 31.5%,其中城镇以上固定资产投资完成1544.60亿元,增长 32.3%。房地产开发投资止跌回升,完成投资额 361.80 亿元,增长 15.4%。全年商品住宅完成投资 252.19 亿元,增长 12.6%;商品房销售额 457.61 亿元,增长 123.8%;商品房销售面积690.13万平方米,增长 86.2%。

市政建设取得新进展。市区路网日渐完善,城市发展的承载能力进一步增强,福湾路、福峡路、三环路东北段的建设基本完成,完成杨桥路等 24 项路桥工程建设,新建的茶亭街面貌焕然一新。市区面积 1043 平方公里,其中建成区面积 182.96 平方公里。城市道路总长度 1060.6 公里,道路面积 2106.7 万平方米,新增道路面积 160.6 万平方米。坚持公交优先发展,市民出行条件得到进一步改善。新辟、调整公交线路 33 条,新增更新环保公交车704辆，市民公交出行率达22.1%。公交车营运线路128条；拥有公交营运车2472辆，日客运量133万人次。市区共有自来水厂8座，日综合生产能力148.5万吨，全年供水总量3.64亿吨，其中生活用水1.21亿吨；液化气供气总量8.55万吨，其中家庭用气4.62万吨，城市气化率98.8%；天然气供气总量2500万立方米，其中家庭用气1440万立方米。全社会用电量228.50亿千瓦时，增长7.1%，其中居民用电51.13亿千瓦时，增长4.3%；工业用电133.22亿千瓦时，增长7.5%；农村用电3.07亿千瓦时，增长21.8%。

国内贸易、旅游

全面激活农村消费市场，农村消费增速首次超过城市消费增速，全市新建和改建"农家店"210家。实施家电下乡、以旧换新政策成效明显，家电以旧换新产品6.30万台，销售额2.42亿元，家电产品下乡累计销售14.85万台，销售额3.03亿元。拥有大中型专业批发市场55个，生猪直控基地31个，年出栏量60万头；禽蛋基地8个；蔬菜基地面积8000公顷，蔬菜基地产量90万吨。全市实现社会消费品零售总额1338.64亿元，增长16.9%，其中限额以上企业实现556.35亿元。从行业类型看，增幅明显的行业有：食品、饮料、烟酒类完成96.16亿元，增长35.9%；服装鞋帽、针纺织品类完成38.71亿元，增长31.8%；日用品类完成18.02亿元，增长36.8%；中西药品类完成20.66亿元，增长52.2%；汽车类完成140.35亿元，增长25.3%；分城乡市场看，城市消费品零售额1164.39亿元，增长18.0%；农村消费品零售额171.40亿元，增长18.2%。市场购销两旺，消费持续升温。居民消费进入转型升级阶段，消费热点进一步拓宽。在限额以上贸易企业商品零售额中，化妆品类增长20.1%，金银珠宝类增长22.0%，家具类增长67.6%。

会展业稳步发展。全年共举办各类会展活动273场，其中全国性会展6场，成功举办了第二届亚太批发市场大会暨第三届中国(福州)国际农产品贸易对接会等国家级会展活动。一系列常设性的展会连年不断，进一步引导大众消费，促进交流。

以文化旅游为重点，培育文化旅游品牌，积极组织开展"双十佳"旅游评选活动，鼓山、于山、"三坊七巷"创建国家4A级旅游景区通过验收。充分挖掘多元化旅游资源，加快全市旅游资源的开发整合，不断拓展旅游市场。全市共接待过夜境内游客901万人次，增长2.6%，过夜境外游客60.60万人次，下降3.9%。年末共有星级宾馆饭店73家，客房共计11070间。

对外经济

对外经济走出困境。在外需回暖、政策显效、价格回升等因素影响下，外贸进出口降幅从年初到年末呈收窄趋势。全市实现进出口总值178.60亿美元，下降12.1%，其中出口总值120.12亿美元，下降11.6%。从出口主体看，外资企业出口65.31亿美元，内资企业出口50.51亿美元，分别比上年下降21.6%和4.0%。从出口产品看，高新技术产品出口33.45亿美元，机电产品出口59.62亿美元，分别下降27.2%和20.8%。全市新批外商投资企业144项，实现合同外资金额12.30亿美元，下降17.4%；实际利用外资(按验资口径)10.32亿美元，增长3.1%。全市对台贸易额达15.04亿美元，下降32.3%，新批台资项目27项。

继续加强国际经济技术合作。在注重招商引资的同时，坚持内外协调，加强技术交流合作。全市新签对外劳务合作合同金额达1346万美元，下降18%；完成营业额2711万美元，下降33%；年末在外人员达3125人，下降39%。

交通、邮电

全市整体运输能力增强，个别运输有所减弱，港口货物运输增长显著。全市各种运输工具完成货物吞吐量14324.44万吨，其中铁路325.70万吨，比上年下降5.8%；公路7715.70万吨，下降1.2%；水运6276.60万吨，增长4.3%；民航6.44万吨，增长7.1%。全市各种运输工具完成旅客吞吐量达15110.44万人次，其中铁路656.90万人次，增长3.1%；公路13859.08万人次，增长5.0%；水运49.34万人次，下降8.2%；民航545.12万人次，增长20.2%。福州现有国内航线61条，其中港澳2条，国际航线5条；新开辟福州—南京—西安、福州—南昌—重庆、福州—西安—银川、深圳—福州—舟山、海口—福州—合肥、福州—重庆—乌鲁木齐、福州—长沙—呼和浩特、福州—武汉—成都、福州—青岛—沈阳等多条航线。榕台交流取得新突破，福州市成为两岸三通客运包机直航点。全年对台直航集装箱吞吐量26.99万标箱，增长9.1%，"两马交流"客运直航1383航次，"两马交流"旅客吞吐量9.12万人次，增长26.3%。全市港口货物吞吐量8094.11万吨，增长20.8%，其中外贸货物吞吐量2822.50万吨，增长80.6%。集装箱吞吐量122.27万标箱，增长3.9%；旅客吞吐量9.12万人次，增长26.3%。公路总里程9774.74公里，其中高速公路267.82公里。

大力加强信息产业建设，全年完成邮电业务收入82.81亿元，增长57.2%，其中邮政业务收入7.85亿元，增长4.8%。年末程控交换机总容量392万门，电话用户246.96万户，下降10%；移动电话用户619.20万户，增长17.2%，其中，中国电信53.79万户，中国移动480万户，中国联通85.41万户。年末共有IC卡公用电话1.99万部，其中市区1.29万部；全市电话普及率38.8%，其中市区64.3%。网络信息技术普及，覆盖面广。全市因特网用户73.81万户，增长22.8%，宽带网用户69.30万户，增长30.0%。

金融、证券和保险

全市金融机构本外币存款平稳增长，金融机构本外币各项存款余额4919.10亿元，增长22.2%；金融机构本外币各项贷款余额4246.14亿元，增长32.5%。在各项贷款中，短期贷款增速大于中长期贷款，个人消费贷款增势明显。年末中长期贷款余额2540.25亿元，增长25.6%；中长期贷款个人消费贷款余额753.43亿元，增长38.9%，其中个人住房贷款667.81亿元，增长40.8%；短期贷款余额1379.73亿元，增长43.9%。共有3家外资金融机构在福州设立分行。

证券市场繁荣，期货市场红火。全市共有上市公司19家，总市值3038.91亿元，增长172.7%，证券公司2家，证券营业部60家，股民资金开户总数119.70万户，增长13.0%，其中新开户数13.76万户。全市证券、期货市场得到较大发展，交易市场更加活跃。全年股票、基金交易额21293.60亿元，增长124.1%；共有期货营业部22家，期货交易额10662.76亿元，增长69.9%。

保险业发展迅速，业务量明显增加。全市保险业务保费收入91.32亿元，增长14.4%，其中：财产险保费收入23.11亿元，增长15.0%，人身险保费收入68.21亿元，增长14.2%。保费业务赔款及给付支出25.42亿元，增长3.5%，其中财产险赔款支出12.97亿元，人身险赔款支出2.76亿元，年金给付2.26亿元，满期给付5.60亿元，死伤医疗给付1.83亿元。共有各类保险公司营业网点116个，保险专业中介主体57个，8家外资保险机构在福州设立分支机构和代表处。

教育、文化

义务教育免除学杂费等政策全面落实，职业教育加快发展，民办教育、学前教育规范化管理得到加强，农民工子女入学难问题等一批教育热点问题得到有效解决。全市拥有高等学校34所，在校生26.56万人，其中研究生1.43万人；高职高专院校20所；中等职业技术学校71所，在校生14.86万人；高中124所，在校生12.49万人；初中328所，在校生25.50万人；小学1350所，在校生44.63万人。共有市级示范园34所；省级达标中学60所，其中一级达标中学12所，高中阶段毛入学率98.2%。拥有民办小学35所，民办普通中学51所，民办高校14所，民办高校在校生5.94万人。

文化建设步伐加快。福州市成功举办庆祝新中国成立60周年大型文艺活动，群众性文化活动蓬勃开展，闽都文化品牌效应日益凸显。电视剧《郑和下西洋》等一批文艺创作精品获得国家"五个一工程"奖等大奖；《妙音鸟》在"中国江南文化节·江南舞蹈赛"上，荣获我省仅有的2个专业组铜奖之一；在第七届中国音乐"金钟奖"声乐比赛（福建赛区选拔赛）上荣获民族组和流行组金奖。完成二梅书屋、林聪彝故居等全国重点文物保护单位修复工作，"三坊七巷"入选中国十大历史文化名街。拥有文化馆13个，艺术表演团体19个，艺术表演团体演出4896场次。全市拥有广播电台2座，广播节目17套，广播综合人口覆盖率98.1%；电视台2座，电视节目16套，电视综合人口覆盖率98.6%。拥有有线电视用户133.79万户，增长4.7%，有线电视入户率68.8%；行政村有线广播电视联网率85.4%；数字电视用户12.55万户，数字电视入户率6.5%，分别增长23.4%和21.7%。全年出版图书2800种，7800万册；报纸27种，48000万份；各类杂志132种，2900万册；录音制品出版种数65种，录音制品出版数70万（盒）张；录像制品出版种数500种，录像制品出版数1800万（盒）张；电子出版种数40种，电子出版物出版数20万张。共有群艺馆2个；博物馆、纪念馆17个，收藏文物24.60万件；公共图书馆15个，总藏书513万册。

卫生、体育

卫生服务体系逐步完善，社会救助、社会慈善事业加快发展，市红十字会获得全国红十字会先进单位称号。市二医院急救中心大楼、传染病院新病房大楼、儿童医院门诊裙楼投入使用，改造提升25所社区卫生服务中心和25所乡镇卫生院，甲型H1N1流感等重大疾病得到有效控制。城镇职工和居民基本医疗保险累计参保率96.2%，新型农村合作医疗参合率95.3%。卫生机构1899个，其中医院82个；卫生机构床位2.34万张，其中医院床位1.86万张；专业卫生技术人员32356人，其中医生13413人；每千人拥有医院床位2.70张、医生1.95人。市区拥有社区卫生服务中心及服务站193家，共有卫生技术人员1874人。共有村卫生所2404家，村卫生技术人员4046人。

体育比赛成绩喜人，全民健身活动蓬勃开展。全市运动健儿在国际蹦床比赛中获得1枚金牌；在第十一届全运会比赛中共获得7枚金牌，其中女子跳高、男子沙滩排球、男子蹦床团体、女子蹦床团体、女子100米蛙泳、女子200米蛙泳、女子200米混合泳各1枚，获得银牌3枚及铜牌5枚。除此之外，在摔跤、举重、跆拳道、田径等各类比赛中也取得较好成绩。成功举办了第七届社区运动会、2009年传统龙舟锦标赛、老年人万人健步行、全国群众登山健身大会暨第四届海峡两岸登山活动、海峡门球赛暨百队千人门球赛、福州市半程马拉松邀请赛、迎国庆全民健身大展示及国民体质进企业进机关进军营进社区等群众性健身活动。全市拥有体育场馆419个，共举行县以上群众性体育竞赛活动92项。

人口、人民生活和社会保障

全市常住总人口687万人，其中市区常住总人口271万人。全市户籍总人口638.33万人，其中市区户籍总人口187.53万人。据人口抽样调查，全市人口出生率11.6‰，人口自然增长率6.1‰。

城乡居民收入稳步增长，居住条件逐步改善。全市在岗职工年平均工资30704元，增长11.6%。据城乡住户抽样调查，全年城镇居民人均可支配收入20289元，增长9.1%，扣除价格因素，实际增长10%；农民人均纯收入7669元，增长7.4%，扣除价格因素，实际增长8.3%。全市居民消费价格指数下降0.8%。据城乡住户抽样调查，全市城镇居民人均现有住房建筑面积30.39平方米，其中市区城镇居民人均现有住房建筑面积27.05平方米；全市农村居民人均住房面积47.48平方米。

着力改善民生，为民办实事项目基本完成。取消公交车空调收费、高龄老人免费乘车等举措受到社会普遍欢迎。社会保障水平进一步提高，市区被征地农民养老保险试点全面展开，城镇职工、居民基本医疗保险待遇得到提高，大学生全部纳入城镇居民基本医疗保险范围。企业职工基本养老保险参保人数96.52万人，领取基本养老保险金的企业离退休人员26.21万人，国有企业下岗职工的基本生活得到保障，企业离退休人员按时足额领到基本养老金，养老金社会化发放率100%。养老、医疗、失业、工伤、生育等社会保险覆盖面不断延伸拓展。参加失业保险的职工80.02万人，领取失业保险金1.49万人。医疗保险参保单位1.76万个，基本医疗保险参保人数87.29万人；生育保险参保单位2.74万个，生育保险参保人数65.6万人；工伤保险参保人数83.31万人。

城镇失业率控制在合理水平，再就业工作打开新局面。城镇登记失业率为3.3%，“4050”人员再就业人数3870人，转移农业富余劳动力就业5.51万人，实现下岗失业人员再就业8934人。全市经工商注册登记的个体工商户11.48万户，增长0.4%，从业人员22.85万人，下降15.4%；私营企业5.02万户，增长9.1%，从业人员49.98万人，增长9.1%。

园林绿化、环境保护

全市创建全国绿化模范城市工作通过国家核查，生态环境质量及城市环境综合整治定量考核成绩持续位居全国前列。全市拥有公园41座，新增公园面积91.46公顷，公园总面积2149公顷；城市园林绿化覆盖面积8324公顷，建成区绿地面积6684公顷，其中新增绿地面积139公顷，建成区绿化覆盖率36.5%。

全市较好完成省里下达的节能减排任务。陶瓷企业改燃气降耗减排、电力企业烟气脱硫改造、绿色照明等重点节能减排工程扎实推进，区域环境噪声、交通噪声均优于国家规定标准。重点流域水环境得到整治，闽江下游河道采砂活动得到清理。全市工业废水排放量5266万吨，下降6.9%，工业废水处理排放达标率94.3%，工业固体废物综合利用率96.0%。市区环境噪声为56.7分贝，市区饮用水源地水质达标率98.1%，城市污水处理率81%，生活垃圾无害化处理率98.1%；市区空气质量优良率96.7%。共有国家级自然生态示范区1个，自然保护区13个，面积(不含海域)812.9平方公里。

基本市情简介

地理位置

福州位于中国东南沿海、福建省东部、闽江下游，东经 118°08～120°31’、北纬 25°15’～26°29’，东濒东海，与台湾一水相望，北、西、南三面分别与宁德市、南平市、三明市、泉州市、莆田市接壤。福州城区东有鼓山、西有旗山、南有五虎山、北有莲花峰，闽江穿城而过，形成“枕山、面海、襟江”的格局。

行政区划与人口

福州是福建省省会，现辖鼓楼、台江、仓山、晋安、马尾 5 个区，闽侯、连江、罗源、闽清、永泰、平潭 6 个县和福清、长乐 2 个县级市。全市总面积 1.2 万平方公里，至 2009 年底，全市共设 43 个街道、99 个镇、47 个乡(含待统一的连江县马祖乡、2 个民族乡)，有 476 个社区居委会、2389 个村委会。2009 末全市常住人口 687 万人，其中市区常住人口 271 万人。

行政沿革

福州历史悠久、源远流长，建城至今已有 2200 多年，是国家历史文化名城。福州建城始于汉高祖五年(公元前 202 年)，越王勾践后裔无诸授封为“闽越王”，兴建“冶城”，开始了福州最早的城垣建设。唐开元十三年(公元 725 年)，因“州西北有福山”，始称“福州”，一直沿用至今。唐末、五代后梁初(公元 901－908 年)，闽王王审知先后扩建“罗城”和南北“夹城”，福州城垣数经扩建，晋代建有；唐代扩建；北宋再建“外城”。将风景秀丽的乌山、于山、屏山圈入城内，故福州亦称“三山”。北宋平时期，太守张伯玉倡导“编户植榕”，令“绿荫满城，暑不张盖”，使福州又有了“榕城”的美称。元代，设“福建行中书省”于福州，福州成为省城。明末，唐王唐王朱聿健入闽称帝，福州又称“福京”。清代，福州设为府治。1946 年，正式设立福州市，1949 年 8 月 17 日福州解放，设福建省省会。

地势、面积

福州市地处戴云山脉的东翼，倚山面海，地势由西北向东南倾斜，沿海岸线曲折，岛屿众多。闽江横贯其中，下游为福州盆地，盆地内部是冲积海积平原，城区位于盆地中央，北部和东部为山地和丘陵，南部是平原。全市土地面积 11968 平方公里，市区面积 1043 平方公里。

气　候

福州地处中低纬度，又濒临太平洋，属亚热带海洋性季风气候，常年温暖湿润，雨量充沛，四季常青。全年无霜期达 326 天，年平均气温在 16～20℃左右，年均日照数为 1700～1980 小时、年均降水量 900～2100 毫米，年相对湿度 77%。风向受地貌影响很大，风速由沿海到山区递减显著，6－9 月为台风季节，最大风力可达 12 级。

河　流

福州水资源总量丰富，流经境内的主要河流有闽江、鳌江、龙江。闽江是全省最大的水系，全长 530 公里，发源于武夷山脉，在水口镇流入福州境内，自西北向东南流经闽清、闽侯、市区、长乐，分别从长门水道和梅花港水道注入东海，在福州境内闽江干流长 150 公里。境内主要支流有梅溪、大樟溪、大目溪等。福州市区水道密布，主要有晋安河、白马河、光明港、安泰河等 30 多条，都与闽江沟通，水质良好。

物产资源

福州地处南亚热带，"枕山、面海、襟江"，环境优美，资源丰富，素有"福海宝地"之称。全市总面积 1.2 万平方公里，山地面积 6667.7 平方公里，耕地面积 13 万公顷；作为中国三大林业基地之一，有林地面积 63 万公顷，活立木蓄积量达 1719 万立方米，森林覆盖率达 54.9%。

福州市地域广阔，物产丰富。粮食作物以水稻为主，一年三熟。主要经济作物有蔬菜、水果、甘蔗、茶叶、蚕桑、花卉等。其中名优水果、蔬菜、食用菌、花卉生产已形成规模与特色。

海域资源

福州襟江带海，港湾、岛屿星罗棋布，浅海、滩涂面积广阔。大陆海岸线长度 920 公里。可供开发的海港资源主要有 20 多处，其中可建万吨泊位的有 10 多处。主要港口有马尾港、罗源湾、福清湾、定海港、琯头港、筹东港、梅花港、松下港、海口港、下垄港、娘宫港、苏澳港、竹屿港等等，其中罗源湾、福清湾是全国少有的深水良港，可建多个 5—10 万吨级泊位，马尾港是福建省最大的港口。

福州沿海大小岛屿有 415 个，其中乡级以上海岛的海岸线长度 390 公里，岛屿排列同海岸线走向基本一致，海岛面积 576 平方公里，约占全省 47%。东部沿海的海坛岛面积 251.4 平方公里，是福建省第一大岛，全国第五大岛。其它较大的岛屿有江阴岛、琅岐岛、粗芦岛、川石岛、大练岛等。

浅海面积 1116 平方公里，滩涂面积 642 平方公里，占全省滩涂总面积的 31%，可供养殖、围垦、晒盐等。

矿产资源

福州蕴藏着丰富的矿产资源，已发现矿产 52 种，444 处，探明储量 21 种 129 处。主要有叶腊石、石英砂、花岗石、高岭土、明矾石等。不仅储量多，而且品位高、分布广、埋藏浅，有相当大的经济价值。其中叶腊石储量居全国首位，其质最佳者首推寿山田黄石，脂润多彩，易于篆刻，价比黄金，挖称"石中之王"。

地热资源分布广、蕴藏量大，水温高，水质好，是全国三大温泉之一；已发现地热点 34 处，以福州市区的地热经济价值最大，水温 40—60℃的有 18 处，井口水温最高 97℃，可供沐浴、医疗以及农作物栽培、水产养殖等。

旅游资源

福州山青水秀、风光绮丽，名山、名寺、名园、名居繁多，独具滨江滨海和山水园林旅游城市风貌，是闻名遐迩的旅游胜地，2001 年被评为中国优秀旅游城市。目前，福州拥有鼓山、平潭海坛风景区、青云山、十八重溪等 4 个国家重点风景名胜区和青云山、石竹山、福州国家森林公园等 3 个国家 4A 级旅游风景区，著名的历史古迹有 150 多处。其中，林则徐墓、华林寺大殿、乌塔、鼓山摩崖石刻、马江海战纪念馆、马尾船政遗址、福清弥勒岩、闽侯县石山文化遗址、罗源陈太尉宫、三坊七巷等已被列为国家重点文化保护单位；近年来，福州还新建了闽江公园、金山公园、船政文化主题公园、金牛山公园、乌龙江湿地公园、温泉公园、光明港公园等 10 多个各具特色的生态休闲公园，为广大群众休闲度假提供了宜居、休闲的良好环境。

1—1　行政区划

（2009年末）

县（市）区	土地面积（平方公里）	街道、乡（镇）数（个）				村（居）委会数（个）		
		合计	街道	镇	乡	合计	社区居委会	村委会
总　计	**11968**	**189**	**43**	**99**	**47**	**2865**	**476**	**2389**
市　区	1043	46	31	13	2	598	321	277
鼓楼区	35	10	9	1		78	78	
台江区	18	10	10			73	73	
仓山区	142	13	8	5		183	81	102
晋安区	567	9	3	4	2	189	76	113
马尾区	281	4	1	3		75	13	62
八县（市）	10745	143	12	86	45	2267	155	2112
福清市	1518	24	7	17		474	36	438
长乐市	658	18	4	12	2	252	21	231
闽侯县	2136	15	1	8	6	319	23	296
连江县	1168	23		16	7	270	28	242
罗源县	1187	11		6	5	194	6	188
闽清县	1466	16		11	5	291	20	271
永泰县	2241	21		9	12	264	10	254
平潭县	371	15		7	8	203	11	192

1—2 国民经济和社会发展总量和速度指标

项　　目	单　位	总量指标					
		1990 年	1995 年	2000 年	2005 年	2008 年	2009 年
人口与就业							
年末户籍总人口	万人	535.30	562.27	589.23	614.84	635.95	638.33
#市区人口	万人	129.24	137.52	148.49	176.11	186.68	187.53
社会从业人员	万人	245.83	280.45	293.62	330.00	364.00	365.73
#城镇单位职工人数	万人	75.79	82.40	68.42	80.95	92.54	94.62
城镇私营个体从业人员	万人	6.19	9.67	21.30	37.19	55.56	50.26
国民经济核算							
地区生产总值	亿元	102.40	464.14	876.39	1491.40	2355.67	2604.04
第一产业	亿元	29.41	98.52	135.18	174.78	236.49	242.00
第二产业	亿元	41.21	167.19	378.89	670.80	977.30	1108.19
#工　业	亿元	34.50	130.01	321.15	564.20	791.24	891.64
建筑业	亿元	6.71	37.18	57.74	106.60	186.06	216.55
第三产业	亿元	31.78	198.44	362.32	645.82	1141.88	1253.85
人均地区生产总值	元	1936	8219	14841	22529	34668	38015
工农业							
农林牧渔业总产值	亿元	42.48	159.46	217.42	290.79	402.31	410.88
全部工业总产值	亿元	137.28	506.82	1123.85	2209.99	3584.58	3965.65
#规模以上工业总产值	亿元			750.11	1860.18	3276.52	3634.66
固定资产投资							
全社会固定资产投资	亿元		174.75	237.53	603.26	1252.71	1646.72
#房地产开发投资	亿元		55.00	75.85	222.03	313.61	361.80
贸　易							
社会消费品零售总额	亿元	45.28	133.27	351.77	664.55	1144.64	1338.64

2009年为以下各年(%)					平均增长速度(%)			
1990年	1995年	2000年	2005年	2008年	1991—2009年	1996—2009年	2001—2009年	2006—2009年
119.25	113.53	108.33	103.82	100.37	0.93	0.91	0.89	0.94
145.10	136.37	126.29	106.48	100.46	1.98	2.24	2.63	1.58
148.77	130.41	124.56	110.83	100.48	2.11	1.91	2.47	2.60
124.84	114.83	138.29	116.89	102.25	1.17	0.99	3.67	3.98
811.95	519.75	235.96	135.14	90.46	11.65	12.49	10.01	7.82
1647.43	570.95	284.17	167.38	113.00	15.89	13.25	12.30	13.74
299.56	190.84	128.00	111.44	104.80	5.94	4.72	2.78	2.74
2288.34	716.07	296.63	161.43	114.80	17.91	15.10	12.84	12.72
2484.97	756.78	294.34	158.63	113.70	18.42	15.55	12.74	12.23
1296.83	467.86	307.77	176.24	120.00	14.44	11.65	13.30	15.22
2144.19	582.42	332.79	188.70	112.90	17.51	13.41	14.29	17.20
1391.19	510.17	265.46	162.43	112.10	14.86	12.34	11.46	12.89
382.94	211.08	143.30	121.89	105.40	7.32	5.48	4.08	5.07
3785.43	1115.38	412.98	194.28	113.60	21.08	18.80	17.07	18.06
		535.79	203.26	114.50			20.50	19.40
	942.35	693.28	272.97	131.45		17.38	24.00	28.54
	657.82	477.00	162.95	115.37		14.40	18.96	12.98
2956.60	1004.46	380.55	201.44	116.95	19.51	17.91	16.01	19.13

1—2 续表1

项　　目	单　位	总量指标					
		1990年	1995年	2000年	2005年	2008年	2009年
价格指数							
商品零售价格指数(以上年为100)	%	101.7	115.0	98.6	101.1	104.4	99.2
居民消费价格指数(以上年为100)	%	102.4	118.2	101.7	102.6	104.4	98.5
对外经贸							
进出口总额	亿美元	3.23	23.50	51.18	136.89	203.24	178.60
#出口总额	亿美元	2.34	15.67	27.29	86.72	135.88	120.12
进口总额	亿美元	0.89	7.82	23.89	50.17	67.37	58.48
新批外资项目	项	233.00	678.00	295.00	326.00	155.00	144.00
合同外资金额	亿美元	2.74	32.27	9.55	11.66	14.89	12.30
实际利用外资(历史可比口径)	亿美元	1.02	11.25	8.01	16.00	21.30	22.96
财政金融							
财政总收入	亿元		37.84	74.89	195.45	288.21	325.44
财政一般预算收入	亿元	10.94	25.82	55.35	127.68	168.86	195.26
财政一般预算支出	亿元	8.28	27.45	54.04	118.99	178.20	205.09
金融机构存款年末余额	亿元	85.41	397.14	1033.85	2375.75	3858.76	4740.58
#居民储蓄存款	亿元	51.85	231.94	484.47	1155.04	1709.90	2047.60
金融机构贷款年末余额	亿元	67.72	236.08	883.05	1772.78	3078.22	4054.36
银行现金收入	亿元	146.54	969.89	4883.92	6499.64	6322.69	5972.27
银行现金支出	亿元	133.49	947.43	4887.29	6481.51	6280.13	5931.81
交通邮电							
货运总量(发送量)	万吨	1230.00	8166.00	9744.00	10175.00	14892.57	14321.65
客运总量(发送量)	万人	3396.00	9529.00	8023.00	10320.00	11254.62	14837.54
沿海港口货物吞吐量	万吨	615.00	1099.00	2425.00	7443.00	6702.59	8094.11

2009年为以下各年(%)					平均增长速度(%)			
1990年	1995年	2000年	2005年	2008年	1991—2009年	1996—2009年	2001—2009年	2006—2009年
5533.18	760.13	348.94	130.47	87.88	23.52	15.59	14.90	6.87
5142.12	766.40	440.09	138.51	88.41	23.04	15.66	17.90	8.49
6557.52	747.55	244.80	116.56	86.80	24.63	15.45	10.46	3.91
61.80	21.24	48.81	44.17	92.90	−2.50	−10.48	−7.66	−18.48
449.40	38.12	128.82	105.49	82.59	8.23	10.03	2.85	1.34
2246.58	204.08	286.69	143.50	107.77	17.80	5.23	12.41	9.45
	860.14	434.56	166.51	112.92		16.62	17.73	13.59
1784.04	756.21	352.75	152.93	115.63	16.38	15.55	15.03	11.20
2476.45	747.07	379.49	172.36	115.09	18.40	15.45	15.97	14.58
5550.35	1193.68	458.54	199.54	122.85	23.54	19.38	18.44	18.85
3948.78	882.82	422.65	177.28	119.75	21.35	16.83	17.37	15.39
5987.36	1717.37	459.13	228.70	131.71	24.03	22.52	18.45	22.98
4075.42	615.77	122.28	91.89	94.46	21.55	13.86	2.26	−2.09
4443.57	626.10	121.37	91.52	94.45	22.10	14.00	2.18	−2.19
1164.36	175.38	146.98	140.75	96.17	13.79	4.09	4.37	8.92
436.91	155.71	184.94	143.77	131.84	8.07	3.21	7.07	9.50
1316.12	736.50	333.78	108.75	120.76	14.53	15.33	14.33	2.12

1－2　续表2

项　　目	单　位	总量指标					
		1990年	1995年	2000年	2005年	2008年	2009年
人民生活							
城镇单位职工平均工资	元	2128	5827	11199	18314	27521	30704
城镇居民人均可支配收入	元	1537	4896	7944	12661	19009	20289
城镇居民人均消费性支出	元	1381	4021	6009	8382	13541	14105
城市居民人均可支配收入	元	1931	5485	8300	12757	19140	20748
城市居民人均消费性支出	元	1648	4513	6417	8428	13662	14575
农民人均纯收入	元	864	2303	3860	5197	7142	7669
农民人均消费性支出	元	765	1818	2920	3503	5080	5502
教育文化卫生							
普通高等学校数	所	12	12	13	36	34	34
普通高等学校在校学生数	人	28188	34162	65737	194073	250281	265682
普通高等学校专任教师数	人	4329	4047	4754	12698	14786	15763
中等职业技术学校数	所	42	44	45	95	84	71
中等职业技术学校在校学生数	人	21551	36973	53916	122728	129107	148631
中等职业技术学校专任教师数	人	2303	2610	2572	5045	4648	4641
图书出版量	万册	15812	16943	17601	9499	7800	7800
杂志出版量	万份	3123	4120	4396	2757	2800	2900
卫生机构数	个	1208	1067	1633	1675	1988	1899
#医院、卫生院	个	198	199	242	240	207	216
卫生技术人员数	人	23953	24180	23034	25203	29496	32356
#医　生	人	9330	10275	10639	11056	12619	13413
卫生机构床位数	张	16267	17137	19125	19425	22178	23389
#医　院	张	13557	14760	16686	14667	17303	18579

2009年为以下各年(%)					平均增长速度(%)			
1990年	1995年	2000年	2005年	2008年	1991—2009年	1996—2009年	2001—2009年	2006—2009年
1442.86	526.93	274.17	167.65	111.57	15.08	12.60	11.86	13.79
1320.04	414.40	255.40	160.25	109.10	14.55	10.69	10.98	12.51
1021.36	350.78	234.73	168.28	106.60	13.01	9.38	9.94	13.90
1074.47	378.27	249.98	162.64	108.40	13.31	9.97	10.72	12.93
884.41	322.96	227.13	172.94	106.68	12.16	8.73	9.54	14.68
887.62	333.00	198.68	147.57	107.38	12.18	8.97	7.93	10.22
719.22	302.64	188.42	157.07	108.31	10.94	8.23	7.29	11.95
283.33	283.33	261.54	94.44	100.00	5.63	7.72	11.27	—1.42
942.54	777.71	404.16	136.90	106.15	12.53	15.78	16.77	8.17
364.13	389.50	331.57	124.14	106.61	7.04	10.20	14.25	5.55
169.05	161.36	157.78	74.74	84.52	2.80	3.48	5.20	—7.02
689.67	402.00	275.67	121.11	115.12	10.70	10.45	11.93	4.90
201.52	177.82	180.44	91.99	99.85	3.76	4.20	6.78	—2.07
49.33	46.04	44.32	82.11	100.00	—3.65	—5.39	—8.65	—4.81
92.86	70.39	65.97	105.19	103.57	—0.39	—2.48	—4.52	1.27
157.20	177.98	116.29	113.37	95.52	2.41	4.20	1.69	3.19
109.09	108.54	89.26	90.00	104.35	0.46	0.59	—1.25	—2.60
135.08	133.81	140.47	128.38	109.70	1.60	2.10	3.84	6.45
143.76	130.54	126.07	121.32	106.29	1.93	1.92	2.61	4.95
143.78	136.48	122.30	120.41	105.46	1.93	2.25	2.26	4.75
137.04	125.87	111.34	126.67	107.37	1.67	1.66	1.20	6.09

1—3 各个计划时期主要经济指标总量

项　　目	单　位	"一五"时　期	"二五"时　期	1963～1965年	"三五"时　期
1.地区生产总值	亿元	16.73	26.69	16.59	30.74
第一产业	亿元	6.70	7.46	5.94	10.82
第二产业	亿元	3.32	9.38	4.12	9.16
第三产业	亿元	6.71	9.86	6.53	10.80
2.工农业总产值	亿元	14.50	29.46	19.48	43.15
农林牧渔业总产值	亿元	7.74	10.51	8.60	16.56
工业总产值	亿元	6.76	18.95	10.88	26.59
3.财政总收入	亿元	2.23	4.79	1.95	4.20
地方财政收入	亿元	2.23	4.79	1.95	4.20
财政支出	亿元	1.08	2.17	1.26	2.42
金融系统存款年末余额	亿元	1.42	3.93	3.45	3.92
金融系统贷款年末余额	亿元	1.23	4.14	2.94	4.82
居民储蓄存款年末余额	亿元	0.35	0.55	0.70	0.82
4.货物发送量	万吨	391	2628	1453	2457
旅客发送量	万人次		2643	1964	2663
5.社会消费品零售总额	亿元	12.23	18.56	12.05	20.70
6.出口总额	亿美元				
实际利用外资(历史可比口径)	亿美元				

"四五"时　期	"五五"时　期	"六五"时　期	"七五"时　期	"八五"时　期	"九五"时　期	"十五"时　期	"十一五"前四年
42.87	65.26	143.43	372.02	1327.78	3743.34	5943.67	8675.92
13.11	17.91	44.84	108.68	295.78	630.45	750.31	858.87
18.33	29.83	63.49	156.69	501.83	1532.21	2717.48	3653.96
11.43	17.52	35.10	106.66	530.17	1581.68	2475.88	4163.10
57.83	105.71	225.93	642.73	2147.33	5587.42	9565.34	14649.39
19.33	26.17	63.94	157.60	460.37	1009.35	1230.61	1472.57
38.50	79.54	161.99	485.13	1686.96	4578.07	8334.73	13176.82
7.67	10.54	16.98	42.06	94.22	298.15	708.20	1060.02
7.67	10.54	16.98	42.06	94.22	213.19	457.44	663.20
3.98	6.21	11.81	32.88	87.05	215.72	428.17	668.68
5.85	15.12	28.98	85.41	351.44	1033.85	2375.75	4740.58
7.39	13.81	30.29	67.72	203.21	883.05	1772.78	4054.36
1.27	2.99	12.36	51.85	231.94	484.47	1155.04	2047.60
3466	3894	4093	4669	20940	39662	42483	53407
2610	3346	5480	43654	26633	46189	49991	49976
24.70	37.81	72.27	180.29	427.13	1365.78	2552.88	4209.69
	0.02	0.56	5.21	45.72	103.39	272.92	480.75
	0.02	0.41	2.05	29.25	45.59	64.67	77.50

1—4 各个计划时期主要经济指标年平均发展速度

项 目	"恢复"时期 (1950～1952)	"一五"时期 (1953～1957)	"二五" 时 期	1963～ 1965年	"三五" 时 期
1.年末户籍总人口	103.01	102.71	102.46	102.41	101.75
#市区人口	103.61	103.72	102.95	101.31	98.81
2.地区生产总值	119.71	111.20	97.81	112.37	101.10
第一产业	116.58	106.85	92.96	116.75	100.15
第二产业	133.76	113.94	104.98	115.10	106.37
第三产业	121.74	109.89	108.52	105.66	97.79
人均地区生产总值	116.75	108.36	95.55	109.57	99.54
3.农林牧渔业总产值	114.41	107.15	97.05	114.45	101.15
全部工业总产值	126.76	116.38	108.03	119.24	108.39
4.地方财政收入	393.50	114.20	111.06	101.67	105.39
地方财政支出		113.47	101.20	107.15	110.05
金融系统存款年末余额	162.05	122.45	122.52	95.72	102.60
金融系统贷款年末余额	132.57	158.86	127.47	89.22	110.39
居民储蓄存款年末余额	361.59	131.69	109.53	108.64	103.30
5.社会消费品零售总额	124.29	114.30	107.83	98.80	100.45
6.出口总额					
实际利用外资额(历史可比口径)					
7.职工平均工资			98.31	103.76	98.67
城镇居民人均可支配收入	111.02	107.89	102.02	105.45	103.15
城市居民人均可支配收入	110.76	107.92	102.00	103.25	103.17
农民人均纯收入	105.38	102.42	104.43	108.00	104.86

"四五"时期	"五五"时期	"六五"时期	"七五"时期	"八五"时期	"九五"时期	"十五"时期	"十一五"前四年
102.69	101.93	101.68	101.83	100.99	100.94	100.85	100.94
102.08	102.14	102.04	101.67	101.25	101.55	103.47	101.58
105.41	112.35	114.04	111.07	123.62	114.98	110.99	113.74
98.57	111.59	108.06	116.53	109.43	108.32	102.81	102.74
112.39	113.38	116.72	106.53	126.16	119.27	113.72	112.72
105.67	111.54	115.22	113.65	129.77	111.84	110.67	117.20
102.41	110.09	112.14	109.23	122.22	113.95	110.33	112.89
99.34	107.80	109.39	108.63	112.66	108.06	103.29	105.07
112.01	111.10	117.18	119.88	127.68	121.99	116.28	118.06
104.74	109.92	114.25	116.32	118.73	118.73	118.20	111.20
105.27	110.36	122.04	116.16	127.08	114.51	117.07	114.58
108.31	120.93	113.90	124.13	132.69	128.91	118.11	118.85
108.91	113.33	117.02	117.45	124.58	141.61	114.96	122.98
109.06	118.64	132.81	133.22	134.93	119.24	118.98	115.39
106.18	113.64	113.97	117.38	124.10	121.42	113.50	119.13
		176.85	175.98	146.33	121.42	126.01	108.49
		155.92	146.03	161.56	93.43	114.84	109.45
101.72	102.49	108.86	115.00	122.32	113.96	110.34	113.79
103.11	103.22	116.64	117.78	126.08	110.16	109.77	112.51
103.18	103.19	117.14	118.23	123.22	108.64	108.98	112.93
95.56	106.62	125.66	115.35	121.66	110.88	106.13	110.22

1—5 国民经济主要结构指标

单位:%

项 目	1995年	2000年	2005年	2006年	2007年	2008年	2009年
地区生产总值产业结构							
第一产业	21.23	15.43	11.72	10.44	10.06	10.04	9.29
第二产业	36.02	43.23	44.98	42.74	41.76	41.49	42.56
第三产业	42.75	41.34	43.30	46.82	48.18	48.47	48.15
工农业总产值结构							
农林牧渔业	23.93	16.21	11.63	10.96	10.10	10.09	9.39
工 业	76.07	83.79	8.37	89.04	89.90	89.91	90.61
农林牧渔业总产值结构							
#农 业	31.53	28.44	27.78	28.22	26.55	21.97	26.61
林 业	3.45	3.19	2.19	2.21	2.21	1.72	2.48
牧 业	17.25	18.15	17.56	16.11	15.38	12.54	14.17
渔 业	47.77	50.22	51.94	52.92	51.68	41.21	52.76
工业总产值轻重工业结构							
轻工业	58.41	43.88	38.93	39.70	40.14	39.84	40.48
重工业	41.59	56.12	61.07	60.30	59.86	60.16	59.52
工业总产值经济类型结构							
#国 有	15.47	6.80	6.05	6.05	6.49	6.13	7.14
集 体	27.59	4.99	1.52	1.52	1.43	1.12	1.09
外商及港澳台投资	45.21	70.15	59.95	59.95	55.90	54.16	50.91
全社会固定资产投资额结构							
#房地产开发投资	21.47	31.93	36.80	41.13	34.60	24.81	21.97
海关货物进出口总额结构							
出 口	66.71	53.39	63.35	64.52	66.04	66.79	67.26
进 口	33.29	46.61	36.65	36.65	33.96	33.21	32.74

注:工业总产值中主要比例关系2000年起为规模以上工业的比例。

1—6　主要经济指标人均值

项　　目	单　位	1995 年	2000 年	2005 年	2006 年	2007 年	2008 年	2009 年
1.地区生产总值	元	8219	14841	20292	25216	30130	34668	38015
2.工农业总产值	元	11133	22069	40854	46207	54694	62614	68690
农林牧渔业总产值	元	2853	3709	4750	5063	5524	6354	6449
工业总产值	元	8280	18360	36104	41144	49170	56260	62241
3.全社会固定资产投资额	元	3127	4052	9855	11835	15984	19726	25845
4.社会消费品零售总额	元	2385	5998	10857	12590	15121	18079	21010
5.进出口总额	美元	420	874	2236	2546	2975	3214	2803
出口总额	美元	280	466	1417	1643	1965	2146	1885
进口总额	美元	140	408	820	903	1011	1067	918
实际利用外资额	美元	201	137	261	262	272	336	360
6.财政总收入	元	677	1278	3193	3809	3951	4552	5108
地方财政收入	元	462	944	2086	2465	2339	2667	3065
财政支出	元	491	922	1941	2300	2284	2779	3219
居民储蓄存款余额	元	4150	8265	18870	21193	21963	27007	32137
银行现金收入	元	17354	83488	106182	113643	122366	99864	93736
银行现金支出	元	16952	83375	105886	113244	121701	99192	93101
7.职工平均工资	元	5827	11199	18314	20666	23950	27521	30704
城镇居民人均可支配收入	元	4896	7944	12661	14206	16642	19009	20289
城镇居民人均消费性支出	元	4021	6009	8382	9595	11790	13541	14105
城市居民人均可支配收入	元	5485	8300	12757	14321	16765	19140	20748
城市居民人均消费性支出	元	4513	6417	8428	9671	11892	13662	14575
农民人均纯收入	元	2303	3860	5197	5577	6286	7142	7669

注：本表实际利用外资额为历史可比口径。

1—7 平均每天主要社会经济活动

项　　目	单　位	1995 年	2000 年	2005 年	2006 年	2007 年	2008 年	2009 年
1.地区生产总值	万元	12716	24011	40860	46217	55597	64539	71344
2.工农业总产值	万元	18254	36747	68515	78335	93884	109230	11257
工业总产值	万元	13885	30790	60548	69752	84401	98208	108648
农林牧渔业总产值	万元	4369	5957	7967	8583	9483	11022	11257
3.全社会固定资产投资	万元	4788	6508	16528	20064	27437	34216	45116
4.社会消费品零售总额	万元	3651	9637	18207	21343	25955	31360	36675
5.进出口总额	万美元	644	1402	3750	4316	5107	5575	4893
出口总额	万美元	429	748	2376	2785	3373	3723	3291
进口总额	万美元	215	654	1375	1532	1735	1846	1602
实际利用外资额	万美元	308	219	438	444	466	584	629
6.财政总收入	万元	1037	2052	5355	6458	6783	7896	8916
地方财政收入	万元	707	1517	3498	4179	4015	4626	5350
财政支出	万元	752	1481	3256	3899	3921	4821	5619
银行现金收入	万元	26572	134080	178072	192661	210040	173224	163624
银行现金支出	万元	25957	133898	177576	191984	208954	172058	162515
7.货运总量(发送量)	吨	223726	200493	278767	316493	346329	408016	392374
客运总量(发送量)	人	261068	247205	282740	319178	335178	308346	406508
沿海港口货物吞吐量	吨	30110	66438	203918	242400	176247	183633	221756
8.出生人数	人	262	338	151	175	191	295	164
死亡人数	人	72	111	59	73	79	102	58

注:本表实际利用外资额为历史可比口径。

1—8　主要年份工农业总产值

单位：万元

年　份	工农业总产值	农林牧渔业总产值	工业总产值	工、农业比重(%) 农林牧渔业	工业
1952	20671	12316	8355	59.58	40.42
1957	36531	18524	18007	50.71	49.29
1962	51236	24505	26731	47.83	52.17
1965	78005	32123	45882	41.18	58.82
1970	106944	39840	67104	37.25	62.75
1975	158379	36946	121433	23.33	76.67
1978	209595	47780	161815	22.80	77.20
1979	243435	62811	180624	25.80	74.20
1980	273649	74270	199379	27.14	72.86
1981	312924	94961	217963	30.35	69.65
1982	351722	113907	237815	32.39	67.61
1983	427093	118985	308108	27.86	72.14
1984	545561	140784	404777	25.81	74.19
1985	622071	170781	451290	27.45	72.55
1986	709704	193788	515916	27.31	72.69
1987	904973	235441	669532	26.02	73.98
1988	1353300	337202	1016098	24.92	75.08
1989	1661737	384783	1276954	23.16	76.84
1990	1797563	424801	1372762	23.63	76.37
1991	2145024	455904	1689120	21.25	78.75
1992	2789324	574779	2214545	20.61	79.39
1993	4165533	798168	3367385	19.16	80.84
1994	5710596	1180238	4530358	20.67	79.33
1995	6662750	1594572	5068178	23.93	76.07
1996	8388792	1775241	6613551	21.16	78.84
1997	9971485	1943061	8028424	19.49	80.51
1998	11438565	2048669	9389896	17.91	82.09
1999	12662639	2152288	10510351	17.00	83.00
2000	13412734	2174225	11238509	16.21	83.79
2001	13780349	2153911	11626438	15.63	84.37
2002	15639899	2210770	13429129	14.14	85.86
2003	18619269	2348379	16270890	12.61	87.39
2004	22606158	2685026	19920952	11.88	88.12
2005	25007792	2907871	22099921	11.63	88.37
2006	28592231	3132626	25459605	10.96	89.04
2007	34267529	3461207	30806322	10.10	89.90
2008	39868889	4023099	35845790	10.09	89.91
2009	43765276	4108816	39656460	9.39	90.61

1—9 主要经济指标占全省的比重

项　　目	单　位	福州市		福建省		福州占福建的比重(%)	
		2009年	2008年	2009年	2008年	2009年	2008年
1.年末常住总人口	万人	687.00	683.00	3627.00	3604.00	18.94	18.95
2.地区生产总值	亿元	2604.04	2355.67	12236.53	10823.11	21.28	21.77
3.农林牧渔业总产值	亿元	410.88	402.31	2001.24	1965.02	20.53	20.47
4.全部工业总产值	亿元	3965.65	3584.58	18681.48	17141.44	21.23	20.91
＃规模以上工业总产值	亿元	3634.66	3276.52	16762.82	15212.81	21.68	21.54
5.全社会固定资产投资额	亿元	1646.72	1252.71	6362.03	5301.69	25.88	23.63
＃房地产开发投资	亿元	361.80	313.61	1136.35	1129.09	31.84	27.78
6.社会消费品零售总额	亿元	1338.64	1144.64	4480.99	3866.69	29.87	29.60
7.进出口总额	亿美元	178.60	203.24	796.49	848.21	22.42	23.96
出口总额	亿美元	120.12	135.88	533.19	569.92	22.53	23.84
进口总额	亿美元	58.48	67.37	263.30	278.29	22.21	24.21
实际利用外资(验资口径)	亿美元	10.32	10.02	57.37	56.72	17.99	17.67
实际利用外资(历史可比口径)	亿美元	22.96	21.30	100.65	100.26	22.81	21.24
8.财政总收入	亿元	325.44	288.21	1694.63	1516.51	19.20	19.00
地方财政收入	亿元	195.26	168.86	932.43	833.40	20.94	20.26
9.金融机构存款年末余额	亿元	4720.58	3858.76	14702.34	11804.40	32.11	32.69
＃居民储蓄存款	亿元	2047.60	1709.80	7078.81	5861.17	28.93	29.17
金融机构贷款年末余额	亿元	4054.36	3078.22	12360.32	9585.92	32.80	32.11
10.在岗职工人数	万人	94.62	92.54	452.76	441.58	20.90	20.96
城镇个私劳动者	万人	50.26	55.56	319.57	263.33	15.73	21.10
11.高等学校在校学生数	万人	26.57	25.03	60.63	56.26	43.82	44.49
中等职业学校在校学生数	万人	14.86	12.91	54.00	49.83	27.52	25.91
12.客运量(发送量)	万人	14838	11255	76121	72742	19.49	15.47
货运量(发送量)	万吨	14322	14893	58231	57254	24.59	26.01
沿海港口货物吞吐量	万吨	8094	6703	30542	27070	26.50	24.76
13.人均地区生产总值	元	38015	34668	33840	30122		
职工平均工资	元	30704	27521	28666	25702		
城镇居民人均可支配收入	元	20289	19009	19577	17961		
农民人均纯收入	元	7669	7142	6680	6196		

主要统计指标解释

当年价格　指报告期的实际价格，如工厂的出厂价格，农产品的收购价格，商业的零售价格等。按当年价格计算，是指一些以货币表现的物量指标如工农业总产值、国内生产总值等，按照当年的实际价格来计算总量。使用当年价格计算的数字，是为了使国民经济各项指标相互衔接，便于考察当年经济效益，便于对生产和流通、生产和分配、生产和消费进行经济核算的综合平衡。

按当年价格计算的价值指标，在不同年份之间进行对比时，因为包含有各年间价格变动因素，不能确切反映实物量的增减变动。必须消除价格变动因素后，才能真实反映经济发展动态。因此，在计算增长速度时都使用按可比价格计算的数字。

可比价格　指在不同时期的价值指标对比时，扣除了价格变动的因素，以确切反映物量的变化。按可比价格计算有两种方法：一种是直接用产品产量乘某一年的不变价格计算；另一种是用价格指数换算。

不变价格　指用同类产品的年平均价格作为固定价格，来计算各年产品价值。按不变价格计算的产品价值扣除了价格变动因素，不同时期对比可以反映生产的发展速度。新中国成立后，随着工农业产品价格水平的变化，国家统计局先后五次制定了全国统一的工业产品不变价格和农业产品不变价格。从 1949 年到 1957 年使用 1952 年工（农）业产品不变价格，从 1957 年到 1971 年使用 1957 年不变价格，从 1971 年到 1981 年使用 1970 年不变价格，从 1981 年到 1990 年使用 1980 年不变价格，从 1990 年开始使用 1990 年不变价格。

平均每年增长速度　计算平均增长速度有两种方法。一种是习惯上经常使用的"水平法"，又称几何平均法，是以间隔期最后一年的水平同基期水平对比来计算平均每年增长（或下降）速度。另一种是"累计法"，又称代数平均法或方程法，是以间隔期内各年的总和同基期水平对比来计算平均每年增长（或下降）速度。

在一般正常情况下，两种方法计算的平均每年增长速度比较接近，但在经济发展不平衡，出现大起大落时，两种方法计算的结果差别较大。

本《年鉴》内所列的平均每年增长速度，均用"水平法"计算。从某年到某年平均增长速度的年份，均不包括基数年在内。如改革开放三十年的平均增长速度是以 1978 年为基期计算的，则写为 1979－2008 年平均增长速度，余类推。

各个计划时期　表内所用各个"时期"代表的年份如下：恢复时期为 1950 年到 1952 年；第一个五年计划时期（简称一五时期）为 1953 年到 1957 年；第二个五年计划时期（简称二五时期）为 1958 年到 1962 年；第三个五年计划时期（简称三五时期）为 1966 年到 1970 年；第四个五年计划期（简称四五时期）为 1971 年到 1975 年；第五个五年计划时期（简称五五时期）为 1976 年到 1980 年；第六个五年计划时期（简称六五时期）为 1981 年到 1985 年；第七个五年计划（简称七五时期）为 1986 年到 1990 年；第八个五年计划时期（简称八五时期）为 1991 年到 1995 年；第九个五年计划时期（简称九五时期）为 1996 年到 2000 年；第十个五年计划时期（简称十五时期）为 2001 年到 2005 年；第十一个五年计划（简称十一五时期）为 2006 年到 2010 年。

国民经济行业分类　在统计工作中为取得分行业的数据资料并统一分类和编码，正确反映国民经济各行业的结构和发展状况，便于研究国民经济的各项比例关系，而制定的国民经济行业划分标准。按现行统计制度规定，我国行业划分为 20 大类，排列顺序如下：

（1）农、林、牧、渔业；（2）采矿业；（3）制造业；（4）电力、燃气及水的生产和供应业；（5）建筑业；（6）交通运输、仓储和邮政业；（7）信息转输、计算机服务和软件业；（8）批发和零售业；（9）住宿和餐饮业；（10）金融业；（11）房地产业；（12）租赁和商务服务业；（13）科学研究、技术服务和地质勘查业；（14）水利、环境和公共设施管理业；（15）居民服务和其他服务业；（16）教育；（17）卫生、社会保障和社会福利业；（18）文化、体育和娱乐业；（19）公共管理和社会组织；（20）国际组织。

三次产业　是根据社会生产活动历史发展的顺序对产业结构的划分，产品直接取自自然界的部门称为第一产业，对初级产品进行再加工的部门称为第二产业，为生产和消费提供各种服务的部门称为第三产业。它是世界上较为通用的产业结构分类，但各国的划分不尽一致。我国的三次产业划分：

第一产业：农林牧渔业（包括种植业、林业、牧业和渔业等）。

第二产业：工业（包括采掘业，制造业，电力、煤气及水的生产和供应业）和建筑业。

第三产业：除第一、第二产业以外的其他各业。由于第三产业包括的行业多、范围广，根据我国的实际情况，第三产业可分为两大部门：一是流通部门，二是服务部门。具体又可分为四个层次。

第一层次：流通部门，包括交通运输业、邮电通讯业、商业饮食业、物资供销和仓储业。

第二层次：为生活服务的部门，包括金融、保险业、房地产业、公用事业、居民服务、旅游业、咨询信息和各类技术服务业等。

第三层次：为提高科学文化和居民素质服务的部门，包括教育、文化、广播电视事业、科研、卫生、体育和社会福利。

第四层次：为社会公共需要服务的部门，包括国家机关、政党、社团以及军队、警察等。

CHAPTER 2 第二篇

国民经济核算

本篇内容包括：

1、主要年份地区收入总值和地区生产总值

2、主要年份地区收入总值和地区生产总值发展指数

3、地区生产总值构成

4、分县（市）区地区生产总值

2—1 总产出中间投入率和增加值率

单位:%

项 目	2000年	2001年	2002年	2003年	2004年	2005年	2006年	2007年	2008年	2009年
总产出中间投入率	**59.5**	**60.4**	**60.0**	**61.6**	**62.5**	**63.6**	**63.7**	**63.4**	**63.2**	**62.6**
第一产业	37.8	38.4	38.5	38.8	39.6	39.9	40.5	41.0	41.2	41.1
第二产业	71.0	71.7	71.8	71.3	72.0	74.3	75.7	76.0	76.0	74.4
工 业	72.3	72.5	72.7	72.3	73.0	74.8	76.6	77.6	77.9	76.2
建筑业	61.8	66.6	65.7	65.5	66.1	71.7	69.7	63.7	63.2	63.3
第三产业	38.5	38.6	40.4	41.5	42.5	45.7	42.7	41.5	40.7	43.4
#交通运输、仓储、邮电通讯业	42.9	42.1	42.9	42.9	44.8	53.7	53.7	54.7	54.8	56.1
批发和零售贸易、餐饮业	36.6	37.0	40.1	39.2	39.8	29.0	19.2	16.2	14.5	26.3
金融保险业	16.7	18.8	37.9	43.1	45.3	54.0	59.0	55.6	55.6	57.7
房地产业	12.8	14.5	16.7	15.2	16.2	18.8	12.3	18.5	14.0	23.3
增加值率	**40.5**	**39.6**	**40.0**	**38.4**	**37.5**	**36.4**	**36.3**	**36.6**	**36.8**	**37.4**
第一产业	62.2	61.6	61.5	61.2	60.4	60.1	59.5	59.0	58.8	58.9
第二产业	29.0	28.3	28.2	28.7	28.0	25.7	24.3	24.0	24.0	25.6
工 业	27.7	27.5	27.3	27.7	27.0	25.3	23.4	22.4	22.1	23.8
建筑业	38.2	33.4	34.3	34.5	33.9	28.3	30.3	36.3	36.8	36.7
第三产业	61.5	61.4	59.6	58.5	57.5	54.3	57.3	58.5	59.3	56.6
#交通运输、仓储、邮电通讯业	57.1	57.9	57.1	57.1	55.2	46.3	46.4	45.4	45.2	43.9
批发和零售贸易、餐饮业	63.4	63.0	59.9	60.8	60.2	71.0	80.8	83.8	85.5	73.7
金融保险业	83.3	81.2	62.1	56.9	54.7	46.1	41.0	44.4	44.4	42.3
房地产业	87.2	85.5	83.3	84.8	83.8	81.2	87.7	81.5	86.0	76.7

2—2 主要年份地区收入总值和地区生产总值

年份	地区收入总值	地区生产总值	第一产业	第二产业	工业	建筑业
1950	14583	14583	7919	2051		
1952	23431	23431	11231	4333	2339	1994
1957	40801	40773	14547	9449	5041	4408
1962	48238	47418	15684	11327	7484	3842
1965	63163	62052	21946	17225	12846	4379
1970	71402	69747	25181	24039	18789	5250
1975	95702	92367	24119	44093	34001	10092
1978	132377	126791	33933	59896	45308	14588
1979	156566	149738	42468	68698	50574	18124
1980	191843	181671	51745	82093	55826	26267
1981	216019	204845	61702	89158	61029	28129
1982	249009	236252	74444	101938	66588	35350
1983	280007	266527	85701	114534	86720	27814
1984	341773	324999	105812	148616	113337	35279
1985	419263	401706	120743	180696	143136	37560
1986	468753	447598	135024	191184	159933	31251
1987	560642	536612	159332	221944	181988	39956
1988	802873	759273	231086	328403	272301	56102
1989	1003215	952773	267303	413194	348904	64290
1990	1109114	1023959	294057	412126	345036	67090
1991	1288784	1188295	317474	511091	407668	103423
1992	1658843	1500027	396097	629221	498552	130669
1993	2641011	2457166	530391	891704	691612	200092
1994	3826271	3490842	728654	1314413	1033673	280740
1995	4955538	4641433	985156	1671910	1300113	371797
1996	6186135	5755810	1108933	2205312	1704501	500811
1997	7303797	6873322	1209896	2674609	2147299	527310
1998	8202002	7766600	1285522	3172875	2536111	636764
1999	8845229	8273850	1348355	3480443	2855006	625437
2000	9253481	8763866	1351819	3788885	3211520	577365
2001	9927560	9432352	1326433	4094302	3469752	624550
2002	10654957	10116906	1360279	4496871	3853609	643262
2003	12207853	11621308	1436978	5489984	4638391	851593
2004	13916177	13352090	1631635	6385658	5395622	990036
2005	15470896	14913998	1747751	6707966	5641988	1065978
2006	17410313	16869271	1761368	7210483	6018520	1191963
2007	20919424	20292767	2042409	8474157	6995548	1478609
2008	24069297	23556710	2364867	9773002	7912404	1860598
2009	26575344	26040448	2420004	11081880	8916393	2165487

单位:万元

第三产业	#运输仓储邮电业	批发零售贸易餐饮业	金融保险业	房地产业	其他服务业	人均地区收入总值(元)	人均地区生产总值(元)
4613						66	66
7867	1507	1814				100	100
16777	3214	3539				153	153
20407	3910	6256				161	158
22881	4383	4976				195	192
20527	3870	5090				204	199
24155	4628	6868				237	229
32962	6369	8652	8181	1791	7969	306	293
38572	7450	10120	9944	2094	8964	355	340
47833	9226	12532	12408	2643	11024	429	406
53985	10422	14158	13939	2987	12479	476	451
59870	11580	15731	16048	3313	13198	538	510
66292	12816	17409	17113	3668	15286	594	565
70571	13626	18510	18454	3832	16149	714	679
100267	20473	27578	26219	5544	20453	858	817
121390	23454	31860	31743	6712	27621	953	910
155336	30013	40770	40604	8723	35226	1117	1069
199784	38601	52436	47648	10688	50411	1537	1453
272276	55618	58833	66381	14785	76659	1935	1838
317776	62100	61317	79921	17265	97173	2097	1936
359730	76580	68167	92864	19904	102215	2375	2190
474709	108374	91788	127291	26266	120990	3055	2763
1035071	229609	266950	201312	73357	263843	4773	4441
1447775	357843	358764	247363	128917	354888	6844	6244
1984367	485195	491104	383274	155118	479676	8776	8219
2441565	660012	685883	278543	161692	655435	10883	10126
2988816	734410	828821	477026	186448	762111	12636	11891
3318203	794626	940001	467615	234067	881894	14078	13330
3445053	848997	976903	425756	253258	940139	15296	14308
3623162	902028	1125373	390780	276047	928934	15670	14841
4011617	977560	1211960	413561	320973	1087563	16666	15835
4259756	1031353	1318678	377195	367755	1164775	17800	16901
4694345	1120000	1418818	451263	447554	1256710	18588	17695
5334798	1274062	1454480	529418	489638	1587200	21149	20292
6458281	1005975	1431160	474732	817981	2728433	23370	22529
7897420	1111982	1569003	679661	1243742	3293032	26024	25216
9776201	1185324	2101842	1039662	1242843	4206530	31061	30130
11418841	1338803	2509668	1368952	1243969	4957449	35422	34668
12538565	1385113	2743899	1555680	1300750	5553123	38796	38015

2—3 主要年份地区收入总值及地区生产总值指数

（以上年为100）

年 份	地区收入总值	地区生产总值	第一产业	第二产业
1952	117.0	117.0	110.2	155.9
1957	112.1	112.1	110.5	105.4
1962	95.8	95.6	105.9	80.3
1965	117.4	117.4	118.2	134.2
1970	107.3	107.2	110.4	120.2
1975	101.5	101.2	94.7	106.3
1978	122.5	122.0	117.9	135.0
1979	114.7	114.5	113.2	114.4
1980	120.8	119.9	117.3	120.5
1981	106.2	106.2	101.4	107.2
1982	111.1	111.1	105.3	113.3
1983	107.5	107.7	104.6	109.6
1984	118.2	118.1	121.1	123.6
1985	126.7	128.5	108.9	131.7
1986	99.5	98.8	107.8	91.6
1987	111.0	111.2	109.3	113.8
1988	126.4	126.0	109.0	147.6
1989	112.7	112.8	110.1	112.9
1990	109.8	108.2	152.1	79.0
1991	113.4	112.2	106.6	119.7
1992	122.0	119.5	111.7	121.0
1993	137.0	140.0	107.2	130.7
1994	124.3	126.1	96.3	142.1
1995	122.7	121.9	127.7	118.8
1996	123.1	122.5	118.9	129.6
1997	116.2	117.8	106.3	121.1
1998	114.8	115.7	108.7	121.1
1999	109.1	109.4	106.6	113.0
2000	109.8	110.0	101.8	112.4
2001	108.5	108.9	100.2	111.4
2002	110.1	110.2	103.9	114.0
2003	113.3	113.6	103.5	119.7
2004	111.6	112.7	103.9	114.9
2005	109.1	110.5	102.6	105.2
2006	112.6	112.5	97.0	108.3
2007	115.7	115.8	104.5	114.2
2008	112.7	113.7	104.9	113.7
2009	112.8	113.0	104.8	114.8

单位：%

					人均地区收入总值	人均地区生产总值
工　业	建筑业	第三产业	#运输仓储邮电业	批发零售贸易餐饮业		
160.0	150.2	118.9	118.9	113.3	114.0	114.0
100.6	111.6	80.2	80.2	73.8	109.7	109.6
86.0	71.1	96.6	96.6	132.2	93.9	93.8
131.1	144.2	106.4	106.4	103.4	114.4	114.8
118.5	126.8	91.7	93.2	94.7	107.2	107.5
109.9	95.6	101.2	101.2	110.4	99.1	98.9
123.4	190.8	108.4	109.4	107.2	119.9	119.6
111.4	123.9	116.1	116.1	116.1	112.7	112.2
111.3	146.1	122.0	121.8	121.8	119.1	118.3
107.9	105.7	110.0	110.0	110.1	104.6	104.7
108.1	124.5	113.5	113.7	113.7	108.9	108.9
126.4	78.0	107.5	107.4	107.4	105.6	105.7
125.2	118.9	106.0	105.9	105.9	116.3	116.4
136.8	115.3	142.7	150.9	149.7	124.6	126.4
96.7	72.0	104.5	98.9	99.7	98.5	97.7
111.6	125.4	108.7	108.7	108.7	108.7	109.0
149.3	140.1	104.5	104.5	104.5	121.5	121.1
112.5	114.6	115.1	121.6	94.7	108.4	113.6
79.0	79.0	138.9	132.0	123.3	112.7	106.1
115.8	138.0	107.6	118.7	105.6	110.5	109.3
124.8	106.1	124.5	130.4	133.8	122.0	119.5
133.1	119.2	179.6	184.8	224.8	135.5	138.6
144.3	130.5	124.0	145.2	120.4	123.0	124.8
118.3	121.7	123.4	127.6	122.5	121.5	120.7
129.6	129.8	115.7	122.8	133.6	122.3	121.7
124.2	103.5	118.3	111.9	115.4	114.3	115.9
121.2	120.3	111.2	107.7	113.6	113.9	114.8
114.8	100.6	105.3	108.3	107.5	109.9	110.2
114.8	93.5	109.2	109.2	115.9	107.5	107.7
111.8	109.3	109.4	107.2	110.4	107.6	107.9
115.7	104.3	108.3	108.0	110.4	109.6	109.7
118.8	125.6	110.8	111.8	108.0	112.6	112.9
115.0	114.3	112.7	115.0	109.5	111.4	112.3
105.0	106.7	119.2	108.9	114.7	108.4	108.9
108.3	108.4	121.0	107.8	109.3	111.4	111.8
113.8	116.4	119.7	100.6	129.4	114.9	115.0
113.2	116.4	115.4	110.8	113.5	111.7	112.7
113.7	120.0	112.9	106.9	114.5	111.9	112.1

2—4 主要年份地区收入总值和地区生产总值指数

（以1952年为100）

单位：%

年份	地区收入总值	地区生产总值	第一产业	第二产业	第三产业	人均地区收入总值	人均地区生产总值
1952	100.0	100.0	100.0	100.0	100.0	100.0	100.0
1957	171.9	170.0	139.3	192.1	160.3	151.4	149.4
1962	156.2	152.2	96.7	244.9	241.3	122.1	119.0
1965	221.7	215.9	153.9	373.5	284.6	160.5	156.5
1970	236.7	228.1	155.1	508.7	254.5	158.5	153.0
1975	310.8	296.8	144.3	912.3	335.3	180.6	172.3
1978	409.2	387.0	188.0	1240.1	408.7	221.7	209.9
1979	469.6	443.1	212.8	1418.9	474.6	249.8	235.6
1980	567.4	531.3	249.6	1709.2	578.9	297.6	278.7
1981	602.5	564.4	253.2	1831.5	636.5	311.5	291.7
1982	669.5	627.2	266.6	2075.0	722.5	339.1	317.8
1983	719.5	675.5	278.8	2274.9	776.5	358.1	336.0
1984	850.3	797.7	337.7	2811.9	823.4	416.6	390.9
1985	1076.9	1024.8	367.7	3703.0	1175.3	519.0	494.1
1986	1071.6	1012.2	396.4	3391.9	1227.8	511.1	482.6
1987	1189.0	1125.9	433.1	3861.2	1335.1	555.7	526.1
1988	1503.4	1418.8	472.0	5699.2	1394.7	675.1	637.2
1989	1694.3	1600.9	519.6	6434.4	1604.6	731.6	724.1
1990	1860.0	1732.2	790.3	5080.6	2229.3	824.9	768.4
1991	2109.8	1943.8	842.1	6080.7	2398.9	911.9	839.9
1992	2574.9	2323.7	940.5	7359.3	2985.5	1112.3	1004.0
1993	3142.6	2777.8	1050.5	8906.8	3715.4	1356.7	1200.0
1994	4305.4	3889.0	1126.1	11641.2	6672.9	1839.0	1662.7
1995	5351.8	4904.0	1084.5	16542.1	8274.5	2262.2	2074.9
1996	6569.2	5978.0	1384.9	19652.0	10210.7	2749.3	2504.3
1997	8089.9	7323.0	1646.6	25469.0	11813.8	3363.5	3046.9
1998	9401.1	8626.5	1750.3	30842.9	13975.7	3843.7	3530.4
1999	10795.1	9980.9	1902.6	37350.8	15540.9	4378.8	4052.7
2000	11779.2	10919.1	2028.2	42206.4	16364.6	4814.1	4467.4
2001	12928.7	12011.0	2064.7	47440.0	17870.2	5174.3	4811.0
2002	14027.6	13080.0	2068.8	52848.1	19550.0	5567.6	5191.1
2003	15449.4	14414.1	2149.5	60246.9	21172.6	6102.1	5694.6
2004	17501.8	16374.5	2224.7	72115.5	23459.2	6870.9	6429.2
2005	19094.5	18093.8	2285.5	75865.5	27963.4	7448.1	7001.4
2006	21500.4	20355.6	2214.1	82162.3	33835.7	8297.1	7827.6
2007	24875.9	23571.7	2313.7	93829.4	40501.3	9533.4	9001.7
2008	28035.2	26801.1	2427.1	106684.0	46783.5	10648.8	10144.9
2009	31623.7	30285.2	2543.6	122473.3	52767.8	11916.0	11372.4

2－5　主要年份地区生产总值构成

单位：%

年　份	地区生产总值	第一产业	第二产业			第三产业
				工　业	建筑业	
1950	100.00	54.30	14.06			31.63
1952	100.00	47.93	18.49	9.98	8.51	33.58
1957	100.00	35.68	23.17	12.36	10.81	41.15
1962	100.00	33.08	23.89	15.78	8.10	43.04
1965	100.00	35.37	27.76	20.70	7.06	36.87
1970	100.00	36.10	34.47	26.94	7.53	29.43
1975	100.00	26.11	47.74	36.81	10.93	26.15
1978	100.00	26.76	47.24	35.73	11.51	26.00
1979	100.00	28.36	45.88	33.77	12.10	25.76
1980	100.00	28.48	45.19	30.73	14.46	26.33
1981	100.00	30.12	43.52	29.79	13.73	26.35
1982	100.00	31.51	43.15	28.19	14.96	25.34
1983	100.00	32.15	42.97	32.54	10.44	24.87
1984	100.00	32.56	45.73	34.87	10.86	21.71
1985	100.00	30.57	44.75	36.00	9.45	24.69
1986	100.00	30.17	42.71	35.73	6.98	27.12
1987	100.00	29.69	41.36	33.91	7.45	28.95
1988	100.00	30.44	43.25	35.86	7.39	26.31
1989	100.00	28.06	43.37	36.62	6.75	28.58
1990	100.00	28.72	40.25	33.70	6.55	31.03
1991	100.00	26.72	43.01	34.31	8.70	30.27
1992	100.00	26.41	41.95	33.24	8.71	31.65
1993	100.00	21.59	36.29	28.15	8.14	42.12
1994	100.00	20.87	37.65	29.61	8.04	41.47
1995	100.00	21.23	36.02	28.01	8.01	42.75
1996	100.00	19.27	38.31	29.61	8.70	42.42
1997	100.00	17.60	38.91	31.24	7.67	43.48
1998	100.00	16.55	40.85	32.65	8.20	42.72
1999	100.00	16.30	42.07	34.51	7.56	41.64
2000	100.00	15.43	43.23	36.65	6.59	41.34
2001	100.00	14.06	43.41	36.79	6.62	42.53
2002	100.00	13.45	44.45	38.09	6.36	42.11
2003	100.00	12.37	47.24	39.91	7.33	40.39
2004	100.00	12.22	47.83	40.41	7.41	39.95
2005	100.00	11.72	44.98	37.83	7.15	43.30
2006	100.00	10.44	42.74	35.68	7.07	46.82
2007	100.00	10.06	41.76	34.47	7.29	48.18
2008	100.00	10.04	41.49	33.59	7.90	48.47
2009	100.00	9.29	42.56	34.24	8.32	48.15

2－6 主要年份第三产业增加值构成

单位:%

年份	第三产业增加值	交通运输仓储和邮政业	批发和零售业	金融保险业	房地产业	其他服务业
1950	100.00					
1952	100.00	19.16	23.06			
1957	100.00	19.16	21.09			
1962	100.00	19.16	30.66			
1965	100.00	19.16	21.75			
1970	100.00	18.85	24.80			
1975	100.00	19.16	28.43			
1978	100.00	19.32	26.25	24.82	5.43	24.18
1979	100.00	19.31	26.24	25.78	5.43	23.24
1980	100.00	19.29	26.20	25.94	5.53	23.05
1981	100.00	19.31	26.23	25.82	5.53	23.12
1982	100.00	19.34	26.28	26.80	5.53	22.04
1983	100.00	19.33	26.26	25.81	5.53	23.06
1984	100.00	19.31	26.23	26.15	5.43	22.88
1985	100.00	20.42	27.50	26.15	5.53	20.40
1986	100.00	19.32	26.25	26.15	5.53	22.75
1987	100.00	19.32	26.25	26.14	5.62	22.68
1988	100.00	19.32	26.25	23.85	5.35	25.23
1989	100.00	20.43	21.61	24.38	5.43	28.15
1990	100.00	19.54	19.30	25.15	5.43	30.58
1991	100.00	21.29	18.95	25.81	5.53	28.41
1992	100.00	22.83	19.34	26.81	5.53	25.49
1993	100.00	22.18	25.79	19.45	7.09	25.49
1994	100.00	24.72	24.78	17.09	8.90	24.51
1995	100.00	24.45	24.75	18.81	7.82	24.17
1996	100.00	27.03	28.09	11.41	6.62	26.84
1997	100.00	24.57	27.73	15.96	6.24	25.50
1998	100.00	23.95	28.33	14.09	7.05	26.58
1999	100.00	24.64	28.36	12.36	7.35	27.29
2000	100.00	24.90	31.06	10.79	7.62	25.64
2001	100.00	24.37	30.21	10.31	8.00	27.11
2002	100.00	24.21	30.96	8.85	8.63	27.34
2003	100.00	23.86	30.22	9.61	9.53	26.77
2004	100.00	23.88	27.26	9.92	9.18	29.75
2005	100.00	15.58	22.16	7.35	12.67	42.25
2006	100.00	14.08	19.87	8.61	15.75	41.70
2007	100.00	12.12	21.50	10.63	12.71	43.03
2008	100.00	11.72	21.98	11.99	10.89	43.42
2009	100.00	11.05	21.88	12.41	10.37	44.29

2—7 各个计划时期地区生产总值平均发展指数

单位：%

年 份	地区生产总值	第一产业	第二产业	工 业	建筑业	第三产业	运输仓储和邮政业	批发和零售业	人均地区生产总值
“一五”时期	111.2	93.0	113.9	113.6	114.3	109.9	109.9	108.0	110.6
“二五”时期	97.8	100.2	105.0	109.6	98.5	108.5	108.5	117.0	94.4
调整时期	113.2	112.8	124.5	119.9	104.5	106.9	105.6	94.3	114.8
“三五”时期	101.1	98.6	106.4	107.3	103.2	97.8	97.5	100.4	99.4
“四五”时期	105.4	111.6	112.4	112.0	113.4	105.7	106.0	108.6	102.4
“五五”时期	112.4	108.1	113.4	110.6	121.2	111.5	111.7	109.7	110.0
“六五”时期	114.0	116.5	116.7	120.4	107.1	115.2	116.5	116.3	113.8
“七五”时期	111.2	109.4	106.5	107.4	102.7	113.7	112.5	105.7	112.3
“八五”时期	126.6	110.2	127.8	129.8	119.1	136.0	146.3	144.4	125.4
“九五”时期	113.2	105.8	116.8	118.7	104.0	110.9	109.3	113.0	112.1
“十五”时期	111.5	103.1	114.2	114.7	110.9	111.0	111.2	107.8	110.9
“十一五”前四年	113.7	102.7	112.7	112.2	115.2	117.2	106.5	116.4	112.9

2—8　2008年地区生产总值项目构成

单位:万元

项　　目	增加值	劳动者报酬	生产税净额	固定资产折　旧	营业盈余
地区生产总值	23556710	12241540	2431571	3312137	5571462
第一产业	2364867	2279295		85572	
第二产业	9773002	4924326	1188548	1163780	2496349
工　业	7912404	3550366	991795	1085837	2284406
建筑业	1860598	1373960	196753	77943	211943
第三产业	11418841	5037919	1243023	2062785	3075113
交通运输、仓储和邮政业	1338803	627623	90325	394055	226801
信息传输、计算机服务和软件业	908148	115383	34892	532150	225723
#软件业	121151	46506	7317	11317	56012
批发和零售业	2509668	1133503	629609	118167	628388
#批发业	1230175	231349	473332	50271	475223
零售业	1279493	902154	156278	67896	153165
住宿和餐饮业	504304	347905	60726	36788	58885
金融业	1368952	319203	113150	89530	847068
房地产业	1243969	276431	180519	486105	300915
#房地产开发与经营业	545342	75614	166418	13498	289812
租赁和商务服务业	989032	230670	57444	124376	576541
科学研究、技术服务和地质勘查业	320873	152362	26900	24088	117523
水利、环境和公共设施管理业	48387	32100	2180	6932	7175
居民服务和其他服务业	350103	287416	20348	23021	19318
教　育	679374	587064	2458	81167	8686
卫生、社会保障和社会福利业	314887	250156	2983	27204	34544
文化、体育和娱乐业	206476	140646	13248	29034	23547
公共管理和社会组织	635866	537457	8242	90167	

2—9　2009年地区生产总值项目构成

单位:万元

项　目	增加值	劳动者报酬	生产税净额	固定资产折旧	营业盈余
地区生产总值	26040448	12559817	3158961	4294989	6026681
第一产业	2420004	2332774		87230	
第二产业	11081880	5283526	1553178	1811173	2434003
工　业	8916393	3694155	1326399	1714175	2181663
建筑业	2165487	1589371	226779	96998	252339
第三产业	12538565	4943624	1605783	2396586	3592571
交通运输、仓储和邮政业	1385113	462498	122869	442531	357214
信息传输、计算机服务和软件业	1002702	135440	34833	564179	268250
#软件业	137832	50413	8370	8972	70077
批发和零售业	2743899	1023737	816440	137645	766077
#批发业	1343448	293833	533340	47662	468613
零售业	1400451	729904	283100	89983	297464
住宿和餐饮业	552394	272750	121732	98830	59082
金融业	1555680	354049	122200	107646	971785
房地产业	1300750	138223	2262229	630848	305450
#房地产开发与经营业	570066	56355	206411	13098	294202
租赁和商务服务业	1123720	282622	69534	89973	681592
科学研究、技术服务和地质勘查业	351027	180980	29232	30849	109966
水利、环境和公共设施管理业	56242	34074	2506	8844	10818
居民服务和其他服务业	415960	325339	38550	26448	25624
教　育	759364	667725	448	82238	8953
卫生、社会保障和社会福利业	355917	307073	759	43782	4303
文化、体育和娱乐业	234016	147248	19683	43629	23457
公共管理和社会组织	701781	611867	769	89144	

2—10 分行业增加值及增长率

单位:万元

项 目	2004年	2005年	2006年	2007年	2008年	2009年	2009年比2008年增长(%)
地区生产总值	13352090	14913998	16869271	20292767	23556710	26040448	13.0
第一产业	1631635	1747751	1761368	2042409	2364867	2420004	4.8
第二产业	6385658	6707966	7210483	8474157	9773002	11081880	14.8
工 业	5395622	5641988	6018520	6995548	7912404	8916393	13.7
建筑业	990036	1065978	1191963	1478609	1860598	2165487	20.0
第三产业	5334798	6458281	7897420	9776201	11418841	12538565	12.9
交通运输、仓储和邮政业	935982	1005975	1111982	1185324	1338803	1385113	6.9
信息传输、计算机服务和软件业	352396	467947	596254	777359	908148	1002702	12.8
#软件业	10293	35510	61412	98155	121151	137832	16.4
批发和零售业	1235038	1431160	1569003	2101842	2509668	2743899	14.5
#批发业	381372	494554	648626	1023839	1230175	1343448	9.4
零售业	853666	936606	920377	1078003	1279493	1400451	19.4
住宿和餐饮业	260021	307919	351786	441396	504304	552394	7.7
金融业	529418	474732	679661	1039662	1368952	1555680	17.9
房地产业	489638	817963	1243742	1242843	1243969	1300750	10.1
#房地产开发与经营业	120346	352792	700978	627351	545342	570066	17.3
租赁和商务服务业	188068	366335	568901	768956	989032	1123720	16.5
科学研究、技术服务和地质勘查业	112028	148503	198699	263864	320873	351027	11.9
水利、环境和公共设施管理业	27890	31474	35542	41485	48387	56242	17.4
居民服务和其他服务业	165496	203604	239100	308705	350103	415960	9.4
教 育	346450	426706	490298	582132	679374	759364	12.6
卫生、社会保障和社会福利业	226567	224984	230390	255412	314887	355917	11.8
文化、体育和娱乐业	78413	101999	133795	175604	206476	234016	14.9
公共管理和社会组织	387393	434507	431696	569528	635866	701781	13.8

2—11 部分年份最终消费与资本形成总额

（1990～2009 年）

单位:万元

年 份	最终消费			资本形成总 额			最终消费率（%）	资本形成率（%）
		居民消费	政府消费		固定资本形 成	存货增加		
1990	688523	567557	120966	425773	295644	130129	67.2	41.6
1991	795883	652248	143635	492864	351741	141123	67.0	41.5
1992	880728	689738	190990	807713	629750	177963	58.7	53.8
1993	1168937	869476	299461	1240588	938403	302185	50.0	49.0
1994	1980186	1311149	669037	1795516	1337069	458447	52.2	47.3
1995	2469978	1671463	798515	2612205	1884534	727671	48.7	51.5
1996	2889484	1978009	911475	2950769	2101782	848987	45.5	46.5
1997	3162408	2214062	948346	3368442	2476284	892158	41.7	44.4
1998	3396862	2432270	964592	3876013	2952646	923367	39.0	44.5
1999	3602103	2674525	927578	4103637	3047818	1055819	38.1	43.4
2000	3957685	3004282	953403	4074554	2945051	1129503	39.0	40.2
2001	4217669	3235398	982271	4475959	3315924	1160035	38.9	41.2
2002	4780769	3789739	991030	4818425	3646712	1171713	40.2	40.6
2003	5129027	4115336	1013691	6054794	4830563	1224231	37.6	44.4
2004	5097275	4020966	1076309	6633333	5538440	1094893	35.9	46.7
2005	5683047	4555726	1127321	7446466	6306424	1140042	36.0	47.2
2006	6627895	5355870	1272025	9029542	7392437	1637105	37.0	50.4
2007	7577670	6398402	1179268	10901049	9733323	1167726	35.4	50.1
2008	8914785	7341599	1573186	13387695	12008277	1379418	34.9	52.5
2009	9626285	7930435	1695850	15196592	14127663	1068929	33.8	53.3

2—12 部分年份最终消费与资本形成总额指数

（1990～2009 年，以 1990 年为 100）

单位：%

年 份	最终消费	居民消费	政府消费	资本形成总 额	固定资本形 成	存货增加
1990	100.0	100.0	100.0	100.0	100.0	100.0
1991	110.8	110.1	114.0	108.7	111.2	102.9
1992	115.9	110.5	141.1	162.8	178.0	128.4
1993	158.8	126.0	312.7	229.9	248.6	187.5
1994	192.3	151.8	382.0	278.1	288.1	255.3
1995	209.3	168.8	399.1	350.7	363.7	321.4
1996	233.6	192.9	424.7	393.8	404.8	368.8
1997	252.1	213.6	433.0	444.8	465.9	396.7
1998	272.2	235.7	443.0	517.7	560.9	419.6
1999	289.0	259.7	426.4	556.4	589.9	480.2
2000	574.8	529.3	788.2	957.0	996.1	868.0
2001	621.4	578.5	822.1	1063.2	1132.6	906.2
2002	712.7	686.1	835.3	1151.4	1251.5	925.2
2003	762.6	742.4	854.5	1425.4	1634.5	952.0
2004	843.4	830.0	902.4	1606.4	1896.0	953.0
2005	921.9	923.8	922.2	1779.9	2136.8	967.2
2006	1064.8	1076.2	1029.2	2125.2	2459.5	1386.0
2007	1178.7	1234.4	964.4	2454.6	3096.5	959.1
2008	1355.5	1388.7	1230.6	2891.5	3672.4	1067.5
2009	1481.6	1512.3	1367.2	3333.9	4403.3	812.4

2—13 部分年份最终消费与资本形成总额指数

(1990～2009年,以上年为100)

单位:%

年 份	最终消费	居民消费	政府消费	资本形成总额	固定资本形成	存货增加
1990	115.1	116.1	110.0	88.8	79.3	119.3
1991	110.8	110.1	113.9	108.7	111.2	102.9
1992	104.6	100.4	123.8	149.9	160.1	124.6
1993	116.3	111.1	135.7	126.3	121.9	139.9
1994	124.2	125.3	122.2	121.0	115.9	136.2
1995	108.8	112.2	104.5	126.1	126.2	125.9
1996	111.6	114.3	106.4	112.3	111.3	114.7
1997	107.9	110.7	102.0	112.9	115.1	107.6
1998	107.9	110.5	101.9	116.4	120.4	105.8
1999	106.2	122.3	95.6	107.5	105.2	114.4
2000	109.3	111.1	104.2	103.5	101.5	108.8
2001	108.1	109.3	104.3	111.1	113.7	104.4
2002	114.7	118.6	101.6	108.3	110.5	102.1
2003	107.0	108.2	102.3	123.8	130.6	102.9
2004	110.6	111.8	105.6	112.7	116.0	100.1
2005	109.3	111.3	102.2	110.8	112.7	101.5
2006	115.5	116.5	111.6	119.4	115.1	143.3
2007	110.7	114.7	93.7	115.5	125.9	69.2
2008	115.0	112.5	127.6	117.8	118.6	111.3
2009	109.3	108.9	111.1	115.3	119.9	76.1

2—14 部分年份居民消费水平

（1990～2009 年）

年 份	全体居民消费水平（元/人）			城乡居民消费水平对比（农业居民=1）	全体居民消费水平指数	
		农业居民	非农业居民		（以 1990 年为 100）	（以上年为 100）
1990	997	817	1568	1.9	100.0	106.9
1991	1110	889	1818	2.0	106.0	106.0
1992	1260	1010	2044	2.0	111.0	104.7
1993	1576	1271	2519	2.0	122.0	109.9
1994	2345	1813	3934	2.2	151.1	123.9
1995	2960	2343	4779	2.0	166.4	110.1
1996	3458	2779	5403	1.9	187.7	112.8
1997	3831	2971	6213	2.1	205.7	109.6
1998	4175	3129	7011	2.2	225.7	109.7
1999	4570	3342	7813	2.3	249.2	110.4
2000	5088	3638	8812	2.4	274.3	110.1
2001	5432	3728	9633	2.6	297.1	108.3
2002	6331	4264	10173	2.4	350.6	118.0
2003	6266	3921	10825	2.8	378.2	107.5
2004	6111	5024	7055	1.4	420.2	111.1
2005	6882	5628	7927	1.4	464.7	110.6
2006	8090	5518	10235	1.9	514.0	110.6
2007	9564	5905	12503	2.1	583.4	113.5
2008	10804	6316	14232	2.3	646.4	110.8
2009	11577	6441	15259	2.4	698.1	108.0

2—15 经济增长贡献率

(2000～2009年)

单位:%

项　　目	2000年	2001年	2002年	2003年	2004年
地区生产总值	100.0	100.0	100.0	100.0	100.0
第一产业	2.2	0.4	5.4	0.9	3.7
第二产业	65.5	55.8	60.8	66.5	56.6
#工　业	69.5	48.9	58	54.7	48.8
第三产业	32.3	43.8	33.7	32.6	39.7
#交通运输、仓储、邮电通讯业	9.2	8.4	8.0	8.6	11.5
批发和零售贸易、餐饮业	15.6	15.1	13.3	7.7	9.3

项　　目	2005年	2006年	2007年	2008年	2009年
地区生产总值	100.0	100.0	100.0	100	100.0
第一产业	3.0	3.1	2.9	3.2	3.1
第二产业	45.9	44.0	38.9	42.7	48.6
#工　业	45.2	42.6	31.8	34.4	37.7
第三产业	51.1	52.9	58.2	54.1	48.3
#交通运输、仓储、邮电通讯业	10.2	7.4	0.3	4.4	2.9
批发和零售贸易、餐饮业	9.7	4.9	17.3	10.2	11.6

2－16　2008年分县(市)区地区生产总值

单位:万元

项　目	全　市	市　区	鼓楼区	台江区	仓山区	晋安区	马尾区
地区生产总值	23556710	11825681	4560837	1564673	1770918	2110682	1818571
第一产业	2364867	108857	8880		30696	32662	36619
第二产业	9773002	4177809	962110	329033	933682	772058	1180926
工　业	7912404	3104749	392188	153686	863512	561766	1133597
建筑业	1860598	1073060	569922	175347	70170	210292	47329
第三产业	11418841	7539015	3589847	1235639	806540	1305962	601026
交通运输、仓储和邮政业	1338803	617365	135638	152562	45607	194177	89380
#仓储业	59623	51584	741	11673	392	8418	30360
邮政业	27730	10939	3027	1816	2422	2705	971
信息传输、计算机服务和软件业	908148	520588	247006	149386	19597	32781	71818
#软件业	121151	118457	55177	10103	579	931	51667
批发和零售业	2509668	1715996	713249	334101	167681	388100	112865
#批发业	1230175	940333	458701	163186	38400	204540	75506
零售业	1279493	775663	254549	170914	129280	183560	37359
住宿和餐饮业	504304	333661	183942	40618	37884	60024	11194
金融业	1368952	1061852	638409	151645	74064	85046	112688
房地产业	1243969	739440	241500	111807	181662	110915	93556
#房地产开发与经营业	545342	354725	111438	38062	94351	62518	48356
租赁和商务服务业	989032	873717	601371	42446	20796	187129	21975
科学研究、技术服务和地质勘查业	320873	315145	241206	13412	20747	27603	12177
水利、环境和公共设施管理业	48387	33564	12745	4196	4113	6148	6363
居民服务和其他服务业	350103	224702	31207	21853	67255	97873	6514
教　育	679374	301694	87125	51148	104662	34772	23986
卫生、社会保障和社会福利业	314887	209261	99754	68589	14618	23442	2858
文化、体育和娱乐业	206476	161492	124098	12313	11019	10978	3085
公共管理和社会组织	635866	430537	232596	81564	36836	46974	32567
人均地区生产总值	34668	43477	60693	34771	29515	31503	72743

2—16 续表 (2008年) 单位:万元

项目	福清市	长乐市	闽侯县	连江县	罗源县	闽清县	永泰县	平潭县
地区生产总值	3842357	2222720	1688870	1421117	653502	663933	552032	686498
第一产业	555123	239740	193703	559127	165291	123353	196027	223646
第二产业	1960729	1362195	868678	400234	331033	372580	182804	116941
工　业	1691012	1277021	764633	336077	304968	330889	64007	39048
建筑业	269717	85174	104045	64157	26065	41691	118797	77893
第三产业	1326505	620785	626490	461756	157178	168000	173201	345911
交通运输、仓储和邮政业	172001	95882	77343	135243	33433	29215	31207	147114
#仓储业	3114	1528	2636	700				61
邮政业	4884	2786	2583	2221	808	969	1086	1453
信息传输、计算机服务和软件业	204192	55081	35054	32746	13920	13185	10317	23065
#软件业	337	2319	20	9			9	
批发和零售业	319898	115320	109434	82227	33091	39989	36752	56960
#批发业	168088	40251	34237	17098	4827	9048	5959	10334
零售业	151811	75069	75198	65129	28264	30941	30793	46626
住宿和餐饮业	50639	29812	27782	21534	9236	9456	12012	10172
金融业	116217	74035	42941	29624	9678	12146	9489	12969
房地产业	194032	59414	76868	79338	18655	12670	18830	44722
#房地产开发与经营业	68789	3493	51829	34024	9850	1012	5888	15731
租赁和商务服务业	8976	88270	2477	3755	2423	1690	7196	527
科学研究、技术服务和地质勘查业	874	804	534	1092	705	209	1010	500
水利、环境和公共设施管理业	3416	1976	2908	1182	955	653	2629	1104
居民服务和其他服务业	65688	14424	19791	7999	3426	4347	3974	5752
教　育	77971	30616	184178	25626	10902	11810	15297	21281
卫生、社会保障和社会福利业	44988	11874	7245	9283	3948	17443	5889	4955
文化、体育和娱乐业	15744	11364	1812	5550	2549	2218	2804	2942
公共管理和社会组织	51869	31913	38121	26557	14257	12968	15795	13848
人均地区生产总值	32154	32929	28384	25838	32675	27664	20446	19614

2—17　2009年分县(市)区地区生产总值

单位:万元

项　目	全　市	市　区	鼓楼区	台江区	仓山区	晋安区	马尾区
地区生产总值	26040448	13279794	5136764	1782586	2047795	2446823	2024177
第一产业	2420004	112053			29379	34972	39585
第二产业	11081880	4746610	1103128	357888	1113431	864712	1308094
工　业	8916393	3487674	440731	152504	1030687	612107	1252288
建筑业	2165487	1258936	662397	205384	82744	252605	55806
第三产业	12538565	8421132	4033637	1424698	904984	1547139	676498
交通运输、仓储和邮政业	1385113	636037	146963	156093	48557	217756	79076
#仓储业	65368	57155	618	11992	466	9566	24618
邮政业	33159	11693	4471	1905	2357	2799	1226
信息传输、计算机服务和软件业	1002702	589754	272601	180510	21016	35642	86339
#软件业	137832	134923	58251	15667	381	1075	62663
批发和零售业	2743899	1930789	797837	383675	194626	473493	115652
#批发业	1343448	999518	498546	191708	41817	252707	76483
零售业	1400451	931271	299291	191967	152809	220786	39169
住宿和餐饮业	552394	366053	195852	45270	48417	67435	13303
金融业	1555680	1230425	756995	167082	85397	97336	131616
房地产业	1300750	796568	262728	159017	207253	131045	109064
#房地产开发与经营业	570066	406209	124870	76368	111998	78241	62724
租赁和商务服务业	1123720	1008504	622613	46600	22769	214599	23328
科学研究、技术服务和地质勘查业	351027	344555	297890	14122	20113	30161	17133
水利、环境和公共设施管理业	56242	38621	25405	5872	3886	7221	9218
居民服务和其他服务业	415960	237983	30142	21743	62795	125212	11185
教　育	759364	336388	104926	59309	120361	40409	28922
卫生、社会保障和社会福利业	355917	237160	112344	81989	16431	27299	3575
文化、体育和娱乐业	234016	180928	158760	12676	12733	14646	6069
公共管理和社会组织	701781	487367	248581	90740	40630	64886	42018
人均地区生产总值	38015	49003	68490	39613	34130	36520	84341

2—17 续表 (2009年) 单位:万元

项目	福清市	长乐市	闽侯县	连江县	罗源县	闽清县	永泰县	平潭县
地区生产总值	4113489	2546738	1968948	1577517	788831	737806	615994	735767
第一产业	559155	243915	205315	572339	162837	130424	207034	226932
第二产业	2004157	1588804	1072819	504656	460785	411956	214580	134591
工　业	1687981	1488046	947485	438813	430263	363418	74500	55291
建筑业	316176	100758	125334	65843	30522	48538	140080	79300
第三产业	1550177	714019	690814	500522	165209	195426	194380	374244
交通运输、仓储和邮政业	184986	101121	77614	145181	34660	30900	33911	139714
#仓储业	3448	1587	3014	101				63
邮政业	5218	4868	3316	2382	881	973	1229	1610
信息传输、计算机服务和软件业	207100	62498	39948	34408	15865	15038	11808	26283
#软件业	396	2468	22	12			11	
批发和零售业	396169	129851	124548	90672	38035	46043	41902	65890
#批发业	207336	45245	41101	16935	5456	10032	6265	11560
零售业	188833	84606	83447	73737	32579	36011	35637	54330
住宿和餐饮业	55534	33076	31780	21503	9851	10374	12818	11405
金融业	141187	81989	49982	33235	11982	15358	11180	20341
房地产业	212404	97246	91069	88035	12387	18473	23121	49793
#房地产开发与经营业	80686	33833	64821	40236	2846	1023	9621	19136
租赁和商务服务业	10360	86243	2783	2752	2514	1770	8246	549
科学研究、技术服务和地质勘查业	911	1169	590	1039	772	232	1194	565
水利、环境和公共设施管理业	3850	2444	3743	1532	994	877	2833	1348
居民服务和其他服务业	112913	15225	21369	8736	3607	4983	4387	6757
教　育	90066	40077	195808	28702	11601	14028	16802	25892
卫生、社会保障和社会福利业	52027	13228	8260	9945	4365	19015	6555	5364
文化、体育和娱乐业	19408	13676	2715	6153	2649	2275	2994	3218
公共管理和社会组织	63263	36176	40605	28629	15927	16060	16629	17125
人均地区生产总值	34137	37179	31007	28682	39442	30742	22815	20726

2—18 2009年分县(市)区地区生产总值指数

(以上年为100)

单位:%

项目	全市	市区	鼓楼区	台江区	仓山区	晋安区	马尾区
地区生产总值	113.0	114.3	116.1	114.0	115.5	111.7	113.0
第一产业	104.8	103.4			100.8	105.2	106.8
第二产业	114.8	115.6	117.5	112.4	118.3	106.3	113.7
工业	113.7	114.3	115.2	105.0	118.3	100.6	113.5
建筑业	120.0	120.2	119.3	120.3	118.2	122.7	121.1
第三产业	112.9	113.7	115.7	114.4	112.7	115.7	111.9
交通运输、仓储和邮政业	106.9	107.9	109.8	104.4	104.6	112.1	99.7
#仓储业	112.7	113.4	104.1	97.7	112.6	113.6	99.3
邮政业	113.4	108.7	126.8	99.5	100.7	103.5	141.6
信息传输、计算机服务和软件业	112.8	115.5	112.7	116.2	73.4	111.1	113.2
#软件业	116.4	116.6	107.8	117.7	65.8	114.3	113.0
批发和零售业	114.5	113.5	113.8	113.6	117.4	122.1	110.6
#批发业	109.4	108.4	110.6	116.2	114.5	123.5	107.4
零售业	119.4	119.8	119.6	111.1	118.2	120.3	117.1
住宿和餐饮业	107.7	107.6	106.7	108.2	109.8	110.4	114.7
金融业	117.9	118.0	124.0	119.5	118.5	117.3	114.7
房地产业	110.1	111.1	110.8	135.1	118.0	111.6	113.1
#房地产开发与经营业	117.3	117.5	116.8	199.1	127.9	113.4	123.1
租赁和商务服务业	116.5	118.1	105.8	102.2	109.5	114.7	107.9
科学研究、技术服务和地质勘查业	111.9	111.9	135.4	110.0	102.1	109.2	112.9
水利、环境和公共设施管理业	117.4	116.6	202.6	139.1	101.3	113.5	132.0
居民服务和其他服务业	109.4	108.4	98.7	99.0	105.0	116.0	154.3
教育	112.6	112.7	122.4	112.3	115.0	116.2	109.1
卫生、社会保障和社会福利业	111.8	112.2	114.0	119.7	112.4	116.5	135.7
文化、体育和娱乐业	114.9	114.3	130.7	100.9	115.5	115.9	159.3
公共管理和社会组织	113.8	114.7	116.1	108.0	110.3	117.3	111.9
人均地区生产总值	112.1	114.8	116.1	114.0	115.5	111.7	117.8

2—18 续表 （以上年为100） 单位：%

项 目	福清市	长乐市	闽侯县	连江县	罗源县	闽清县	永泰县	平潭县
地区生产总值	107.3	114.3	118.4	114.4	125.1	110.8	112.6	111.5
第一产业	104.3	105.3	106.5	105.1	102.4	105.1	105.5	105.2
第二产业	105.0	115.9	125.6	134.5	144.9	112.6	119.1	121.3
工 业	102.9	115.4	126.3	136.8	146.3	112.0	113.0	121.9
建筑业	120.4	123.0	120.3	120.6	125.5	119.5	123.0	120.8
第三产业	111.9	113.7	111.3	107.3	108.2	110.4	112.5	112.1
交通运输、仓储和邮政业	103.0	108.9	101.3	99.5	107.6	104.7	106.0	105.4
#仓储业	100.5	111.6	115.8	125.9				106.9
邮政业	92.2	178.1	130.0	92.4	113.1	121.7	115.0	110.8
信息传输、计算机服务和软件业	106.2	113.6	116.1	100.4	118.6	116.1	116.3	114.1
#软件业	117.1	108.5	112.3	120.0			120.0	
批发和零售业	117.6	113.8	114.9	117.6	116.2	116.4	115.3	117.0
#批发业	118.3	113.7	121.3	105.7	114.3	112.1	106.3	113.1
零售业	116.8	114.0	112.1	120.8	116.6	117.7	117.0	117.8
住宿和餐饮业	108.6	104.8	111.6	105.3	105.9	106.9	111.2	110.0
金融业	121.6	112.2	116.4	119.9	126.0	120.3	119.9	136.4
房地产业	107.1	144.1	118.5	111.7	67.5	106.7	124.0	109.2
#房地产开发与经营业	117.3	877.3	125.1	119.2	28.2	105.1	157.9	118.5
租赁和商务服务业	136.2	100.6	113.6	72.3	106.1	94.7	118.2	105.4
科学研究、技术服务和地质勘查业	102.3	146.6	111.7	94.0	112.1	112.1	120.1	114.7
水利、环境和公共设施管理业	110.4	124.6	130.8	128.0	106.3	125.3	109.6	124.0
居民服务和其他服务业	112.6	106.4	109.2	107.8	107.6	116.5	111.8	120.2
教 育	116.7	121.2	108.0	112.0	108.8	118.9	104.2	129.8
卫生、社会保障和社会福利业	115.6	112.3	115.3	107.1	113.0	98.5	113.1	108.1
文化、体育和娱乐业	118.7	121.3	152.2	110.9	107.3	102.7	110.4	103.9
公共管理和社会组织	116.3	113.4	108.2	106.4	115.3	106.4	107.0	124.8
人均地区生产总值	106.4	112.6	110.9	114.4	125.1	110.8	112.6	109.9

主要统计指标解释

国民总收入(省级以下称地区收入总值,简称 GNI) 是指一个国家(或地区)所有常住单位在一定时期内收入初次分配的最终成果。一国常住单位从事生产活动所创造的增加值在初次分配过程中主要分配给该国的常住单位,但也有一部分以生产税及进口税(扣除生产和进口补贴)、劳动者报酬和财产收入等形式分配给非常住单位;同时,国外生产所创造的增加值也有一部分以生产税及进口税(扣除生产和进口补贴)、劳动者报酬和财产收入等形式分配给该国的常住单位,从而产生了国民总收入的概念,它等于国内生产总值(省级以下称地区生产总值)加上来自国外的净要素收入。与国内生产总值不同,国民总收入是一个收入概念,而国内生产总值是一个生产概念。

国内生产总值(省级以下称地区生产总值,简称 GDP) 是按市场价格计算的一个国家(或地区)所有常住单位在一定时期内生产活动的最终成果。国内生产总值有三种表现形态,即价值形态、收入和产品形态。从价值形态看,它是所有常住单位在一定时期内所生产的全部货物和服务价值超过同期投入的全部非固定资产货物和服务价值的差额,即所有常住单位的增加值之和;从收入形态看,它是所有常住单位在一定时期内所创造并分配给常住单位和非常住单位的初次收入之和;从产品形态看,它是所有常住单位在一定时期内最终使用的货物和服务价值减去进口货物和服务价值。

在核算中,国内生产总值的三种表现形态表现为三种计算方法,即生产法、收入法和支出法。三种方法分别从不同的方面反映了国内生产总值及其构成。

按生产法计算,它等于各部门增加值之和;按收入法计算,它等于固定资产折旧、劳动者报酬、生产税净额和营业盈余之和;按支出法计算,它等于总消费、总投资和净出口之和。在国内生产总值定义中,常住单位的概念对于确定计算国内生产总值的口径,明确各种的交易的范围具有十分重要的意义。所谓常住单位是指在一国经济领土上具有经济利益中心的经济单位。一国经济领土是由该国政府控制或拥有的地理领土组成的。若一个经济单位在一国的经济领土之内拥有一定的活动场所(住宅、厂房或其他建筑物等),从事一定规模的经济活动,并超过一定的时期(一般在一年以上),则称该经济单位在该国具有经济利益中心。国内生产总值反映了所有常住单位生产活动的最终成果。在这里,最终成果有双重含义:一是从使用价值形态上看,它包括了一切用于现期消费、投资和净出口的货物和服务,而不包括用于生产过程中的货物和服务;二是从价值形态上看,生产过程也是价值的转移过程,生产中耗用的产品(中间产品)价值随同生产过程转移到新产品价值之中,因此,必须在总产出基础上扣除一切中间产品的转移价值,以避免产品价值的重复计算。

支出法国内生产总值 指一个国家(或地区)所有常住单位在一定时期内用于最终消费、资本形成总额,以及货物和服务的净出口总额,它反映本期生产的国内生产总值的使用及构成。

最终消费 指常住单位在一定时期内对于货物和服务的全部最终消费支出,也就是常住单位为满足物质、文化和精神生活的需要,从本国经济领土和国外购买的货物和服务的支出,不包括非常住单位在本国经济领土内的消费支出。最终消费分为居民消费和政府消费。

资本形成总额 指常住单位在一定时期内获得的减去处置的固定资产加存货的变动,包括固定资本形成总额和存货增加。

劳动者报酬 指劳动者因从事生产活动所获得的全部报酬。包括劳动者获得的各种形式的工资、奖金和津贴,既包括货币形式的,也包括实物形式的,还包括劳动者所享受的公费医疗和医药卫生费、上下班交通补贴和单位支付的社会保险费、住房公积金等。对于个体经济来说,其所有者所获得的劳动报酬和经营利润不易区分,这两部分统一作为劳动者报酬处理。

生产税净额 指生产税减生产补贴后的余额。生产税指政府对生产单位生产、销售和从事经营活动以及因从事生产活动使用某些生产要素(如固定资产、土地、劳动力)所征收的各种税、附加费和规费。生产补贴与生产税相反,指政府对生产单位的单方面转移支出,因此视为负生产税,包括政策亏损补贴、价格补贴等。

固定资产折旧 指一定时期内为弥补固定资产损耗按照核定的固定资产折旧率提取的固定资产折旧,或按国民经济核算统一规定的折旧率虚拟计算的固定资产折旧。它反映了固定资产在当期生产中的转移价值。各类企业和企业化管理的事业单位的固定资产折旧是指实际计提并计入成本费中的折旧费;不计提折旧的政府机关、非企业化管理的事业单位和居民住房的固定资产折旧是按照统一规定的折旧率和固定资产原值计算的虚拟折旧。原则上,固定资产折旧应按固定资产的重置价值计算,但是目前我国尚不具备对全社会固定资产进行重估价的基础,所以暂时只能采用上述办法。

营业盈余 指常住单位创造的增加值扣除劳动者报酬、生产税净额和固定资产折旧后的余额。它相当于企业的营业利润加上生产补贴,但要扣除从利润中开支的工资和福利等。

CHAPTER 3 第三篇

人口 就业与职工工资

本篇内容包括：

1、主要年份人口及构成情况

2、社会从业人员情况

3、城镇单位职工变动情况

4、城镇单位职工劳动报酬情况

3—1 主要年份户籍总人口

单位:人

年份	总人口	按性别分		按农业非农业分		平均人口
		男性人口	女性人口	农业人口	非农业人口	
1952	2366838	1258301	1108538	1803319	563519	2351407
1957	2705794	1433059	1272737	1948659	757135	2665649
1962	3055681	1610988	1444693	2242362	811319	3004409
1965	3282024	1721422	1560602	2467566	814458	3186309
1970	3578846	1867451	1175395	2821277	757569	3541600
1975	4087603	2124558	1963045	3299201	788402	4038537
1978	4372830	2272780	2100050	3526942	845888	4326648
1979	4442268	2308402	2133886	3562568	879700	4407549
1980	4498461	2337786	2160675	3581365	917096	4470365
1981	4586815	2383466	2203349	3624816	961999	4542638
1982	4678369	2432969	2245400	3698261	980108	4632592
1983	4749089	2471995	2277094	3738716	1010373	4713729
1984	4826459	2515539	2310920	3748211	1078248	4787774
1985	4888568	2551715	2336853	3762220	1126348	4857514
1986	4947578	2587086	2360492	3808386	1139192	4918073
1987	5090872	2659174	2431698	3916216	1174656	5019225
1988	5142090	2684864	2457226	3945899	1196191	5116481
1989	5192259	2712337	2479922	3973416	1218843	5167175
1990	5352982	2799870	2563262	4117108	1235874	5272621
1991	5411125	2820913	2590212	4151851	1259274	5382054
1992	5447199	2839078	2608121	4157432	1289767	5429162
1993	5506462	2868261	2638201	4126615	1379847	5476831
1994	5554731	2892200	2668261	4135514	1419217	5530597
1995	5622715	2925882	2696833	4219259	1403456	5588723
1996	5699462	2967111	2732351	4251651	1447811	5661089
1997	5748507	2991669	2756838	4244499	1504008	5723985
1998	5798179	3016732	2781447	4252324	1545855	5773343
1999	5831251	3030215	2801036	4237465	1593786	5814715
2000	5892348	3057142	2835224	4240391	1651957	5861800
2001	5941392	3081672	2859720	4208914	1732478	5916870
2002	5975381	3097079	2878302	3702381	2273000	5958387
2003	6048599	3139966	2908633	3994310	2054289	6011990
2004	6093869	3160288	2933581	3952000	2141869	6071234
2005	6148355	3184862	2963493	3929085	2219270	6121112
2006	6227327	3225015	3002312	3849366	2377961	6187841
2007	6303043	3260786	3042257	3853353	2449690	6265185
2008	6359516	3284668	3074848	3730378	2629138	6331280
2009	6383266	3295858	3087408			6371391

注:2009年户籍人口统计没有按农业人口、非农业人口划分,下同。

3—2 主要年份户籍统计人口构成

单位:%

年　　份	按性别分		按农业非农业分	
	男性人口	女性人口	农业人口	非农业人口
1952	53.16	46.84	76.19	23.81
1957	52.96	47.04	72.02	27.98
1962	52.72	47.28	73.45	26.55
1965	52.45	47.55	75.18	24.82
1970	52.18	47.82	78.32	21.68
1975	51.98	48.02	80.71	19.29
1978	51.98	48.02	80.66	19.34
1979	51.96	48.04	80.20	19.80
1980	51.97	48.03	79.61	20.39
1981	51.96	48.04	79.03	20.97
1982	52.00	48.00	79.05	20.95
1983	52.05	47.95	78.72	21.28
1984	52.12	47.88	77.66	22.34
1985	52.20	47.80	76.96	23.04
1986	52.29	47.74	76.97	23.03
1987	52.23	47.77	76.93	23.07
1988	52.21	47.79	76.74	23.26
1989	52.45	47.55	76.53	23.47
1990	52.12	47.88	76.91	23.09
1991	52.13	47.87	76.73	23.27
1992	52.12	47.88	76.32	23.68
1993	52.09	47.91	74.94	25.06
1994	52.07	47.93	74.45	25.55
1995	52.03	47.97	75.04	24.96
1996	52.06	47.94	74.60	25.40
1997	52.04	47.96	73.84	26.16
1998	52.03	47.97	73.34	26.66
1999	51.96	48.04	72.67	27.33
2000	51.52	48.48	71.28	26.92
2001	51.87	48.13	70.84	29.16
2002	51.83	48.17	61.96	38.04
2003	51.92	48.08	66.04	33.96
2004	51.86	48.14	64.85	35.15
2005	51.80	48.20	63.90	36.10
2006	51.79	48.21	61.81	38.19
2007	51.73	48.27	61.13	38.87
2008	51.65	48.35	58.66	41.34
2009	51.63	48.37		

3－3 户籍统计人口变动情况

(2009年)

项目	单位	福州市	市区	鼓楼区	台江区	仓山区	晋安区	马尾区
年末总户数	户	1975756	605948	171634	119679	141547	121873	51215
年末总人口	人	6383266	1875323	584960	328962	450963	344947	165491
#男性人口	人	3295858	947201	296667	165813	226891	173829	84001
女性人口	人	3087408	928122	288293	163149	224072	171118	81490
出生人数	人	60034	16651	4120	2311	5447	3727	1046
死亡人数	人	21152	7316	1809	1748	1273	1543	943
人口自然增长数	人	38882	9335	2311	563	4174	2184	103
迁入人数	人	95002	68380	24322	9455	19172	13017	2414
迁出人数	人	110131	69206	24498	8399	25223	8800	2286
出生率	‰	9.44	8.92	7.07	7.06	12.03	11.01	6.33
死亡率	‰	3.33	3.92	3.10	5.34	2.81	4.56	5.71
人口自然增长率	‰	6.11	5.00	3.97	1.72	9.22	6.45	0.62
年平均人口	人	6371391	1871069	583893	328153	451902	341747	165376
流动人口	人	1040248	710438	93687	79326	205891	282470	49064

项目	单位	福清市	长乐市	闽侯县	连江县	罗源县	闽清县	永泰县	平潭县
年末总户数	户	381660	212857	199373	183360	75983	95278	110105	111192
年末总人口	人	1252536	671859	644753	625072	255121	307424	360953	390225
#男性人口	人	646451	354023	335244	324425	133833	162773	191955	199953
女性人口	人	606085	317836	309503	300647	121288	144651	168998	190272
出生人数	人	13846	4512	6199	4099	2862	3447	3749	4669
死亡人数	人	4689	1777	2144	2167	848	772	843	596
人口自然增长数	人	9157	2735	4055	1932	2014	2675	2906	4073
迁入人数	人	5086	3159	6024	3360	1536	1863	2061	3533
迁出人数	人	10046	4291	12867	3920	2139	2202	3294	2166
出生率	‰	11.09	6.73	9.57	6.57	11.28	11.30	10.44	12.13
死亡率	‰	3.76	2.65	3.31	3.47	3.34	2.53	2.35	1.55
人口自然增长率	‰	7.34	4.08	6.26	3.10	7.94	8.77	8.09	10.58
年平均人口	人	1250439	671058	646147	624386	254416	306256	360121	387505
流动人口	人	143860	87246	16857	32798	15652	4028	4405	3411

3－4 常住人口和城镇化率

县(市)区	常住人口(万人)					城镇化率(%)				
	2005 年	2006 年	2007 年	2008 年	2009 年	2005 年	2006 年	2007 年	2008 年	2009 年
合　计	**666.00**	**671.00**	**676.00**	**683.00**	**687.00**	**54.50**	**55.50**	**55.90**	**57.50**	**59.00**
市　区	259.00	267.00	273.00	271.00	271.00	94.91	94.95	94.97	95.81	96.39
鼓楼区	72.00	74.00	75.00	75.00	75.00	100.00	100.00	100.00	100.00	100.00
台江区	43.00	44.00	45.00	45.00	45.00	100.00	100.00	100.00	100.00	100.00
仓山区	57.00	59.00	60.00	60.00	60.00	100.00	100.00	100.00	100.00	100.00
晋安区	64.00	65.00	67.00	67.00	67.00	93.32	93.65	93.95	96.18	96.70
马尾区	23.00	25.00	26.00	24.00	24.00	61.26	62.58	62.84	63.33	68.50
福清市	118.00	119.00	119.00	120.00	121.00	30.74	31.21	31.85	33.25	38.80
长乐市	66.00	67.00	67.00	68.00	69.00	31.37	33.25	33.79	36.22	38.90
闽侯县	56.00	55.00	56.00	63.00	64.00	25.87	26.87	27.72	36.30	39.40
连江县	56.00	55.00	55.00	55.00	55.00	33.31	33.26	33.58	34.10	34.70
罗源县	21.00	20.00	20.00	20.00	20.00	30.72	30.74	30.98	31.95	33.30
闽清县	26.00	25.00	24.00	24.00	24.00	26.51	26.69	27.03	27.83	29.20
永泰县	29.00	28.00	27.00	27.00	27.00	25.18	25.36	26.21	27.01	29.00
平潭县	35.00	35.00	35.00	35.00	36.00	18.25	18.35	18.95	19.51	33.90

注：本表为人口变动抽样调查数据。

3—5 全社会年末从业人员

(1990～2009 年)　　单位:万人

年份	合计	城镇单位从业人员	城镇私营、个体从业人员	乡村从业人员
1990	245.83	75.79	6.19	163.85
1991	263.93	78.81	6.21	178.91
1992	274.65	85.63	6.21	182.81
1993	278.47	88.14	6.20	184.13
1994	274.03	83.71	3.12	187.20
1995	280.45	82.40	9.67	188.38
1996	298.09	89.61	16.51	191.97
1997	298.77	87.78	16.52	194.47
1998	297.02	78.62	19.81	198.59
1999	292.39	69.84	21.95	200.60
2000	293.62	68.42	21.30	203.90
2001	290.53	68.80	18.59	203.14
2002	294.42	68.48	19.50	206.44
2003	312.53	75.23	30.30	207.00
2004	321.07	81.47	31.99	207.61
2005	330.00	84.10	37.19	208.71
2006	340.01	87.19	43.82	209.00
2007	358.03	92.30	54.14	211.59
2008	364.00	95.84	55.56	212.60
2009	365.73	98.70	50.26	216.77

3—6 全社会年末从业人员及三次产业构成

(2003～2009 年)

年份	全社会从业人员(万人)	按三次产业分从业人员(万人)			三次产业从业人员比重(%)		
		第一产业	第二产业	第三产业	第一产业	第二产业	第三产业
2003	312.53	108.69	94.92	105.29	34.78	30.37	33.69
2004	321.07	106.20	101.59	113.27	33.08	31.64	35.28
2005	330.00	102.94	99.36	127.69	31.19	30.11	38.69
2006	340.01	102.58	111.33	126.10	30.17	32.74	37.09
2007	358.03	96.95	121.96	139.12	27.08	34.06	38.86
2008	364.00	95.71	121.30	146.99	26.29	33.32	40.38
2009	365.73	93.59	122.35	149.79	25.59	33.45	40.96

3—7 主要年份城镇单位年末职工人数

(1985～2009 年)

单位:人

年份	合计	国有单位	城镇集体单位	其他单位
1985	684425	446688	237737	
1986	707525	468939	238587	
1987	724022	477728	236631	9663
1988	745247	489035	238355	17857
1989	745959	491592	228396	25971
1990	757935	501974	221579	34382
1991	788054	514221	227289	46544
1992	856301	538362	236484	81455
1993	881393	551194	221278	108921
1994	837106	521977	198730	116399
1995	823952	506921	171258	145773
1996	896108	528867	167802	199439
1997	877839	525497	143456	208886
1998	786225	433737	104787	247701
1999	698417	382954	83237	232226
2000	684213	371367	76337	236509
2001	687997	347883	63524	276590
2002	684803	325647	58285	300871
2003	726563	334258	48633	343672
2004	787736	332046	48722	406968
2005	809450	326612	43996	438842
2006	840593	324817	42642	473134
2007	861002	317628	37491	505883
2008	925431	321349	33470	570612
2009	946215	336222	31559	578434

注:1998 年起职工的统计口径为“在岗职工人数”。

3—8 按三次产业分城镇单位职工人数及构成

（1987～2009年）

年份	城镇单位职工人数（人）				构成（%）		
	合计	第一产业	第二产业	第三产业	第一产业	第二产业	第三产业
1987	724022	27743	373783	322496	3.83	51.63	44.54
1988	745247	26543	392814	325890	3.56	52.71	43.73
1989	745959	26338	383332	336289	3.53	51.39	45.08
1990	757935	25468	386649	345818	3.36	51.01	45.63
1991	788054	24184	406173	357697	3.07	51.54	45.39
1992	856301	23599	464511	368191	2.76	54.25	43.00
1993	881393	17324	499271	364798	1.97	56.65	41.39
1994	837106	19787	436504	380815	2.36	52.14	45.49
1995	823952	13892	339605	470455	1.69	41.22	57.10
1996	896108	16638	376872	502598	1.86	42.06	56.09
1997	877839	15459	363279	499101	1.76	41.38	56.86
1998	786225	13035	307732	465458	1.66	39.14	59.20
1999	698417	11342	330712	356363	1.62	47.35	51.02
2000	684213	10810	323294	350109	1.58	47.25	51.17
2001	687997	10717	335143	342137	1.56	48.71	49.73
2002	684803	9927	342925	331951	1.45	50.08	48.47
2003	726563	8971	392665	324927	1.24	54.04	44.72
2004	787736	8102	437559	342074	1.01	55.55	43.42
2005	809450	7883	461346	340221	0.97	57.00	42.03
2006	840593	7288	485247	348058	0.88	57.72	41.40
2007	861002	6305	492212	362485	0.73	57.17	42.10
2008	925431	6037	497407	421987	0.65	53.75	45.60
2009	946215	8171	480167	457877	0.86	50.75	48.39

3—9 城镇单位年末从业人员数

(2009 年)　　单位:人

项　　目	合　计	国有单位	城镇集体单位	其他单位
合　计	**987012**	**350993**	**33809**	**602210**
#女　性	414546	139220	9180	266146
按行业分				
1. 农、林、牧、渔业	8404	7270	29	1105
2. 采矿业	2198	572	143	1483
3. 制造业	375242	11147	4858	359237
4. 电力、煤气及水的生产和供应业	15771	10722	287	4762
5. 建筑业	109136	17182	10091	81863
6. 交通运输、仓储及邮政业	38721	27115	1677	9929
7. 信息传输、计算机服务和软件业	10449	2806	25	7618
8. 批发和零售业	41010	9390	3630	27990
9. 住宿和餐饮业	18565	5020	661	12884
10. 金融业	29199	10040	1690	17469
11. 房地产业	26292	9071	1114	16107
12. 租赁和商务服务业	53555	7323	6717	39515
13. 科学研究、技术服务和地质勘查业	24542	17206	250	7086
14. 水利、环境和公共设施管理业	13761	10633	264	2864
15. 居民服务和其他服务业	3726	1290	642	1794
16. 教　育	95422	87121	397	7904
17. 卫生、社会保障和社会福利业	40939	39356	955	628
18. 文化、体育和娱乐业	15984	13653	359	1972
19. 公共管理和社会组织	64096	64076	20	
按三次产业分				
第一产业	8404	7270	29	1105
第二产业	502347	39623	15379	447345
第三产业	476261	304100	18401	153760

3—10 城镇单位年末在岗职工人数

(2009 年)　　单位:人

项　　目	合　计	国有单位	城镇集体单位	其他单位
合　计	**946215**	**336222**	**31559**	**578434**
按行业分				
1. 农、林、牧、渔业	8171	7052	29	1090
2. 采矿业	2130	504	143	1483
3. 制造业	371746	11002	4526	356218
4. 电力、煤气及水的生产和供应业	15529	10502	287	4740
5. 建筑业	90762	16607	8553	65602
6. 交通运输、仓储及邮政业	35754	24226	1654	9874
7. 信息传输、计算机服务和软件业	10372	2748	25	7599
8. 批发和零售业	39970	9116	3592	27262
9. 住宿和餐饮业	17814	4538	645	12631
10. 金融业	26796	9066	1679	16051
11. 房地产业	25260	8788	1105	15367
12. 租赁和商务服务业	53141	7175	6695	39271
13. 科学研究、技术服务和地质勘查业	23104	16508	224	6372
14. 水利、环境和公共设施管理业	11840	8801	206	2833
15. 居民服务和其他服务业	3571	1197	621	1753
16. 教　育	93242	85118	379	7745
17. 卫生、社会保障和社会福利业	39512	38080	817	615
18. 文化、体育和娱乐业	15136	12849	359	1928
19. 公共管理和社会组织	62365	62345	20	
按三次产业分				
第一产业	8171	7052	29	1090
第二产业	480167	38615	13509	428043
第三产业	457877	290555	18021	149301

3—11 城镇单位在岗职工人数增减情况

单位:人

项　　目	2004 年	2005 年	2006 年	2007 年	2008 年	2009 年	2009 年比 2008 年增长 (%)
合　计	**787736**	**809450**	**840593**	**861002**	**925431**	**946215**	**2.25**
按行业分							
1. 农、林、牧、渔业	8103	7883	7288	6305	6037	8171	35.35
2. 采矿业	1284	1316	1264	1267	1137	2130	87.34
3. 制造业	348170	368257	390331	394461	384282	371746	—3.26
4. 电力、煤气及水的生产和供应业	13661	13238	14088	14520	15431	15529	0.64
5. 建筑业	74444	78535	79564	81964	96557	90762	—6.00
6. 交通运输、仓储及邮政业	32447	29639	30256	32392	32560	35754	9.81
7. 信息传输、计算机服务和软件业	9295	8656	10708	11106	11145	10372	—6.94
8. 批发和零售业	30494	28571	28984	32987	36709	39970	8.88
9. 住宿和餐饮业	14946	14584	13082	16669	16203	17814	9.94
10. 金融业	19670	20974	21190	21826	23158	26796	15.71
11. 房地产业	13740	13371	14945	16911	16931	25260	49.19
12. 租赁和商务服务业	10869	10971	12625	14319	47017	53141	13.03
13. 科学研究、技术服务和地质勘查业	15236	15972	17202	17372	19329	23104	19.53
14. 水利、环境和公共设施管理业	8882	9208	9175	9527	10087	11840	17.38
15. 居民服务和其他服务业	5040	3088	2994	3043	4084	3571	—12.56
16. 教　育	82150	84585	85354	84351	93273	93242	—0.03
17. 卫生、社会保障和社会福利业	29495	29659	31215	30586	36110	39512	9.42
18. 文化、体育和娱乐业	12763	12508	12959	13123	15514	15136	—2.44
19. 公共管理和社会组织	57047	58435	57369	58273	59867	62365	4.17
按三次产业分							
第一产业	8103	7883	7288	6305	6037	8171	35.35
第二产业	437559	461346	485247	492212	497407	480167	—3.47
第三产业	342074	340221	348058	362485	421987	457877	8.51

3—12 城镇单位女性从业人员增减情况

单位:人

项目	2004 年	2005 年	2006 年	2007 年	2008 年	2009 年	2009 年比 2008 年增长 (%)
合计	**367589**	**376403**	**391597**	**394009**	**410738**	**414546**	**0.93**
按行业分							
1. 农、林、牧、渔业	2932	3334	2773	2400	2358	3364	42.66
2. 采矿业	310	382	293	295	381	624	63.78
3. 制造业	204616	214079	224238	219972	205307	194857	—5.09
4. 电力、煤气及水的生产和供应业	4269	4165	4374	4545	4568	4539	—0.63
5. 建筑业	11863	11917	12262	12052	13876	12832	—7.52
6. 交通运输、仓储及邮政业	10257	9237	9340	9769	9786	10282	5.07
7. 信息传输、计算机服务和软件业	3675	2810	3993	4244	4219	3541	—16.07
8. 批发和零售业	12711	11880	12213	14517	16229	17732	9.26
9. 住宿和餐饮业	8419	8402	7555	9341	8994	10786	19.92
10. 金融业	9990	10392	12010	12526	12981	15253	17.50
11. 房地产业	4721	4800	5366	6634	6257	8249	31.84
12. 租赁和商务服务业	3408	3640	4074	4338	23458	21851	—6.85
13. 科学研究、技术服务和地质勘查业	4682	4784	5076	5371	6094	7899	29.62
14. 水利、环境和公共设施管理业	3523	3777	3804	4204	4641	5217	12.41
15. 居民服务和其他服务业	2510	935	891	978	1156	1188	2.77
16. 教　育	42175	44234	44543	43541	47597	49610	4.23
17. 卫生、社会保障和社会福利业	18231	18340	19180	19112	21759	23487	7.94
18. 文化、体育和娱乐业	5271	5019	5233	5283	5607	6224	11.00
19. 公共管理和社会组织	14026	14276	14379	14887	15470	17011	9.96
按三次产业分							
第一产业	2932	3334	2773	2400	2358	3364	42.66
第二产业	221058	230543	241167	236864	224132	212852	—5.03
第三产业	143599	142526	147657	154745	184248	198330	7.64

3—13 城镇单位企业 事业 机关年末职工人数

(1997～2009 年)

单位:人

年份	总计	企业	事业	机关
1997	877839	655715	159997	62143
1998	786225	571883	158545	55797
1999	698417	487489	154147	56781
2000	684213	477196	148084	58933
2001	687997	476959	153051	57987
2002	684803	484459	141407	58937
2003	726563	520031	151814	54718
2004	787736	576400	155160	56176
2005	809450	597257	154740	57453
2006	871890	654044	160466	57380
2007	923049	707486	154146	61417
2008	925431	706576	156590	62265
2009	946215	801757	82695	61733

注:1998 年起"职工人数"统计口径为在岗职工人数。

3—14 城镇单位职工人数变动情况

单位:人

项目	2000 年	2001 年	2002 年	2003 年	2004 年	2005 年	2006 年	2007 年	2008 年	2009 年
一、本年增加人数	**107245**	**165798**	**145378**	**221929**	**213148**	**235646**	**207564**	**292303**	**261142**	**260024**
从农村招收	51468	76931	76716	96141	99890	136896	111079	150328	141320	141908
从城镇招收	16479	34306	21402	29049	30142	24242	25895	31344	37623	40587
录用复员转业军人	1586	1591	2732	2428	3261	1848	1651	2436	2129	2114
录用大中专技校毕业生	15921	15653	17010	20803	23990	35403	37779	46690	51007	54184
调入	7451	12430	10473	7935	8913	8723	8679	8152	9127	6173
其他	14340	24887	17045	65573	46952	28534	22481	53353	19936	15058
二、本年减少人数	**120925**	**153919**	**117309**	**137042**	**185555**	**209806**	**183766**	**239049**	**263336**	**233673**
离休退休退职	17594	15561	23186	13970	23324	26529	26725	28335	29711	37408
开除除名辞职	27899	49971	22197	16835	25576	44927	29016	33994	29023	19032
终止解除合同	36739	48721	41566	59068	80092	94618	86491	133627	160368	148258
调出	7872	10997	7184	12389	7891	8665	8192	2721	10453	6417
离开本单位仍保留劳动关系的职工	11530	8865	7689	66366	4188	3687	3199	597	4117	2179
死亡						472	481	7583	396	462
其他	19291	19804	15487	31034	44484	30908	29662	32192	29268	19917

3—15 城镇单位其他从业人员增减情况

单位:人

项　目	2004 年	2005 年	2006 年	2007 年	2008 年	2009 年	2009 年比 2008 年增长 (%)
合　计	**26948**	**31530**	**31297**	**62047**	**33005**	**40797**	**23.61**
按企事业机关分							
企　业	22281	26994	26607	56611	25946	36498	40.67
事　业	4127	3962	3881	4470	5315	2661	−49.93
机　关	540	574	809	966	1744	1638	−6.08
按行业分							
1. 农、林、牧、渔业	697	947	393	105	141	233	65.25
2. 采矿业	5		34	5	49	68	38.78
3. 制造业	5987	4651	5588	4476	5189	3496	−32.63
4. 电力、煤气及水的生产和供应业	381	615	482	242	249	242	−2.81
5. 建筑业	5042	9933	9201	37884	9557	18374	92.26
6. 交通运输、仓储及邮政业	3028	3231	3307	3514	3637	2967	−18.42
7. 信息传输、计算机服务和软件业	1326	217	155	79	63	77	22.22
8. 批发和零售业	1385	1274	1160	1012	648	1040	60.49
9. 住宿和餐饮业	714	562	508	369	492	751	52.64
10. 金融业	1111	2798	3219	3926	3268	2403	−26.47
11. 房地产业	1537	1434	1417	3816	1019	1032	1.28
12. 租赁和商务服务业	726	617	652	523	484	414	−14.46
13. 科学研究、技术服务和地质勘查业	834	944	854	784	988	1438	45.55
14. 水利、环境和公共设施管理业	780	815	690	1466	1662	1921	15.58
15. 居民服务和其他服务业	209	140	150	150	183	155	−15.30
16. 教　育	948	1140	1111	1422	2029	2180	7.44
17. 卫生、社会保障和社会福利业	718	965	979	906	1082	1427	31.89
18. 文化、体育和娱乐业	655	516	448	300	395	848	114.68
19. 公共管理和社会组织	865	731	949	1068	1870	1731	−7.43
按三次产业分							
第一产业	697	947	393	105	141	233	65.25
第二产业	11415	15199	15305	42607	15044	22180	47.43
第三产业	14836	15384	15599	19335	17820	18384	3.16

3—16 城镇单位从业人员劳动报酬

（2009 年）

单位：万元

项　　目	合　计	在岗职工工资总额	其他从业人员劳动报酬
合　计	**2976370**	**2861961**	**114410**
按企事业机关分			
企　业	2401151	2293889	107262
事　业	305632	301361	4271
机　关	269561	266684	2877
民间非盈利组织	7	7	
其　他	20	20	
按行业分			
1. 农、林、牧、渔业	14663	14481	181
2. 采矿业	6658	6643	15
3. 制造业	879429	858182	21247
4. 电力、煤气及水的生产和供应业	86524	85513	1011
5. 建筑业	308643	255482	53161
6. 交通运输、仓储及邮政业	121048	114360	6689
7. 信息传输、计算机服务和软件业	59082	58881	201
8. 批发和零售业	105741	103956	1785
9. 住宿和餐饮业	31621	30611	1010
10. 金融业	224130	216764	7366
11. 房地产业	63404	59866	3538
12. 租赁和商务服务业	114311	113192	1119
13. 科学研究、技术服务和地质勘查业	92117	89689	2428
14. 水利、环境和公共设施管理业	29976	27136	2841
15. 居民服务和其他服务业	8091	7638	453
16. 教　育	359549	356053	3495
17. 卫生、社会保障和社会福利业	144044	140702	3342
18. 文化、体育和娱乐业	52166	50623	1542
19. 公共管理和社会组织	275175	272189	2986
按三次产业分			
第一产业	14663	14481	181
第二产业	1281255	1205820	75435
第三产业	1680453	1641659	38794

3—17 按登记注册类型分城镇单位从业人员劳动报酬

（2009 年）

单位：万元

项目	合计	在岗职工工资总额	其他从业人员劳动报酬
总计	**2976370**	**2861961**	**114410**
国有单位	1333047	1304033	29013
集体单位	76909	72455	4454
其他单位	1566414	1485472	80943
#内资企业	748808	690808	58001
港澳台商投资企业	363668	349768	13900
外商投资企业	453938	444897	9042

3—18 城镇单位企事业机关职工工资总额

（1988～2009 年）

单位：万元

年份	合计	企业	事业	机关
1988	119291	89212	23397	6682
1989	140117	103178	27483	9457
1990	157456	114961	30883	11612
1991	181209	132781	35042	13387
1992	220667	164951	40258	15458
1993	286541	224888	42138	19515
1994	395044	286036	78545	30462
1995	470311	350814	87147	32349
1996	560623	426071	94507	40045
1997	650789	484046	118812	47931
1998	680682	494104	134892	51687
1999	680607	461329	156659	62619
2000	759607	511337	175927	72343
2001	881625	577701	218077	85846
2002	942722	620709	225328	96685
2003	1073262	723615	252181	97467
2004	1296473	885774	296526	114173
2005	1451880	976568	342588	132724
2006	1715622	1173798	390849	150975
2007	2057107	1424983	438952	193172
2008	2573494	1825811	500064	247618
2009	2861961	2293889	301361	266684

注：本表 1998 年起“职工工资总额”统计口径为“在岗职工工资总额。

3—19 城镇单位职工工资总额增减情况

单位:万元

项　　目	2004 年	2005 年	2006 年	2007 年	2008 年	2009 年	2009 年比 2008 年增长 (%)
合　计	**1296473**	**1451880**	**1715622**	**2057107**	**2573494**	**2861961**	**11.21**
按行业分							
1. 农、林、牧、渔业	9317	10484	10302	10360	11527	14481	25.63
2. 采矿业	2317	2495	2570	2609	2723	6643	143.97
3. 制造业	463888	511658	615067	711930	858240	858182	—0.01
4. 电力、煤气及水的生产和供应业	38587	44497	50333	64645	78911	85513	8.37
5. 建筑业	103678	119339	145701	192166	235764	255482	8.36
6. 交通运输、仓储及邮政业	59736	59365	69783	88996	99786	114360	14.60
7. 信息传输、计算机服务和软件业	38087	39627	47658	49639	54700	58881	7.64
8. 批发和零售业	48214	47909	54937	67479	86290	103956	20.47
9. 住宿和餐饮业	16954	18226	18219	25134	26240	30611	16.66
10. 金融业	67790	79474	103222	132722	174280	216764	24.38
11. 房地产业	20307	22065	27027	34401	49390	59866	21.21
12. 租赁和商务服务业	18907	21189	26381	29999	94674	113192	19.56
13. 科学研究、技术服务和地质勘查业	38435	44796	51309	62611	73560	89689	21.93
14. 水利、环境和公共设施管理业	13218	15974	18052	19857	22095	27136	22.81
15. 居民服务和其他服务业	8556	4118	4784	5475	5925	7638	28.92
16. 教　育	149645	182221	208031	242881	296873	356053	19.93
17. 卫生、社会保障和社会福利业	57621	65362	76062	90516	113852	140702	23.58
18. 文化、体育和娱乐业	25164	27960	33265	39179	49120	50623	3.06
19. 公共管理和社会组织	116053	135121	152920	186508	239544	272189	13.63
按三次产业分							
第一产业	9317	10484	10302	10360	11527	14481	25.63
第二产业	608470	677989	813671	971350	1175637	1205820	2.57
第三产业	678686	763407	891649	1075397	1386330	1641659	18.42

3—20 按登记注册类型分城镇单位职工工资总额

（1988～2009年）

单位：万元

年份	合计	国有单位	城镇集体单位	其他单位
1988	119291	84450	31347	3495
1989	140117	99567	34551	5999
1990	157456	113057	35494	8904
1991	181209	126691	40059	14459
1992	220667	148781	44660	27227
1993	286541	186490	56402	43649
1994	395044	268254	64214	62575
1995	470311	298303	69095	102913
1996	560623	331000	75517	154106
1997	650789	405487	67439	177863
1998	680682	396736	62402	221505
1999	680607	402229	55129	223249
2000	759607	452125	53544	253938
2001	881625	506801	55786	319038
2002	942722	525086	55906	361730
2003	1073262	591956	46788	434519
2004	1296473	679406	49737	567330
2005	1451880	760220	51595	640065
2006	1715622	869443	54276	791903
2007	2057107	954839	62402	1039866
2008	2573494	1122240	67420	1383834
2009	2861961	1304033	72455	1485472

注：本表1998年起“职工工资总额”统计口径为“在岗职工工资总额”。

3—21 城镇单位在岗职工工资总额

（2009 年） 单位:万元

项目	合计	国有单位	城镇集体单位	其他单位
合计	**2861961**	**1304033**	**72455**	**1485472**
按国民经济行业分				
1. 农、林、牧、渔业	14481	12006	45	2431
2. 采矿业	6643	1201	180	5263
3. 制造业	858182	32995	9145	816043
4. 电力、煤气及水的生产和供应业	85513	61406	1158	22949
5. 建筑业	255482	66872	29519	159091
6. 交通运输、仓储及邮政业	114360	79951	3107	31301
7. 信息传输、计算机服务和软件业	58881	15739	49	43093
批发和零售业	103956	35230	4997	63729
9. 住宿和餐饮业	30611	9512	1117	19983
10. 金融业	216764	63047	5351	148366
11. 房地产业	59866	20066	2016	37784
12. 租赁和商务服务业	113192	26566	10125	76501
13. 科学研究、技术服务和地质勘查业	89689	72083	594	17013
14. 水利、环境和公共设施管理业	27136	20936	372	5829
15. 居民服务和其他服务业	7638	5324	883	1432
16. 教育	356053	326425	871	28758
17. 卫生、社会保障和社会福利业	140702	137482	2243	977
18. 文化、体育和娱乐业	50623	45046	647	4930
19. 公共管理和社会组织	272189	272151	38	
按三次产业分				
第一产业	14481	12006	45	2431
第二产业	1205820	162473	40002	1003345
第三产业	1641659	1129555	32409	479696

3—22 城镇单位从业人员人均劳动报酬

（2009年）

单位：元

项目	单位从业人员年平均劳动报酬	在岗职工年平均工资	其他从业人员年平均劳动报酬
合　计	**30599**	**30704**	**28186**
按企事业机关分			
企　业	29120	29103	29492
事　业	36084	36711	16372
机　关	42509	43152	17845
民间非盈利组织	14400	14400	
其　他	7840	7840	
按行业分			
1. 农、林、牧、渔业	17702	18002	7586
2. 采矿业	30333	31232	2206
3. 制造业	23247	23040	36557
4. 电力、煤气及水的生产和供应业	55365	55575	41967
5. 建筑业	29332	28721	32672
6. 交通运输、仓储及邮政业	31258	32160	21126
7. 信息传输、计算机服务和软件业	56991	57221	26156
8. 批发和零售业	25728	25918	18028
9. 住宿和餐饮业	17288	17407	14319
10. 金融业	80472	83754	37370
11. 房地产业	29763	29559	33693
12. 租赁和商务服务业	22566	22541	25481
13. 科学研究、技术服务和地质勘查业	38243	39601	16872
14. 水利、环境和公共设施管理业	21930	23114	14727
15. 居民服务和其他服务业	21762	21396	30595
16. 教　育	38637	39153	16503
17. 卫生、社会保障和社会福利业	36024	36477	23653
18. 文化、体育和娱乐业	32265	32962	19042
19. 公共管理和社会组织	42928	43622	17514
按三次产业分			
第一产业	17702	18002	7586
第二产业	25557	25177	33688
第三产业	36288	36881	21600

3—23 城镇单位职工平均工资增减情况

单位：元

项目	2004年	2005年	2006年	2007年	2008年	2009年	2009年比2008年增长（%）
合计	**16586**	**18314**	**20666**	**23950**	**27521**	**30704**	**11.57**
按行业分							
1. 农、林、牧、渔业	11451	13188	13952	16317	19084	18002	−5.67
2. 采矿业	17617	18616	20643	19995	23636	31232	32.14
3. 制造业	13442	14199	15937	18101	20992	23040	9.76
4. 电力、煤气及水的生产和供应业	28092	33424	36065	45131	50917	55575	9.15
5. 建筑业	14253	17260	19583	22612	26838	28721	7.02
6. 交通运输、仓储及邮政业	18500	19530	22676	27948	30559	32160	5.24
7. 信息传输、计算机服务和软件业	42823	46543	45781	46666	49996	57221	14.45
8. 批发和零售业	15634	16657	18769	20874	23217	25918	11.63
9. 住宿和餐饮业	11379	12485	13929	15118	16397	17407	6.16
10. 金融业	34486	38004	48960	61705	77845	83754	7.59
11. 房地产业	15123	16392	18191	20594	29235	29559	1.11
12. 租赁和商务服务业	17867	19149	17617	21976	21128	22541	6.69
13. 科学研究、技术服务和地质勘查业	25476	28010	29815	36589	38939	39601	1.70
14. 水利、环境和公共设施管理业	14858	17529	19601	20838	22355	23114	3.40
15. 居民服务和其他服务业	16409	13773	15416	18220	18833	21396	13.61
16. 教育	18235	21508	24455	28785	32147	39153	21.79
17. 卫生、社会保障和社会福利业	19761	22236	24639	30010	32208	36477	13.25
18. 文化、体育和娱乐业	19578	22438	26286	29708	31594	32962	4.33
19. 公共管理和社会组织	20443	23172	26694	32167	40138	43622	8.68

3－24 按登记注册类型分城镇单位职工平均工资

(1988～2009年)

单位:元

年份	合计	国有单位	城镇集体单位	其他单位
1988	1641	1749	1373	2215
1989	1909	2059	1519	2610
1990	2128	2291	1646	2888
1991	2366	2514	1838	3287
1992	2709	2866	2033	3592
1993	3356	3476	2642	4204
1994	4803	5204	3301	5561
1995	5827	6020	4125	7142
1996	6453	6441	4687	7954
1997	7571	7798	5027	8660
1998	8772	9160	5992	9280
1999	9780	10371	6618	9933
2000	11199	12001	7304	11125
2001	12760	14240	8688	11780
2002	14046	15979	9712	12693
2003	15052	17643	10163	13110
2004	16586	20382	10264	14187
2005	18314	23228	12122	15133
2006	20666	26651	13465	17081
2007	23950	30419	16418	20509
2008	27521	35373	20181	23679
2009	30704	39287	22943	26125

注:本表1998年起"职工平均工资"统计口径为"在岗职工平均工资"。

3－25 城镇单位企事业机关职工平均工资

（1988～2009年）

单位:元

年份	合计	企业	事业	机关
1988	1641	1622	1666	1791
1989	1909	1855	2076	2083
1990	2128	2073	2281	2320
1991	2366	2333	2466	2456
1992	2709	2690	2769	2765
1993	3356	3386	3210	3346
1994	4803	4664	5189	5267
1995	5827	5919	5526	5699
1996	6453	6530	6138	6433
1997	7571	7527	7640	7858
1998	8772	8748	8642	9378
1999	9780	9512	10196	10933
2000	11199	10846	11875	12323
2001	12760	12020	14311	14814
2002	14046	13183	15945	16385
2003	15052	14276	16635	17870
2004	16586	15512	19161	20424
2005	18314	16811	22166	23155
2006	20666	19001	25066	26725
2007	23950	21941	29400	32109
2008	27521	25433	32205	39988
2009	30704	29103	36711	43152

注:本表1998年起“职工平均工资”统计口径为“在岗职工平均工资”。

3—26 按行业分城镇单位在岗职工平均工资

（2009 年）

单位：元

项　　目	合　　计	国有单位	集体单位	其他单位
合　　计	**30704**	**39287**	**22943**	**26125**
按国民经济行业分				
1. 农、林、牧、渔业	18002	17382	15345	21940
2. 采矿业	31232	24010	12573	35464
3. 制造业	23040	29762	19829	22872
4. 电力、煤气及水的生产和供应业	55575	58818	40341	49247
5. 建筑业	28721	41043	33717	24895
6. 交通运输、仓储及邮政业	32160	33511	20297	26231
7. 信息传输、计算机服务和软件业	57221	56654	19640	57557
8. 批发和零售业	25918	38519	13828	23301
9. 住宿和餐饮业	17407	21132	17342	16062
10. 金融业	83754	72293	32154	95745
11. 房地产业	29559	26684	18786	32405
12. 租赁和商务服务业	22541	36486	15463	21024
13. 科学研究、技术服务和地质勘查业	39601	43612	27119	28830
14. 水利、环境和公共设施管理业	23114	23888	17524	21087
15. 居民服务和其他服务业	21396	44586	14083	8186
16. 教　育	39153	38867	22911	43746
17. 卫生、社会保障和社会福利业	36477	36998	27723	16147
18. 文化、体育和娱乐业	32962	34947	16678	23702
19. 公共管理和社会组织	43622	43630	18800	

3—27　分县(市)区劳动就业及劳动报酬

县(市)区	城镇单位年末从业人员(人)		城镇单位年末在岗职工(人)		城镇单位从业人员劳动报酬(万元)	
	2009年	比上年增长(%)	2009年	比上年增长(%)	2009年	比上年增长(%)
福州市	**987012**	**2.98**	**946215**	**2.25**	**2976370**	**11.94**
市　区	577792	1.23	548542	0.70	1901218	9.62
鼓楼区	224803	4.45	218445	4.52	828961	12.97
台江区	65554	－1.27	62355	0.84	226142	12.93
仓山区	63547	－19.07	61162	－19.84	174825	－3.69
晋安区	118768	10.92	102340	5.81	325210	18.45
马尾区	105120	1.49	104240	3.33	346079	0.54
福清市	194322	4.63	188352	3.45	476852	13.89
长乐市	39076	－0.74	37133	－1.39	119006	13.33
闽侯县	78997	24.88	77304	24.35	214326	29.39
连江县	35886	－4.49	35310	－4.89	92118	2.95
罗源县	13916	－0.79	13797	－1.17	37837	12.40
闽清县	18987	－3.65	18890	－3.75	58925	14.16
永泰县	12016	－1.51	11802	－2.01	33292	23.43
平潭县	16020	1.44	15085	－0.34	42797	27.40

3—27 续表

县(市)区	城镇单位在岗职工工资总额(万元)		城镇单位从业人员年平均劳动报酬(元)		城镇单位在岗职工年平均工资(元)	
	2009 年	比上年增长(%)	2009 年	比上年增长(%)	2009 年	比上年增长(%)
福州市	**2861961**	**11.21**	**30599**	**11.32**	**30704**	**11.57**
市　区	1822666	9.13	33474	11.14	33699	11.20
鼓楼区	814369	12.92	37882	7.85	38328	7.71
台江区	220106	13.72	34887	15.13	35711	14.10
仓山区	170582	—4.08	27111	20.20	27437	20.88
晋安区	275258	14.72	27517	9.31	26534	9.00
马尾区	342351	1.41	33418	8.06	33321	8.24
福清市	456905	11.42	25165	10.90	25185	11.10
长乐市	114796	12.94	30273	14.80	30661	15.98
闽侯县	206417	29.87	27597	10.51	27173	11.57
连江县	90343	2.40	25964	12.00	25902	11.98
罗源县	37651	12.28	27198	11.20	27297	11.53
闽清县	58764	14.15	29746	20.11	29799	20.13
永泰县	32972	23.07	27822	23.58	28037	23.70
平潭县	41447	26.79	27280	26.90	27873	27.59

主要统计指标解释

人口数 指一定时点、一定地区范围内的有生命的个人的总和。

人口密度 指一定时点一定地区的人口数与该地区的面积数之比，即一定时点的单位面积上人口数，通常以每平方公里的居住人数来表示：

人口密度＝该地区的人口数÷该地区的土地面积

出生率(又称粗出生率) 指在一定时期内(通常为一年)一定地区的出生人数与同期内平均人数(或期中人数)之比，它反映人口的出生水平，一般用千分率表示。计算公式：

出生率＝年出生人数÷年平均人数×1000‰

出生人数 指活产婴儿，即胎儿脱离母体时(不管怀孕月数)，有过呼吸或其他生命现象。

死亡率(又称粗死亡率) 指在一定时期内(通常为一年)一定地区的死亡人数与同期平均人数(或期中人数)之比，一般用千分率表示。计算公式：

死亡率＝年死亡人数÷年平均人数×1000‰

人口自然增长率 指在一定时期内(通常为一年)一定地区人口自然增加数(即出生人数减死亡人数)与该时期内平均人数(或期中人数)之比，一般用千分率表示。计算公式：

(1)人口自然增长率＝(本年出生人数－本年死亡人数)÷年平均人数×1000‰

(2)人口自然增长率＝人口出生率－人口死亡率

从业人员 指从事一定社会劳动并取得劳动报酬或经营收入的人员。包括：(1)在岗职工；(2)再就业的离退休人员；(3)私营业主；(4)个体业主；(5)私营和个体从业人员；(6)乡镇企业从业人员；(7)农村从业人员；(8)其他从业人员(包括宗教职业者等)。

城镇单位从业人员 指在各级国家机关、政党机关、社会团体及企业、事业单位中工作，并取得工资或其他形式的劳动报酬的全部人员。包括在岗职工、再就业的离退休人员、民办教师以及在各单位中工作的外方人员和港澳台方人员、兼职人员、借用的外单位人员和第二职业者。不包括离开本单位仍保留劳动关系的职工。

在岗职工 指在国有经济、城镇集体经济、联营经济、股份制经济、外商和港澳台投资经济、其他经济单位及其附属机构工作，并由其支付工资的各类人员，不包括返聘的离退休人员、民办教师、在国有经济单位工作的外方人员和港澳台人员。

城镇私营和个体从业人员 城镇私营从业人员指在工商管理部门注册登记，其经营地址设在县城关镇(含城关镇)及以上的私营企业的从业人员。包括：私营企业投资者和雇工。城镇个体从业人员指在工商管理部门注册登记，并持有城镇户口或在城镇长期居住，经批准从事个体工商经营的从业人员。包括：个体经营者和在个体工商户劳动的家庭帮工和雇工。

从业人员劳动报酬 指各单位在一定时期内直接支付给本单位全部从业人员的劳动报酬总额。包括职工工资总额和本单位其他从业人员劳动报酬两部分。

职工工资总额 指各单位在一定时期内直接支付给本单位全部职工的劳动报酬总额。工资总额的计算原则应以直接支付给职工的全部劳动报酬为凭据。各单位支付给职工的劳动报酬以及其他根据有关规定支付的工资，不论是计入成本还是不计入成本的，不论是按国家规定列入计征奖金税项目的，还是末列入计征奖金税项目的，不论是以货币形式支付的还是以实物形式支付的，均包括在工资总额内。

其他从业人员劳动报酬 指各单位在一定时期内直接支付给本单位其他从业人员的全部劳动报酬。

职工平均工资 指企业、事业、机关单位的职工在一定时期内平均每人所得的货币工资额。是反映职工工资水平的主要指标。

CHAPTER 4 第四篇

农林牧渔业

本篇内容包括：

1、乡镇组织
2、农村劳动力
3、农业机械化水平
4、农林牧渔业生产情况
5、主要农产品产量

4—1 农村基层基本情况

项　目	单 位	1995 年	2000 年	2001 年	2002 年	2003 年	2004 年	2005 年	2007 年	2008 年	2009 年
乡(镇)政府	个	156	157	157	157	157	155	146	146	145	145
乡政府	个	56	51	51	51	51	50	47	47	47	47
镇政府	个	100	106	106	106	106	105	99	99	98	98
村民委员会	个	2490	2477	2478	2481	2482	2411	2422	2388	2400	2392
乡村户数	户	1064409	1179647	1191337	1205048	1221294	1217562	1236397	1272609	1288521	1303155
乡村人口数	人	4330795	4432781	4396492	4406899	4410109	4393558	4418912	4468405	4486920	4504721
乡村劳动力资源数	人	2126068	2241281	2266154	2297921	2315468	2429245	2456334	2461856	2492513	2509285
乡村劳动力	人	1883781	2039022	2031394	2064406	2069955	2076065	2087147	2115910	2125964	2167682
国有农林牧渔场	个	57	42	40	34	33	33	28	28	28	26
自来水受益村数	个	1293	1489	1515	1587	1644	1670	1699	1892	1988	2126
通汽车村数	个	2307	2442	2447	2451	2450	2383	2371	2367	2388	2381
通电话村数	个	2003	2470	2473	2476	2476	2408	2395	2387	2398	2392

4—2 农村劳动力

项目	1995年	2000年	2001年
总计	**1899034**	**2050875**	**2040084**
一、乡村劳动力	1883781	2039022	2031394
1. 农、林、牧、渔业	1131650	1124898	1100132
2. 工业	213765	254936	261622
3. 建筑业	168009	198252	199836
4. 交通运输、邮电通讯业和仓储业	65086	74665	76516
5. 批发零售贸易、餐饮业	73740	114114	119554
6. 房地产管理、公用事业、居民服务和咨询服务业	11390	9758	10030
7. 卫生、体育和社会福利事业	8282	8964	8917
8. 教育、文化艺术和广播电视事业	9727	11493	12281
9. 科学研究和综合技术服务事业	812	1065	1106
10. 金融、保险业	1223	2330	2323
11. 经济组织管理	6333	7214	7012
12. 信息传输、计算机服务和软件			
13. 其他	193764	231333	232065
二、国有农林牧渔业劳动力	15253	11853	8690

单位:人

2002 年	2003 年	2004 年	2005 年	2007 年	2008 年	2009 年
2070756	**2074772**	**2081023**	**2090586**	**2119118**	**2129122**	**2170663**
2064406	2069955	2076065	2087147	2115910	2125964	2167682
1115326	1074699	1046392	1011933	955874	943568	919786
273526	291757	306242	330225	382231	390636	409167
201496	209335	208631	208446	214836	220651	228456
77021	78213	78878	80701	81215	83246	86162
120765	122281	137340	147128	169314	136164	8567
10077	11128	8076	7960	9500	9592	151657
9168	9684	9853	10039	11096	11452	50172
12528	13094	14126	14585	17999	18717	
1106	1296	1255	1212	1471	1465	
2588	3163	3613	3731	4768	4932	
6686	6653	5873	7197	6747	6808	
		4480	4850	7598	7807	8567
234119	248652	251306	259140	253261	250722	313715
6350	4817	4958	3439	3208	3158	2981

4－3 农业机械拥有量

项　　目	单　位	1995 年	2000 年	2001 年	2002 年
农业机械总动力	**千瓦**	**1156125**	**1407517**	**1448392**	**1455176**
柴油发动机动力	千瓦	867238	1119010	1186310	1198426
汽油发动机动力	千瓦				71320
电动机动力	千瓦				185430
1. 耕作机械	台	23562	13910	12167	20959
大中型拖拉机	台	403	93	63	51
小型拖拉机(含变型拖拉机)	台	23159	13817	12104	20908
2. 排灌机械	千瓦	100349	98965	97402	95222
排灌动力机械	台	9523			9404
农用水泵	台	6869	8997	8871	8495
3. 收获机械	千瓦	17356	1815	3228	3738
机动脱粒机	台	54	5916	6017	6513
4. 植保机械	千瓦	2557	2228	2264	2396
5. 畜牧机械	千瓦	19650	21312	20636	20527
饲料粉碎机	台	2976	2809	2789	2796
6. 林业机械	千瓦				447
7. 渔业机械	千瓦	313470	456418	496303	483410
8. 农产品加工机械	千瓦	114005	114029	112104	108078
9. 运输机械	千瓦	358670	444070	442274	459839
农用载重汽车	辆	2373	2552	1967	2458
机动运输船	艘	2129	2197	2176	2226
农用运输车	辆	3140	5447	5339	5311

2003年	2004年	2005年	2006年	2007年	2008年	2009年
1504797	**1527765**	**1540512**	**1543211**	**1548417**	**1550177**	**1607019**
1263016	1288094	1298738	1312250	1327891	1345246	1363883
68569	65959	63915	50372	38829	23048	21844
173212	173712	177859	180589	181697	181883	221292
21434	21087	20803	7431	21307	6755	7270
43	99	103	126	128	129	164
21391	20988	20700	7305	6918	6626	7106
96973	99481	98668	100935	110645	105005	115133
9640	9962	9846	9853	10464	10845	11581
9043	9122	9163	8833	9178	10638	10897
3960	4449	4726	7129	9104	12446	15426
6934	6776	6736	6556	6539	6603	6658
2537	2735	2748	2958	3267	3459	
20424	20608	20273	21254	27489	27933	28737
2793	2815	2684	2817	2542	2392	2394
447	272	272	272	272		
485414	469722	473150	476120	552782	614155	721033
107964	106702	105269	104269	110615	111545	114823
484815	517006	518708	506918	377452	534407	430957
2383	2383	2377	2245	1525	737	
2306	2320	2314	2376	1642	789	
4958	4794	4613	4370	4313	4491	4954

4—4 农业基础设施

项　　目	单　位	1995年	2000年	2001年	2002年	2003年	2004年	2005年	2007年	2008年	2009年
1. 农业机械使用											
机耕地面积	公顷	55240	56797	57151	58542	56077	55986	53926	54102	102930	113482
机械播种面积	公顷	73	498	448	658	384	255	138	171	211	962
#机械插秧	公顷	7	305	331	336	303	235	228	157	211	962
机械收割面积	公顷	833	3005	4390	4949	7109	8265	12074	17137	21145	26688
2. 农村电力设施											
乡村办水电站	处	327	330	324	338	338	328	355	360	360	359
发电能力	千瓦	56710	89390	89258	102825	111365	120074	158644	180478	185553	193863
农村用电量	万千瓦时	118636	153755	165081	219728	268833	323757	449280	605714	618858	623851
3. 化肥施用量											
按实物量计算	吨	450354	451064	438293	441073	412379	414070	402859	375324	373516	375773
氮　肥	吨	226842	215301	207022	203424	186078	184714	177535	163426	161122	159357
磷　肥	吨	109356	104691	101363	103833	94985	96943	93106	85950	84970	83866
钾　肥	吨	50914	52903	52337	53746	50086	50904	49890	47160	46626	47438
复合肥	吨	63242	78169	77571	80070	81230	81509	82328	78788	80798	85112
按折纯量计算	吨	130019	128390	122016	122764	115225	115150	112290	86717	86578	87337
氮　肥	吨	60777	54840	53998	52967	48417	48031	45928	34380	33531	32936
磷　肥	吨	16953	15896	15448	15742	14564	14844	14263	11614	11613	11408
钾　肥	吨	25061	26353	25957	26872	24774	25237	24697	19379	19316	19416
复合肥	吨	27228	31301	26613	27183	27470	27038	27402	21344	22118	23577
4. 沼气池	个	767	696	700	703	668	636	173			
5. 水　利											
有效灌溉面积	公顷	116600	112180	106000	111120	110740	104340	113890	112910	112850	114220
旱涝保收面积	公顷	73080	76890	75000	75987	77470	77650	83170		82840	84860
机电排灌面积	公顷	54782	47650	47000	42000	34080	47410	44190	38390	52468	38990
6. 农用塑料薄膜使用量	吨	3736	4292	4381	4546	4672	4588	4578	4940	4955	4991
#地膜使用量	吨	1240	1566	1814	1932	2011	1963	2094	2260	2281	2329
7. 农用柴油使用量	吨	140136	174089	172827	179247	180302	177905	176506	215515	222596	227403
8. 农药使用量	吨	6399	8357	8132	8685	8361	8147	7931	8156	8144	8488

4—5 主要年份农作物播种面积

单位:公顷

年　份	合　计	粮食作物	#谷　物	经济作物	其他作物
1952	292589	263941	190147	15537	13111
1957	316472	279965	188653	17312	19195
1962	285511	254457	164220	12410	18644
1965	304627	258924	175076	18518	27185
1970	302445	265275	182240	12879	24291
1975	328225	274193	193685	16693	37339
1978	329089	275119	191684	20170	33799
1979	328075	271517	185714	24411	32147
1980	320909	265343	183469	27167	28399
1981	311994	259080	188380	29007	23907
1982	305541	252780	183600	29017	23744
1983	301157	252520	183020	22871	25766
1984	291539	243586	180795	23884	24070
1985	281825	225346	166242	28503	27977
1986	290980	231438	166169	26340	33202
1987	325699	249349	167133	29507	46843
1988	332142	251119	167646	28815	52208
1989	343284	260821	170612	24774	57689
1990	357606	266969	171475	24551	66087
1991	367454	267908	170828	24866	74681
1992	374572	267866	170927	25159	81548
1993	366845	257435	167774	23652	85758
1994	373681	261106	168704	21572	90996
1995	380705	263954	169112	20282	96468
1996	389978	266149	169003	20877	102952
1997	394240	268561	169063	17128	108551
1998	394316	266798	168015	17222	110296
1999	397976	267204	167271	17087	113685
2000	388129	254791	158170	17173	116165
2001	361740	229504	141486	18201	114034
2002	355112	220135	136879	20504	114474
2003	336468	198916	125062	23081	114471
2004	327271	190057	120222	21005	116209
2005	315599	179995	111916	22740	112864
2006	316310	178766	111501	23093	114451
2007	261921	123231	82624	22359	116332
2008	260431	121945	77717	21935	116551
2009	260734	118693	73502	20828	121213

4—6 粮食作物播种面积

单位:公顷

项目	1995年	2000年	2001年	2002年	2003年	2004年	2005年	2006年	2007年	2008年	2009年
总计	**263954**	**254791**	**229504**	**220135**	**198916**	**190057**	**179995**	**178766**	**123231**	**121945**	**118693**
按收获季节分											
春收粮食	31298	33583	29650	26060	18358	16225	16197	15669	7447	8530	8725
夏收粮食	78966	76322	64830	61738	57360	52899	50445	47378	27629	25554	25068
秋收粮食	153690	144886	135024	132337	123197	120934	113353	115719	88155	87861	84899
按品种分											
稻谷	169112	158170	141486	136879	125062	120222	111916	111501	82624	77717	73505
早稻	69913	66499	55271	52193	47930	44156	41986	39528	22933	20685	19804
中稻和一季晚稻	32217	30793	34152	34355	34446	35922	34913	36606	34214	33001	33243
双季晚稻	66982	60878	52063	50331	42685	40145	35016	35367	25476	24031	20458
大小麦	16782	11964	9365	7358		6	7	15	545	426	4
#小麦	10303	7249	5825	4496		6	7	13	545	426	4
甘薯	48100	46576	42947	41554	40302	39825	38095	38602	25950	28101	28320
马铃薯	7320	11116	9968	9844	10511	10804	10724	10498	6736	7067	8211
杂粮	1498	2184	1986	2162	2089	1793	2175	1886	1674	1756	1741
大豆	11596	11159	10054	9931	9488	9174	8825	8546	4607	4829	5377
杂豆	9547	13622	13698	12406	11463	8233	8253	7707	1095	2049	1535

4—7 经济作物和其他农作物播种面积

单位:公顷

项目	1995年	2000年	2001年	2002年	2003年	2004年	2005年	2006年	2007年	2008年	2009年
经济作物	**20282**	**17173**	**18201**	**20504**	**23081**	**21005**	**22740**	**23093**	**22359**	**21935**	**20828**
#油料	15160	15601	15716	15549	16485	18005	17687	18142	19991	19336	20058
#花生	14029	14691	15106	15092	16362	17883	17562	18027	19887	19220	19865
油菜籽	1114	909	610	457	122	122	122	109	101	111	187
芝麻	16			1	1			6	3	5	6
甘蔗	1654	727	710	813	894	782	769	749	354	440	433
烟叶	479	567	497	533	547	21	21	21	16	6	6
#烤烟	473	567	497	533	547	21	21	21	16	6	6
其他农作物	**96468**	**116165**	**114034**	**114474**	**114471**	**116209**	**112864**	**114451**	**116332**	**116551**	**121213**
#蔬菜	74923	90190	91464	94359	96815	97419	97317	99037	99396	100462	103256
西瓜	3717	3639	3818	4168	4279	4213	4933	5162	4976	4919	5139
绿肥	14273	15895	11777	10297	8268	6607	5864	5429	5161	4978	4922
青饲料		2141	2158	2069	2626	2529	2343	2195	2054	1653	1619

4—8 各类水果种植面积

单位:公顷

项目	1995年	2000年	2001年	2002年	2003年	2004年	2005年	2006年	2007年	2008年	2009年
水果种植面积	**48729**	**48032**	**46724**	**47473**	**46680**	**46386**	**45405**	**44826**	**44829**	**45758**	**46343**
#柑桔	15451	10726	9909	9621	9284	8858	8341	8418	8429	8262	6026
龙眼	3318	4745	4452	4418	4361	4325	4354	4122	4205	4184	4204
荔枝	404	325	298	292	293	286	292	307	262	269	269
香蕉	861	822	977	1058	1081	1134	1117	1230	1232	1173	1143
枇杷	2611	3015	3286	4045	4828	4997	5168	5183	5504	5642	5809
橄榄	4000	5754	5492	5628	5825	5929	5792	5732	5704	6922	7326
柿	2707	2454	2351	2259	2186	2061	1951	1931	1827	1762	1747
桃	2073	1576	1691	1722	1682	1780	1718	1672	1696	1818	1819
李	6832	9942	9983	10074	9365	9423	9165	9130	9097	9063	9224
柚	152	198	198	207	203	214	222	227	218	221	281
梨	432	377	353	365	386	367	357	377	380	398	396
葡萄	562	565	629	786	650	701	672	647	656	657	660
杨梅	768	458	465	403	366	336	366	414	414	391	386

4—9 主要年份茶叶 水果种植面积及产量

年份	茶叶		水果	
	种植面积（公顷）	产量（吨）	种植面积（公顷）	产量（吨）
1952	1141	248	2751	16377
1957	1812	322	4763	31506
1962	1611	198	4434	10970
1965	2205	290	5962	16306
1970	5052	579	4668	15023
1975	6678	1116	6555	12906
1978	7656	1237	7274	9348
1980	8428	1367	10061	16787
1985	8432	1997	22351	33667
1986	8048	2306	25552	49419
1987	7674	2622	30678	53514
1988	7416	3305	33471	73292
1989	7203	3032	37386	98298
1990	6652	2976	39332	101359
1991	6598	3014	43819	135250
1992	7212	3305	46866	160759
1993	7744	3553	48263	179069
1994	7921	4257	47978	200235
1995	8472	4942	48729	220343
1996	8405	5174	48984	240905
1997	7696	5630	49817	258360
1998	7739	6972	49829	254384
1999	7733	7239	50170	280997
2000	8131	7908	48032	250515
2001	7932	8312	46724	256930
2002	7822	8522	47473	256098
2003	8122	9074	46680	296572
2004	8150	10499	46386	291315
2005	8214	11434	45405	278591
2006	8133	12008	44826	290098
2007	8315	13143	44829	310090
2008	8895	15011	45758	320489
2009	8933	15537	46343	338370

4—10 水产品养殖面积

单位:公顷

项目	1995 年	2000 年	2001 年	2002 年	2003 年	2004 年	2005 年	2006 年	2007 年	2008 年	2009 年
水产品养殖面积	**28579**	**42128**	**42600**	**42002**	**41971**	**43628**	**45565**	**46090**	**38458**	**42919**	**46587**
海水养殖	**16924**	**29004**	**28649**	**28901**	**29040**	**31972**	**32910**	**33358**	**25625**	**29337**	**32151**
鱼类	291	5528	5248	4345	1677	1338	1322	2856	2131	1978	1616
虾蟹类	4048	3666	4193	4523	4104	4460	4791	5278	3111	5253	6828
#对虾	3696	2440	2773	2973	2892	3071	2838	2797	1505	2853	4718
贝类	9466	15006	14525	14953	17141	18269	19009	19218	14670	15045	16724
#蛏	2140	3532	3690	3975	4186	4146	4179	3925	3082	2859	3491
蛤	2135	2234	2269	2045	2803	3159	3434	3708	3199	3638	4008
蚶	14	281	274	365	73	358	320	450	233	231	258
牡蛎	4316	8004	7369	7371	8935	9345	9433	9707	6745	6664	7310
藻类	3052	4455	4354	4759	5763	7549	7439	5890	5635	7015	6942
#海带	963	1790	1862	2059	3138	4189	4320	3042	2984	3772	3630
紫菜	2088	2660	2492	2654	2396	3025	2774	2423	2322	2810	2978
在海水养殖中											
#海上养殖	3441	12550	10487	10016	12384	13455	13621	13920	11032	12171	12368
滩涂养殖	4394	5353	7817	7317		6104	12384	12082	9185	10329	12573
陆基养殖	9089	11101	10345	11569	11365	12413	6905	7356	5408	6837	7210
淡水养殖	**11656**	**13124**	**13951**	**13101**	**12931**	**11656**	**12655**	**12732**	**12833**	**13582**	**14436**
#池塘养殖	5008	5706	5897	5998	5543	5918	6265	6318	7053	7977	8344
湖泊养殖	431	527	517	562	519	546	580	567	252	383	384
河沟养殖	2145	1579	1589	1442	1745	1328	1410	1398	1212	1173	1208
水库养殖	2768	4031	4135	3438	3613	2665	3226	3333	3237	2577	3194

4—11 农林牧渔业增加值

（1993～2009 年）

单位：万元

年　　份	合　　计	#农　业	林　业	牧　业	渔　业
1993	540641	200661	29333	92902	217745
1994	728654	250044	36367	117058	327185
1995	985156	337342	39643	158543	449628
1996	1108933	358436	41132	194627	514738
1997	1209896	382462	46113	233862	547450
1998	1285522	406604	48932	239589	590397
1999	1348355	423332	46987	238460	639576
2000	1351822	414588	47807	227059	662368
2001	1326433	442508	18453	235020	630452
2002	1360280	458454	18666	238623	644536
2003	1436978	461564	40083	235797	699534
2004	1622965	507563	41238	284568	789596
2005	1747751	530105	42150	286787	879562
2006	1863770	579840	43789	274463	955447
2007	2042412	600093	48138	292118	1016137
2008	2364866	656183	60064	367846	1187171
2009	2420005	711384	63226	318786	1229252

4—12 主要年份农林牧渔业总产值

单位:万元

年份	合计	农业	林业	牧业	渔业
1952	12316	9734	215	1228	1139
1957	18524	12495	890	2359	2780
1962	24505	16424	768	2178	5135
1965	32123	21393	1258	4329	5143
1970	39840	24707	1826	5764	7543
1975	36946	24304	1733	4472	6437
1978	47780	31845	1633	5253	9049
1979	62811	42046	2262	7787	10716
1980	74270	49102	2888	9387	12893
1981	94961	61849	3782	12295	17035
1982	113907	73983	4510	15248	20166
1983	118985	64467	5735	19359	29424
1984	140784	74206	5924	24969	35685
1985	170781	85547	8224	33855	43155
1986	193788	92621	9973	40955	50239
1987	235441	110920	13905	49934	60862
1988	337202	150601	17079	74927	94595
1989	384783	171392	18517	91882	102992
1990	424801	188913	22070	94358	119460
1991	455904	196154	26727	100346	132677
1992	574779	231990	29589	114271	198929
1993	798168	286621	39583	134062	337902
1994	1180238	374021	47710	209448	549059
1995	1594572	502701	55001	275179	761691
1996	1775241	527747	57156	328204	862134
1997	1943061	566466	62282	395006	919307
1998	2048669	603929	68147	405782	970811
1999	2152288	627781	67330	408176	1049001
2000	2174225	618324	69349	394533	1092019
2001	2153911	659853	26811	411876	1055371
2002	2210770	642627	68257	419142	1080744
2003	2348379	694864	55839	417443	1180233
2004	2685206	765033	60794	504275	1355104
2005	2907871	807694	63837	510637	1510342
2006	3132626	883991	69142	504578	1657722
2007	3461207	918981	76381	532423	1788673
2008	4023099	1007146	96549	671220	2090826
2009	4108815	1093168	101706	582075	2168011

4—13 主要年份农林牧渔业总产值指数

(以上年为100)

单位:%

年份	合计	农业	林业	牧业	渔业
1957	107.30	98.20	151.20	125.70	118.10
1962	112.00	112.00	82.50	120.10	113.30
1965	117.70	118.40		118.00	113.50
1970	122.70	129.30	148.10	137.70	102.70
1975	95.80	95.10	112.80	100.90	92.30
1978	114.90	109.90	113.00	128.40	121.20
1979	111.80	112.20	117.00	125.30	100.10
1980	103.70	102.40	111.40	105.20	105.00
1981	109.00	106.40	111.90	111.90	112.90
1982	106.50	105.80	106.20	110.50	105.50
1983	105.70	100.30	123.40	109.90	112.40
1984	116.90	109.50	146.70	131.50	118.00
1985	109.20	103.90	127.20	118.40	109.40
1986	106.80	103.90	111.90	114.00	105.60
1987	111.40	108.10	102.60	104.90	124.40
1988	115.60	106.60	114.20	115.50	116.00
1989	108.60	106.60	94.40	111.60	112.30
1990	104.90	100.00	106.30	104.70	111.10
1991	106.60	102.00	117.40	108.10	109.40
1992	111.50	108.30	118.50	110.50	114.40
1993	115.70	102.90	120.50	103.30	135.20
1994	118.00	105.30	111.60	121.80	127.40
1995	111.80	109.50	108.10	110.60	114.40
1996	111.30	109.10	104.60	110.00	114.10
1997	111.90	107.00	107.20	120.30	111.90
1998	107.10	103.30	107.50	107.50	109.10
1999	106.90	106.20	98.40	104.30	109.30
2000	103.30	100.10	104.30	101.00	105.80
2001	100.80	99.30	97.20	103.40	100.90
2002	103.90	103.40	95.50	102.10	105.70
2003	104.00	100.30	97.10	100.40	107.50
2004	105.10	101.20	106.20	104.40	107.90
2005	102.72	100.29	100.64	101.59	104.60
2006	104.10	102.70	104.50	100.20	106.30
2007	105.20	103.70	104.10	97.00	108.50
2008	105.60	102.30	107.90	105.70	107.30
2009	105.40	105.10	103.80	103.70	105.60

4－14 主要年份农林牧渔业总产值指数

（以1952年为100）

单位：%

年份	合计	农业	林业	牧业	渔业
1952	100.00	100.00	100.00	100.00	100.00
1957	141.20	114.00	376.20	173.90	220.90
1962	121.60	95.50	209.30	103.50	263.00
1965	182.30	145.20	394.30	236.20	302.50
1970	193.00	140.90	476.00	262.00	369.60
1975	186.80	146.60	480.20	215.70	334.80
1978	236.70	188.30	438.30	245.40	455.80
1979	262.10	211.40	513.00	307.40	456.10
1980	271.90	216.50	571.20	323.30	478.70
1981	296.40	230.40	639.30	361.90	540.60
1982	315.50	243.90	679.20	399.90	570.20
1983	333.40	244.70	838.30	439.60	641.20
1984	389.70	268.00	1229.90	578.20	756.50
1985	425.70	278.40	1563.90	684.50	827.80
1986	454.70	289.20	1749.80	780.40	873.90
1987	506.60	312.60	1795.50	818.30	1086.80
1988	565.30	333.10	2050.80	944.80	1261.20
1989	614.10	355.00	1936.30	1054.20	1416.40
1990	643.90	354.90	2059.10	1103.50	1573.80
1991	686.60	362.10	2417.00	1192.90	1722.00
1992	765.50	392.20	2865.10	1317.70	1969.80
1993	885.40	403.70	3452.20	1361.70	2663.10
1994	1044.00	425.00	3852.00	1658.90	3392.70
1995	1168.60	465.40	4162.10	1834.90	3881.20
1996	1300.80	507.90	4353.70	2017.60	4428.30
1997	1455.20	543.70	4669.00	2427.80	4956.70
1998	1559.00	561.70	5017.70	2608.80	5409.50
1999	1666.70	596.70	4939.50	2721.90	5912.90
2000	1722.00	597.50	5152.70	2748.20	6258.00
2001	1735.20	593.20	5007.80	2841.10	6311.50
2002	1802.90	613.20	4780.00	2900.00	6671.00
2003	1907.60	656.50	2647.20	2945.70	7418.30
2004	2033.31	685.76	2858.55	3000.74	8096.90
2005	2055.44	654.16	2920.86	3054.01	8251.60
2006	2139.70	671.90	3052.30	3060.10	8771.50
2007	2251.00	696.60	3177.40	2968.30	9517.10
2008	2376.60	712.60	3427.80	3136.00	10207.10
2009	2504.94	748.94	3558.06	3252.03	10778.70

4－15 农林牧渔业分项产值

单位：万元

项　　目	1995年	2000年	2001年	2002年	2003年	2004年	2005年	2006年	2007年	2008年	2009年
农林牧渔业总产值	**1648429**	**2174225**	**2153911**	**2210771**	**2348379**	**2685206**	**2907871**	**3132627**	**3461207**	**4023099**	**4108816**
一、农业产值	502701	618324	659853	683774	694864	765033	807695	883991	918981	1007146	1093168
#粮　食	195114	168471	161318	153728	230682	288492	237438	288062	246841	222285	220816
蔬菜、瓜类	178363	260474	265592	267500	372442	336226	392981	432372	486938	566083	692365
茶、桑、果	43359	71974	78410	11150		97133	96071	122852	146425	172308	178026
二、林业产值	55001	69349	26811	27111	55839	60794	63837	69142	76381	96549	101705
#农村采伐竹木	16700	12223	11513	11591	29532	26563	31058	32553	38472	45896	46829
林产品	33902	54278	12020	12730	24272	24915	28078	31600	32312	44489	48546
林木生长					2035	9316	4701	4989	5596	6164	6330
三、牧业产值	329036	394533	411876	419142	417443	504274	510637	504578	532423	671220	582075
牲畜饲养	271190	321972	333704	338744	360272	332791	340850	338673	378310	492819	390931
#猪	203631	225641	234448	237893	234452	301982	310332	307406	350475	449257	345862
大牲畜	1334	1182	1169	1118	6509	7236	6715	6289	6360	7589	7699
羊	4496	6620	7193	7255	12722	13233	14354	15814	16021	27184	27599
家禽饲养	51994	64229	68529	70247	46236	160926	158607	155268	142489	160810	174929
捕　猎	174	513	499	560	887	748	749	676	544	531	532
其　他	5678	7819	9144	9591	10048	9809	10431	9961	11080	17059	15683
四、渔业产值	761691	1092019	1055371	1080744	1108233	1355104	1510342	1657722	1788673	2090826	2168011
海水产值	447740	753290	754777	780951	874197	1002657	1130325	1259247	1328973	1645055	1693008
淡水产值	313951	338729	300594	299793	306036	352447	380017	398476	459701	445771	475003

注：本表中2004年起茶、桑、果产值包括水果、饮料和香料作物的产值。

4－16　主要年份粮食总产量及单位播种面积产量

年　　份	粮食总产量（吨）	#稻　　谷	粮食单产（公斤/亩）	#稻　　谷
1952	607376	434326	154	153
1957	655981	450829	156	160
1962	523324	353333	137	144
1965	802162	577140	207	220
1970	827816	603764	208	221
1975	834994	621476	203	214
1978	989434	752856	240	262
1980	1081911	837805	272	305
1985	1007395	8325550	298	334
1986	982977	820314	283	329
1987	1109783	892947	297	356
1988	1114155	893268	296	355
1989	1223238	962336	313	376
1990	1226972	948202	306	369
1991	1265957	978999	315	382
1992	1296073	996271	323	389
1993	1296223	1000296	336	397
1994	1317733	1005422	336	397
1995	1351140	1023769	341	404
1996	1388429	1040597	348	410
1997	1429464	1060478	355	418
1998	1450075	1068711	362	424
1999	1470951	1080129	367	430
2000	1403843	1021520	367	431
2001	1247727	897823	362	423
2002	1222864	885947	370	431
2003	1086208	789352	364	421
2004	1058508	770233	371	427
2005	974376	693882	361	413
2006	986935	701045	368	419
2007	640500	454673	347	367
2008	637721	435306	349	373
2009	619245	411649	348	373

4—17 各类粮食产量

单位:吨

项　　目	1995 年	2000 年	2001 年	2002 年	2003 年	2004 年	2005 年	2006 年	2007 年	2008 年	2009 年
总　　计	**1351140**	**1403843**	**1247727**	**1222864**	**1086208**	**1058508**	**974376**	**986935**	**640500**	**637721**	**619245**
按收获季节分											
春收粮食	74589	91596	81721	72584	54191	50320	50245	49627	27571	30788	33308
夏收粮食	461809	465299	368383	364346	333760	308466	282657	266986	133328	127189	124114
秋收粮食	814742	846948	797623	785934	698257	699722	641474	670322	479601	479744	461823
按品种分											
稻　谷	1023769	1021520	897823	885947	789352	770233	693882	701045	454673	435306	411649
早　稻	448473	446374	349096	342991	312736	288533	263967	249425	122171	115086	111070
中稻和一季晚稻	200591	210388	233963	237297	223911	242104	227865	240983	197065	192259	195453
双季晚稻	374705	364758	314764	305659	252705	239596	202050	210637	135437	127961	105126
大小麦	41219	30845	24590	19704		10	9	22	856	1165	6
#小　麦	25682	18855	15657	12247		10	9	19	856	1165	6
甘　薯	228878	258093	236462	229553	209056	206990	199171	206371	141101	152841	154247
马铃薯	24521	46072	42306	41251	44070	45706	44237	43736	27932	29442	34332
杂　粮	3146	5083	4880	5885	5487	4895	6152	5776	5071	5656	5743
大　豆	15381	18877	17805	17848	16800	16756	16386	16388	8789	9561	10609

4－18　主要年份经济作物总产量及单位播种面积产量

年　　份	总产量（吨）				单　产(公斤/亩)			
	油　料	花　生	甘　蔗	烤　烟	油　料	花　生	甘　蔗	烤　烟
1952	18626	16849	24450	120	94	106		73
1957	15622	14323	39379	35	69	79	3083	55
1962	9966	9293	10964	48	61	67	1928	45
1965	18795	16059	79266	31	87	102	3705	2
1970	15835	19492	52931	7	97	144	2952	27
1975	18341	15301	34936	70	85	111	3033	62
1978	17433	13280	92962	207	71	92	4024	75
1980	21119	13351	182324	149	64	87	4852	73
1985	25765	24173	469378	1939	123	137	4384	85
1986	25336	23928	398713	876	115	126	4491	72
1987	22716	19652	360188	1066	81	101	4349	77
1988	26511	23293	345662	900	96	120	4357	77
1989	24280	212131	259222	1031	98	113	4439	78
1990	28378	25542	244966	905	114	134	4219	77
1991	24363	21136	249234	833	97	110	4201	51
1992	29138	25957	251871	1386	116	138	4244	76
1993	28881	27122	153317	3114	124	134	4109	83
1994	32116	30521	103339	1060	138	149	3861	72
1995	33624	32596	92618	567	148	155	3733	80
1996	30729	29395	75569	674	133	139	3558	88
1997	35373	34069	42005	918	152	160	3183	91
1998	35921	34816	37537	1104	154	160	3100	105
1999	37211	36156	36935	1081	160	166	3109	111
2000	32992	31998	33792	848	141	145	3097	100
2001	32926	32206	32516	841	140	142	3054	113
2002	35530	34994	39268	806	152	155	3219	101
2003	34365	34200	43008	853	139	139	3208	104
2004	40772	40603	38358	28	151	151	3271	88
2005	40013	39828	38296	29	151	151	3319	91
2006	39535	39363	37253	29	145	146	3314	91
2007	46149	45997	16821	23	154	154	3168	99
2008	44819	44642	26470	9	155	155	4010	95
2009	45557	45230	25718	9	151	152	3961	105

4—19 茶叶 水果 食用菌产量

单位:吨

项　　目	1995年	2000年	2001年	2002年	2003年	2004年	2005年	2006年	2007年	2008年	2009年
茶叶产量	**4942**	**7908**	**8312**	**8522**	**9074**	**9543**	**11434**	**12008**	**13143**	**15011**	**15537**
#红毛茶	16	53	31	14	14	14	14	2			1
绿毛茶	4926	7855	8281	8501	8682	9133	9707	11144	12260	13757	14228
乌龙茶					378	396	528	742	883	1217	1308
水果产量	**220343**	**250515**	**256930**	**256098**	**296574**	**291315**	**278591**	**290098**	**310090**	**320489**	**338370**
#柑　桔	132883	110975	101471	92725	93051	94863	87131	90676	92719	95438	99908
龙　眼	2508	11202	12084	13425	16159	18063	17859	16645	18941	18834	20660
荔　枝	916	1363	1411	1548	1824	1757	1925	2125	1962	1951	2041
香　蕉	5391	6010	8782	10441	11743	12832	12179	13010	13755	14136	13802
枇　杷	8719	16883	17400	20998	27050	28280	13710	28310	31419	33219	26884
菠　萝		36		36	51	51	36	36	36	36	36
橄　榄	3795	9981	10608	13390	14847	17162	18762	19408	21350	29734	35866
柿	3850	9360	10445	11754	12581	12575	13098	13998	13681	14509	14546
桃	10393	9861	12126	12051	12180	12616	13006	12718	13857	15055	16684
李	25196	25966	38830	29527	55683	41859	49165	39560	48630	44399	51794
柚	173	897	1238	1227	1413	1429	1745	1776	1757	1923	2957
梨	2979	3985	3377	3320	3256	3890	4357	4537	4883	5082	5295
苹　果		1				10	15	15	15	16	15
葡　萄	8507	11916	7395	11180	9993	10767	6219	14076	13719	13816	14550
杨　梅	701	1148	1107	1246	1330	1433	1581	1703	1805	1856	1985
食用菌产量	**29909**	**34419**	**31704**	**47180**	**53238**	**61598**	**62537**	**72455**	**79217**	**87944**	**98351**
#蘑　菇	18042	14751	13090	12820	13700	15335	19006	10631	21526	22408	22231
香　菇	9317	12877	12669	11543	9643	8816	9471	10245	10608	12060	12618
白木耳	401	1105	1093	1132	1283	1196	1343	1378	1482	1674	1781
黑木耳	947	1691	1596	1695	3565	3479	4236	4203	4508	5087	5699

4－20　主要年份林业 牧业 水产品生产情况

年　　份	造林面积（公顷）	猪牛羊肉产量（吨）	猪出栏数（头）	水产品产量（吨）
1952	5828		220146	52718
1957	14034		433618	99877
1962	7858		183119	96056
1965	26001		526678	127761
1970	30130		521406	139001
1975	22790		599998	129771
1978	20891		671865	153731
1980	22453		755444	156087
1985	31750		927279	265359
1986	25690	71623	94472	298587
1987	15348	77247	134736	346465
1988	24860	84784	100390	373574
1989	35970	89089	897392	409497
1990	36341	94566	928283	440433
1991	33570	100529	940631	464113
1992	18151	113271	119344	628407
1993	6943	125343	118508	699629
1994	4546	158155	1766364	754647
1995	4530	177027	2006653	804394
1996	3921	194042	2241563	870176
1997	3954	173889	1958347	1176771
1998	3980	193454	2246729	1308844
1999	3785	198404	2464842	1420384
2000	3469	198081	2561742	1462961
2001	2398	213177	2759628	1459291
2002	3397	216571	2829732	1508296
2003	2433	216918	2881159	1617731
2004	2925	272780	2955053	1685635
2005	2228	233068	3094176	1712836
2006	3601	238382	3148552	1740456
2007	7564	170796	2154173	1538387
2008	5895	196660	2456643	1648255
2009	6012	212669	2658355	1691099

4—21 造林面积

单位:公顷

项　　目	1995年	2000年	2001年	2002年	2003年	2004年	2005年	2006年	2007年	2008年	2009年
当年造林面积	4530	3469	2398	3397	1921	2925	2228	3601	7564	5894	6012
#用材林	3276	1636	189	1067	405	1051	1321	2485	1251	3779	3332
经济林	310	482	525	510	98	42	33	51	55	173	474
防护林	1903	1295	1681	1461	1418	1832	864	1016	1876	1908	2207
薪炭林	2592	55		359			9	48	6		
迹地更新面积	3551	4702	7089	4356	2927	4806	9650	8223	4908	5918	1512
零星植树(万株)	20	6	6	7	149	150	252	12	142	152	165
育苗面积	24	35	24	23	25	22	27	31	31	41	42
幼林抚育作业面积	41478	9692	11803	7049	7470	7621	7792	9749	11972	12259	13805
成林抚育作业面积	14683	6360	5658	4559	2585	2416	2397	1598	1410	1149	2027

注:1985年以前造林面积成活率45%以上统计,1986年及以后各年成活率85%以上统计。

4—22 主要林产品产量

单位:吨

项　　目	1995年	2000年	2001年	2002年	2003年	2004年	2005年	2006年	2007年	2008年	2009年
木材采伐产量(立方米)	123885	77034	77597	76669	183494	187167	149259	161922	702337	665705	714887
竹材采伐产量(万根)	1889	1236	979	1101	296	1088	1267	2028	2401	2696	2853
油桐籽	936	2422	2297	2444	2600	2575	2726	2535	2646	2793	2922
油茶籽	3620	5600	5161	5463	5523	6039	6312	6675	7145	7976	8895
棕　片	752	1944	1899	2103	2119	2245	2481	2719	2787	2809	2967
松　脂	591	983	1048	1003	1039	1076	1199	1332	1405	1449	1539
笋　干	2051	5527	5424	5494	5285	5504	6557	7342	8256	9600	10392
板　栗	138	2362	1894	2344	2371	2572	3043	3718	3845	4493	4666
紫　胶		32	32						106	98	106
山苍籽	101	207	191	191	277	334	372	429	459	495	531

注:本表2004年木材采伐产量不含薪材;竹材采伐产量含毛竹、篙竹;2003年起为全社会口径,其他年份为村及村以下口径。

4—23 主要畜禽产品产量

项目	单位	1995年	2000年	2001年	2002年	2003年	2004年	2005年	2006年	2007年	2008年	2009年
肉类产量	吨	210142	245787	261476	265627	266789	272780	283425	287798	201723	230900	244802
#猪肉	吨	172233	192111	54614	210058	210405	215922	226284	231361	164561	189903	202559
牛肉	吨	2088	2708	651	2948	2771	2874	2494	2378	2169	2286	2269
羊肉	吨	2706	3262	929	3565	3742	3936	4290	4643	4066	4471	4637
禽肉	吨	30865	44868	11802	46358	46764	46819	47197	46422	27516	30701	32133
兔肉	吨	2250	2838	657	2673	3107	3229	3160	2994	3411	3445	3103
牛奶产量	吨	34138		9175	41270	44213	43779	40032	36655	22522	24759	24452
蜂蜜产量	吨	836	775	824	940	954	922	907	836	1050	957	1038
禽蛋产量	吨	91500	152478	31946	155645	154318	156880	155656	156899	137300	115166	117792
肉猪出栏数	头	2006653	2561742	737132	2829732	2881159	2955053	3094176	3148552	2154173	2456643	2658355
肉羊出栏数	头	215065	262579	41295	279327	290912	305383	331407	364472	318458	348641	361440
肉牛出栏数	头	18775	27609	6073	28575	27792	30268	25015	25071	21009	22395	22322
家禽出栏数	只	25445259	34309369	9063937	35227412	35281582	35509364	35730267	35156291	19909745	21209931	22220499
家兔出栏数	只	1756271	2275287	559934	2279660	2356984	2449186	2389477	2252492	2302779	2331491	2201494

4—24 年末畜禽存栏数

项目	单位	1995年	2000年	2001年	2002年	2003年	2004年	2005年	2006年	2007年	2008年	2009年
大牲畜	头	125733	108228	105114	102980	100353	100317	96365	89841	68687	70946	70083
牛	头	125730	108226	105112	102978	102387	100292	96363	89792	66141	70946	70083
#乳牛	头		8868	8969	9327	9590	9825	9998	8112	4919	5904	7637
#役畜	头	84434	64978	54842	54003	50679	51101	50832	46918	33037	21057	19556
猪	头	1267342	1472923	1463930	1483843	1514427	1551496	1519169	1587448	1647877	1725669	1730479
#能繁殖母猪	头	25083	76349	70267	72223	75520	77293	98084	95397	131028	145494	161986
羊	只	193419	193741	197699	197408	205880	224441	240842	255442	229208	248361	250494
蜜蜂箱数	箱	41242	42655	39601	45139	47415	44162	42613	41634	48861	44620	46014
家兔	只	1139739	1237035	1224978	1320523	1220269	1263402	1227390	1257436	1349558	1255941	1274911
家禽	只	15917782	17547471	17601959	18081496	16951395	18016306	18172230	17622955	15249057	13155578	13788580

4—25 淡水产品产量

单位:吨

项目	1995年	2000年	2001年	2002年	2003年	2004年	2005年	2006年	2007年	2008年	2009年
淡水产品产量	83082	149340	153840	156488	145998	142940	159158	165612	185383	166919	179006
#鱼类	77359	118596	120358	121429	122845	117462	128496	134808	163319	140378	153152
虾蟹类	472	1516	1754	2691	3764	4530	6867	7210	8124	9974	9189
贝类	4062	27728	29858	30903	17805	19415	22387	22412	12505	15121	15364
淡水养殖产量	78234		13951	141446	131443	142940	145212	190995	168290	152518	164951
#池塘			5897	93809	91519	98369	98722	94770	128395	115745	127087
水库			4135	12882	14460	14940	16455	49995	17599	15467	16650
河沟			1589	8105	10260	8757	10230	20970	5727	7939	8360
湖泊			517	2636	2792	4180	4286	8505	913	2841	2906

4—26 海水产品产量

单位:吨

项　目	1995年	2000年	2001年	2002年	2003年	2004年	2005年	2006年	2007年	2008年	2009年
海水产品产量	**721312**	**1313621**	**1305451**	**1351808**	**1471733**	**1528709**	**1553678**	**1574844**	**1353005**	**1481336**	**1512093**
#鱼　类	486701	582172	593879	604503	686152	702790	699645	679973	543664	635820	636565
虾蟹类	28419	52964	44001	53093	60567	62492	67559	73181	63413	83613	91625
贝　类	134777	555200	534083	558882	570599	606960	623718	650981	574586	553018	570840
藻　类	66278	116223	124690	127814	137257	139387	146062	153454	157409	192757	189310
#海水养殖产量	194312	673686	664652	694173	724839	768599	797615	842736	752956	799279	825603
#鱼　类				28615	31123	36267	34799	40396	41603	41256	46286
虾蟹类				8607	10038	11831	14535	17621	13733	21303	27111
贝　类				528712	546010	580682	601799	631238	525041	543808	562471
藻　类				127744	137172	139297	145972	153344	172514	192757	189285
主要海水产品产量											
大黄鱼	5294	11328	13484	12125	20387	19893	18303	15230	21439	23187	18611
带　鱼	53347	73304	72432	80387	90044	94338	93216	81316	59982	105473	114225
鲳　鱼	9879	22973	14718	20064	27621	25413	29478	28363	23917	30344	30259
鳓　鱼	2324	3398	5137	4511	7418	10521	9035	9304	5218	14880	11529
马鲛鱼	5456	13930	16863	16637	13871	17318	19828	23913	15160	19581	20713
鲷　鱼		2660	773	151	3659	6357	4177	5179	4061	5679	8331
鲐　鱼	2130	2609	2346	5772	5920	5907	7280	11436	4471	4791	4889
鳗　鱼	27977	25623	26058	21453	26086	37329	36986	34820	26403	27553	35983
墨　鱼	1712	5632	4734	5158	5224	4494	5020		2876	3861	6664
海蜇皮	3944	6415	8158	6925	6974	6016	3855	3868	4455	3272	4923
对　虾	2630	5419	6151	9392	11444	12172	12994	15258	14759	21605	25894
毛　虾	5290	11353	10348	11055	13132	13562	13446	13637	8022	8830	12490
梭子蟹	5904	13125	8118	9895	8715	12704	14475	16455	14487	18112	21017
蛏	30695	72139	63888	67342	65839	66684	69572	71691	66043	63231	66044
蛤				57257	62999	74797	73275	84344	78260	81657	92377
蚶	35	1292	1901	3894	3638	3620	4280	4825	2433	2406	2525
牡　蛎	20381	363475	349463	367372	374796	388596	399617	420119	361962	347696	349562
海　带	59775	107387	115413	117095	127104	122130	129261	131650	135770	173700	169861
紫　菜	6432	8834	9221	9643	9243	10977	11171	13519	11029	11861	13185

4—27 分县(市)区农林牧渔业总产值

单位:万元

县(市)区	农林牧渔业总产值		农业产值	林业产值	牧业产值	渔业产值
	2009年	比上年增长(%)				
合　计	**4108815**	**5.39**	**1093168**	**101706**	**582075**	**2168011**
市　区	204177	3.81	95800	4197	45126	49625
鼓楼区	14746	−11.18				14746
台江区						
仓山区	55968	0.06	20595		22451	8071
晋安区	61469	6.36	43293	3665	6808	3327
马尾区	71994	7.05	31912	532	15867	23481
福清市	913423	5.47	182865	2318	248746	440294
长乐市	450179	5.46	109443	804	71439	255796
闽侯县	339460	6.82	206430	3971	80676	33683
连江县	986398	5.62	78713	3079	27614	843540
罗源县	277285	3.04	68821	2249	17736	171539
闽清县	217923	5.45	151357	19161	28414	16618
永泰县	317580	5.65	173705	65662	45179	24823
平潭县	402390	5.46	26033	264	17144	332094

4－28 分县(市)区主要农产品产量

单位:吨

县(市)区	粮食总产量		油料总产量		蔬菜总产量	
	2009年	比上年增长(%)	2009年	比上年增长(%)	2009年	比上年增长(%)
合　计	**619245**	**－2.90**	**45230**	**1.60**	**2765120**	**3.50**
市　区	12696	1.00	7	－16.67	333233	－3.20
鼓楼区						
台江区						
仓山区	153	－5.00			87184	－3.70
晋安区	6384	4.10	4	－20.00	160649	－5.50
马尾区	6159	－1.90	3	0.00	85400	2.00
福清市	128925	－3.40	29139	0.30	451647	5.20
长乐市	95773	－4.90	1271	0.90	336879	1.50
闽侯县	81955	－2.60	933	93.90	701766	5.90
连江县	51626	－2.30	1047	9.50	138977	1.80
罗源县	45469	－1.70	89	－68.20	71158	3.90
闽清县	62029	－2.80	933	3.70	332158	4.20
永泰县	115670	－1.90	2697	7.80	327419	6.60
平潭县	25101	－3.70	9114	－0.10	71883	－0.20

4—28 续表1

单位:吨

县(市)区	水果总产量		茶叶总产量		禽蛋总产量		牛奶总产量	
	2009年	比上年增长(%)	2009年	比上年增长(%)	2009年	比上年增长(%)	2009年	比上年增长(%)
合　计	**338370**	**5.60**	**15537**	**3.50**	**117792**	**2.28**	**24452**	**—1.24**
市　区	19742	3.00	1370	4.20	11298	0.36	10431	—3.25
鼓楼区								
台江区								
仓山区	1174	—2.80			4597	—2.19	6778	—1.67
晋安区	5630	0.80	1370	4.20	758	6.16	902	—5.85
马尾区	12938	4.60			5943	1.71	2751	—6.11
福清市	51105	—9.90	86	—3.40	48831	0.82	1062	0.85
长乐市	18563	0.80	77		23060	4.47	7672	1.16
闽侯县	47940	15.30	546	14.00	13386	3.90	4472	—2.32
连江县	33182	1.00	4351	3.80	6401	3.38	135	4.65
罗源县	7692	4.80	4685	1.10	1839	6.55	318	6.71
闽清县	75251	7.60	1077	2.70	5408	1.37	227	12.38
永泰县	82902	13.90	3345	5.30	2996	5.79	135	0.75
平潭县	1993	13.20			4573	3.20		

4－28 续表 2

单位:吨

县(市)区	肉类总产量		水产品总产量		海水产品产量	
	2009 年	比上年增长(%)	2009 年	比上年增长(%)	2009 年	比上年增长(%)
合　计	**244802**	**6.02**	**1648255**	**7.14**	**1481336**	**9.48**
市　区	16670	－0.26	144296	156.20	129905	203.08
鼓楼区			122227	240.39	122227	240.39
台江区						
仓山区	8607	－2.22	7653	2.12	120	－5.51
晋安区	2873	4.82	1208	9.52		
马尾区	5190	0.46	13208	11.78	7558	10.72
福清市	113214	12.01	286016	0.30	214090	0.30
长乐市	23998	－0.50	109756	－0.73	86455	－0.57
闽侯县	37210	3.24	31000	47.35	3000	46.34
连江县	9870	－1.96	621500	3.15	614220	5.93
罗源县	7053	－0.84	118000	－16.70	108270	－9.32
闽清县	11428	2.05	6295	－4.42		
永泰县	18697	2.90	5806	－3.38		
平潭县	6662	3.96	325586	5.52	325396	5.49

4—29 分县(市)区年末畜禽存栏数

(2009年)

县(市)区	猪		牛		羊		兔		禽	
	年末存栏(头)	比上年增长(%)	年末存栏(头)	比上年增长(%)	年末存栏(头)	比上年增长(%)	年末存栏(头)	比上年增长(%)	年末存栏(只)	比上年增长(%)
合　计	**1730479**	**0.28**	**70083**	**−1.22**	**250494**	**0.86**	**1274911**	**1.51**	**13788580**	**4.81**
市　区	90948	7.23	3019	−4.64	7611	−21.60	2286	−26.35	763379	8.05
鼓楼区										
台江区										
仓山区	34316	−29.14	1272	−2.30	885	−69.59			313033	7.87
晋安区	34024	15.40	468	−21.08	4718	1.20	2106	−25.56	119631	2.26
马尾区	22608	−1.73	1279	0.63	2008	−5.99	180	−34.55	330715	10.50
福清市	754750	−4.87	26214	0.10	62590	0.42	336597	−1.04	5511707	0.30
长乐市	196431	0.25	10028	−2.30	12880	8.78	352291	−1.87	2377893	5.79
闽侯县	282202	8.36	9541	−0.58	27846	−0.34	20154	−38.15	1691763	10.50
连江县	78608	1.60	5159	−6.25	25898	−5.12	152133	18.68	629193	5.59
罗源县	73812	2.97	4561	9.69	28613	5.20	243181	2.82	416459	8.10
闽清县	78294	4.96	2303		22396	1.62	62592	1.55	1176213	9.00
永泰县	108289	4.47	4539	−5.79	48281	5.19	68815	20.38	707439	5.99
平潭县	67145	5.27	4719	−7.34	14379	1.89	36862	−1.97	514534	14.95

4—30 分县(市)区粮食播种面积和产量

(2009年)

单位:公顷、吨

县(市)区	粮食作物		春收粮食		夏收粮食		秋收粮食	
	播种面积	总产量	播种面积	总产量	播种面积	总产量	播种面积	总产量
合 计	**118693**	**619245**	**8725**	**33308**	**25068**	**124114**	**84899**	**461823**
市 区	2285	12696			375	2010	1910	10686
鼓楼区								
台江区								
仓山区	31	153			2	4	29	149
晋安区	1078	6384			15	42	1063	6342
马尾区	1177	6159			359	1964	818	4195
福清市	24087	128925	1087	4421	7348	39409	15652	85095
长乐市	17560	95773	2587	11558	6856	37433	8118	46782
闽侯县	14943	81955	920	3793	2783	13295	11241	64867
连江县	10990	51626	558	2175	2815	12601	7617	36850
罗源县	9418	45469	558	956	320	1476	8540	43037
闽清县	12423	62029	376	952	1746	7685	10301	53392
永泰县	21490	115670	2116	8082	2624	9755	16749	97833
平潭县	5497	25101	524	1371	201	449	4772	23281

主要统计指标解释

乡镇个数 指农村中经省、自治区、直辖市人民政府批准成立的乡一级行政区划的数量。不包括城关镇、城市街道办事处、工矿区。

村委会个数 指农村中经上级政府批准，按居住地区设立的基层群众性自治组织的个数，含城关镇中的村。

乡村户数 是指长期(一年以上)居住在乡镇(不包括城关镇)行政管理区域内的住户，还包括居住在城关镇所辖行政村范围内的农村住户。户口不在本地而在本地居住一年及以上的住户也包括在本地农村住户内；有本地户口，但举家外出谋生一年以上的住户，无论是否保留承包耕地都不包括在本地农村住户范围内。不包括乡村地区内的国有经济的机关、团体、学校、企业、事业单位的集体户。

乡村人口数 指乡村地区常住居民户数中的常住人口数，即经常在家或在家居住 6 个月以上，而且经济和生活与本户连成一体的人口。外出从业人员在外居住时间虽然在 6 个月以上，但收入主要带回家中，经济与本户连为一体，仍视为家庭常住人口；在家居住，生活和本户连成一体的国家职工、退休人员也为家庭常住人口。但是现役军人、中专及以上(走读生除外)的在校学生、以及常年在外(不包括探亲、看病等)且已有稳定的职业与居住场所的外出从业人员，不应当作家庭常住人口。

乡村劳动力资源数 指乡村人口中劳动年龄以上(16 周岁)能够参加生产经营活动的人员。

乡村从业人员 指乡村人口中 16 周岁以上实际参加生产经营活动并取得实物或货币收入的人员，既包括劳动年龄内经常参加劳动的人员，也包括超过劳动年龄但经常参加劳动的人员。但不包括户口在家的在外学生、现役军人和丧失劳动能力的人，也不包括待业人员和家务劳动者。从业人员年龄为 16 岁以上。从业人员按从事主业时间最长(时间相同接收入)分为农业从业人员、工业从业人员、建筑业从业人员、交通运输仓储及邮电通信业从业人员、批发零售贸易及餐饮业从业人员、其它从业人员。

耕地 是指能够种植农作物、经常进行耕锄的田地。包括熟地、当年新开荒地、连续撂荒未满三年的耕地和当年的休闲地(轮歇地)。以种植农作物为主并附带种植桑树、茶树、果树和其它林木的土地及沿海、沿湖地区已围垦利用的“海涂”、“湖田”等也包括在内。但不包括专业性的桑园、茶园、果木苗圃、林地、芦苇地、天然草原等。南方小于一米、北方小于两米宽的渠、路、田埂，包括在耕地中。

农林牧渔业劳动力 指直接从事农业、林业、牧业、渔业生产活动的劳动力，不包括从事工业、建筑业、运输与邮电、批发零售贸易和餐饮业以及其他非农行业的劳动力，也不包括已统计为临时工(合同工)的劳动力。

农用机械总动力 指主要用于农、林、牧、渔业的各种动力机械的动力总和，包括耕作机械、农用排灌机械、收获机械、植保机械、林业机械、畜牧机械、渔业机械，农产品加工机械、农用运输机械、其他农业机械。按能源又分为柴油、汽油、电力和其他动力。总动力按法定计算单位千瓦计算。(注：1 马力＝735.5 瓦特＝0.735 千瓦)

农村用电量 指本年度内，扣除在农村中的国有工业、交通、基建等单位的用电量以后的农村生产和生活的全年用电总量(计量单位千瓦小时，按全年累计数统计)既包括国家电网供电，也包括农村自办电站供电量。

农用化肥施用量 指本年度内实际用于农业生产的化学肥料数量，包括氮肥、磷肥、钾肥和复合肥。化肥施用量要求按折纯量计算数量，折纯量是指把氮肥、磷肥、钾肥分别按含氮、含五氧化二磷、含氧化钾的百分之一百成分进行折算后的数量。复合肥按其所含主要成份折算。计算公式为：

折纯量＝实物量×某种化肥有效成份含量的百分比

农作物播种面积 指实际播种或移植有农作物的面积。凡是实际种植有农作物的面积，不论种植在耕地上还是种植在非耕地上，也不论面积大小，均应如实统计，种什么就报什么，种多少就报多少，不得漏报。

粮食产量 指全社会的产量。包括国有经济经营的、集体统一经营的和农民家庭经营的粮食产量，还包括工矿企业办的农场和其他生产单位的产量。粮食除包括稻谷、小麦、玉米、高粱、谷子及其他杂粮外，还包括薯类和豆类。其产量计算方法，豆类按去豆荚后的干豆计算；薯类(包括甘薯和马铃薯，不包括芋头和木薯)1963年以前按每4公斤鲜薯折1公斤粮食计算，从1964年开始及以后改为按5公斤鲜薯折1公斤粮食计算。城市郊区作为蔬菜的薯类(如马铃薯等到)按鲜品计算，并且不作粮食统计。其他粮食一律按脱粒后的原粮计算。

农林牧渔业总产值　指以货币表现的农、林、牧、渔全部产品和对农业生产进行各种支持性服务活动的总量，它反映一定时期内生产的总规模和总成果。从2003年开始农林牧渔业总产值执行新的国民经济行业分类标准，包括农业、林业、牧业、渔业及农林牧渔业服务业，不再包括农民家庭兼营商品性工业。

农林牧渔业中间消耗　指各种经济类型的农业生产单位和农户在农业生产经营过程中投入(或消耗)的各种物质产品和劳务价值的总和。包括中间物质消耗和中间劳务消耗两个部分。计入中间消耗必须具备以下两个条件：一是与总产出相对应的生产过程中消耗的物质产品和劳务活动；二是本期投入并一次消耗的不属于固定资产的非耐用品。

农林牧渔业增加值　指各种经济类型的农业生产单位和农户从事生产经营活动所提供的社会最终产品的货币表现。增加值的计算方法有两种，一是生产法：农林牧渔业增加值＝农林牧渔业总产出－农林牧渔业中间消耗；二是分配法：农林牧渔业增加值＝固定资产折旧＋劳动者报酬＋生产税净额(生产税－生产补贴)＋营业盈余。

CHAPTER 5 第五篇

工业　交通邮电业

本篇内容包括：

1、工业总产值

2、规模以上工业主要产品产值

3、规模以上工业主要财务指标

4、规模以上工业能源消耗

5、规模以上工业科技活动

6、交通、邮电情况

5—1 主要年份工业总产值和工业增加值

单位:万元

年份	工业总产值	工业总产值指数(%)		工业增加值	工业增加值指数(%)	
		以上年为100	以1952年为100		以上年为100	以1952年为100
1952	8355	130.8	100.0	2339	160.0	100.0
1957	18007	213.5	213.5	5041	100.6	215.5
1962	26731	147.1	314.2	7484	86.0	320.0
1965	45882	169.5	532.7	12846	131.1	549.2
1970	67104	149.6	796.9	18789	118.5	803.3
1975	121433	176.3	1405.0	34001	109.9	1453.7
1978	161815	134.6	1890.4	45308	123.4	1937.1
1979	180624	111.2	2101.4	50574	111.4	2162.2
1980	199379	113.2	2378.1	55826	111.3	2386.8
1981	217963	108.7	2584.7	61029	107.9	2609.2
1982	237815	108.8	2812.6	66588	108.1	2846.9
1983	308108	121.1	3404.8	86720	126.4	3707.6
1984	404777	130.6	4447.4	113337	125.2	4845.5
1985	451290	118.1	5254.2	143136	136.8	6119.5
1986	515916	113.5	5691.1	159933	96.7	6837.7
1987	669532	127.5	7598.9	181988	111.6	7780.6
1988	1016098	136.8	10398.1	272301	149.3	11641.8
1989	1276954	113.1	11763.9	348904	112.5	14916.8
1990	1372762	110.6	13008.4	345036	79.0	14751.4
1991	1689120	120.9	15732.4	407668	115.8	17429.2
1992	2214583	130.7	20561.2	498552	124.8	21314.8
1993	3367385	144.7	29743.6	691612	133.1	28370.3
1994	4530358	133.6	39736.4	1033673	144.3	40938.8
1995	5068178	111.1	44141.6	1300113	118.3	48430.8
1996	6613551	135.9	59994.8	1704501	129.6	62766.6
1997	8028424	126.1	75647.8	2147299	124.2	77968.8
1998	9389896	122.7	92816.2	2536111	121.2	94498.4
1999	10510351	117.3	108859.3	2855006	114.8	108484.3
2000	11238509	109.5	119234.2	3211520	114.8	124540.1
2001	11626438	111.0	132397.0	3469752	111.8	139235.9
2002	13429129	118.5	156894.1	3853609	115.7	161096.2
2003	16270890	121.9	185113.8	4638391	118.8	191382.4
2004	19920952	118.9	220100.3	5395622	115.0	220099.9
2005	22099921	111.5	245412.2	5641988	105.0	231104.9
2006	25459605	119.5	293267.3	6018520	108.3	250286.6
2007	30806322	121.8	357199.6	6995548	113.8	284826.2
2008	35845790	117.5	419709.5	7912404	113.2	322423.2
2009	39656460	113.6	476790.0	8916400	113.7	366595.2

5—2 “规模以上”工业企业单位数

单位:个

项目	2000 年	2001 年	2002 年	2003 年	2004 年	2005 年	2006 年	2007 年	2008 年	2009 年
合计	**1231**	**1283**	**1562**	**1901**	**2345**	**2359**	**2470**	**2656**	**2902**	**2889**
一、按轻重工业分										
轻工业	740	770	948	1112	1356	1363	1419	1520	1644	1647
重工业	491	513	614	789	989	996	1051	1136	1257	1242
二、按注册类型分										
内资企业	655	682	909	1129	1437	1426	1489	1649	1855	1883
港澳台企业	392	389	400	470	502	500	532	545	562	545
外商投资企业	184	212	253	302	406	433	449	462	485	461
三、按经济类型分										
国有企业	217	213	168	149	148	87	86	60	59	55
集体企业	178	147	190	191	151	124	123	100	84	65
其他企业	836	923	1204	1561	2046	2148	2261	2496	2759	2769
#外商及港澳台投资企业	578	601	653	772	908	933	981	1007	1047	1006
四、按经济组织分										
独资企业	773	751	820	921	942	883	896	889	902	851
合作、合伙企业	80	84	141	138	106	100	85	81	85	68
股份有限公司	33	38	47	60	62	69	65	71	64	67
有限责任公司	345	410	554	782	1235	1307	1424	1615	1851	1903
五、按企业规模分										
大型企业	19	78	76	10	12	11	13	15	18	20
中型企业	47	115	112	169	196	223	257	282	315	299
小型企业	1165	1090	1374	1722	2137	2125	2200	2359	2568	2570

5—3 "规模以上"工业总产值

单位:亿元

项目	2003年	2004年	2005年	2006年	2007年	2008年	2009年
"规模以上"工业总产值	**1285.69**	**1670.90**	**1860.18**	**2230.45**	**2751.60**	**3276.52**	**3634.66**
#国有及国有控股企业	289.79	267.75	292.65	330.42	420.19	456.05	501.99
#农村工业	62.66	23.32	25.12	35.12	41.96	18.31	19.77
"规模以上"工业总产值比上年增长(%)	31.80	25.60	12.90	21.70	23.30	18.30	14.5
一、按轻重工业分							
轻工业	496.42	612.72	724.26	885.52	1104.45	1305.31	1471.14
重工业	789.27	1058.18	1135.91	1344.93	1647.15	1971.21	2163.51
二、按经济类型分							
国有企业	39.20	110.96	112.62	131.53	178.55	200.76	259.65
集体企业	39.67	29.27	28.29	31.27	39.25	36.75	39.51
股份制企业	58.23	68.46	70.64	86.44	105.63	111.92	113.21
联营企业	23.42	24.82	31.10	35.15	38.92	56.88	56.53
私营企业	150.06	247.14	320.02	404.83	555.30	758.76	948.17
外商及港澳台投资企业	894.41	1063.95	1115.12	1313.65	1538.08	1774.62	1850.52
其他企业	80.70	126.30	182.39	227.58	295.87	336.83	367.05
三、按登记注册分							
国有企业	39.20	110.96	112.62	131.53	178.55	200.76	259.65
集体企业	39.67	29.27	28.29	31.27	39.25	36.75	39.51
股份合作企业	1.95	1.62	2.55	2.52	2.61	5.10	2.73
联营企业	23.42	24.82	31.10	35.15	38.92	56.88	56.53
有限责任公司	77.09	124.30	174.98	224.20	293.10	328.29	364.00
股份有限公司	58.23	68.46	70.64	86.44	105.63	111.92	113.21
私营企业	150.06	247.14	320.02	404.83	555.30	758.76	948.17
其他企业	1.66	0.38	4.86	0.86	0.17	3.45	0.32
港澳台商投资企业	614.98	636.43	664.79	769.74	881.23	1027.36	957.48
外商投资企业	279.43	427.52	450.33	543.91	656.84	747.26	893.04
四、按企业规模分							
大型企业	295.92	484.65	433.80	474.89	529.48	605.94	740.55
中型企业	523.00	534.46	693.65	965.17	1103.78	1304.48	1492.93
小型企业	466.77	651.79	732.73	890.40	1118.34	1366.10	1401.17

5—3 续表

单位:亿元

项目	2003年	2004年	2005年	2006年	2007年	2008年	2009年
五、按行业分							
煤炭开采和洗选业							2.34
有色金属矿采选业	0.61	0.57	0.58	0.59	0.82	0.86	
非金属矿采选业	6.45	8.56	12.08	16.02	17.74	19.90	21.66
农副食品加工业	79.93	107.65	108.15	128.02	155.03	203.70	255.67
食品制造业	14.00	17.33	17.89	24.27	35.83	49.40	63.29
饮料制造业	10.22	11.76	14.51	19.88	25.01	27.38	36.42
烟草加工业							0.16
纺织业	75.39	114.28	143.22	191.84	233.70	272.99	305.37
纺织服装、鞋、帽制造业	28.31	35.80	48.35	52.11	63.61	73.08	80.00
皮革、毛皮、羽毛(绒)及其制品业	60.29	35.59	49.42	59.41	74.35	90.57	100.36
木材加工及木、竹、藤、棕、草制品业	10.50	13.69	14.27	13.40	18.64	22.59	25.75
家具制造业	14.59	20.92	26.18	26.22	29.53	46.06	43.21
造纸及纸制品业	14.47	18.06	19.38	20.94	24.78	28.03	28.53
印刷业、记录媒介的复制	8.88	11.03	13.45	16.70	18.52	21.07	20.63
文教体育用品制造业	8.06	8.33	10.25	10.49	10.95	12.38	12.14
石油加工、炼焦及核燃料加工业	0.23	0.54	0.33	3.72	5.72	16.92	28.85
化学原料及化学制品制造业	24.69	26.06	30.19	34.26	40.35	46.17	46.45
医药制造业	17.92	22.56	30.77	34.99	38.88	43.70	45.58
化学纤维制造业	19.42	20.44	40.64	56.79	87.56	112.20	144.25
橡胶制品业	1.54	9.22	3.66	4.16	5.49	6.13	5.68
塑料制品业	85.37	106.36	120.62	143.73	177.26	208.72	221.61
非金属矿物制品业	45.92	65.87	81.70	99.64	130.90	163.33	180.85
黑色金属冶炼及压延加工业	41.18	61.59	78.96	115.10	165.25	210.48	246.49
有色金属冶炼及压延加工业	13.09	17.70	20.86	34.87	47.64	65.29	59.26
金属制品业	15.31	16.05	25.85	32.68	45.93	53.61	53.48
通用设备制造业	20.30	26.34	42.04	51.99	74.34	99.44	108.11
专用设备制造业	12.95	18.46	17.45	23.03	32.15	49.45	54.60
交通运输设备制造业	161.63	114.98	111.00	121.79	171.13	177.97	232.55
电气机械及器材制造业	50.12	84.25	84.29	106.64	130.20	169.78	178.61
通信设备、计算机及其他电子设备制造业	329.21	480.77	461.95	508.44	540.80	596.85	590.02
仪器仪表及文化、办公用机械制造业	10.77	15.89	20.19	26.49	36.51	40.87	45.13
工艺品及其他制造业	38.01	33.87	43.87	56.79	71.69	65.91	72.78
废弃资源和废旧材料回收加工业	0.31	0.55	0.40	0.42	0.48	1.22	1.22
电力、热力的生产和供应业	59.71	137.92	158.49	184.59	228.14	266.56	312.09
燃气生产和供应业	3.12	4.38	5.12	5.78	7.47	8.22	6.32
自来水的生产和供应业	3.16	3.50	4.07	4.66	5.22	4.82	5.19

5－4 “规模以上”工业主要产品产量

项　　目	单　位	2000年	2001年	2002年	2003年	2004年	2005年	2006年	2007年	2008年	2009年
原　盐	万吨	3.13	2.18	1.72	3.90	3.98	3.00	2.57	2.71	2.56	3.43
配混合饲料	万吨	33.84	32.72	48.28	82.21	90.05	69.77	67.92	64.12	64.05	60.96
食用植物油	万吨	4.57	5.94	8.35	11.51	10.10	9.12	11.63	26.29	18.05	18.42
味　精	万吨	1.69	1.79	1.94	3.50	3.54	0.21	0.20	0.23	0.65	0.79
啤　酒	万吨	11.69	11.42	11.33	8.74	10.62	8.13	9.68	9.55	9.05	9.55
软饮料	万吨	5.26	6.62	11.64	15.13	16.87	30.44	44.04	51.36	66.04	58.28
精制茶	万吨	0.10	0.08	1.04	0.84	0.91	0.45	0.48	0.53	0.67	0.29
纱	万吨	6.52	7.82	12.64	27.07	44.03	47.09	78.89	83.88	99.33	114.31
布	万米	3670	3626	2946	4865	7560	10849	13227	17397	13109	13946
#棉　布	万米	971	893	1244	1954	2635	2964	3598	5041	8937	7211
棉混纺交织布	万米	1	5	141		111	232	414	430	831	2845
纯化纤布	万米	2698	2728	1561	2911	4814	7653	9215	11926	3341	3890
印染布	万米	8309	4484	13601	4420	4239	3482	93811	123401	157851	94658
服　装	万件	1397	1696	2053	3394	2695	3294	3013	2867	4453	4283
皮　鞋	万双	2543	2989	3050	3646	3085	4807	5259	4836	4981	5833
人造板	万立方米	16.49	16.73	18.06	23.39	31.93	37.78	32.13	36.38	40.31	46.36
机制纸及纸板	万吨	6.66	7.83	19.33	18.88	19.47	20.24	16.05	16.79	14.57	12.79
盐酸(含量31%以上)	万吨	5.42	5.15	5.44	7.25	6.92	6.33	6.92	5.66	5.81	7.45
烧碱(折100%)	万吨	9.55	8.98	9.89	11.06	11.48	11.45	11.73	11.22	9.62	5.84
纯　碱	万吨	9.21	11.02	11.73	14.89	16.80	17.73	19.80	18.88	18.02	19.28

5—4 续表

项目	单位	2000年	2001年	2002年	2003年	2004年	2005年	2006年	2007年	2008年	2009年
合成氨	万吨	6.94	7.81	8.61	9.43	10.43	11.27	14.89	10.55	8.02	8.73
氮肥	万吨	4.85	5.01	5.24	5.65	6.04	6.53	9.52	6.67	4.89	5.57
化学纤维	万吨	5.60	6.58	10.28	12.93	14.01	13.74	30.87	45.97	74.41	91.50
塑料制品	万吨	32.00	31.09	33.83	42.26	54.13	49.36	45.37	55.93	75.31	70.10
花岗石板材	万平方米	130.00	286.00	1069.78	1446.33	2735.34	2801.58	2924.05	4032.37	5280.03	6101.38
钢	万吨	6.65	7.64	8.98	33.04	28.07	13.8	45.43	69.31	175.73	179.19
成品钢材	万吨	49.01	52.85	59.24	86.03	112.65	129.79	205.44	327.93	257.05	384.08
泵	万台	4.92	3.19	2.45	1.77	2.39	17.82	12.69	82.73	97.62	61.07
小型拖拉机	万台	1.24	1.02	1.18	0.98	0.68	0.52	0.25	0.29	0.26	0.22
汽车	万辆	2.15	3.18	4.77	8.67	5.78	6.67	5.72	6.95	4.49	9.65
交流电动机	万千瓦	36.76	25.35	20.29	21.24	19.34	23.72	25.82	29.51	26.98	22.01
电力变压器	万千伏安	242.00	242.00	285.87	356.01	421.79	336.45	387.90	443.06	385.18	353.38
显示器	万台			1151.75	1551.75	2226.59	2240.15	2646.41	2902.42	2692.61	2384.14
彩色显像管	万只			1274.70	1516.30	1686.50	1189.50	900.50	1092.67	882.69	350.42
彩色电视机	万部	50.03	19.99	24.39	25.74	21.66	22.70	33.65	38.18	381.90	327.60
钟	万只	1059.54	4012.58	8059.07	5133.97	6678.52	2429.43	2060.98	2374.70	4118.21	2868.42
发电量	亿千瓦小时	127.74	127.01	137.63	135.73	140.38	157.41	173.27	212.59	280.82	328.68
#水电	亿千瓦小时	69.34	67.16	64.32	45.41	35.44	60.99	67.92	56.18	57.10	49.24

5—5 “规模以上”工业企业主要财务指标

（2009 年）

单位：万元

项目	企业单位数（个）	#亏损企业	工业总产值（当年价格）	#新产品产值	工业销售产值（当年价格）	#出口交货值
合计	**2889**	**377**	**36346560**	**2483917**	**35175073**	**9364762**
#国有控股企业	107	26	5019880	739793	4960316	493807
#农村工业	27	3	197733	6639	202323	21801
#亏损企业	377	377	3303106	67882	3213534	539927
一、按轻重分						
轻工业	1647	189	14711416	745341	14131129	3383083
重工业	1242	188	21635144	1738576	21043944	5981679
二、按经济类型分						
国有企业	55	17	2596539	52645	2599978	272559
集体企业	65	6	395140	300	391441	2127
股份合作企业	8	1	27269		27873	670
联营企业	17	3	565341		548785	644
有限责任公司	349	51	3640034	48064	3567296	193648
股份有限公司	28	2	1132105	209882	1067924	263759
私营企业	1359	98	9481745	297515	9185986	1062417
港、澳、台商投资企业	545	119	9574765	314315	9117754	4343386
外商投资企业	461	80	8930436	1561196	8664849	3225551
其他企业	2		3187		3187	
三、按登记注册分						
内资企业	1883	178	17841359	608406	17392469	1795825
港、澳、台商投资企业	545	119	9574765	314315	9117754	4343386
外商投资企业	461	80	8930436	1561196	8664849	3225551
四、按经济组织分						
独资企业	851	164	14208842	974931	13890741	5825090
合作、合伙企业	68	9	825241		803914	6769
股份有限公司	67	6	2002244	242595	1930538	327909
有限责任公司	1903	198	19310233	1266390	18549880	3204994
五、按规模分组						
大型企业	20	3	7405540	1227702	7293559	3549309
中型企业	299	24	14929298	920549	14291430	3681428
小型企业	2570	350	14011722	335666	13590084	2134025

5—5 续表1 (2009年) 单位:万元

项目	资产总计	#流动资产合计	#应收账款净额	存货	#产成品
合计	**26581323**	**13119024**	**3569063**	**3052093**	**1166644**
#国有控股企业	7287503	1667449	288270	355209	95472
#农村工业	27817	16477	5773	3200	1898
#亏损企业	4308446	1263909	223890	252643	105442
一、按轻重分					
轻工业	8904975	4844627	1185017	1308606	569583
重工业	17676348	8274397	2384046	1743487	597061
二、按经济类型分					
国有企业	3950371	641847	95153	158216	23531
集体企业	62791	39231	18824	6871	3073
股份合作企业	24342	18007	4869	8013	6095
联营企业	1053196	98190	30193	20087	2522
有限责任公司	2462933	1256649	265171	331956	93720
股份有限公司	1342187	924433	195884	195911	53400
私营企业	4977184	2457393	590444	694902	336581
港、澳、台商投资企业	6330501	4002162	1481782	895576	365070
外商投资企业	6376949	3680828	886570	740471	282592
其他企业	869	284	174	92	61
三、按登记注册分					
内资企业	13873873	5436034	1200712	1416046	518982
港、澳、台商投资企业	6330501	4002162	1481782	895576	365070
外商投资企业	6376949	3680828	886570	740471	282592
四、按经济组织分					
独资企业	10805014	5134569	1902144	1150585	436426
合作、合伙企业	1267854	178146	49669	43725	14506
股份有限公司	2915672	1498081	305205	264251	70880
有限责任公司	11592783	6308227	1312045	1593533	644832
五、按规模分组					
大型企业	4591264	2448929	938866	477517	129342
中型企业	13231156	6043972	1372859	1375141	466022
小型企业	8758903	4626122	1257338	1199436	571281

5—5 续表2

(2009年)

单位:万元

项目	固定资产合计	固定资产原价	累计折旧	固定资产净值
合计	**10588324**	**15226037**	**5592963**	**9633403**
#国有控股企业	4558399	6673389	2602947	4070442
#农村工业	10361	13486	4665	8820
#亏损企业	2532522	3881720	1620528	2261193
一、按轻重分				
轻工业	3353783	4444175	1409017	3035157
重工业	7234540	10781861	4183946	6598245
二、按经济类型分				
国有企业	2853090	3542516	1120703	2421813
集体企业	21873	34376	12691	21686
股份合作企业	5469	6746	2162	4583
联营企业	884633	1510786	640324	870462
有限责任公司	1031962	1294549	353159	941719
股份有限公司	310613	439976	178020	261956
私营企业	2034726	2420006	518884	1901122
港、澳、台商投资企业	1583366	2445939	996005	1449933
外商投资企业	1862098	3530445	1770812	1759633
其他企业	495	698	203	495
三、按登记注册分				
内资企业	7142860	9249652	2826145	6423836
港、澳、台商投资企业	1583366	2445939	996005	1449933
外商投资企业	1862098	3530445	1770812	1759633
四、按经济组织分				
独资企业	4684297	6477026	2390576	4086450
合作、合伙企业	984608	1623330	667065	956266
股份有限公司	603509	1209245	662685	546560
有限责任公司	4315910	5916435	1872638	4044127
五、按规模分组				
大型企业	1748400	2761205	1169892	1591313
中型企业	5464491	8087352	3199754	4887597
小型企业	3375433	4377480	1223317	3154493

5—5 续表3 （2009年） 单位：万元

项目	负债合计	#流动负债合计	#应付账款	长期负债合计
合计	**14913803**	**11863210**	**3251277**	**2571410**
#国有控股企业	4510846	2566661	506073	1817998
#农村工业	16411	15368	4360	70
#亏损企业	2677728	1667081	396938	1008264
一、按轻重分				
轻工业	4329199	3881553	921263	264539
重工业	10584605	7981658	2330014	2306871
二、按经济类型分				
国有企业	2920215	1224145	274814	1606907
集体企业	27604	26608	7949	528
股份合作企业	20886	19716	7445	570
联营企业	534449	414102	19254	99240
有限责任公司	1357972	1182632	194985	156588
股份有限公司	856880	789206	88565	67596
私营企业	2337544	2050452	431851	201580
港、澳、台商投资企业	3677001	3146123	1345450	282788
外商投资企业	3181010	3009986	880751	155615
其他企业	242	242	213	
三、按登记注册分				
内资企业	8055793	5707102	1025075	2133008
港、澳、台商投资企业	3677001	3146123	1345450	282788
外商投资企业	3181010	3009986	880751	155615
四、按经济组织分				
独资企业	6584353	4567492	1871651	1838826
合作、合伙企业	621016	494121	37714	100270
股份有限公司	1392891	1188693	166589	202180
有限责任公司	6315543	5612904	1175324	430134
五、按规模分组				
大型企业	3040809	2482368	1094929	517049
中型企业	7295363	5577439	1244022	1480204
小型企业	4577632	3803403	912326	574157

5－5 续表4 (2009年) 单位:万元

项目	所用者权益合计	实收资本	国家资本	集体资本	法人资本
合计	**11610613**	**7177613**	**797185**	**68874**	**1868027**
#国有控股企业	2776363	1343922	766860	556	498875
#农村工业	11356	8816		1719	2087
#亏损企业	1627049	1330248	360692	7354	194289
一、按轻重分					
轻工业	4537962	3161972	240136	18542	677574
重工业	7072651	4015641	557049	50332	1190453
二、按经济类型分					
国有企业	1029884	633865	617059		16241
集体企业	34945	14243		10923	2491
股份合作企业	3456	4500	800	252	1618
联营企业	518546	320703	17673	1944	293772
有限责任公司	1099995	619270	49412	3451	207209
股份有限公司	485307	280133	23548	35156	178189
私营企业	2603447	1524746	1275	2715	396794
港、澳、台商投资企业	2643880	1783535	4021	9732	400804
外商投资企业	3190526	1996018	83397	4700	370849
其他企业	627	600			60
三、按登记注册分					
内资企业	5776207	3398059	709767	54441	1096374
港、澳、台商投资企业	2643880	1783535	4021	9732	400804
外商投资企业	3190526	1996018	83397	4700	370849
四、按经济组织分					
独资企业	4211005	2918525	617059	10923	259326
合作、合伙企业	636096	402270	25317	2256	312965
股份有限公司	1522758	583972	23548	35156	325921
有限责任公司	5240754	3272847	131261	20538	969814
五、按规模分组					
大型企业	1550455	857115	141525		129130
中型企业	5921833	3240102	555550	43628	987492
小型企业	4138325	3080396	100111	25246	751405

5—5 续表 5 (2009 年) 单位:万元

项 目				主营业务收入	主营业务成本
	个人资本	港澳台资本	外商资本		
合 计	**1623198**	**1325148**	**1495181**	**34899357**	**30739908**
#国有控股企业	10643	35498	31489	4994772	4483388
#农村工业	3311	1558	141	206908	184341
#亏损企业	119872	207599	440442	3185009	3127727
一、按轻重分					
轻工业	1039017	721340	465364	13931194	12244920
重工业	584181	603809	1029817	20968163	18494987
二、按经济类型分					
国有企业	565			2609773	2468853
集体企业	829			395611	363819
股份合作企业	1830			31836	26465
联营企业	7314			548935	441023
有限责任公司	353265	1833	4100	3503686	3059453
股份有限公司	43239			1065220	930467
私营企业	1122373	1588		9121616	7977905
港、澳、台商投资企业	57903	1286140	24936	9061373	8155084
外商投资企业	35340	35588	1466145	8558149	7314274
其他企业	540			3157	2564
三、按登记注册分					
内资企业	1529956	3421	4100	17279835	15270549
港、澳、台商投资企业	57903	1286140	24936	9061373	8155084
外商投资企业	35340	35588	1466145	8558149	7314274
四、按经济组织分					
独资企业	13348	1000731	1017137	13805380	12410815
合作、合伙企业	20484	24450	16798	804758	665824
股份有限公司	85810	77166	36370	1967893	1694585
有限责任公司	1503557	222801	424876	18321325	15968684
五、按规模分组					
大型企业	169072	80141	337247	7156416	6659323
中型企业	458930	655533	538969	14304104	12340653
小型企业	995196	589474	618965	13438836	11739932

5—5 续表 6 (2009 年) 单位:万元

项目	主营业务税金及附加	其他业务收入	其他业务利润	营业费用	管理费用
合计	**205749**	**283529**	**99326**	**794188**	**1229801**
#国有控股企业	68396	54642	22250	64727	264947
#农村工业	1742	24	24	4439	7567
#亏损企业	6008	28080	13255	38325	139457
一、按轻重分					
轻工业	49545	99885	54514	382271	474045
重工业	156203	183643	44811	411917	755756
二、按经济类型分					
国有企业	7404	17524	7849	10088	106368
集体企业	5959	144	122	8648	8936
股份合作企业	201	275	80	775	1762
联营企业	4190	1733	1100	1975	64405
有限责任公司	12572	10674	7876	78160	105585
股份有限公司	9092	6002	777	24698	54115
私营企业	81228	18708	12542	225994	281374
港、澳、台商投资企业	21985	104466	15359	194599	261902
外商投资企业	63107	124002	53622	249038	345120
其他企业	10			215	234
三、按登记注册分					
内资企业	120656	55061	30345	350552	622778
港、澳、台商投资企业	21985	104466	15359	194599	261902
外商投资企业	63107	124002	53622	249038	345120
四、按经济组织分					
独资企业	44244	79795	23741	260102	460929
合作、合伙企业	5102	4189	2167	6674	74846
股份有限公司	11023	47098	3296	54026	88659
有限责任公司	145380	152447	70122	473386	605367
五、按规模分组					
大型企业	49166	41743	18456	124062	130518
中型企业	45764	189286	60420	354613	563186
小型企业	110820	52500	20450	315513	536097

5—5 续表7 (2009年) 单位:万元

项 目	#税 金	财务费用	#利息支出	营业利润	投资收益
合 计	**58473**	**429863**	**356310**	**2002425**	**92865**
#国有控股企业	14433	141413	150194	152777	25801
#农村工业	273	296	183	12705	
#亏损企业	7271	80855	74483	—126856	20772
一、按轻重分					
轻工业	25433	142874	119413	734378	15924
重工业	33040	286989	236897	1268047	76941
二、按经济类型分					
国有企业	5803	106427	110328	7951	22942
集体企业	1175	1340	204	9850	
股份合作企业	140	322	303	1408	
联营企业	813	23401	23041	77425	
有限责任公司	7134	31966	27521	240068	2159
股份有限公司	1522	6226	14272	56229	16109
私营企业	10147	96321	79271	491147	1292
港、澳、台商投资企业	18087	105556	54078	491951	51069
外商投资企业	13646	58291	47286	626294	—705
其他企业	5	14	6	102	
三、按登记注册分					
内资企业	26740	266016	254946	884181	42501
港、澳、台商投资企业	18087	105556	54078	491951	51069
外商投资企业	13646	58291	47286	626294	—705
四、按经济组织分					
独资企业	22279	193338	144935	630204	19444
合作、合伙企业	1252	24560	23937	92132	—488
股份有限公司	4063	29983	37647	161236	65835
有限责任公司	30878	181982	149791	1118853	8074
五、按规模分组					
大型企业	5519	95139	50221	214885	12106
中型企业	21826	214533	208620	1068112	66923
小型企业	31128	120190	97468	719429	13835

5—5 续表8 (2009年) 单位:万元

项　　目	补贴收入	营业收入	营业外支出	利润总额	应交所得税
合　计	**26630**	**70133**	**155607**	**1958091**	**183543**
#国有控股企业	4815	22236	17229	163536	46644
#农村工业	472	8	5317	7868	1056
#亏损企业	1328	6721	9927	—128769	865
一、按轻重分					
轻工业	14700	21183	48447	737378	61488
重工业	11930	48949	107161	1220713	122056
二、按经济类型分					
国有企业	970	6051	5270	10370	13045
集体企业	462	43	205	10150	1062
股份合作企业	53	5	19	1447	29
联营企业	81	416	126	77796	13146
有限责任公司	4421	9129	38864	214914	21278
股份有限公司	1803	14323	23630	64193	10930
私营企业	5686	13180	13636	497109	36545
港、澳、台商投资企业	5143	11243	50947	458971	32261
外商投资企业	7988	15743	22911	623017	55221
其他企业	24			126	26
三、按登记注册分					
内资企业	13500	43147	81749	876103	96062
港、澳、台商投资企业	5143	11243	50947	458971	32261
外商投资企业	7988	15743	22911	623017	55221
四、按经济组织分					
独资企业	11090	21890	60890	599030	72760
合作、合伙企业	224	544	216	94157	13937
股份有限公司	2842	15009	27644	167075	22082
有限责任公司	12475	32690	66857	1097830	74765
五、按规模分组					
大型企业	1515	6942	41336	182006	13562
中型企业	13606	42186	60590	1063602	102323
小型企业	11509	21005	53681	712484	67658

5—5 续表 9　　(2009 年)　　单位:万元

项　　目	亏损企业亏损总额	利税总额	本年应付工资总额	本年应付福利费总额
合　计	**128769**	**2914348**	**2215289**	**94502**
#国有控股企业	49696	412311	232478	7939
#农村工业	223	14120	10418	366
#亏损企业	128769	—50638	192008	7222
一、按轻重分				
轻工业	27618	1027323	1151967	49830
重工业	101151	1887025	1063322	44672
二、按经济类型分				
国有企业	41486	93932	105854	2986
集体企业	392	24694	16875	1001
股份合作企业	78	2193	3774	255
联营企业	121	117737	19592	1822
有限责任公司	6258	300101	206027	8478
股份有限公司	6301	92779	92451	2370
私营企业	9826	736909	594331	31920
港、澳、台商投资企业	29359	674810	529139	19368
外商投资企业	34947	871024	647123	26301
其他企业		169	123	1
三、按登记注册分				
内资企业	64463	1368513	1039027	48833
港、澳、台商投资企业	29359	674810	529139	19368
外商投资企业	34947	871024	647123	26301
四、按经济组织分				
独资企业	75011	966686	872498	34137
合作、合伙企业	291	138690	36673	2853
股份有限公司	6544	214532	149767	4261
有限责任公司	46923	1594440	1156351	53251
五、按规模分组				
大型企业	34432	395891	358084	9004
中型企业	39301	1416551	1039289	37051
小型企业	55037	1101905	817915	48446

5—5　续表10　　(2009年)　　单位:万元

项　　目	本年应交增值税	本年进项税额	本年销项税额	全部从业人员年平均人数(人)
合　计	**750508**	**2874581**	**3029821**	**606947**
#国有控股企业	180379	619076	739866	40634
#农村工业	4509	26227	29137	3205
#亏损企业	72123	350503	379924	63328
一、按轻重分				
轻工业	240400	1088744	1118131	363338
重工业	510108	1785838	1911690	243609
二、按经济类型分				
国有企业	76158	348322	389969	19824
集体企业	8585	49857	54412	5820
股份合作企业	545	2554	2767	729
联营企业	35751	50859	86592	2681
有限责任公司	72616	297240	340706	56019
股份有限公司	19495	87082	81727	14799
私营企业	158572	705442	791456	171224
港、澳、台商投资企业	193854	621423	532827	153127
外商投资企业	184900	711526	749056	182664
其他企业	33	277	309	60
三、按登记注册分				
内资企业	371754	1541632	1747938	271156
港、澳、台商投资企业	193854	621423	532827	153127
外商投资企业	184900	711526	749056	182664
四、按经济组织分				
独资企业	323412	1083467	1029426	260628
合作、合伙企业	39431	70145	108353	8000
股份有限公司	36435	192161	180200	24515
有限责任公司	351230	1528808	1711842	313804
五、按规模分组				
大型企业	164720	464349	463221	82394
中型企业	307186	1271460	1315699	250747
小型企业	278602	1138772	1250901	273806

5—6 按行业分规模以上工业企业主要经济指标

(2009年)

单位:万元

项目	企业单位数(个)	#亏损企业	工业总产值(当年价格)	#新产品产值	工业销售产值(当年价格)	#出口交货值
合计	**2889**	**377**	**36346560**	**2483917**	**35175073**	**9364762**
按行业分						
煤炭开采和洗选业	1		23444		9209	
非金属矿采选业	22	1	216556		217496	5000
农副食品加工业	229	28	2556711	31338	2455723	579129
食品制造业	72	3	632858		612202	9551
饮料制造业	45	1	364192	12041	350169	3204
烟草制品业	1	1	1625		1050	
纺织业	256	14	3053719	62716	3002117	192150
纺织服装、鞋、帽制造业	125	25	800040	10715	762456	487511
皮革、毛皮、羽毛(绒)及其制品业	52	9	1003590	1758	964824	410967
木材加工及木、竹、藤、棕、草制品业	64	7	257518	2925	256040	49212
家具制造业	55	9	432100	5515	428550	185106
造纸及纸制品业	78	17	285297	6620	274352	20297
印刷业和记录媒介的复制	59	9	206312	51669	207483	4691
文教体育用品制造业	27	4	121444		111148	54679
石油加工、炼焦及核燃料加工业	7	1	288502		262046	673
化学原料及化学制品制造业	87	14	464491		467883	40259
医药制造业	32		455847	141734	391425	65863
化学纤维制造业	26	2	1442502		1350746	4279
橡胶制品业	17	2	56778	1244	53998	22408
塑料制品业	294	42	2216057	69995	2116870	570075
非金属矿物制品业	289	24	1808521	52981	1680160	280241
黑色金属冶炼及压延加工业	32	5	2464926		2423995	40052
有色金属冶炼及压延加工业	18	4	592643	23885	586583	84975
金属制品业	82	21	534796	8983	508812	49775
通用设备制造业	132	23	1081078	37437	1070088	166232
专用设备制造业	72	10	545970	34232	520260	15697
交通运输设备制造业	141	18	2325488	653302	2176224	560410
电气机械及器材制造业	124	22	1786058	251570	1736294	697968
通信设备、计算机及其他电子设备制造业	134	27	5900239	869552	5808112	4092461
仪器仪表及文化、办公用机械制造业	52	4	451339	15343	447241	215358
工艺品及其他制造业	203	14	727786	137678	693608	456539
废弃资源和废旧材料回收加工业	4		12191		11988	
电力、热力的生产和供应业	37	11	3120879	685	3104957	
燃气生产和供应业	7	1	63179		61602	
水的生产和供应业	13	4	51886		49365	

5—6 续表1　　(2009年)　　单位:万元

项目	资产总计	#流动资产合计	#应收账款净额	存货	#产成品
合计	**26581323**	**13119024**	**3569063**	**3052093**	**1166644**
按行业分					
煤炭开采和洗选业	2658	2284	440	875	
非金属矿采选业	43909	24590	7666	4017	2274
农副食品加工业	1143177	718967	151174	258518	112837
食品制造业	280099	138281	33595	50993	26361
饮料制造业	174542	98395	34060	27141	13961
烟草制品业	15662	2458		1401	372
纺织业	2068703	961969	181501	290521	142826
纺织服装、鞋、帽制造业	297962	175063	50646	56211	20737
皮革、毛皮、羽毛(绒)及其制品业	351677	225347	103055	33743	13673
木材加工及木、竹、藤、棕、草制品业	169609	71262	15892	26299	10879
家具制造业	187875	110773	38147	35570	16626
造纸及纸制品业	187651	107145	45183	21879	7284
印刷业和记录媒介的复制	227227	107328	33242	17121	7329
文教体育用品制造业	85652	47590	14441	16787	9455
石油加工、炼焦及核燃料加工业	138074	55618	4956	30954	28902
化学原料及化学制品制造业	425122	239131	59112	38972	17248
医药制造业	474762	272078	96076	81977	37005
化学纤维制造业	1076014	513116	84953	146923	65265
橡胶制品业	27753	16004	5324	5190	1914
塑料制品业	1145292	725056	185318	190922	89134
非金属矿物制品业	1584541	721746	135642	117463	56406
黑色金属冶炼及压延加工业	1686144	1084709	87036	267109	50304
有色金属冶炼及压延加工业	484898	166656	31652	87296	14295
金属制品业	328921	223536	61487	59748	23223
通用设备制造业	465119	297922	87014	77534	35873
专用设备制造业	695580	466889	148449	77294	31769
交通运输设备制造业	2075950	1268986	252861	297862	95326
电气机械及器材制造业	966919	654595	206485	151458	55186
通信设备、计算机及其他电子设备制造业	3431191	2578432	1153587	397687	126386
仪器仪表及文化、办公用机械制造业	330397	232757	64646	47160	15537
工艺品及其他制造业	426549	275297	71797	79441	36328
废弃资源和废旧材料回收加工业	10417	4712	820	1550	810
电力、热力的生产和供应业	5024945	439449	96527	51256	
燃气生产和供应业	95884	25371	4189	1851	1060
水的生产和供应业	450452	65513	22093	1371	63

5—6 续表2　　(2009年)　　单位:万元

项　　目	固定资产合计	固定资产原价	累计折旧	固定资产净值
合　计	**10588324**	**15226037**	**5592963**	**9633403**
按行业分				
煤炭开采和洗选业	199	1112	1007	105
非金属矿采选业	18833	26267	8495	17772
农副食品加工业	312188	433232	151210	282022
食品制造业	118238	139507	44964	94542
饮料制造业	66137	117485	57264	60220
烟草制品业	13140	13585	445	13140
纺织业	980024	1230644	289666	940978
纺织服装、鞋、帽制造业	100177	126427	42617	83811
皮革、毛皮、羽毛(绒)及其制品业	97876	192324	98684	93640
木材加工及木、竹、藤、棕、草制品业	80617	134709	55526	79182
家具制造业	51765	73181	30272	42908
造纸及纸制品业	69136	99759	35507	64252
印刷业和记录媒介的复制	63336	119598	56776	62822
文教体育用品制造业	29169	43613	14941	28672
石油加工、炼焦及核燃料加工业	57854	67452	9895	57557
化学原料及化学制品制造业	156367	238176	100695	137481
医药制造业	137743	201139	78965	122175
化学纤维制造业	498365	595632	134257	461375
橡胶制品业	10334	18422	8197	10225
塑料制品业	311895	515050	226486	288564
非金属矿物制品业	464875	672052	236079	435973
黑色金属冶炼及压延加工业	555484	733892	242323	491570
有色金属冶炼及压延加工业	269216	178420	70727	107693
金属制品业	80008	129750	56883	72866
通用设备制造业	130221	167043	58116	108928
专用设备制造业	123992	169761	50046	119715
交通运输设备制造业	641202	979645	379390	600255
电气机械及器材制造业	241984	322309	107316	215323
通信设备、计算机及其他电子设备制造业	639940	1243587	647752	595835
仪器仪表及文化、办公用机械制造业	55214	95314	40445	54869
工艺品及其他制造业	104281	133940	35166	98773
废弃资源和废旧材料回收加工业	4913	5279	785	4494
电力、热力的生产和供应业	3687687	5532642	2059491	3473152
燃气生产和供应业	41297	57005	26952	30054
水的生产和供应业	374619	418084	135624	282460

5—6 续表 3 (2009 年) 单位：万元

项目	负债合计	#流动负债合计	#应付账款	长期负债合计
合计	**14913803**	**11863210**	**3251277**	**2571410**
按行业分				
煤炭开采和洗选业	637	637		
非金属矿采选业	12573	11889	3318	171
农副食品加工业	683171	649475	107930	26756
食品制造业	128076	102634	34232	24940
饮料制造业	91777	85105	23879	3573
烟草制品业	2919	2919	844	
纺织业	834466	783732	102718	46510
纺织服装、鞋、帽制造业	169227	160249	60865	8718
皮革、毛皮、羽毛(绒)及其制品业	141674	120080	36830	16707
木材加工及木、竹、藤、棕、草制品业	87255	79531	8492	7298
家具制造业	93061	85318	23370	5764
造纸及纸制品业	95701	91920	29470	2354
印刷业和记录媒介的复制	99000	79979	25360	5696
文教体育用品制造业	46454	38079	10905	8375
石油加工、炼焦及核燃料加工业	56667	50977	2120	
化学原料及化学制品制造业	214635	193115	46881	19021
医药制造业	236028	218109	58147	17827
化学纤维制造业	627135	464463	87670	31320
橡胶制品业	14166	14166	7317	
塑料制品业	595114	474507	144861	16916
非金属矿物制品业	746226	568910	118808	161140
黑色金属冶炼及压延加工业	1247216	1159193	140216	43329
有色金属冶炼及压延加工业	301315	194645	14422	105395
金属制品业	160072	146570	39933	13405
通用设备制造业	253288	236175	55160	12900
专用设备制造业	376030	331979	93659	39486
交通运输设备制造业	1218287	1147334	344395	67452
电气机械及器材制造业	511854	494464	165776	17050
通信设备、计算机及其他电子设备制造业	2169202	2099656	1104509	67360
仪器仪表及文化、办公用机械制造业	102233	83549	33004	18408
工艺品及其他制造业	186489	179126	45380	5482
废弃资源和废旧材料回收加工业	4839	3028	1588	
电力、热力的生产和供应业	3247826	1403040	268635	1739152
燃气生产和供应业	42721	29787	1637	12929
水的生产和供应业	116470	78870	8948	25978

5—6 续表4 (2009年) 单位:万元

项目	所用者权益合计	实收资本	国家资本	集体资本	法人资本
合计	**11610613**	**7177613**	**797185**	**68874**	**1868027**
按行业分					
煤炭开采和洗选业	2020	2000			2000
非金属矿采选业	30271	8083	2644	367	1250
农副食品加工业	458742	360935	5776	4915	90007
食品制造业	151348	103420	5313	30	20624
饮料制造业	82765	65748		307	26637
烟草制品业	12743	13000			13000
纺织业	1205540	723244		2110	98365
纺织服装、鞋、帽制造业	128238	128096		75	44066
皮革、毛皮、羽毛(绒)及其制品业	209979	181603		176	63141
木材加工及木、竹、藤、棕、草制品业	82081	59307			18086
家具制造业	94638	83264	242	158	17879
造纸及纸制品业	91900	75299		1761	16576
印刷业和记录媒介的复制	128186	60411	14482	420	28620
文教体育用品制造业	39158	34826		1308	11729
石油加工、炼焦及核燃料加工业	81407	37678	144		28121
化学原料及化学制品制造业	209285	160860	6418	527	33879
医药制造业	238034	97088	1689	2985	33363
化学纤维制造业	448879	278088			73737
橡胶制品业	13587	12713			3963
塑料制品业	548041	407656	6087	4856	74093
非金属矿物制品业	834851	495902	13003	925	228069
黑色金属冶炼及压延加工业	438927	263003		3474	58632
有色金属冶炼及压延加工业	183582	166798	107638		7497
金属制品业	162536	130398	800	975	15733
通用设备制造业	211336	150355	1925	311	21796
专用设备制造业	319181	159090	477		34941
交通运输设备制造业	855316	560301	57932	978	102435
电气机械及器材制造业	454759	337948	1913	2586	92119
通信设备、计算机及其他电子设备制造业	1261790	803496	36009	35156	173328
仪器仪表及文化、办公用机械制造业	227365	121054	10056	163	8077
工艺品及其他制造业	238003	137141		1937	29173
废弃资源和废旧材料回收加工业	5578	3666			1255
电力、热力的生产和供应业	1773656	639284	270388	2375	352216
燃气生产和供应业	53163	57188	49738		4000
水的生产和供应业	333727	258671	204512		39623

5—6 续表5 (2009年) 单位:万元

项目	个人资本	港澳台资本	外商资本	主营业务收入	主营业务成本
合计	**1623198**	**1325148**	**1495181**	**34899357**	**30739908**
按行业分					
煤炭开采和洗选业				27871	26189
非金属矿采选业	2601	850	372	217919	150804
农副食品加工业	113417	96204	50617	2400958	2153764
食品制造业	32001	30765	14687	623714	525882
饮料制造业	14250	22604	1950	341766	266795
烟草制品业				1050	420
纺织业	487575	103092	32102	2974660	2606436
纺织服装、鞋、帽制造业	27164	35761	21030	770336	710638
皮革、毛皮、羽毛(绒)及其制品业	4798	23291	90198	966250	894964
木材加工及木、竹、藤、棕、草制品业	10961	6872	23389	250786	215946
家具制造业	14441	19336	31208	417318	369549
造纸及纸制品业	17504	32000	7458	266579	236191
印刷业和记录媒介的复制	8076	4470	4342	198235	171039
文教体育用品制造业	3510	14619	3660	105471	91437
石油加工、炼焦及核燃料加工业		9413		261299	205148
化学原料及化学制品制造业	20657	17381	81999	472282	417388
医药制造业	26296	26969	5787	388561	288788
化学纤维制造业	127483	76868		1233943	1103907
橡胶制品业	316	3434	5001	45434	40104
塑料制品业	107078	113460	102083	2093530	1857751
非金属矿物制品业	89552	137748	26606	1732592	1469783
黑色金属冶炼及压延加工业	125856	1730	73311	2434821	2311536
有色金属冶炼及压延加工业	18097	33476	90	574416	549024
金属制品业	24308	61421	27162	501702	448179
通用设备制造业	64221	33875	28227	1055839	890310
专用设备制造业	38824	43980	40868	506007	388839
交通运输设备制造业	35928	111111	251919	2224132	1901936
电气机械及器材制造业	61269	77056	103007	1712692	1531454
通信设备、计算机及其他电子设备制造业	49044	116413	393545	5735739	5008378
仪器仪表及文化、办公用机械制造业	18091	46930	37738	444794	367685
工艺品及其他制造业	63150	23988	18893	695293	586465
废弃资源和废旧材料回收加工业	2378	33		11094	10390
电力、热力的生产和供应业	14305			3108942	2859181
燃气生产和供应业	50		3400	55486	49527
水的生产和供应业			14535	47848	34081

5—6 续表6 (2009年) 单位:万元

项目	主营业务税金及附加	其他业务收入	其他业务利润	营业费用	管理费用
合计	**205749**	**283529**	**99326**	**794188**	**1229801**
按行业分					
煤炭开采和洗选业	9			1539	85
非金属矿采选业	32399	361	20	8671	6104
农副食品加工业	6701	15719	2749	58621	67664
食品制造业	3153	6743	561	40502	21153
饮料制造业	4913	1600	510	30146	15798
烟草制品业					1566
纺织业	8295	12627	9945	60575	60174
纺织服装、鞋、帽制造业	950	714	294	14678	30736
皮革、毛皮、羽毛(绒)及其制品业	984	1660	652	8072	32359
木材加工及木、竹、藤、棕、草制品业	4500	495	285	7393	14400
家具制造业	990	749	273	11875	13142
造纸及纸制品业	1078	1487	878	7382	11920
印刷业和记录媒介的复制	720	1236	910	4377	13402
文教体育用品制造业	1243	660	215	4746	5766
石油加工、炼焦及核燃料加工业	7201	302	71	907	6738
化学原料及化学制品制造业	2317	2349	1255	11898	25415
医药制造业	2203	1347	227	20970	29847
化学纤维制造业	1234	10989	10589	13905	13363
橡胶制品业	92	99	87	1134	2757
塑料制品业	7409	1830	903	61216	78140
非金属矿物制品业	17864	59065	2325	37299	53294
黑色金属冶炼及压延加工业	3887	28916	748	16148	28703
有色金属冶炼及压延加工业	265	204	74	3954	7762
金属制品业	6361	3372	1045	9490	15356
通用设备制造业	4266	1736	520	26451	35072
专用设备制造业	2601	2600	1609	14548	42834
交通运输设备制造业	52648	49447	19306	61260	105987
电气机械及器材制造业	4201	18213	1736	40607	61632
通信设备、计算机及其他电子设备制造业	7902	38044	32986	162246	199636
仪器仪表及文化、办公用机械制造业	5219	1803	419	12531	30248
工艺品及其他制造业	3342	1735	872	34401	36412
废弃资源和废旧材料回收加工业	332			74	452
电力、热力的生产和供应业	10063	11482	5985	560	148812
燃气生产和供应业	123	1104	220	4278	3203
水的生产和供应业	284	4844	1056	1735	9868

5—6 续表7 (2009年) 单位:万元

项 目	#税 金	财务费用	#利息支出	营业利润	投资收益
合 计	**58473**	**429863**	**356310**	**2002425**	**92865**
按行业分					
煤炭开采和洗选业	3	13	—1	336	
非金属矿采选业	650	832	33	15920	665
农副食品加工业	8412	15709	17255	113245	—245
食品制造业	1035	2830	1486	34229	50
饮料制造业	444	1311	1490	20347	19
烟草制品业		39	41	—971	
纺织业	2924	41025	36614	208722	45
纺织服装、鞋、帽制造业	1186	5070	903	17697	4
皮革、毛皮、羽毛(绒)及其制品业	1557	2863	2025	37825	
木材加工及木、竹、藤、棕、草制品业	809	4724	3208	6488	1707
家具制造业	852	1999	1476	18563	
造纸及纸制品业	442	1782	1141	7585	39
印刷业和记录媒介的复制	325	1119	1043	8301	217
文教体育用品制造业	317	345	239	2023	
石油加工、炼焦及核燃料加工业	1487	2273	1720	18515	
化学原料及化学制品制造业	836	4693	3948	17799	42
医药制造业	1174	6015	5481	41103	14972
化学纤维制造业	874	35822	33780	75680	159
橡胶制品业	64	240	202	1387	
塑料制品业	3364	17380	13080	79430	61
非金属矿物制品业	1406	23460	22092	199091	51320
黑色金属冶炼及压延加工业	2182	19520	13710	74026	—3834
有色金属冶炼及压延加工业	866	6103	5774	26094	3389
金属制品业	778	4201	2326	20737	41
通用设备制造业	1905	3033	1993	93182	299
专用设备制造业	758	4751	3212	58448	80
交通运输设备制造业	4864	6285	13901	119202	55
电气机械及器材制造业	2271	7840	6164	72439	56
通信设备、计算机及其他电子设备制造业	4015	61597	19691	428275	3895
仪器仪表及文化、办公用机械制造业	611	1441	1224	43144	621
工艺品及其他制造业	1607	6125	4140	28390	6
废弃资源和废旧材料回收加工业	4	66	43	333	
电力、热力的生产和供应业	9394	136669	134092	110095	18957
燃气生产和供应业	153	854	995	3107	
水的生产和供应业	907	1834	1789	1639	245

5—6 续表8 (2009年) 单位:万元

项目	补贴收入	营业收入	营业外支出	利润总额	应交所得税
合计	**26630**	**70133**	**155607**	**1958091**	**183543**
按行业分					
煤炭开采和洗选业				336	8
非金属矿采选业	103	65	31	16721	1164
农副食品加工业	3375	3678	18972	101064	7399
食品制造业	1219	1462	770	36140	4255
饮料制造业	440	719	548	20958	3014
烟草制品业				−971	
纺织业	730	5183	7495	207141	13590
纺织服装、鞋、帽制造业	378	474	5026	13551	1864
皮革、毛皮、羽毛(绒)及其制品业	1529	1218	1418	39155	2282
木材加工及木、竹、藤、棕、草制品业	1927	143	65	8493	1315
家具制造业	81	390	1033	18002	2236
造纸及纸制品业	516	365	381	8084	894
印刷业和记录媒介的复制	603	864	124	9643	794
文教体育用品制造业	37	111	212	1958	383
石油加工、炼焦及核燃料加工业		1		18515	350
化学原料及化学制品制造业	529	589	5208	13708	2859
医药制造业	593	810	255	57717	9119
化学纤维制造业	100	989	836	75933	754
橡胶制品业	37	351	44	1732	323
塑料制品业	569	1003	3326	77741	9637
非金属矿物制品业	477	916	13566	187000	5691
黑色金属冶炼及压延加工业	90	2213	107	72385	978
有色金属冶炼及压延加工业	78	1282	47	27408	1585
金属制品业	43	431	1100	20111	1204
通用设备制造业	268	260	30805	62888	4760
专用设备制造业	584	2567	2098	59500	3849
交通运输设备制造业	1919	9903	9914	121150	22197
电气机械及器材制造业	1200	3099	3083	73678	7175
通信设备、计算机及其他电子设备制造业	5521	17361	38810	412998	26624
仪器仪表及文化、办公用机械制造业	1218	738	977	44123	7828
工艺品及其他制造业	2076	2247	884	31829	4535
废弃资源和废旧材料回收加工业	158			491	57
电力、热力的生产和供应业	81	10524	8058	114003	34020
燃气生产和供应业	9	36	325	2827	407
水的生产和供应业	145	141	91	2081	391

5—6 续表9 (2009年) 单位:万元

项目	亏损企业亏损总额	利税总额	本年应付工资总额	本年应付福利费总额
合计	**128769**	**2914348**	**2215289**	**94502**
按行业分				
煤炭开采和洗选业		409	1242	
非金属矿采选业	65	54463	10921	372
农副食品加工业	10015	142371	103934	6157
食品制造业	381	57228	42344	2061
饮料制造业	22	37532	22740	686
烟草制品业	971	−971	224	45
纺织业	3488	243819	205841	10622
纺织服装、鞋、帽制造业	2095	28329	104981	3643
皮革、毛皮、羽毛(绒)及其制品业	756	51889	196169	6993
木材加工及木、竹、藤、棕、草制品业	1767	19310	27337	960
家具制造业	907	27427	40902	929
造纸及纸制品业	2055	15391	18816	899
印刷业和记录媒介的复制	806	15672	22008	978
文教体育用品制造业	421	4925	13805	430
石油加工、炼焦及核燃料加工业	13	27616	3325	204
化学原料及化学制品制造业	10000	25174	30244	1300
医药制造业		72484	38408	1243
化学纤维制造业	651	92444	30701	3112
橡胶制品业	239	2579	6942	226
塑料制品业	2994	131174	163083	7514
非金属矿物制品业	7483	239244	133996	9128
黑色金属冶炼及压延加工业	3108	118568	76864	3097
有色金属冶炼及压延加工业	1198	33193	13053	634
金属制品业	2905	40490	30376	1324
通用设备制造业	2084	83204	49413	2078
专用设备制造业	2488	81708	29236	1892
交通运输设备制造业	1185	245918	197307	5300
电气机械及器材制造业	2104	115410	93890	4220
通信设备、计算机及其他电子设备制造业	27683	542911	270238	10432
仪器仪表及文化、办公用机械制造业	115	57965	34403	2071
工艺品及其他制造业	505	54962	108086	2298
废弃资源和废旧材料回收加工业		1254	1133	25
电力、热力的生产和供应业	38296	240454	81560	2733
燃气生产和供应业	198	4565	3183	285
水的生产和供应业	1773	5238	8584	615

5—6 续表10 (2009年) 单位:万元

项 目	本年应交增值税	本年进项税额	本年销项税额	全部从业人员年平均人数(人)
合 计	**750508**	**2874581**	**3029821**	**606947**
按行业分				
煤炭开采和洗选业	63	1275	1338	129
非金属矿采选业	5343	18755	21713	2948
农副食品加工业	34606	120676	122836	29194
食品制造业	17935	50729	57879	11388
饮料制造业	11661	32062	42770	5555
烟草制品业				156
纺织业	28383	219731	230959	59574
纺织服装、鞋、帽制造业	13828	43363	42108	36851
皮革、毛皮、羽毛(绒)及其制品业	11750	39647	37454	70695
木材加工及木、竹、藤、棕、草制品业	6316	18252	22348	8020
家具制造业	8435	34391	39178	12442
造纸及纸制品业	6229	25664	30595	6867
印刷业和记录媒介的复制	5309	21070	25882	7397
文教体育用品制造业	1724	9091	10881	5190
石油加工、炼焦及核燃料加工业	1900	17191	18990	799
化学原料及化学制品制造业	9148	55970	56960	10209
医药制造业	12563	49530	61194	6318
化学纤维制造业	15278	113779	117861	6807
橡胶制品业	755	3268	3146	2726
塑料制品业	46024	174284	204424	53197
非金属矿物制品业	34381	104422	120966	37934
黑色金属冶炼及压延加工业	42296	260220	260004	14736
有色金属冶炼及压延加工业	5521	73339	56252	3412
金属制品业	14018	60005	66167	7412
通用设备制造业	16051	119913	118546	13815
专用设备制造业	19607	31739	40183	10530
交通运输设备制造业	72120	230346	263982	34234
电气机械及器材制造业	37531	167219	113070	26255
通信设备、计算机及其他电子设备制造业	122012	253398	226539	59902
仪器仪表及文化、办公用机械制造业	8623	29314	27883	10892
工艺品及其他制造业	19790	59734	39605	35386
废弃资源和废旧材料回收加工业	430	992	1389	227
电力、热力的生产和供应业	116388	428503	536354	12285
燃气生产和供应业	1616	6679	8281	907
水的生产和供应业	2873	31	2086	2558

5—7 "规模以上"工业企业能源购进、消费与库存情况

（2009 年）

项　　目	单　位	年初库存量	购进量 实物量	购进量 金额（万元）
原　煤	吨	770634	12919666	6811903
洗精煤	吨	30	396414	163000
其他洗煤	吨		462	402
煤制品	吨	10754	441277	354363
型　煤	吨	688	69582	40477
煤　粉	吨	9959	368537	312140
焦　炭	吨	53092	1525081	2088900
其他煤气	万立方米		21	617
天然气	万立方米		3839	96401
液化天然气	吨	107	2207	10543
原　油	吨	1	37	197
汽　油	吨	72	30772	189751
煤　油	吨	22	405	2629
柴　油	吨	4771	66108	343470
燃料油	吨	15209	133254	430456
液化石油气	吨	459	33187	127243
其他石油制品	吨	85	530	2010
电　力	万千瓦时		1401621	7818936
其他燃料	吨标准煤	32	7078	7361
工业废料	吨标准煤		2771	4988

项　　目	单　位	消费量 合计	消费量 工业生产消费	消费量 #用于原材料	消费量 非工业生产消费	合计中：运输工具消费	年末库存量
原　煤	吨	12953134	12887029	149271	66104		767546
洗精煤	吨	396444	396439		5		
其他洗煤	吨	462	462				
煤制品	吨	415160	414859	1048	301		36870
型　煤	吨	69914	69718		196		355
煤　粉	吨	342035	342021	198	14		36456
焦　炭	吨	1421629	1421590	1069	39		156523
其他煤气	万立方米	21	21				
天然气	万立方米	3829	711		3118		
液化天然气	吨	2285	2198	66	87	1	28
原　油	吨	37	22		14		1
汽　油	吨	30974	25267	1263	5691	7746	74
煤　油	吨	416	347		69	64	12
柴　油	吨	66902	62287	5301	4614	4581	4162
燃料油	吨	127357	126634	3756	723	5	20758
液化石油气	吨	33580	20269	47	13310		186
其他石油制品	吨	608	608	8			5
电　力	万千瓦时	1498271	1479343		18920		
其他燃料	吨标准煤	7095	6986		109		15
工业废料	吨标准煤	2788	2788				

5—8 分县(市)区"规模以上"工业总产值

(2009 年)

项目	福州市	鼓楼区	台江区	仓山区	晋安区
"规模以上"工业总产值	**36346560**	**1705040**	**937117**	**4232895**	**2124031**
#国有控股企业	5019880	756347	836228	117999	155840
#农村工业	197733			117494	
#亏损企业	3303106	701133	804113	222845	185750
一、按轻重分					
轻工业	14711416	274730	102557	2527484	1019816
重工业	21635144	1430310	834561	1705411	1104215
二、按经济类型分					
国有企业	2596539	669080	836228	24723	64529
集体企业	395140	2378	500	280538	43953
股份合作企业	27269			5665	9370
联营企业	565341				32053
有限责任公司	3640034	373851	7448	62971	183164
股份有限公司	1132105	74783		41564	80702
私营企业	9481745	240907	46530	1962591	852892
港、澳、台商投资企业	9574765	103168	37311	1089222	456765
外商投资企业	8930436	239311	9100	765622	400603
其他企业	3187	1562			
三、按登记注册分					
内资企业	17841359	1362562	890706	2378051	1266663
港、澳、台商投资企业	9574765	103168	37311	1089222	456765
外商投资企业	8930436	239311	9100	765622	400603
四、按经济组织分					
独资企业	14208842	884369	846669	1519007	783066
合作、合伙企业	825241	1562		36726	53775
股份有限公司	2002244	77598	550	119979	94276
有限责任公司	19310233	741511	89898	2557184	1192914
五、按规模分组					
大型企业	7405540	38538	797396	223010	
中型企业	14929298	1181877	50988	1299865	697135
小型企业	14011722	484626	88733	2710020	1426896

单位:万元

马尾区	福清市	长乐市	闽侯县	连江县	罗源县	闽清县	永泰县	平潭县
4969250	**8516801**	**6774100**	**3033377**	**1406526**	**1432007**	**870037**	**194593**	**150785**
666359	384601	557398	830655	440893	86018	137658	15347	34538
			13287	55714	6817		2818	1603
674780	309143	154286	107548	38054	12069	47715	36442	9230
1653981	2603313	4678957	941908	592011	108990	72233	120564	14873
3315268	5913488	2095144	2091469	814515	1323017	797804	74029	135912
409077	4445	15769	121669	393731	458	37598	15347	3886
	18123	560	12681	1025	31719			3663
	1428				3435	5468	1903	
1006	382776	48514	932			100060		
89465	511704	1483746	26940	369493	88909	370197	28891	43255
446916	373775		97390			1598	15379	
396676	750308	3057417	890352	15228	841189	239175	100958	87523
1135291	4779119	1281055	422703	121921	85157	30824	24839	7390
2490820	1695123	885414	1460711	505128	381141	85119	7277	5068
		1625						
1343139	2042559	4607631	1149963	779478	965709	754095	162477	138327
1135291	4779119	1281055	422703	121921	85157	30824	24839	7390
2490820	1695123	885414	1460711	505128	381141	85119	7277	5068
2243119	5310706	587413	937021	852668	115185	91902	30169	7548
43561	417285	122172	1595	9890	7025	125731	4241	1677
557443	702788	296121	124136		4987	1598	15379	7390
2125127	2086022	5768395	1970624	543968	1304810	650807	144804	134169
418820	3263909	1128624	679914	257943	597387			
3400043	2605980	3496089	856294	628022	204291	371572	39521	97621
1150387	2646912	2149387	1497169	520562	630329	498465	155072	53164

5—9 分县(市)区"规模以上"工业总产值(按行业分)

(2009 年)

项目	福州市	鼓楼区	台江区	仓山区	晋安区
"规模以上"工业总产值	**36346560**	**1705040**	**937117**	**4232895**	**2124031**
按行业分					
煤炭开采和洗选业	23444				
非金属矿采选业	216556				150702
农副食品加工业	2556711	14695	44965	141832	132640
食品制造业	632858		14389	185062	19184
饮料制造业	364192	25636	5786	73331	31062
烟草制品业	1625				
纺织业	3053719	38538		30270	82821
纺织服装、鞋、帽制造业	800040	30465	10500	448876	96512
皮革、毛皮、羽毛(绒)及其制品业	1003590			199119	86077
木材加工及木、竹、藤、棕、草制品业	257518		10657	18413	46343
家具制造业	432100			116130	32175
造纸及纸制品业	285297	2086	2136	86678	10516
印刷业和记录媒介的复制	206312	12686	17819	66133	40990
文教体育用品制造业	121444		1096	58401	31261
石油加工、炼焦及核燃料加工业	288502				5282
化学原料及化学制品制造业	464491	551		113838	123277
医药制造业	455847	45582		108205	77187
化学纤维制造业	1442502			13018	2132
橡胶制品业	56778			11788	13691
塑料制品业	2216057			626646	326913
非金属矿物制品业	1808521	5434	2798	49171	6332
黑色金属冶炼及压延加工业	2464926			27496	4331
有色金属冶炼及压延加工业	592643		958		26627
金属制品业	534796	3716	503	79174	133735
通用设备制造业	1081078	296461		379597	130796
专用设备制造业	545970	17621		71187	22196
交通运输设备制造业	2325488	10797		231572	79622
电气机械及器材制造业	1786058	59916	10120	462682	175700
通信设备、计算机及其他电子设备制造业	5900239	351523	1042	415422	93932
仪器仪表及文化、办公用机械制造业	451339	100793	10028	87611	89940
工艺品及其他制造业	727786	35111	5866	127451	28297
废弃资源和废旧材料回收加工业	12191	1887			
电力、热力的生产和供应业	3120879	625812	798455	3793	7884
燃气生产和供应业	63179				15874
水的生产和供应业	51886	25729			

单位:万元

马尾区	福清市	长乐市	闽侯县	连江县	罗源县	闽清县	永泰县	平潭县
4969250	**8516801**	**6774100**	**3033377**	**1406526**	**1432007**	**870037**	**194593**	**150785**
	23444							
4177	234	2488	31298		19371		1000	7287
487074	933450	294787	108490	310766	58399	6564	11854	11196
101281	130239	86942	34492	42515		1701	15273	1780
68943	33855	34464	74405	12929		1487	2294	
					1625			
64026	75616	2633834	78323	756	6110	584	42842	
17039	73813	57726	51367	5605			8137	
135588	309876	108752	7715	152146	250		4067	
47843	15142	4301	95029	2887	4745	5637	6523	
48769	181456	1642	37943	7192	4987		1807	
45771	70271	25120	16884	2659	16049	7128		
3208	13051		52424					
4501	6761	2945	13362		3118			
70800	121785		4888		79163		6584	
1644	102052	24935	24652	44721	768	2084	22556	3414
15253	204530					5090		
2833	44878	1373900	1263		4479			
	16573	5749	4075			4902		
38782	1051611	56218	30297	14518	57643	11918	800	711
78850	430110	81539	358994	46097	248825	493561	6811	
397630	46948	970249	1656	67507	815207	119028	14874	
262572	247197	50532		4758				
119288	89821	29383	75263	1522			2390	
24105	54520	79566	78002	34749		2664	618	
216590	84791	22556	89071	1500	12145	8314		
450814	43519	54611	1230887	126748	2360			94558
503609	285329	122280	80763	83473	1589		598	
1574595	3410003	46557	1537			5629		
154767	3552					4648		
23660	27066	20500	381853	3037	4137	43597	27212	
		2599	5762		1942			
	381260	531801	58395	438303	85579	141143	17800	30653
1585		40558		592	781	3789		
3657	4050	7569	4288	1547	2736	569	555	1186

5—10 分县(市)区"规模以上"工业企业主要财务指标

(2009年)

项目	福州市	鼓楼区	台江区	仓山区	晋安区
企业单位数(个)	2889	114	34	514	288
#亏损企业	377	14	6	53	48
工业总产值	36346560	1705040	937117	4232895	2124031
#新产品产值	2483917	179430	3266	114318	40885
工业销售产值	35175073	1695061	936964	4084275	2109945
#出口交货值	9364762	67241	38185	1415495	568455
资产总计	26581323	1918171	1167731	2170973	1308307
#流动资产合计	13119024	699526	126442	1396004	788083
#应收帐款净额	3569063	182302	21269	401096	235532
存货	3052093	174834	13727	341853	196383
#产成品	1166644	47843	6128	144537	82222
固定资产合计	10588324	997343	834245	519750	425023
固定资产原价	15226037	1351894	1168579	728166	746628
累计折旧	5592963	507559	430918	251253	360284
固定资产净值	9633403	844336	737990	476914	386344
负债合计	14913803	1096253	858895	1141591	576857
#流动负债合计	11863210	660218	357701	1047602	493919
#应付账款	3251277	200976	122068	352614	173680
长期负债合计	2571410	430340	501090	72862	81591
所有者权益合计	11610613	820113	308827	1021884	719785
#实收资本	7177613	450492	129486	678985	489760
#国家资本	797185	248464	96214	28876	63531
集体资本	68874	35992	1308	2604	6189
法人资本	1868027	38109	13115	164219	96779
个人资本	1623198	53872	7248	150818	81708
港澳台资本	1325148	29436	9973	157376	89936
外商资本	1495181	44620	1629	175093	151617

单位:万元

马尾区	福清市	长乐市	闽侯县	连江县	罗源县	闽清县	永泰县	平潭县
207	407	368	477	141	136	127	55	21
46	98	28	43	22	6	5	6	2
4969250	8516801	6774100	3033377	1406526	1432007	870037	194593	150785
349452	821601	79713	873028	10082	163	4367		7612
4831147	8070222	6594635	2907626	1397421	1416621	853939	196633	80585
1738107	4175742	306749	512670	365233	25462	105925	36970	8529
3910775	5240693	5014396	2239321	1501978	964949	769250	177473	197306
2552076	3043684	2305026	1156206	420313	372398	146881	63032	49353
564522	1297740	374042	285535	87827	40444	43108	14057	21589
425196	659826	649676	334452	100591	91988	39230	19032	5305
118444	284139	248807	154956	25609	16195	24338	11389	2038
1097255	1565572	2059016	813955	1002492	508946	531367	106760	126600
1624341	2332571	2868776	1200125	1114685	696636	1117213	129796	146626
767663	868494	899134	439645	192430	224904	589489	31179	30013
856677	1464078	1969642	760480	922255	471733	527725	98617	116613
2339362	3218601	2398795	1167965	1143146	568825	195305	99387	108822
2160058	2827788	2168336	1011802	452080	401604	171115	76631	34357
440324	1110131	313831	369236	71089	57243	25726	10020	4339
172114	326368	93563	136356	619310	18640	22630	22735	73812
1570065	2020767	2589768	1069823	358766	394671	569855	77806	88484
1198155	1380892	1244276	754955	307296	132889	318355	54289	37784
133543	24896	17400	81962	81379	2441	6633	8701	3148
5430	9638	2055	2352	1017	340		1352	597
232021	421320	262072	142905	94410	113194	234388	30252	25244
85256	185408	798126	122993	45953	6543	68532	9041	7703
236823	462648	142703	145595	41185	2373	2531	3939	632
505082	276983	21921	259150	43353	7999	6271	1004	460

5—10 续表 (2009年)

项目	福州市	鼓楼区	台江区	仓山区	晋安区
主营业务收入	34899357	1699504	938200	3992457	2095138
#主营业务成本	30739908	1422488	921590	3589391	1769245
主营业务税金及附加	205749	12216	2393	16566	22573
其他业务收入	283529	10099	5067	5925	11781
其他业务利润	99326	4216	2771	1699	4317
营业费用	794188	51994	4618	126570	71831
管理费用	1229801	106519	33539	178495	99275
#税 金	58473	3586	1596	7693	3273
财务费用	429863	28865	29584	20557	16327
#利息支出	356310	28907	29363	12092	6844
营业利润	2002425	127836	—15582	144285	106172
投资收益	92865	8851	10131	555	18
补贴收入	26630	4687	146	3532	2627
营业外收入	70133	14513	2287	5028	2693
营业外支出	155607	37139	4264	4318	4759
利润总额	1958091	109897	—17411	150153	106736
应交所得税	183543	12350	769	21200	14615
亏损企业亏损总额	128769	18827	21310	6841	12416
利税总额	2914348	169394	9141	278390	159955
本年应付工资总额	2215289	103654	29958	296207	200215
本年应付福利费总额	94502	4756	482	12600	5257
本年应交增值税	750508	47281	24159	111671	30646
本年销项税额	2874581	216601	136777	455623	142942
本年进项税额	3029821	255101	151680	474789	136035
全部从业人员年平均人数(人)	606947	20603	6935	93397	64533

单位:万元

马尾区	福清市	长乐市	闽侯县	连江县	罗源县	闽清县	永泰县	平潭县
4868020	8061799	6394800	2906239	1368998	1415146	852089	197899	109066
4221132	7302650	5673081	2406232	1182510	1283068	706840	172037	89644
6702	14833	12968	96672	5574	8378	4681	1194	998
96897	66969	29788	50781	2783	288	525	1312	1314
35885	5196	23383	19345	414	85	390	1016	609
136650	151606	101217	104606	13122	11937	12716	4208	3116
191050	207072	109899	130533	39398	29997	88386	11304	4334
13164	8112	6377	5658	2519	4255	1216	1024	
30017	105227	94133	23371	53001	13538	8768	3779	2696
32222	65949	87223	19669	52514	6639	8650	3405	2835
331966	432346	419739	169753	100857	64872	101790	6217	12174
24380	50833	186	837	—4204		372		3907
6372	5207	673	2187	785		149	128	138
15936	7974	9463	3879	578	212	1254	114	6202
10944	55783	19858	9046	8151	26	861	399	61
359474	389743	410017	166774	89767	65058	102704	6061	19119
29695	30064	26797	20689	11250	710	11058	1229	3117
28444	22526	3928	8539	2824	1501	403	1175	37
448246	569471	503691	377463	134189	90669	13177	13559	25002
259454	408821	292277	282914	148533	108658	58443	13313	12843
12232	12973	18715	9168	4320	8373	4385	785	456
82070	164895	80706	114017	38849	17233	27792	6304	4886
307599	504626	602727	289074	83503	78856	29606	20980	5671
304830	469218	629123	336085	111893	73941	52414	25216	9497
68557	112719	78478	76947	35799	21139	18782	6722	2336

5—11 规模以上工业企业科技活动情况

	企业数（个）	#有R&D活动	#有科技机构	R&D人员合计（人）
总　　计	**2527**	**332**	**193**	**16909**
一、按企业规模分组				
大中型企业	286	106	79	10989
大型企业	16	9	8	2293
中型企业	270	97	71	8696
小型企业	2241	226	114	5920
二、按隶属关系分组				
中　央	8	2	2	103
地　方	2519	330	191	16806
三、按登记注册类型分组				
内资企业	1604	180	105	6510
国有企业	50	10	10	316
集体企业	59			
股份合作企业	9			
联营企业	9	2		70
国有联营企业	3	1		30
集体联营企业	1			40
国有与集体联营企业	3			
其他联营企业	2	1		
有限责任公司	322	44	28	1483
国有独资公司	6			1483
其他有限责任公司	316	44	28	
股份有限公司	27	11	9	1567
私营企业	1124	112	57	3071
私营独资企业	65	1		36
私营合伙企业	27	1	1	39
私营有限责任公司	1008	108	54	2875
私营股份有限公司	24	2	2	121
其他企业	4	1	1	3
港、澳、台商投资企业	508	76	49	4750
合资经营企业(港或澳、台资)	153	25	16	929
作经营企业(港或澳、台资)	7	3	2	44
港、澳、台商独资经营企业	345	46	30	3519
港、澳、台商投资股份有限公司	3	2	1	258
外商投资企业	415	76	39	5649
中外合资经营企业	134	29	17	3222
中外合作经营企业	7	2	1	41
外资企业	266	42	19	2148
外商投资股份有限公司	8	3	2	238

R&D经费内部支出（万元）	R&D经费外部支出（万元）	专利申请数（件）	#发明专利（件）	新产品开发项目数（项）	新产品销售收入（万元）	引进技术经费支出（万元）	技术改造经费支出（万元）
370465	**7649**	**1920**	**732**	**1193**	**6585571**	**35403**	**100846**
262728	3837	1140	493	656	6067402	34124	66321
122812	2534	468	267	125	3507035	10782	20169
139917	1302	672	226	531	2560367	23342	46152
107737	3812	780	239	537	518169	1279	34525
51967	30	3	3	11	111685		4277
365269	7619	1917	729	1182	6473886	35403	96569
129076	2134	611	207	598	1342089	11413	44604
7069	42	13	4	49	171018		3971
		6	1	1			18
							20
557	73			14	142		5841
3017	73			12			5841
256				2	142		
35617	623	116	44	156	461708		8652
							543
35617	623	116	44	156	461708		8108
14256	876	57	17	147	352949	2167	5646
71562	519	418	141	230	356271	9241	20457
1108				3	460		19
512		3	2	1	4115		60
66791	519	404	134	219	339994	9241	12766
3151		11	5	7	11702		7612
15		1		1		5	
169639	2594	530	135	379	3479669	5943	16060
27983	763	77	35	72	218795		1206
695		5		3	10687		1657
136324	1828	437	89	298	3044870	3644	13197
4637	2	11	11	6	205317	2298	
71750	2922	779	390	216	1763814	18047	40183
30973	2639	435	257	82	1024069	16721	27999
183				8	951		
36639	222	326	122	108	663025	1326	5312
3955	61	18	11	18	75769		6872

5—11 续表

	企业数（个）	#有R&D活动	#有科技机构	R&D人员合计（人）
四、按国民经济行业大类分组				
采矿业	18			
非金属矿采选业	18			
制造业	2457	328	190	16844
农副食品加工业	201	23	17	841
食品制造业	68	9	8	143
饮料制造业	39	3	2	64
烟草制品业	1			
纺织业	126	8	5	499
纺织服装、鞋、帽制造业	113	3	3	57
皮革、毛皮、羽毛(绒)及其制品业	47	1		158
木材加工及木、竹、藤、棕、草制品业	56	2	1	115
家具制造业	49	3	1	58
造纸及纸制品业	72	2		21
印刷业和记录媒介的复制	56	3	3	111
文教体育用品制造业	23	1	1	35
石油加工、炼焦及核燃料加工业	7	2	2	35
化学原料及化学制品制造业	81	8	5	145
医药制造业	32	18	12	922
化学纤维制造业	16	2	1	227
橡胶制品业	14	1		4
塑料制品业	282	24	12	565
非金属矿物制品业	269	18	8	1050
黑色金属冶炼及压延加工业	27	2		59
有色金属冶炼及压延加工业	15	3	4	230
金属制品业	76	2	3	18
通用设备制造业	111	15	7	412
专用设备制造业	61	11	8	482
交通运输设备制造业	119	27	14	1183
电气机械及器材制造业	123	36	19	1568
通信设备、计算机及其他电子设备制造业	137	68	40	6568
仪器仪表及文化、办公用机械制造业	51	17	11	865
工艺品及其他制造业	182	16	3	409
废弃资源和废旧材料回收加工业	3			
电力、燃气及水的生产和供应业	52	4	3	65
电力、热力的生产和供应业	33	3	2	59
燃气生产和供应业	6		1	
水的生产和供应业	13	1		6

R&D经费内部支出（万元）	R&D经费外部支出（万元）	专利申请数（件）	#发明专利（件）	新产品开发项目数（项）	新产品销售收入（万元）	引进技术经费支出（万元）	技术改造经费支出（万元）
							30
							30
370007	7576	1920	732	1173	6585571	35403	94324
16121	239	44	28	51	53594		7109
5225	96	16	11	19	54465		198
762		46	3	5	3113		3800
							303
28400	32	5	2	32	93965	8422	1926
296		16		5	3470		151
518							518
4514		5	1	4	19475		459
211		1		4	11		186
1025				1			17
1385		5	2	7	65438		200
740		17		1	864		7
2458	1536	3	3	1	58187		100
2529	7	28	24	24	6959		271
16973	958	46	22	73	146426	33	3256
7560				4	37676	280	1844
75							
12637	145	117	54	57	148567	460	2382
18952	2	25	16	22	335281	2316	1794
3515							3522
18239	27	10	3	13	147382		7605
5472		2	2	3	24418		12
12271	103	36	6	24	354771	66	3868
17253	120	44	16	42	56255	30	6148
18526	3113	58	15	119	732990	10151	18021
28067	300	167	19	214	217204	373	12251
128737	766	875	426	266	3890455	13272	13360
11285	132	271	60	162	23871		702
6262		83	19	20	110735		4310
							5
458	73			20			6492
401	73			18			6402
				1			5
57				1			85

5—12 主要年份各类运输总量

年　份	货运总量（万吨）	公路、水路	铁　路	民　航	客运总量（万人次）	公路、水路	铁　路	民　航
1952	29.80	29.80						
1957	121.53	121.53						
1962	454.44	441.47	12.97		841.38	774.12	67.26	
1965	579.54	520.44	59.10		587.37	528.43	58.94	
1970	604.56	550.49	54.07		406.90	327.87	79.03	
1975	687.33	615.29	72.03	0.01	490.91	369.02	121.28	0.61
1978	845.72	751.57	94.13	0.02	655.42	508.39	145.88	1.15
1979	864.66	766.32	98.31	0.03	699.94	526.87	171.97	1.10
1980	791.50	696.15	95.29	0.06	762.64	553.75	206.95	1.94
1981	730.75	628.87	101.80	0.08	751.56	537.76	210.62	3.18
1982	801.39	695.86	105.44	0.09	737.35	514.97	217.27	5.11
1983	770.56	637.85	132.55	0.16	780.71	510.00	265.81	4.90
1984	837.00	684.81	151.99	0.20	1233.71	930.25	296.80	6.66
1985	953.62	797.34	156.07	0.21	1976.46	1637.68	330.16	8.62
1986	905.40	735.34	169.77	0.29	1986.07	1622.35	351.79	11.93
1987	870.40	692.81	177.09	0.50	1954.32	1569.20	368.07	17.05
1988	931.04	739.28	191.04	0.72	2065.08	1629.57	413.52	21.99
1989	995.87	790.45	204.75	0.67	2012.79	1593.13	396.37	23.29
1990	965.82	781.88	183.27	0.67	1577.50	1197.07	344.12	36.31
1991	1108.22	743.85	363.55	0.82	1465.19	1057.89	362.57	44.73
1992	1172.95	764.13	407.83	0.99	1778.80	1314.05	410.23	54.52
1993	1643.26	1394.94	247.30	1.02	4035.64	3520.92	453.10	61.62
1994	8576.95	8322.00	253.45	1.50	9442.06	8889.90	473.77	78.39
1995	8166.12	7888.10	276.57	1.45	9528.44	8955.50	475.87	97.07
1996	8563.43	8280.46	281.31	1.66	9710.55	9169.69	437.42	103.44
1997	8042.94	7735.63	305.78	1.53	9664.38	9126.37	438.09	99.92
1998	8549.25	8250.03	297.10	2.12	9042.17	8512.02	424.60	105.55
1999	7188.19	6918.44	267.20	2.55	8749.49	8214.70	435.10	99.69
2000	7318.28	7062.00	253.30	2.98	9022.64	8478.00	438.10	106.54
2001	7304.32	7041.00	260.20	3.12	10057.24	9503.28	441.00	112.96
2002	7442.55	7182.02	256.90	3.63	9953.84	9345.97	485.90	121.97
2003	8247.13	7956.62	286.90	3.61	9553.47	8952.78	472.60	128.09
2004	9314.45	9029.28	281.20	3.97	10106.97	9432.79	517.00	157.18
2005	10175.01	9816.94	355.29	2.78	10319.18	9651.92	498.03	169.23
2006	11551.68	11249.88	298.79	3.01	11650.35	10936.21	527.00	187.14
2007	12641.47	12290.04	348.39	3.04	12233.51	11432.09	587.00	214.42
2008	14892.57	14544.37	344.80	3.40	11254.62	10392.63	633.00	228.99

注：公路、水路客、货运量1993年以前为市交通系统数据，1994年以后为全社会口径。

5—13 民用车辆拥有量

(2009年) 单位:辆

项目	总计	营运	非营运	总计中			报废
				进口	个人	新注册	
合计	**951085**	**54652**	**896433**	**24285**	**844953**	**105886**	**5545**
一、汽车	**351294**	**47623**	**303671**	**23051**	**256676**	**65322**	**1650**
载客汽车	273076	13409	259667	22322	222119	53693	1082
大型	6208	4903	1305	70	269	945	406
中型	8311	2283	6028	796	2461	413	298
小型	252234	6068	246166	21412	214163	51836	312
微型	6323	155	6168	44	5226	499	66
#轿车	206900	5662	201238	14150	181817	42095	224
载货汽车	73451	32999	40452	558	32645	11232	527
重型	11498	10470	1028	218	1786	2220	43
中型	8022	5966	2056	10	3305	438	43
轻型	53331	16308	37023	330	27194	8516	376
微型	600	255	345		360	58	65
#普通载货	34568	7668	26900	318	18490	4177	374
其它汽车	4767	1215	3552	171	1912	397	41
#三轮汽车	82	3	79		82		
低速货车	1195	734	461		999	11	
二、摩托车	**592761**	**189**	**592572**	**1234**	**587965**	**39277**	**3895**
普通	567851	189	567662	921	563398	37892	2496
轻便	24910		24910	313	24567	1385	1399
三、挂车	**7030**	**6840**	**190**		**312**	**1287**	

补充资料:2009年末机动车驾驶员1076494人,其中:汽车驾驶员681262人。

5—14 运输线路长度

（2009 年）

项目	单位	福州市	市区	福清市	长乐市	闽侯县
公路通车里程合计	**公里**	**9835.76**	**746.66**	**1503.84**	**954.44**	**1330.44**
1. 公路通车里程中						
国道	公里	507.51	82.28	88.41	11.37	134.76
省道	公里	551.33	8.06	121.44	73.18	29.05
县级公路	公里	1810.57	219.08	177.06	150.53	328.14
乡级公路	公里	2263.90	326.17	489.22	105.75	110.07
2. 公路通车里程中						
等级路里程合计	公里	8115.47	623.98	1341.50	767.15	1200.37
高速公路	公里	273.93	31.65	42.81	34.76	79.09
一级	公里	110.05	26.68		74.03	
二级	公里	665.71	66.54	154.28	56.98	115.45
三级	公里	760.58	55.13	181.93	94.97	92.55
四级	公里	6304.21	443.98	962.49	506.42	913.28

项目	单位	连江县	罗源县	闽清县	永泰县	平潭县
公路通车里程合计	**公里**	**1036.39**	**841.73**	**1314.53**	**1601.04**	**506.70**
1. 公路通车里程中						
国道	公里	76.30	46.62	67.76		
省道	公里	64.32	32.27	44.09	165.08	13.84
县级公路	公里	210.49	179.33	242.23	253.37	50.34
乡级公路	公里	377.24	165.18	213.17	294.27	182.85
2. 公路通车里程中						
等级路里程合计	公里	895.36	756.37	969.07	1216.63	345.04
高速公路	公里	35.76	14.38	35.48		
一级	公里					10.34
二级	公里	105.13	28.77	71.44	53.82	13.93
三级	公里	49.84	46.90	138.00	40.92	60.34
四级	公里	704.62	666.33	724.14	1121.89	261.07

5—15 邮政电信基本情况

（2009 年）

项目	单位	福州市	市区	福清市	长乐市	闽侯县
一、邮政基本情况						
1. 邮路单程长度	公里	51205.00	49396.00	365.00	49.00	291.00
2. 农村投递路线	公里	9942.00	726.00	1326.00	1230.00	1544.00
3. 国内平常函件	万件	4320.42	3628.31	239.04	85.76	106.35
国际平常函件	万件	37.58	25.46	4.88	3.60	0.38
国内给据函件	万件	243.26	189.64	13.49	10.65	14.09
国际给据函件	万件	4.22	3.04	0.68	0.20	0.09
国内包件	万件	45.36	26.85	5.05	3.68	3.77
国际包件	万件	7.76	2.02	4.69	0.51	0.04
国内特快专递	万件	467.80	359.40	35.00	29.80	18.50
国际特快专递	万件	26.52	13.91	7.86	2.56	0.54
报刊杂志期发数	万份	80.50	45.96	9.47	6.59	5.36
集邮业务	万枚	1043.30	855.60	44.30	16.70	74.90
4. 邮政业务总量	万元	73621.80	38072.80	14007.80	7275.60	5607.50
5. 邮政储蓄余额	万元	1127648.00	379953.00	242913.00	158705.00	143472.00
二、电信基本情况						
1. 电话交换机总容量	万门	392.40				
2. 年末电话机数	万部	246.96	122.26	37.39	21.81	17.82
3. 国内长途电话	万分钟	106761.32	78876.76	9442.76	6264.88	2788.55
国际港澳台长话	万分钟	109253.67	80325.82	9830.16	6606.96	2897.50
国内传真	份	4876.00	1876.00	1554.00	50.00	0.00
国际港澳台传真	份	6582.00	3928.00	2335.00	92.00	0.00
4. IC 卡电话机数（智能 IC 卡）	万部	1.99	1.30	0.15	0.07	0.16
5. 互联网用户	万户	73.82	46.14	9.70	5.29	4.55

5—15 续表 (2009年)

项目	单位	连江县	罗源县	闽清县	永泰县	平潭县
一、邮政基本情况						
1. 邮路单程长度	公里	321.00	159.00	186.00	300.00	138.00
2. 农村投递路线	公里	1192.00	862.00	921.00	1395.00	
3. 国内平常函件	万件	77.06	111.59	14.85	29.09	28.37
国际平常函件	万件	2.02	0.89	0.06	0.02	0.27
国内给据函件	万件	6.38	1.58	2.62	3.09	1.72
国际给据函件	万件	0.07	0.03	0.02	0.01	0.08
国内包件	万件	2.47	0.62	0.93	0.78	1.21
国际包件	万件	0.30	0.01	0.04	0.01	0.14
国内特快专递	万件	10.20	3.40	3.20	1.80	6.50
国际特快专递	万件	1.10	0.06	0.23	0.04	0.22
报刊杂志期发数	万份	3.98	2.07	2.34	1.99	2.74
集邮业务	万枚	13.50	4.00	7.00	8.80	18.60
4. 邮政业务总量	万元	3537.70	967.80	1754.40	1235.60	1162.50
5. 邮政储蓄余额	万元	75632.00	21015.00	50118.00	34422.00	21418.00
二、电信基本情况						
1. 电话交换机总容量	万门					
2. 年末电话机数	万部	15.85	7.73	6.60	6.27	11.21
3. 国内长途电话	万分钟	3049.68	1574.20	1294.38	1140.56	2329.55
国际港澳台长话	万分钟	3169.44	1590.90	1309.07	1143.95	2379.88
国内传真	份	36.00	1194.00	166.00	0.00	0.00
国际港澳台传真	份	41.00	0.00	186.00	0.00	0.00
4. IC卡电话机数(智能IC卡)	万部	0.09	0.05	0.07	0.04	0.03
5. 互联网用户	万户	3.12	1.35	1.13	0.81	1.74

主要统计指标解释

工业 指从事物质产品生产活动的部门，工业生产活动主要包括以下几个方面：对自然资源的开采，如采矿、晒盐等，但禽兽捕猎和水产捕捞按国家标准《国民经济行业分类和代码》的划分，均属农业生产活动，不包括在工业生产活动内。对农副产品的加工、再加工，如粮油加工、食品加工、轧花、缫丝、纺织、制革等。对采掘品的加工、再加工，如冶金加工、石油加工、化学加工、机械加工、木材加工等，以及电力、煤气及水的生产和供应等。对工业品的修理、翻新，如机器设备的修理、交通运输工具（包括小卧车）的修理等。拆船业也是工业生产活动。

工业总产值 指以货币表现的工业企业在报告期内生产的工业最终产品或提供工业性劳务活动的总价值量。它是反映一定时间内工业生产总规模和总水平的重要标志，是计算工业生产发展速度和主要比例关系，计算工业产品销售率和其他经济指标的重要依据。

工业增加值 指工业企业在报告期内以货币表现的工业生产活动的最终成果。工业增加值有两种计算方法：一是生产法，即工业总产出减去工业中间投入；二是收入法，即从收入的角度出发，根据生产要素在生产过程中应得到的收入份额计算，具体构成项目有固定资产折旧、劳动者报酬、生产税净额、营业盈余，这种方法也称要素分配法。

轻工业 指主要提供生产消费品和制作手工工具工业。按其所使用的原料不同，可分为两大类：(1)以农产品为原料的轻工业，是指直接或间接以农产品为基本原料的轻工业。主要包括食品制造、饮料制造、烟草加工、纺织、缝纫、皮革和毛皮制作、造纸以及印刷等工业；(2)以非农产品为原料的轻工业，是指以工业品为原料的轻工业。主要包括文教体育用品、化学药品制造、合成纤维制造、日用化学制品、日用玻璃制品、日用金属制品、手工工具制造、医疗器械制造、文化和办公用机械制造等工业。

重工业 指为国民经济各部门提供物质技术基础的主要生产资料的工业。按其生产性质和产品用途，可以分为下列三类：(1)采掘(伐)工业，是指对自然资源的开采，包括石油开采、煤炭开采、金属矿开采、非金属矿开采和木材采伐等工业；(2)原材料工业，指向国民经济各部门提供基础材料、动力和燃料的工业。包括金属冶炼及加工、炼焦及焦炭化学、化工原料、水泥、人造板以及电力、石油和煤炭加工等工业；(3)加工工业，是指对工业原材料进行再加工制造的工业。包括装备国民经济各部门的机械设备制造工业、金属结构、水泥制品等工业，以及为农业提供的生产资料如化肥、农药等工业。

固定资产原值 指企业在建造、购置、安装、改建、扩建、技术改造某项固定资产时所支出的全部货币总额。它一般包括买价、包装费、运杂费和安装费等。

固定资产净值 指固定资产原价减去历年已提折旧额后的净额。

流动资产 流动资产是指可以在一年或者超过一年的一个经营周期内变现或者运用的资产，包括货币资金、短期投资、应收票据、实收股利、实收利息、应收账款、预付货款、其他应收款、实收补贴款、存货、待摊费用、一年内到期的长期债权投资和其他流动资产等。

利税总额 指企业利润总额、产品销售税金及附加和应交增值税之和。

资金利税率 指在一定时期内已实现的利润、税金总额与同期的资产（固定资产净值和流动资产）平均总额之比。

工业增加值率 指在一定时期内工业增加值占工业总产出的比重，反映降低中间消耗的经济效益。

流动资产周转次数 指在一定时期内流动资产完成的周转次数，反映流动资产的周转速度。

主营业务收入 指企业经营和提供劳务等主要经营业务取得的业务总额。

全员劳动生产率 指根据产品的价值量指标计算的平均每一个职工在单位时间内的产品生产量。目前全员劳动生产率是将工业企业的工业增加值除以同一时期从业人员的平均人数来计算。

铁路营业里程 指办理客货运输业务的铁路正线总长度。凡是全线或部分建成双线及以上的线路,以第一线的实际长度计算;复线、站线、段管线、岔线和特别用途线以及不计算运费联络线都不计算营业里程。铁路营业里程是反映铁路运输业基础设施发展水平的重要指标,也是计算客货周转量、运输密度和机车车辆运用效率等指标的基础资料。

公路里程 也称"公路通车里程",是反映公路建设发展规模的重要指标,也是计算运输网密度等指标的基础资料;是指实际达到交通部制定的公路工程技术标准规定的等级的公路长度。它包括大中城市的郊区公路以及通过小城镇街道的公路里程,也包括桥梁、渡口的长度,但不包括城市的街道以及厂矿、林区和农业生产用道的里程,两条或多条公路共同经由同一路段,只计算一次,不得重复计算里程长度。

货(客)运量 指运输业实际运送的货物(旅客)数量。货运按吨计算,货物不论运输距离长短,货物类别,均按实际重量统计。客运按人计算,半价票、小孩票也按一人统计。

沿海主要港口货物吞吐量 指由水运进出沿海主要港区范围,并经过装卸的货物数量,包括邮件及办理托运手续的行李、包裹以及补给运输船舶的燃、物料和淡水。其计量单位为吨。货物吞吐量的货种分类及其主要流向流量,反映了港口在国内外物资交流和对外贸易运输中的地位和作用。吞吐量可分为进口、出口,又可分为国内贸易和对外贸易。

邮电业务总量 指以货币表现的邮电部门用于传递信息和其他邮电服务的总量。它综合反映了一定时期邮电工作的成果,是研究邮电业务量构成和发展趋势的重要指标。它用各种邮电分类业务量,如函件件数、电报份数、长话张数、市内电话和农村电话的年均户数、订销报刊累计份数等,分别乘以相应的平均单价(不变价)、加总后再加上出租电路和设备的收入、代用户维护电话交换机和线路等设备的收入、其他业务收入求得。

CHAPTER 6 第六篇

固定资产投资

本篇内容包括：

1、全社会固定资产投资

2、房地产开发投资

3、房地产开发企业主要指标

6－1　全社会固定资产投资完成额

（1989～2009年）

单位:万元

年　　份	全社会固定资产投资额	#基本建设	更新改造	其他投资	房地产投资
1989		128820	33244	232	
1990		137890	36349	1514	39178
1991		167328	46956	2113	77576
1992		238972	60335	669	217483
1993		287190	106936	60341	395424
1994	1377148	410693	117593	102894	470743
1995	1747461	569613	157881	197686	549959
1996	1891344	571186	189701	253707	519497
1997	2198600	619227	186848	474280	476460
1998	2556799	882479	211613	284088	505414
1999	2609877	900993	252372	229434	593645
2000	2375269	517043	268441	295738	758488
2001	2608253	756176	275303	221033	895214
2002	3028329	917561	288114	304074	999867
2003	4257211	1283778	375388	311244	1670394
2004	5266318	1185421	461519	771774	2238298
2005	6032595		3028471		2220270
2006	7323412		3681993		3011836
2007	10014521		5144570		3764663
2008	12527105		7903876		3136079
2009	16467177		11828017		3617991

注:2005年起固定资产投资不再以基本建设、更新改造和其他投资划分,而将其统称为城镇项目投资。

6—2 城镇项目投资完成情况

单位:万元

项　　目	2005年	2006年	2007年	2008年	2009年
合　计	**3028471**	**3681993**	**5144570**	**7903876**	**10768157**
＃国有经济	1216001	1607833	2027886	3207652	4879751
＃住　宅	50832	64385	57571	35746	337020
按行业分					
农、林、牧、渔业	26557	21881	30750	43331	89942
采矿业	549	17936	800	9395	9266
制造业	1161703	1170340	1887170	2541741	2688890
电力、燃气及水的生产和供应业	430685	692474	677292	1290841	1701059
建筑业	50482	17219	22415	11265	44393
交通运输、仓储及邮政业	236168	398535	455261	792119	1320076
信息传输、计算机服务和软件业	172829	126612	150800	475030	672645
批发和零售业	69514	37905	86287	234718	420104
住宿和餐饮业	19839	27300	52438	73107	170370
金融业	39414	54014	82756	113263	114210
房地产业	4873	26171	12267	63764	339988
租赁和商务服务业	27614	30718	67403	168531	238676
科学研究、技术服务和地质堪查业	6686	6372	26905	20087	47672
水利、环境和公共设施管理业	182473	368294	757752	1037370	1698924
居民服务和其他服务业	8046	10090	4516	3729	20079
教　育	205969	232878	217352	232744	334733
卫生、社会保障和社会福利业	63179	53268	68239	98203	174105
文化、体育和娱乐业	39644	40684	192313	211056	145882
公共管理和社会组织	282247	349302	351854	483582	537143
国际组织					
按三次产业分					
第一产业	26557	21881	30750	43331	89942
第二产业	1643419	1897969	2587677	3853242	4443608
第三产业	1358495	1762143	2526143	4007303	6234607

注:本表不含高速公路和铁路投资数字。2009年,高速公路投资额为538758万元,铁路投资额为521102万元。

6—3　房地产投资完成情况

（1990～2009 年）

项　　目	单　位	1990 年	1991 年	1992 年	1993 年	1994 年
完成投资额	**万元**	**39178**	**77576**	**217483**	**395424**	**470743**
按经济类型分						
国有经济	万元	15117	22836	42379	73251	119716
集体经济	万元	6803	11098	16383	23176	37873
其他经济	万元	17258	43642	158721	298997	313154
按构成分						
#建筑工程	万元	31167	53104	155840	281641	310095
安装工程	万元	1371	3278	6389	31334	26562
设备工器具购置	万元	1685	2582	7238	7574	8814
按工程用途分						
商业营业用房	万元	6073	11606	32537	44953	45642
住　宅	万元	22955	48328	124830	255877	322928
办公楼	万元	9246	20402	45381	67082	70278
其　他	万元	904	2760	14735	27512	31895
按隶属关系分						
中　央	万元	1527	4267	2659	8699	4566
地　方	万元	37651	73309	214824	386725	466177
新增固定资产	万元	14418	24436	74241	137295	175502
施工面积	万平方米	164.68	286.79	405.52	669.89	775.98
#住　宅	万平方米	117.75	203.04	289.73	467.53	553.68
本年竣工面积	万平方米	67.28	112.01	126.95	212.95	228.54
#住　宅	万平方米	50.86	84.68	115.72	173.98	187.37
土地开发投资额	万元	3483	8276	19931	38196	36239
土地购置费	万元	4087	9604	13338	20520	11680
土地开发面积	万平方米	18.41	38.97	86.31	117.90	133.09
商品房屋销售额	万元	26907	38061	92097	171449	200826
#住　宅	万元	9956	14843	34076	80581	117018

注：2005 年起商品房销售额包括现房和期房两部分，以前年份只统计现房部分，不包括期房部分。

6—3 续表1

项目	单位	1995年	1996年	1997年	1998年	1999年
完成投资额	**万元**	**549959**	**519497**	**476460**	**505414**	**593645**
按经济类型分						
国有经济	万元	138579	106507	76839	83645	120759
集体经济	万元	42013	41993	33294	30749	35712
其他经济	万元	369367	370977	366327	391020	437174
按构成分						
#建筑工程	万元	377911	371253	323585	340040	410403
安装工程	万元	35730	44523	42005	49992	32044
设备工器具购置	万元	11665	10921	9382	10463	15987
按工程用途分						
商业营业用房	万元	68010	86362	83358	87105	76572
住宅	万元	357930	279687	223676	279447	361587
办公楼	万元	82476	77185	89892	78739	60853
其他	万元	41543	76263	79534	60123	94633
按隶属关系分						
中央	万元	3272	8677	6239	5974	3293
地方	万元	546687	510820	470221	499440	590352
新增固定资产	万元	356867	294950	375125	404670	516483
施工面积	万平方米	923.83	853.18	912.85	991.37	1099.40
#住宅	万平方米	643.06	559.59	568.37	608.45	750.98
本年竣工面积	万平方米	328.86	218.52	225.54	215.46	279.62
#住宅	万平方米	260.77	182.97	181.54	173.23	217.34
土地开发投资额	万元	41809	53557	39350	25142	70219
土地购置费	万元	23177	10193	38093	40314	97552
土地开发面积	万平方米	208.36	194.95	122.66	112.09	133.23
商品房屋销售额	万元	275644	163138	296171	387219	420933
#住宅	万元	171757	127611	212465	302232	335005

6—3 续表 2

项 目	单 位	2000 年	2001 年	2002 年	2003 年	2004 年
完成投资额	**万元**	**758488**	**895214**	**999867**	**1670934**	**2238298**
按经济类型分						
国有经济	万元	153831	175801	189359	234962	291101
集体经济	万元	57057	66143	87332	157818	166763
其他经济	万元	547600	653270	723176	1278154	1780434
按构成分						
#建筑工程	万元	533277	642820	774902	1144607	1564367
安装工程	万元	22201	41364	30145	75437	79216
设备工器具购置	万元	20588	33249	8219	12417	11809
按工程用途分						
商业营业用房	万元	103134	103356	94909	146290	132889
住 宅	万元	461013	606304	695632	1136937	1512092
办公楼	万元	84642	46464	46171	55807	43051
其 他	万元	109699	139090	163164	331900	550266
按隶属关系分						
中 央	万元	5516	6171	10619	6639	20194
地 方	万元	752972	889043	989248	1664295	2218104
新增固定资产	万元	502619	669539	820488	910051	727002
施工面积	万平方米	1236.99	1418.21	1613.85	1936.79	2117.14
#住 宅	万平方米	873.12	1023.57	1247.24	1588.33	1770.00
本年竣工面积	万平方米	323.56	439.85	465.92	492.02	548.80
#住 宅	万平方米	255.90	373.17	369.22	423.72	492.95
土地开发投资额	万元	87982	111558	90630	145297	41537
土地购置费	万元	111815	102561	120635	338850	471596
土地开发面积	万平方米	142.25	133.34	268.14	283.61	163.03
商品房屋销售额	万元	490304	650514	879756	1062070	1089689
#住 宅	万元	382120	560407	621917	890446	973105

6—3 续表 3

项 目	单 位	2005 年	2006 年	2007 年	2008 年	2009 年
完成投资额	**万元**	**2220270**	**3011836**	**3764663**	**3136079**	**3617991**
按经济类型分						
国有经济	万元	114735	238345	353732	287194	162836
集体经济	万元	157396	131971	139816	217156	224160
其他经济	万元	1948139	2641520	3271115	2631729	3230995
按构成分						
#建筑工程	万元	1425189	1469573	1893265	2133196	2367528
安装工程	万元	95726	109178	126400	145323	138266
设备工器具购置	万元	19408	7790	8734	17440	17106
按工程用途分						
商业营业用房	万元	171875	208634	150235	158889	203354
住 宅	万元	1588398	2028782	2704938	2239851	2521901
办公楼	万元	49015	23143	26872	28085	39777
其 他	万元	410982	751277	882618	709254	852959
按隶属关系分						
中 央	万元				252	
地 方	万元	2220270	3011836	3764663	3135827	3617991
新增固定资产	万元	790832	954632	877325	678775	1076320
施工面积	万平方米	2023.33	2126.41	2431.91	2520.39	2635.06
#住 宅	万平方米	1714.72	1809.35	2083.42	2155.02	2244.38
本年竣工面积	万平方米	501.43	479.54	474.07	329.15	485.9
#住 宅	万平方米	448.11	411.12	411.8	294.68	423.59
土地开发投资额	万元	96701	52551	17418	63925	30793
土地购置费	万元	467989	1248672	1658440	653667	897691
土地开发面积	万平方米	180.53	100.8	144.75	52.11	39.66
商品房屋销售额	万元	2702461	2921840	3343512	2044541	4576114
#住 宅	万元	2373901	2470916	2903189	1790644	4175460

6—4 按三次产业分城镇固定资产投资

（1990～2009年）

单位:亿元

年 份	合 计	第一产业	第二产业	第三产业
1990	21.98	0.10	11.90	9.98
1991	29.60	0.25	13.16	16.19
1992	52.51	0.43	17.76	34.32
1993	84.99	0.92	25.56	58.51
1994	110.19	0.89	30.66	78.64
1995	147.51	0.65	46.85	100.01
1996	153.41	1.42	47.91	104.08
1997	175.68	2.13	73.89	99.66
1998	188.36	3.37	69.44	115.55
1999	197.64	2.70	57.37	137.57
2000	183.97	1.11	55.19	127.67
2001	203.44	1.79	56.80	144.85
2002	250.96	1.94	61.83	187.19
2003	364.08	2.17	86.14	275.77
2004	465.70	1.72	140.57	323.41
2005	536.56	2.43	164.34	369.79
2006	696.69	2.19	189.80	504.70
2007	946.54	3.08	258.77	684.69
2008	1167.47	4.33	385.32	777.82
2009	1544.60	8.99	444.36	1091.25

6—5 房地产开发企业主要指标

（2009 年）

单位：万元

项目	企业数（个）	计划总投资	自开始建设累计完成投资	本年完成投资	住宅投资	＃90 平方米以下	140 平方米以上
总计	**564**	**16005127**	**11580818**	**3617991**	**2521901**	**786985**	**701064**
一、按控股情况分							
国有控股	60	1860574	1023174	413768	400249	145944	9078
集体控股	27	855354	741193	361591	249489	124770	49637
私人控股	271	9214109	6484925	2061643	1365582	401678	433672
港澳台商控股	149	3309768	2596253	526496	352201	61819	127322
外商控股	57	765322	735273	254493	154380	52774	81355
二、按隶属关系分							
中央	4	31500	18746	2521	1991	1269	
省	34	443000	278431	110463	52079	31166	12026
地区	41	1360595	899236	364403	267765	97822	29909
县	64	1252497	809691	322514	256783	111671	55563
街道	1	91000	83940	48120	34170	5050	2380
镇	2	141200	97659	73370	62925	33781	29134
其他	418	12685335	9393115	2696600	1846188	506226	572052
三、按营业状态分							
营业	485	15603019	11294162	3370493	2394948	782160	699239
停业（歇业）	58	70008	58870	20492	16407	4200	1594
筹建	20	332100	227786	227006	110546	625	231
当年关闭	1						
四、按企业资质等级分							
一级	12	1302907	1187930	231144	202870	24870	56211
二级	46	5037133	3597373	953785	761489	273833	243253
三级	169	4148214	2984206	1083022	733214	280563	203466
四级	100	1192175	1007665	403104	299619	57065	49838
暂定	237	4324698	2803644	946936	524709	150654	148296
五、按登记注册类型分							
内资企业	360	11978518	8295882	2838132	2015802	672427	492387
港澳台商投资企业	148	3261287	2549663	525366	351719	61784	127322
外商投资企业	56	765322	735273	254493	154380	52774	81355

6—5 续表1　　(2009年)　　单位:万元

项　　目	别墅、高档公寓	办公楼投资	商业营业用房投资	其他用房投资	本年新增固定资产	本年完成开发土地面积(平方米)
总　计	**150295**	**39777**	**203354**	**852959**	**1076320**	**396625**
一、按控股情况分						
国有控股	120	183	5515	7821	20207	3436
集体控股	4637	7067	11650	93385	4698	50092
私人控股	89996	12677	116554	566830	517921	157594
港澳台商控股	31982	12341	54653	107301	489280	185503
外商控股	23560	7509	14982	77622	44214	
二、按隶属关系分						
中　央			395	135		
省	3642	4400	4214	49770	11588	40406
地　区	5085	310	4998	91330	72406	47518
县	420	120	19066	46545	176034	102004
街　道		6950		7000		
镇			1180	9265		
其　他	141148	27997	173501	648914	816292	206697
三、按营业状态分						
营　业	150295	38631	200594	736320	1076320	378775
停业(歇业)		1146	2064	875		
筹　建			696	115764		17850
当年关闭						
四、按企业资质等级分						
一　级	43237		17401	10873	274264	
二　级	25942	10522	35579	146195	145813	47554
三　级	45271	10455	56807	282546	335463	3436
四　级	21435	14349	51357	37779	104024	235559
暂　定	14410	4451	42210	375566	216756	110076
五、按登记注册类型分						
内资企业	94753	19927	134054	668349	579618	211122
港澳台商投资企业	31982	12341	54318	106988	452488	185503
外商投资企业	23560	7509	14982	77622	44214	

6—5 续表2 （2009年） 单位:万元

项目	本年购置土地面积（平方米）	本年土地成交价款	施工面积（平方米）	本年新开工面积	竣工面积（平方米）	竣工房屋价值
总计	**2958904**	**1064881**	**26267217**	**5531378**	**4858977**	**860676**
一、按控股情况分						
国有控股	219453	103400	3531943	406860	240138	19515
集体控股	124026	13743	1500102	524125	24758	4132
私人控股	1135783	684936	13638857	3779152	2410693	419324
港澳台商控股	1302220	152802	5514619	602369	1892605	380830
外商控股	177422	110000	2081696	218872	290783	36875
二、按隶属关系分						
中央			57729			
省			579761	102741	52981	11414
地区	1383284	222252	2603840	871255	642270	72406
县	154776	25737	3555751	561017	794531	172056
街道			40691			
镇			358091	203816		
其他	1420844	816892	19071354	3792549	3369195	604800
三、按营业状态分						
营业	2363395	888751	26099063	5435537	4858977	860676
停业(歇业)			101313	29000		
筹建	595509	176130	66841	66841		
当年关闭						
四、按企业资质等级分						
一级			2721440	524133	765935	166946
二级	431468	347500	7217490	837153	884109	141456
三级	290158	221438	8303350	1632973	1938821	332324
四级	1388802	160952	2311639	422728	530176	80034
暂定	848476	334991	5713298	2114391	739936	139916
五、按登记注册类型分						
内资企业	1479262	802079	18854863	4710137	2859550	479763
港澳台商投资企业	1302220	152802	5330658	602369	1708644	344038
外商投资企业	177422	110000	2081696	218872	290783	36875

6—5 续表3 (2009年) 单位:平方米

项目	商品房销售面积	住宅	#90平方米以下	140平方米以上	别墅、高档公寓	办公楼
总计	**6901333**	**6482762**	**1546690**	**2385597**	**257561**	**35497**
一、按控股情况分						
国有控股	334925	328807	32171	88859	1736	
集体控股	301364	292293	107664	118862	62007	2323
私人控股	4314991	4074926	991629	1459048	85525	32343
港澳台商控股	1153939	1048254	343718	363218	61677	831
外商控股	796114	738482	71508	355610	46616	
二、按隶属关系分						
中央	19415	19415	910			
省	154411	148193	39873	5042	864	
地区	349220	340702	39108	147372		
县	751863	718063	186717	273821	2116	2323
街道						
镇	278	278	278			
其他	5626146	5256111	1279804	1959362	254581	33174
三、按营业状态分						
营业	6880068	6462384	1542413	2382698	257561	34818
停业(歇业)	887					679
筹建	20378	20378	4277	2899		
当年关闭						
四、按企业资质等级分						
一级	469341	428273	60849	205923		
二级	1989667	1854396	427374	622481	35382	
三级	2479335	2389533	563821	1009467	163056	2475
四级	522643	473076	154600	162479	51241	19989
暂定	1440347	1337484	340046	385247	7882	13033
五、按登记注册类型分						
内资企业	4954530	4697864	1131574	1668043	149268	34666
港澳台商投资企业	1150689	1046416	343608	361944	61677	831
外商投资企业	796114	738482	71508	355610	46616	0

6—5 续表4 (2009年) 单位:平方米

项　　目	商业营业用房	其他房屋	出租面积	#商业营业用房	空置面积	#住　宅	商品房销售额(万元)
总　　计	**219958**	**163116**	**263632**	**195627**	**955184**	**510697**	**4572176**
一、按控股情况分							
国有控股	4477	1641	26887	1618	96388	18499	140932
集体控股	1673	5075	5343	3577	16895	7953	216420
私人控股	112674	95048			262003	164675	2770656
港澳台商控股	56529	48325	229690	188720	370756	207941	792553
外商控股	44605	13027	1712	1712	209142	111629	651615
二、按隶属关系分							
中　央							6643
省	2053	4165	2937	2937	41738	12689	81757
地　区	2674	5844	29360	8097	105060	31583	237012
县	21664	9813	9508	1618	96615	54205	335299
街　道							
镇					200	200	139
其　他	193567	143294	221827	182975	711571	412020	3911326
三、按营业状态分							
营　业	219750	163116	208080	159277	919262	490416	4562907
停业(歇业)	208		55552	36350	35922	20281	984
筹　建							8285
当年关闭							
四、按企业资质等级分							
一　级	11962	29106	127974	127974	71351	5248	320258
二　级	83995	51276	20441	13558	191863	86683	1527758
三　级	53392	33935	37842	639	408411	272572	1621555
四　级	20288	9290	979	979	82558	38345	313358
暂　定	50321	39509	76396	52477	201001	107849	789247
五、按登记注册类型分							
内资企业	119918	102082	32230	5195	388839	194523	3130062
港澳台商投资企业	55435	48007	229690	188720	362003	204545	790499
外商投资企业	44605	13027	1712	1712	204342	111629	651615

6—5 续表5 (2009年) 单位:万元

项 目	住 宅	#90平方米以下	140平方米以上	别墅、高档公寓	办公楼	商业营业用房	其他房屋
总 计	**4175460**	**1006208**	**1645785**	**204566**	**24408**	**305879**	**66429**
一、按控股情况分							
国有控股	137526	15572	51448	502		3003	403
集体控股	210923	57590	72859	47844	953	2399	2145
私人控股	2560963	641957	965500	50401	22652	142153	44888
港澳台商控股	685579	243631	243228	63325	803	89238	16933
外商控股	580469	47458	312750	42494		69086	2060
二、按隶属关系分							
中 央	6643	311					
省	77745	37790	3242	1148		2654	1358
地 区	230498	22244	136254			1983	4531
县	313339	92099	119669	765	953	18448	2559
街 道							
镇	139	139					
其 他	3547096	853625	1386620	202653	23455	282794	57981
三、按营业状态分							
营 业	4167175	1004698	1644626	204566	23693	305610	66429
停业(歇业)					715	269	
筹 建	8285	1510	1159				
当年关闭							
四、按企业资质等级分							
一 级	292077	52679	141865			17629	10552
二 级	1372885	297872	505084	23303		138465	16408
三 级	1549887	372714	689368	127823	1041	56350	14277
四 级	269472	107235	94572	47184	15102	23461	5323
暂 定	691139	175708	214896	6256	8265	69974	19869
五、按登记注册类型分							
内资企业	2910508	715173	1090573	98747	23605	148375	47574
港澳台商投资企业	684483	243577	242462	63325	803	88418	16795
外商投资企业	580469	47458	312750	42494		69086	2060

6—6 房地产开发企业资金来源情况

单位：万元

项目	本年资金来源合计	上年末结余资金	本年资金来源小计		
				国内贷款	利用外资
总计	11448369	1741528	9706841	2150635	163834
一、按控股情况分					
国有控股	2039029	494428	1544601	603108	
集体控股	1024522	517784	506738	27000	
私人控股	5426836	464540	4962296	1192085	4900
港澳台商控股	1761979	154756	1607223	303397	156872
外商控股	1196003	110020	1085983	25045	2062
二、按隶属关系分					
中央	3104	100	3004		
省	246468	51943	194525	34800	
地区	887678	103066	784612	311115	4900
县	857813	152188	705625	25592	
街道	83940		83940		
镇	503375	471875	31500		
其他	8865991	962356	7903635	1779128	158934
三、按营业状态分					
营业	11194057	1736306	9457751	2098165	163834
停业(歇业)	23482	3196	20286		
筹建	230830	2026	228804	52470	
当年关闭					
四、按企业资质等级分					
一级	931938	139274	792664	247431	
二级	5018873	1065379	3953494	1093658	682
三级	2713748	278818	2434930	294214	2062
四级	739553	73743	665810	158340	
暂定	2044257	184314	1859943	356992	161090
五、按登记注册类型分					
内资企业	8493167	1477139	7016028	1822193	4900
港澳台商投资企业	1759199	154369	1604830	303397	156872
外商投资企业	1196003	110020	1085983	25045	2062

6—6　续表

单位：万元

项　　目	自筹资金	其他资金	#定金及预收款	个人按揭贷款	本年各项应付款合计
总　计	**2231568**	**5160804**	**2680169**	**2106996**	**494546**
一、按控股情况分					
国有控股	677230	264263	197861	4791	99702
集体控股	195319	284419	99861	86621	40127
私人控股	1027200	2738111	1323296	1237748	149694
港澳台商控股	322619	824335	457957	339707	89479
外商控股	9200	1049676	601194	438129	115544
二、按隶属关系分					
中　央	352	2652	2652		
省	114170	45555	22785	17098	9517
地　区	234003	234594	96835	87576	46184
县	174351	505682	362827	94912	87001
街　道	47120	36820			
镇		31500			
其　他	1661572	4304001	2195070	1907410	351844
三、按营业状态分					
营　业	2125767	5069985	2676174	2105444	493546
停业(歇业)	19500	786	139	130	
筹　建	86301	90033	3856	1422	1000
当年关闭					
四、按企业资质等级分					
一　级	175697	369536	125619	243917	50084
二　级	781185	2077969	970899	1054120	137770
三　级	637507	1501147	978568	403855	172238
四　级	88074	419396	213100	66881	30754
暂　定	549105	792756	391983	338223	103700
五、按登记注册类型分					
内资企业	1899749	3289186	1622513	1330058	289523
港澳台商投资企业	322619	821942	456462	338809	89479
外商投资企业	9200	1049676	601194	438129	115544

6—7 房地产开发企业主要财务指标

（2009 年）

单位：万元

项 目	企业数（个）	年末从业人数（人）	资产总计	流动资产合计	#存 货	固定资产原价
总 计	564	14558	17531628	15695264	8780157	249410
一、按控股情况分						
国有控股	60	1659	1199647	1001850	593041	71161
集体控股	27	632	851815	806245	466092	4873
私人控股	271	7531	8540061	7874888	4873185	68027
港澳台商控股	149	3332	5224233	4548827	2203487	77393
外商控股	57	1404	1715872	1463453	644352	27956
二、按隶属关系分						
中 央	4	112	23994	19877	2149	1171
省	34	767	695499	513652	241257	47607
地 区	41	1220	870152	751789	507766	33264
县	64	1799	1212085	1066409	442599	33464
街 道	1	25	84720	84381	83940	102
镇	2	55	6886	6669	3246	234
其 他	418	10580	14638293	13252488	7499200	133569
三、按营业状态分						
营 业	485	13925	17019519	15272946	8581513	234895
停业（歇业）	58	467	401429	353559	152061	13016
筹 建	20	161	110439	68518	46583	1499
当年关闭	1	5	242	241		1
四、按企业资质等级分						
一 级	12	884	2352398	1949009	724241	25059
二 级	46	2822	5172166	4557794	3000729	48035
三 级	169	4891	4378839	4010290	2049915	76099
四 级	100	1924	1242139	1173034	620969	21960
暂 定	237	4037	4386087	4005137	2384304	78257
五、按登记注册类型分						
内资企业	360	9878	10620901	9712302	5939930	144130
港澳台商投资企业	148	3294	5201189	4525802	2200803	77336
外商投资企业	56	1386	1709539	1457160	639424	27944

6-7 续表1 (2009年) 单位:万元

项目	累计折旧	#本年折旧	负债合计	实收资本	主营业务收入	土地转让收入
总计	**78496**	**14195**	**13570958**	**2714103**	**2706326**	**25**
一、按控股情况分						
国有控股	18121	3944	606600	177185	192986	
集体控股	2098	309	703335	124871	81485	
私人控股	21600	5054	6745985	1088288	1627765	
港澳台商控股	22574	3287	4229038	924743	580941	
外商控股	14104	1601	1286001	399016	223148	25
二、按隶属关系分						
中央	296	16	7376	7936	962	
省	12403	3493	514438	193995	94559	
地区	11230	1201	651411	180110	102241	
县	6690	1612	943678	190806	339011	
街道	20		84428	800	2	
镇	34	9	5877	390	170	
其他	47824	7864	11363751	2140066	2169380	25
三、按营业状态分						
营业	72441	13629	13200895	2571198	2698991	25
停业(歇业)	5795	470	312286	112286	1599	
筹建	259	95	57773	30359	5735	
当年关闭	1		5	260		
四、按企业资质等级分						
一级	7568	709	1980831	272134	270234	
二级	11676	2247	3688564	609936	695968	
三级	29706	4408	3537823	712484	990491	
四级	10792	1383	966319	238044	331487	25
暂定	18755	5448	3397422	881505	418146	
五、按登记注册类型分						
内资企业	41860	9319	8058480	1400515	1931516	
港澳台商投资企业	22536	3277	4227264	919743	551662	
外商投资企业	14101	1600	1285215	393844	223148	25

6—7 续表2

(2009年)

单位:万元

项目	商品房屋销售收入	房屋出租收入	其他收入	主营业务成本	主营业务税金及附加	主营业务利润
总计	**2553040**	**26201**	**127059**	**1887627**	**225999**	**562483**
一、按控股情况分						
国有控股	187142	2940	2904	165166	13605	13212
集体控股	80160	33	1293	56299	5544	16691
私人控股	1533049	32	94684	1197076	130360	289660
港澳台商控股	532878	23197	24866	315195	61494	194293
外商控股	219811		3312	153891	14997	48627
二、按隶属关系分						
中央	747		215	521	63	366
省	88548	1790	4221	82620	4765	6580
地区	101027	595	619	65806	10933	25154
县	335848	587	2576	253841	26409	57106
街道			2			2
镇	170			136	15	19
其他	2026700	23229	119426	1484704	183813	473256
三、按营业状态分						
营业	2546238	26201	126527	1881807	225744	561433
停业(歇业)	1082		517	1337	123	139
筹建	5720		15	4482	132	911
当年关闭						
四、按企业资质等级分						
一级	247435	22495	304	163421	15462	87228
二级	690852		5116	513915	50932	120135
三级	981556	1461	7474	659416	91682	229011
四级	250590	18	80854	238646	28912	62240
暂定	382608	2227	33311	312229	39011	63870
五、按登记注册类型分						
内资企业	1829631	3004	98881	1433272	151614	332005
港澳台商投资企业	503599	23197	24866	300464	59389	181851
外商投资企业	219811		3312	153891	14997	48627

6—7 续表3 (2009年) 单位:万元

项目	利润总额	应交所得税	劳动、失业保险费	应付工资总额	应付福利费总额	全部从业人员年平均人数(人)
总计	**317115**	**87215**	**1921**	**48228**	**4263**	**14417**
一、按控股情况分						
国有控股	1058	2373	327	6306	429	1558
集体控股	12074	542	94	1852	237	685
私人控股	156573	54013	624	24645	2318	7431
港澳台商控股	126830	24041	675	9624	628	3251
外商控股	20579	6246	201	5800	651	1492
二、按隶属关系分						
中央	−16	2	4	287	20	119
省	−2426	1445	173	3659	206	713
地区	11772	4321	162	3720	261	985
县	38576	7323	175	4735	437	1929
街道	−161			42	3	25
镇	24			52	7	55
其他	269345	74125	1407	35732	3329	10591
三、按营业状态分						
营业	319011	87067	1874	46737	4145	13701
停业(歇业)	−2264	13	42	1082	90	511
筹建	392	136	5	406	28	200
当年关闭	−24			3		5
四、按企业资质等级分						
一级	26709	5328	246	3437	248	1011
二级	61463	30101	389	12016	1038	2525
三级	164171	29444	619	15555	1503	5131
四级	45405	9982	288	5508	464	1871
暂定	19368	12361	379	11711	1009	3879
五、按登记注册类型分						
内资企业	182104	58663	1052	32823	2986	9689
港澳台商投资企业	114400	22306	668	9608	626	3239
外商投资企业	20611	6246	201	5796	651	1489

6—8 分县(市)区全社会固定资产投资完成情况

单位:万元

县(市)区	全社会固定资产投资完成额		城镇固定资产投资		城镇项目投资		房地产开发投资	
	2009年	比上年增长(%)	2009年	比上年增长(%)	2009年	比上年增长(%)	2009年	比上年增长(%)
福州市	**16467177**	**31.5**	**15446008**	**32.3**	**11828017**	**38.5**	**3617991**	**15.4**
市　区	9441461	31.6	8997134	33.0	6440724	44.6	2556410	7.8
鼓楼区	2681768	33.5	2681768	33.5	2278105	40.3	403663	—2.2
台江区	1469328	43.2	1469328	43.2	1011434	49.5	457894	31.0
仓山区	2745382	33.8	2412164	28.3	1167121	35.8	1245043	19.3
晋安区	1725425	20.4	1614316	31.7	1342443	68.1	271873	—37.6
马尾区	819558	30.6	819558	31.4	641621	29.1	177937	37.1
福清市	2526559	37.2	2277326	39.7	1980126	39.0	297200	44.2
长乐市	1017238	18.7	951057	19.7	792976	14.9	158081	50.7
闽侯县	1434759	46.1	1349214	49.1	1090156	53.7	259058	25.9
连江县	906103	17.0	827010	11.3	633347	6.5	193663	30.6
罗源县	565058	24.9	540086	23.8	486610	21.4	53476	51.4
闽清县	112347	17.6	78509	27.0	64085	27.7	14424	24.3
永泰县	301745	59.7	278722	64.3	242103	61.6	36619	84.7
平潭县	161907	32.0	146950	40.4	97890	51.3	49060	22.9

6—8 续表

县(市)区	农村固定资产投资		非农户固定资产投资		农户固定资产投资	
	2009 年	比上年增长(%)	2009 年	比上年增长(%)	2009 年	比上年增长(%)
福州市	**1021169**	**19.8**	**826863**	**20.5**	**194306**	**17.1**
市　区	444327	15.8	434962	16.1	9365	4.1
鼓楼区						
台江区						
仓山区	333218	93.3	328993	95.5	4225	4.6
晋安区	111109	−46.4	105969	−47.6	5140	3.7
马尾区						
福清市	249233	18.2	164377	22.5	84856	10.7
长乐市	66181	6.6	40213	−1.5	25968	22.0
闽侯县	85545	11.7	61780	6.6	23765	27.8
连江县	79093	148.8	62340	216.6	16753	38.4
罗源县	24972	53.6	12854	71.1	12118	38.5
闽清县	33838	0.2	29873	−0.1	3965	3.0
永泰县	23023	19.3	14527	32.7	8496	1.7
平潭县	14957	−16.9	5937	−44.3	9020	22.7

主要统计指标解释

全社会固定资产投资 是以货币表现的建造和购置固定资产活动的工作量。它是反映固定资产投资规模、速度、比例关系和使用方向的综合性指标。全社会固定资产投资包括国有经济投资、城乡集体经济投资、其他各种经济类型的投资和城乡居民个人投资。按照报表管理种类,全社会固定资产投资总额分为基本建设投资、更新改造投资、房地产开发投资、其他固定资产投资(含城镇集体和私营、个体投资)、城镇和工矿区私人建房投资、农村非农户投资、农户固定资产投资。

建筑工程 指各种房屋、建筑物的建造工程,又称建筑工作量。这部分投资额必须兴工动料,通过施工活动才能实现。

安装工程 指各种设备、装置的安装工程。

房地产开发投资 包括全社会各种经济类型的房地产开发企业和单位进行的商品房屋的开发、销售和土地开发经营活动。不包括单纯的房地产管理、代理与经纪活动。

其他固定资产投资 全社会固定资产投资中未列入基本建设、更新改造和房地产开发投资的,总投资50万元以上(含50万元)的其他建造和购置固定资产投资。(未含城镇和工矿区私人建房及农村固定资产投资)

新增固定资产 指通过投资活动所形成的新的固定资产价值。包括已经建成投入生产或交付使用的工程投资和达到固定资产标准的设备、工具、器具的价值及有关应摊入的费用。

固定资产交付使用率 指一定时期新增固定资产与同期完成投资额的比率。

房屋建筑面积 是指房屋建筑物勒脚以上外墙外围的水平截面面积,包括房屋建筑物的有效面积和结构面积。

施工面积 是指报告期内施工全部建筑面积。一栋房屋开始施工,即按整栋房屋的全部建筑面积计算施工面积。不能按其实际施工部位或层次的面积分割计算。

竣工面积 是指报告期内房屋建筑按照设计要求已经全部完工,达到住人和使用条件,经验鉴定合格(或达到竣工验收标准),正式移交使用单位的各栋房屋建筑面积的总和。

销售面积 指报告期内出售商品房屋的合同总面积(即双方签署的正式买卖合同中所确定的建筑面积)。由现房销售建筑面积和期房销售建筑面积两部分组成。

空置面积 指报告期末已竣工尚未销售或出租的商品房屋建筑面积。

CHAPTER 7 第七篇

建 筑 业

本篇内容包括：

1、建筑业企业生产情况

2、建筑企业主要经济指标

7—1 按登记注册类型分建筑业总承包、专业承包施工企业生产情况

(2009 年)

项 目	单 位	总 计	#国有及国有控股企业	按登记注册类型分 内资企业	港、澳、台商投资企业	外商投资企业
建筑业企业个数	个	586	38	566	17	3
签订的合同额	万元	15693497	4015794	15383851	293738	15909
1.上年结转合同额	万元	6166092	1529756	6030596	126956	8540
2.本年新签合同额	万元	9527405	2486038	9353254	166783	7369
承包工程完成情况						
1.直接从建设单位承揽工程完成的产值	万元	7603282	2141630	7404295	189011	9977
(1)自行完成施工产值	万元	7474515	2089975	7301326	163212	9977
(2)分包出去工程的产值	万元	128768	51655	102969	25799	
2.从建设单位以外承揽工程完成的产值	万元	929422	44307	901242	26339	1842
建筑业总产值(千元)	万元	8403937	2134281	8202568	189551	11819
#装饰装修产值	万元	421791	62038	395546	24804	1442
在外省完成的产值	万元	4019727	705776	3878164	134672	6891
建筑业总产值按构成分						
1.建筑工程产值	万元	7552897	1895081	7378625	164759	9513
2.安装工程产值	万元	659639	190565	653017	6623	
3.其他产值	万元	191401	48635	170926	18169	2306
竣工产值	万元	4763257	811800	4590408	165836	7014
房屋建筑施工面积	平方米	81516714	16782983	78857818	2615576	43320
#本年新开工面积	平方米	34091230	5610987	33089203	958707	43320
实行投标承包面积	平方米	62970855	15235646	62196666	774189	
本年新开工	平方米	27492746	4732140	27043965	448781	
年末自有施工机械设备(净值)	万元	314987	63863	311140	3242	606
年末自有施工机械设备(总台数)	台	71794	15292	70376	1356	62
年末自有施工机械设备(总功率)	千瓦	1395634	277542	1383730	9289	2615
计算建筑业劳动生产率的平均人数	人	634006	179511	621944	11351	711
年末从业人数	人	602067	173465	590393	10929	745
#管理人员	人	53756	20922	52937	678	141
工程技术人员	人	57123	14177	55989	974	160
一级建造师	人	2628	789	2526	73	29
现场施工工人	人	469552	150917	459809	9456	287
持证上岗人员	人	241114	92226	233189	7692	233

7—1 续表 (2009年)

项目	单位	总计	#国有及国有控股企业	按登记注册类型分		
				内资企业	港、澳、台商投资企业	外商投资企业
主要建筑材料消耗量						
1.钢　材	吨	5045029	1540238	4911227	128431	5371
2.木　材	立方米	3725111	539426	3688522	32339	4250
3.水　泥	吨	25415497	5945181	24758146	639337	18014
4.平板玻璃	重量箱	3193446	426997	3116808	74638	2000
平板玻璃	平方米	14791487	2380197	14401012	380475	10000
5.铝　材	吨	8533214	2204512	8331216	189588	12410
企业总产值	万元	137948	95584	132958	4990	
在境外完成的营业额	万元	1379481	955839	1329583	49898	
房屋建筑竣工面积	平方米	25946816	3574135	24854104	1049392	43320
1.厂房、仓库	平方米	2635496	270968	2582382	9794	43320
2.住　宅	平方米	19783649	2344405	18947678	835971	
3.办公用房	平方米	1373802	576602	1309438	64364	
4.批发和零售用房	平方米	267854	78267	182442	85412	
5.住宿和餐饮用房	平方米	234242	107219	234242		
6.居民服务业用房	平方米	245733	15179	243498	2235	
7.教育用房	平方米	476869	77238	476869		
8.文化、体育和娱乐用房	平方米	187989	20609	187989		
9.卫生医疗用房	平方米	255027	6904	255027		
10.科研用房	平方米	109641	62392	109641		
11.其他用房	平方米	376514	14352	324898	51616	
竣工房屋价值	万元	2974492	448639	2806578	160900	7014
1.厂房、仓库	万元	227283	26613	219304	965	7014
2.住　宅	万元	2280049	275894	2151364	128686	
3.办公用房	万元	182166	91689	171868	10298	
4.批发和零售用房	万元	36787	11740	23893	12894	
5.住宿和餐饮用房	万元	33126	14184	33126		
6.居民服务业用房	万元	32068	6295	31753	315	
7.教育用房	万元	68472	12145	68472		
8.文化、体育和娱乐用房	万元	21679	2297	21679		
9.卫生医疗用房	万元	35465	1058	35465		
10.科研用房	万元	10579	5529	10579		
11.其他用房	万元	46818	1196	39076	7743	

7—2 按行业分建筑业总承包、专业承包施工企业生产情况

(2009 年)

项 目	单位	总 计	房屋和土木工程建筑业	建筑安装业	建筑装饰业	其他建筑业
建筑业企业个数	个	586	305	111	117	53
签订的合同额	万元	15693497	14323347	773964	299417	296770
1.上年结转合同额	万元	6166092	5766420	236702	71267	91703
2.本年新签合同额	万元	9527405	8556927	537262	228149	205067
承包工程完成情况						
1.直接从建设单位承揽工程完成的产值	万元	7603282	6683869	480780	236699	201934
(1)自行完成施工产值	万元	7474515	6581370	465207	236686	191251
(2)分包出去工程的产值	万元	128768	102499	15573	13	10682
2.从建设单位以外承揽工程完成的产值	万元	929422	804396	58858	3762	62406
建筑业总产值(千元)	万元	8403937	7385767	524065	240448	253657
#装饰装修产值	万元	421791	255081	3841	161283	1586
在外省完成的产值	万元	4019727	3747299	166372	63609	42447
建筑业总产值按构成分						
1.建筑工程产值	万元	7552897	6910715	218051	236057	188074
2.安装工程产值	万元	659639	332074	285118	2802	39646
3.其他产值	万元	191401	142978	20896	1589	25937
竣工产值	万元	4763257	4325811	278281	83578	75587
房屋建筑施工面积	平方米	81516714	81471149			45565
#本年新开工面积	平方米	34091230	34057451			33779
实行投标承包面积	平方米	62970855	62938634			32221
本年新开工	平方米	27492746	27464525			28221
年末自有施工机械设备(净值)	万元	314987	282210	16652	5743	10383
年末自有施工机械设备(总台数)	台	71794	54945	8369	5584	2896
年末自有施工机械设备(总功率)	千瓦	1395634	1229104	77917	32792	55821
计算建筑业劳动生产率的平均人数	人	634006	555867	41180	20163	16796
年末从业人数	人	602067	530072	38340	18855	14800
#管理人员	人	53756	46688	3554	2015	1499
程技术人员	人	57123	46158	6455	2556	1954
一级建造师	人	2628	1909	399	208	112
现场施工工人	人	469552	414898	29895	13730	11029
持证上岗人员	人	241114	208529	18835	6761	6989

7—2 续表 (2009年)

项目	单位	总计	房屋和土木工程建筑业	建筑安装业	建筑装饰业	其他建筑业
主要建筑材料消耗量						
1.钢　材	吨	5045029	4576253	293640	97776	77360
2.木　材	立方米	3725111	3479340	102636	94913	48222
3.水　泥	吨	25415497	22492000	1469946	744033	709518
4.平板玻璃	重量箱	3193446	3096835	38004	44618	13989
平板玻璃	平方米	14791487	14328287	204963	188120	70117
5.铝　材	吨	170194	141008	3931	6432	18823
企业总产值	万元	8533214	7485697	536977	240746	269794
在境外完成的营业额	万元	137948	103445	34494		9
房屋建筑竣工面积	平方米	25946816	25919286			27530
1.厂房、仓库	平方米	2635496	2625496			10000
2.住　宅	平方米	19783649	19783649			
3.办公用房	平方米	1373802	1371272			2530
4.批发和零售用房	平方米	267854	267854			
5.住宿和餐饮用房	平方米	234242	234242			
6.居民服务业用房	平方米	245733	245733			
7.教育用房	平方米	476869	476869			
8.文化、体育和娱乐用房	平方米	187989	172989			15000
9.卫生医疗用房	平方米	255027	255027			
10.科研用房	平方米	109641	109641			
11.其他用房	平方米	376514	376514			
竣工房屋价值	万元	2974492	2972562			1930
1.厂房、仓库	万元	227283	226703			580
2.住　宅	万元	2280049	2280049			
3.办公用房	万元	182166	181873			293
4.批发和零售用房	万元	36787	36787			
5.住宿和餐饮用房	万元	33126	33126			
6.居民服务业用房	万元	32068	32068			
7.教育用房	万元	68472	68472			
8.文化、体育和娱乐用房	万元	21679	20622			1057
9.卫生医疗用房	万元	35465	35465			
10.科研用房	万元	10579	10579			
11.其他用房	万元	46818	46818			

7—3 按企业资质等级分建筑业总承包施工企业生产情况

(2009 年)

项目	单位	合计	特级	一级	二级	三级以下
建筑业企业个数	个	287	1	42	147	97
签订的合同额	万元	13900222	678132	8524079	4175501	522510
1.上年结转合同额	万元	5624746	254994	3377102	1841855	150795
2.本年新签合同额	万元	8275476	423138	5146977	2333646	371715
承包工程完成情况						
1.直接从建设单位承揽工程完成的产值	万元	6724183	321435	4118276	1958599	325873
(1)自行完成施工产值	万元	6619008	319141	4051433	1944047	304387
(2)分包出去工程的产值	万元	105175	2294	66843	14552	21486
2.从建设单位以外承揽工程完成的产值	万元	603359	7300	131303	435740	29016
建筑业总产值	万元	7222367	326441	4182736	2379787	333403
#装饰装修产值	万元	254502	5523	211163	25779	12038
在外省完成的产值	万元	3508797	57728	2076820	1242036	132214
建筑业总产值按构成分						
1.建筑工程产值	万元	6629572	278834	3854158	2193839	302741
2.安装工程产值	万元	449436	8499	287691	137052	16195
3.其他产值	万元	143359	39108	40887	48896	14468
竣工产值	万元	4265316	118318	2240964	1693395	212639
房屋建筑施工面积	平方米	81426028	2198999	48860566	27977943	2388520
#本年新开工面积	平方米	34017457	1062219	20006977	11507068	1441193
实行投标承包面积	平方米	62891369	1088703	42593482	17783830	1425354
本年新开工	平方米	27424173	214189	18320764	7987846	901374
年末自有施工机械设备(净值)	万元	276859	1662	134244	106676	34277
年末自有施工机械设备(总台数)	台	54329	912	21680	24323	7414
年末自有施工机械设备(总功率)	千瓦	1162920	30017	460795	494169	177939
计算建筑业劳动生产率的平均人数	人	545963	28022	321904	169719	26318
年末从业人数	人	518787	27826	318026	147500	25435
#管理人员	人	46661	14296	15845	13675	2845
工程技术人员	人	45993	7123	14345	19591	4934
一级建造师	人	1974	197	1172	380	225
现场施工工人	人	412073	25765	256006	113384	16918
持证上岗人员	人	202531	21144	125009	48099	8279

7—3 续表 (2009年)

项目	单位	合计	特级	一级	二级	三级以下
主要建筑材料消耗量						
1.钢材	吨	4476499	250752	2865498	1203790	156459
2.木材	立方米	3094805	77058	1182390	1567749	267608
3.水泥	吨	21397399	720652	12674015	6816600	1186132
4.平板玻璃	重量箱	3075673	82129	1490522	1393884	109138
平板玻璃	平方米	14211813	657033	6732578	6349369	472833
5.铝材	吨	153623	9001	72074	63877	8671
企业总产值	万元	7321274	326441	4260600	2397659	336575
在境外完成的营业额	万元	130482	53845	68775	7862	
房屋建筑竣工面积	平方米	25877841	905116	14171808	9680527	1120390
1.厂房、仓库	平方米	2581521	53000	1147503	1103376	277642
2.住宅	平方米	19783649	457358	11047176	7602272	676843
3.办公用房	平方米	1373802	205056	740944	352690	75112
4.批发和零售用房	平方米	267854	69367	119744	34882	43861
5.住宿和餐饮用房	平方米	234242		231095	2641	506
6.居民服务业用房	平方米	245733	1935	132977	110821	
7.教育用房	平方米	476869	31760	269852	151350	23907
8.文化、体育和娱乐用房	平方米	172989	2992	148720	20072	1205
9.卫生医疗用房	平方米	255027	6904	226313	20631	1179
10.科研用房	平方米	109641	62392	13036	34213	
11.其他用房	平方米	376514	14352	94448	247579	20135
竣工房屋价值	万元	2969690	117972	1761117	979989	110612
1.厂房、仓库	万元	223538	6000	101167	92814	23557
2.住宅	万元	2280049	53221	1384211	773470	69148
3.办公用房	万元	182166	35182	105784	33333	7867
4.批发和零售用房	万元	36787	10405	16554	4704	5124
5.住宿和餐饮用房	万元	33126		32358	678	91
6.居民服务业用房	万元	32068	330	18407	13331	
7.教育用房	万元	68472	4602	40630	20743	2497
8.文化、体育和娱乐用房	万元	20622	449	18075	2004	94
9.卫生医疗用房	万元	35465	1058	31598	2639	170
10.科研用房	万元	10579	5529	1028	4022	
11.其他用房	万元	46818	1196	11305	32253	2065

7—4　按企业资质等级分建筑业专业承包施工企业生产情况

（2009 年）

项　　　目	单位	合　计	一　级	二　级	三级以下
建筑业企业个数	个	299	49	137	113
签订的合同额	万元	1793275	1080891	444906	267479
1.上年结转合同额	万元	541346	383896	114657	42793
2.本年新签合同额	万元	1251930	696995	330248	224687
承包工程完成情况					
1.直接从建设单位承揽工程完成的产值	万元	879099	321635	351158	206307
(1)自行完成施工产值	万元	855507	321635	335823	198050
(2)分包出去工程的产值	万元	23592		15335	8257
2.从建设单位以外承揽工程完成的产值	万元	326063	270185	40252	15627
建筑业总产值	万元	1181570	591819	376075	213676
#装饰装修产值	万元	167289	101353	54879	11057
在外省完成的产值	万元	510930	343664	141468	25798
建筑业总产值按构成分					
1.建筑工程产值	万元	923325	534827	262450	126048
2.安装工程产值	万元	210203	33323	110941	65939
3.其他产值	万元	48042	23669	2683	21690
竣工产值	万元	497941	209184	206760	81998
房屋建筑施工面积	平方米	90686	11711	78975	
#本年新开工面积	平方米	73773	4798	68975	
实行投标承包面积	平方米	79486	11711	67775	
本年新开工	平方米	68573	4798	63775	
年末自有施工机械设备(净值)	万元	38128	17534	9738	10856
年末自有施工机械设备(总台数)	台	17465	7225	5951	4289
年末自有施工机械设备(总功率)	千瓦	232714	144624	32063	56027
计算建筑业劳动生产率的平均人数	人	88043	38299	33244	16500
年末从业人数	人	83280	38324	30262	14694
#管理人员	人	7095	2370	3202	1523
工程技术人员	人	11130	3566	4719	2845
一级建造师	人	654	326	244	84
现场施工工人	人	57479	24828	22762	9889
持证上岗人员	人	38583	16876	13928	7779

7—4 续表

(2009年)

项目	单位	合计			
			一级	二级	三级以下
主要建筑材料消耗量					
1.钢材	吨	568530	303291	194521	70718
2.木材	立方米	630306	437486	146057	46763
3.水泥	吨	4018098	2374787	1209292	434019
4.平板玻璃	重量箱	117773	35352	62905	19516
平板玻璃	平方米	579674	182771	299888	97015
5.铝材	吨	16571	4651	5249	6671
企业总产值	万元	1211940	592872	388575	230492
在境外完成的营业额	万元	7466	7458	9	
房屋建筑竣工面积	平方米	68975		68975	
1.厂房、仓库	平方米	53975		53975	
2.住宅	平方米				
3.办公用房	平方米				
4.批发和零售用房	平方米				
5.住宿和餐饮用房	平方米				
6.居民服务业用房	平方米				
7.教育用房	平方米				
8.文化、体育和娱乐用房	平方米	15000		15000	
9.卫生医疗用房	平方米				
10.科研用房	平方米				
11.其他用房	平方米				
竣工房屋价值	万元	4802		4802	
1.厂房、仓库	万元	3745		3745	
2.住宅	万元				
3.办公用房	万元				
4.批发和零售用房	万元				
5.住宿和餐饮用房	万元				
6.居民服务业用房	万元				
7.教育用房	万元				
8.文化、体育和娱乐用房	万元	1057		1057	
9.卫生医疗用房	万元				
10.科研用房	万元				
11.其他用房	万元				

7－5　按县(市)区分建筑业总承包、专业承包施工企业生产情况

(2009年)

项　　目	单位	福州市	鼓楼区	台江区	仓山区	晋安区	马尾区	福清市
建筑业企业个数	个	586	207	57	31	33	102	47
签订的合同额	万元	15693497	5790108	635859	362970	212755	2029625	1403246
上年结转合同额	万元	6166092	2112772	270863	125447	100393	752271	719103
本年新签合同额	万元	9527405	3677336	364996	237523	112363	1277354	684143
承包工程完成情况								
直接从建设单位承揽工程完成的产值	万元	7603282	2855535	422718	226814	127842	1234823	614897
自行完成施工产值	万元	7474515	2826146	362229	226768	127842	1203638	614897
分包出去工程的产值	万元	128768	29389	60489	46		31185	
从建设单位以外承揽工程完成的产值	万元	929422	148595	83704	7212	3413	12460	3131
建筑业总产值	万元	8403937	2974740	445933	233980	131255	1216098	618028
#装饰装修产值	万元	421791	275408	30329	12531	20648	47743	10908
在外省完成的产值	万元	4019727	1121774	143631	135110	36211	471472	335774
建筑业总产值按构成分								
建筑工程产值	万元	7552897	2643651	283492	211280	82781	1072485	568282
安装工程产值	万元	659639	250796	159047	18080	27506	125992	3036
其他产值	万元	191401	80294	3395	4620	20968	17622	46710
竣工产值	万元	4763257	1371072	250977	78703	70124	611694	438191
房屋建筑施工面积	平方米	81516714	28168996	3350361	1570634	696899	6490677	9835928
#本年新开工面积	平方米	34091230	9535936	1160989	743194	256104	3031947	3750353
实行投标承包面积	平方米	62970855	23592780	1010517	517787	392380	6477333	5268009
本年新开工	平方米	27492746	7558980	497592	282806	160725	3026389	2345124
年末自有施工机械设备(净值)	万元	314987	100228	22762	6516	7637	50449	37653
年末自有施工机械设备(总台数)	台	71794	20298	4200	2067	4662	15621	5549
年末自有施工机械设备(总功率)	千瓦	1395634	374499	88496	43616	25754	217419	169104
计算建筑业劳动生产率的平均人数	人	634006	283139	22340	12188	12650	78047	46799
年末从业人数	人	602067	276608	17416	11255	12382	74318	47420
#管理人员	人	53756	26054	1802	1798	1365	6285	4550
工程技术人员	人	57123	21894	3022	2479	2178	7814	5371
一级建造师	人	2628	1303	182	182	70	440	90
现场施工工人	人	469552	238581	11408	6420	9091	46608	36706
持证上岗人员	人	241114	137101	7698	3109	6330	16901	11665

7—5 续表1 (2009年)

项目	单位	长乐市	闽侯县	连江县	罗源县	闽清县	永泰县	平潭县
建筑业企业个数	个	17	17	18	8	19	22	8
签订的合同额	万元	743036	179765	1043804	77603	690967	1053681	1470079
上年结转合同额	万元	228381	65993	612238	34553	210988	326277	606815
本年新签合同额	万元	514655	113773	431566	43050	479979	727404	863264
承包工程完成情况								
直接从建设单位承揽工程完成的产值	万元	360639	100637	513189	46425	358482	628904	112379
自行完成施工产值	万元	352981	100637	513189	46425	358482	628904	112379
分包出去工程的产值	万元	7659						
从建设单位以外承揽工程完成的产值	万元	7659		2217			2225	658807
建筑业总产值	万元	360639	100637	515405	46425	358482	631129	771186
#装饰装修产值	万元	841		11019	398	11617	206	144
在外省完成的产值	万元	174811	26853	381697	12103	181904	331535	666852
建筑业总产值按构成分								
建筑工程产值	万元	340791	95760	505436	46386	315861	615509	771186
安装工程产值	万元	17772	2931	9929	38	39908	4604	
其他产值	万元	2077	1946	40		2714	11015	
竣工产值	万元	336954	74514	381540	46985	172470	388936	541097
房屋建筑施工面积	平方米	6510935	1377133	8004854	783886	4503950	8719217	1503244
#本年新开工面积	平方米	3241878	722062	3557644	210871	2803317	4669677	407258
实行投标承包面积	平方米	6000813	1012979	4883958	180512	4269845	7860698	1503244
本年新开工	平方米	3069827	480666	2556356	124500	2663127	4319396	407258
年末自有施工机械设备(净值)	万元	12080	7284	12384	1455	15925	24150	16464
年末自有施工机械设备(总台数)	台	2189	1382	3410	550	2534	4893	4439
年末自有施工机械设备(总功率)	千瓦	42059	32551	76416	8076	61082	97350	159212
计算建筑业劳动生产率的平均人数	人	17684	7120	30710	2198	18839	53249	49043
年末从业人数	人	22461	5847	31052	2314	19798	35866	45330
#管理人员	人	1859	446	3241	101	1664	3731	860
工程技术人员	人	2485	1433	2483	150	2775	3363	1676
一级建造师	人	82	22	63	10	53	75	56
现场施工工人	人	15493	3431	25860	1505	14273	23153	37023
持证上岗人员	人	4683	1402	18270	336	4914	2724	25981

7—5 续表 2

(2009 年)

项　　目	单位	福州市	鼓楼区	台江区	仓山区	晋安区	马尾区	福清市
主要建筑材料消耗量								
钢　材	吨	5045029	2136073	159677	117054	32835	799531	251749
木　材	立方米	3725111	584032	217850	20126	108172	892048	157930
水　泥	吨	25415497	10476991	605079	354560	154693	2459940	3794588
平板玻璃	重量箱	3193446	248018	104492	31488	8805	699541	315414
平板玻璃	平方米	14791487	1513738	516473	120865	44023	3431539	1334512
铝　材	吨	170194	69781	1008	5093	1866	4493	14217
企业总产值	万元	8533214	3007845	447260	237786	141843	1280635	618247
在境外完成的营业额	万元	137948	125097					4990
房屋建筑竣工面积	平方米	25946816	6864406	1057078	220786	177413	3568123	2755248
厂房、仓库	平方米	2635496	494945	20633	144556	119151	404572	279203
住　宅	平方米	19783649	4987460	936649	56108	55275	2430323	2057814
办公用房	平方米	1373802	722738	67974	1100		228793	148367
批发和零售用房	平方米	267854	191606					32498
住宿和餐饮用房	平方米	234242	155095	265				
居民服务业用房	平方米	245733	12328			2987	78584	103923
教育用房	平方米	476869	59137	22400	17752		103648	7975
文化、体育和娱乐用房	平方米	187989	40276		830		113226	1500
卫生医疗用房	平方米	255027	71747				155892	3900
科研用房	平方米	109641	62392				3605	
其他用房	平方米	376514	66682	9157	440		49480	120068
竣工房屋价值	万元	2974492	893798	135078	15993	19825	377170	308923
厂房、仓库	万元	227283	46016	2552	8733	12481	35082	22427
住　宅	万元	2280049	642127	123674	5196	7088	254413	240499
办公用房	万元	182166	115001	4755	72		24865	13696
批发和零售用房	万元	36787	27287					4234
住宿和餐饮用房	万元	33126	21159	79				
居民服务业用房	万元	32068	1520			257	11911	12444
教育用房	万元	68472	8429	3010	1897		14878	755
文化、体育和娱乐用房	万元	21679	5098		49		12713	277
卫生医疗用房	万元	35465	12583				18929	391
科研用房	万元	10579	5529				349	
其他用房	万元	46818	9050	1007	46		4030	14200

7—5 续表 3

(2009 年)

项 目	单位	长乐市	闽侯县	连江县	罗源县	闽清县	永泰县	平潭县
主要建筑材料消耗量								
钢 材	吨	236830	52057	289483	25183	222852	382121	339584
木 材	立方米	104976	133366	230728	50919	155102	317173	752689
水 泥	吨	1055225	215494	1248927	125439	678451	1286453	2959657
平板玻璃	重量箱	196864	58169	367384	23939	210322	536484	392526
平板玻璃	平方米	901137	232874	1219125	120335	851768	2145970	2359128
铝 材	吨	6366	3078	14237	1932	10490	20539	17094
企业总产值	万元	360671	106096	515405	56425	358659	631156	771186
在境外完成的营业额	万元					7862		
房屋建筑竣工面积	平方米	2398726	710433	3173778	319646	1213416	2886025	601738
厂房、仓库	平方米	301073	227703	88509	43931	94503	366347	50370
住 宅	平方米	2006741	423721	2845822	264460	852507	2326022	540747
办公用房	平方米	1272	18297	12000	3152	80071	88430	1608
批发和零售用房	平方米					40920	2830	
住宿和餐饮用房	平方米	1970		76000	506		406	
居民服务业用房	平方米	29000		3911		15000		
教育用房	平方米	12308	21075	147536	2000	51200	22825	9013
文化、体育和娱乐用房	平方米	19986	11796		375			
卫生医疗用房	平方米				5222	10509	7757	
科研用房	平方米	13036					30608	
其他用房	平方米	13340	7841			68706	40800	
竣工房屋价值	万元	272839	72486	340033	31353	133376	323721	49898
厂房、仓库	万元	24747	17588	8462	3867	7430	35870	2030
住 宅	万元	236746	49037	295905	26091	92091	262109	45074
办公用房	万元	115	1884	897	410	9395	10883	194
批发和零售用房	万元					4911	355	
住宿和餐饮用房	万元	550		11199	91		49	
居民服务业用房	万元	4106		630		1200		
教育用房	万元	1268	2529	22941	220	6506	3439	2600
文化、体育和娱乐用房	万元	2737	760		45			
卫生医疗用房	万元				629	1989	944	
科研用房	万元	1028					3673	
其他用房	万元	1541	688			9854	6402	

7—6 建筑业总承包、专业承包施工企业数及利润总额

(2009 年)

项目	单位	福州市	鼓楼区	台江区	仓山区	晋安区	马尾区	福清市
企业个数	个	540	203	50	27	28	84	42
施工总承包	个	264	61	17	16	11	38	32
特 级	个	1	1					
一 级	个	41	17	1	1	1	8	3
二 级	个	139	23	10	7	3	17	18
三级以下	个	83	20	6	8	7	13	11
专业承包	个	276	142	33	11	17	46	10
一 级	个	47	24	8	1	2	6	3
二 级	个	124	69	11	6	6	22	5
三级以下	个	105	49	14	4	9	18	2
利润总额	万元	184319	50847	5914	15584	3909	18969	19981
施工总承包	万元	130056	22306	3647	13334	1208	13391	18888
特 级	万元	2485	2485					
一 级	万元	64390	17271	1825	11659	245	10545	8326
二 级	万元	55187	1883	1688	757	302	2377	8301
三级以下	万元	7994	667	134	918	662	469	2261
专业承包	万元	54263	28541	2266	2250	2700	5578	1093
一 级	万元	19520	5234	1084	789	111	1673	677
二 级	万元	18551	12174	479	1422	726	2600	356
三级以下	万元	16192	11133	703	40	1863	1306	61

项目	单位	长乐市	闽侯县	连江县	罗源县	闽清县	永泰县	平潭县
企业个数	个	17	15	18	7	19	22	8
施工总承包	个	13	12	16	6	15	22	5
特 级	个							
一 级	个	4		1		3	2	
二 级	个	6	11	11	5	9	16	3
三级以下	个	3	1	4	1	3	4	2
专业承包	个	4	3	2	1	4		3
一 级	个		1					2
二 级	个	2	1	1				1
三级以下	个	2	1	1	1	4		
利润总额	万元	8786	2411	10687	549	9696	12598	24388
施工总承包	万元	8047	2253	10152	547	9134	12598	14550
特 级	万元							
一 级	万元	3847		2489		4187	3996	
二 级	万元	4169	2116	7059	535	3714	8001	14287
三级以下	万元	32	137	605	13	1233	601	263
专业承包	万元	739	159	535	2	562		9838
一 级	万元		128					9825
二 级	万元	336	21	425				14
三级以下	万元	403	10	111	2	562		

7—7 按行业分劳务分包企业主要指标

(2009年)

项　　目	单位	总　计	内资企业	按行业分		
				房屋和土木工程建筑业	建筑安装业	其他建筑业
企业个数	个	97	97	65	10	22
建筑业总产值	万元	374849	374849	312876	2761	59212
#装饰装修产值	万元	3596	3596	436	900	2260
计算建筑业劳动生产率的平均人数	人	121182	121182	98350	590	22242
年末从业人数	人	80337	80337	64237	516	15584
#管理人员	人	1479	1479	997	125	357
工程技术人员	人	2174	2174	1827	71	276
现场施工工人	人	74086	74086	59594	317	14175
固定资产原价	万元	22028	22028	19273	2239	516
本年折旧	万元	964	964	692	219	54
资产总计	万元	81043	81043	62126	4456	14461
负债合计	万元	36515	36515	26247	628	9640
实收资本	万元	22242	22242	16302	3471	2469
#国家资本	万元	60	60		60	
集体资本	万元	20	20		20	
法人资本	万元	7118	7118	5594	118	1406
个人资本	万元	15044	15044	10708	3273	1063
营业收入合计	万元	367741	367741	308375	2055	57311
#主营业务收入(工程结算收入)	万元	367630	367630	308375	2044	57211
主营业务成本(工程结算成本)	万元	349909	349909	293000	1648	55261
主营业务税金及附加(工程结算税金及附加)	万元	17257	17257	16269	110	878
费用合计(营业费用、管理费用、财务费用)	万元	5790	5790	4078	302	1409
营业利润	万元	6200	6200	6325	21	—145
利润总额	万元	2908	2908	3098	22	—211
从业人员劳动报酬	万元	240882	240882	187215	1298	52369
劳动、失业保险费	万元	793	793	570	33	190
住房公积金及住房补贴	万元	46	46	15	19	12
全部从业人员年平均人数	人	121712	121712	98674	608	22430

7—8 按企业资质等级分劳务分包企业主要指标

（2009 年）

项目	单位	总计	一级	二级	三级及以下
企业个数	个	97	63	17	17
建筑业总产值	万元	374849	265110	10709	99030
#装饰装修产值	万元	3596	464	900	2233
计算建筑业劳动生产率的平均人数	人	121182	81997	3735	35450
年末从业人数	人	80337	54363	2759	23215
#管理人员	人	1479	920	157	402
工程技术人员	人	2174	1204	116	854
现场施工工人	人	74086	50261	2189	21636
固定资产原价	万元	22028	6880	935	14213
本年折旧	万元	964	763	63	138
资产总计	万元	81043	51348	5387	24308
负债合计	万元	36515	15627	2395	18494
实收资本	万元	22242	15844	2690	3708
#国家资本	万元	60	60		
集体资本	万元	20	20		
法人资本	万元	7118	5488	400	1230
个人资本	万元	15044	10276	2290	2478
营业收入合计	万元	367741	261130	10047	96564
#主营业务收入(工程结算收入)	万元	367630	261119	10047	96464
主营业务成本(工程结算成本)	万元	349909	247638	9332	92938
主营业务税金及附加(工程结算税金及附加)	万元	17257	15226	289	1742
费用合计(营业费用、管理费用、财务费用)	万元	5790	4251	369	1169
营业利润	万元	6200	5289	111	800
利润总额	万元	2908	2078	99	731
从业人员劳动报酬	万元	240882	149898	8563	82421
劳动、失业保险费	万元	793	363	60	370
住房公积金及住房补贴	万元	46	35	10	2
全部从业人员年平均人数	人	121712	82388	3784	35540

7—9 按登记注册类型分建筑业总承包、专业承包施工企业主要财务指标

（2009 年）

单位:万元

项目	总计	#国有及国有控股企业	按登记注册类型分		
			内资企业	港、澳、台商投资企业	外商投资企业
年初存货	865629	379846	838321	25155	2153
流动资产合计	4096494	1633338	3967247	115557	13691
#存 货	851724	355904	828159	22105	1460
长期投资	441116	285808	434443	6672	
固定资产合计	841131	374918	827423	10113	3595
固定资产原价	1055760	472846	1029359	18938	7464
#生产经营用	818448	378312	803391	13908	1150
累计折旧	310983	111600	298026	9089	3868
#本年折旧	61482	16049	59210	2026	247
在建工程	21917	5736	21917		
无形及递延资产小计	100490	83403	99516	607	368
#无形资产	100490	83403	99516	607	368
其他资产	6704	1280	6170		534
资产合计	5497465	2383972	5346229	133010	18227
流动负债合计	3030988	1371253	2950450	70171	10367
长期负债合计	204057	180547	203341	16	700
负债合计	3235045	1551799	3153791	70187	11067
所有者权益合计	2262433	832173	2192451	62822	7160
实收资本	1670740	560411	1628312	36511	5917
#国家资本	557711	557041	557711		
集体资本	62420		62150	270	
法人资本	261615	3220	254257	6783	576
个人资本	756864	150	753845	3020	
港澳台资本	26788		350	26438	
外商资本	5341				5341
工程结算收入	8393809	2621990	8195580	182868	15360
工程结算成本	7555103	2348642	7374397	166239	14467

7—9 续表 (2009年) 单位:万元

项 目	总 计	#国有及国有控股企业	按登记注册类型分		
			内资企业	港、澳、台商投资企业	外商投资企业
工程结算税金及附加	381424	165115	375581	5666	177
工程结算利润	422919	101005	412538	9704	677
其他业务收入	62995	33656	62871	92	33
其他业务利润	15025	4653	14945	53	26
经营费用	34362	7227	33065	1259	39
管理费用	239269	67324	233985	4596	688
#税 金	7783	2207	7550	194	40
财产保险费	814	193	721	53	40
差旅费	16220	4765	15786	349	85
工会经费	2792	1007	2748	23	22
财务费用	16443	6681	15473	841	129
#利息支出	10634	5317	10089	419	127
营业利润	182236	31653	178030	4320	—114
营业外收入	10233	2278	9449	705	78
营业外支出	5453	2510	5321	41	91
利润总额	179704	30508	174839	4992	—127
应交所得税	66017	7819	65166	827	25
应付利润	54043	5854	51245	2718	81
劳动、失业保险费	13187	5342	13009	174	5
住房公积金及住房补贴	8107	5115	8104	3	
本年应付工资总额(贷方累计发生额)	2005661	513273	1960110	43233	2318
#主营业务应付工资总额	1983295	507668	1940572	40517	2205
本年应付福利费总额(贷方累计发生额)	122956	20429	118741	3970	246
#主营业务应付福利费总额	121033	19783	117203	3585	246
应收工程款	609894	187921	581044	22109	6742
#竣工工程	280416	66421	265099	15317	
全部从业人员年平均人数(人)	640382	179973	628309	11362	711

7—10 按行业分建筑业总承包、专业承包施工企业主要财务指标

（2009 年）

单位：万元

项目	总计	房屋和土木工程建筑业	建筑安装业	建筑装饰业	其他建筑业
年初存货	865629	760520	58254	25973	20882
流动资产合计	4096494	3459164	335622	142152	159557
#存　货	851724	719904	70279	25949	35592
长期投资	441116	416124	10108	2504	12380
固定资产合计	841131	745228	46594	17039	32270
固定资产原价	1055760	926802	69806	25009	34143
#生产经营用	818448	728148	51206	15426	23668
累计折旧	310983	259658	30208	10267	10850
#本年折旧	61482	50026	7147	1599	2710
在建工程	21917	17038	3471	993	416
无形及递延资产小计	100490	92005	7866	306	313
#无形资产	100490	92005	7866	306	313
其他资产	6704	6020	594	32	59
资产合计	5497465	4727883	402433	162158	204991
流动负债合计	3030988	2648184	216724	62166	103915
长期负债合计	204057	198333	3384	29	2312
负债合计	3235045	2846516	220108	62195	106227
所有者权益合计	2262433	1881367	182339	99963	98765
实收资本	1670740	1382306	131269	82932	74233
#国家资本	557711	535107	6368	1749	14488
集体资本	62420	51558	7245	967	2650
法人资本	261615	185384	38886	22415	14931
个人资本	756864	597130	67615	50560	41560
港澳台资本	26788	8033	11156	7242	358
外商资本	5341	5095			247
工程结算收入	8393809	7443756	523839	226089	200125
工程结算成本	7555103	6766595	438535	187904	162070

7—10 续表　　(2009 年)　　单位:万元

项　　目	总 计	房屋和土木工程建筑业	建筑安装业	建筑装饰业	其他建筑业
工程结算税金及附加	381424	343703	20449	10600	6672
工程结算利润	422919	310140	56050	27078	29651
其他业务收入	62995	43453	15639	1126	2778
其他业务利润	15025	10134	3222	220	1449
经营费用	34362	23318	8805	508	1732
管理费用	239269	170889	39248	12409	16724
#税　金	7783	5677	1504	338	265
财产保险费	814	459	202	94	59
差旅费	16220	12056	2139	711	1314
工会经费	2792	2228	385	30	149
财务费用	16443	13973	1639	590	241
#利息支出	10634	8980	1291	206	157
营业利润	182236	135414	18388	14299	14135
营业外收入	10233	5384	4749	29	70
营业外支出	5453	3914	1067	378	93
利润总额	179704	135206	20774	9812	13913
应交所得税	66017	55638	4352	2477	3551
应付利润	54043	44945	4288	3900	910
劳动、失业保险费	13187	12191	512	278	205
住房公积金及住房补贴	8107	6331	1068	178	530
本年应付工资总额(贷方累计发生额)	2005661	1801573	99339	55878	48871
#主营业务应付工资总额	1983295	1780456	98718	55389	48732
本年应付福利费总额(贷方累计发生额)	122956	112590	5676	2332	2358
#主营业务应付福利费总额	121033	110897	5605	2270	2261
应收工程款	609894	451516	70016	41740	46623
#竣工工程	280416	190753	33992	36131	19541
全部从业人员年平均人数(人)	640382	560017	42766	20655	16944

7—11 按企业资质等级分建筑业总承包施工企业主要财务指标

(2009 年)　　单位:万元

项　　目	合　计	特　级	一　级	二　级	三级以下
年初存货	752403	246267	192333	285712	28092
流动资产合计	3444031	646261	1633388	1006827	157555
#存　货	712249	201017	229766	249453	32013
长期投资	408121	58714	290187	52997	6224
固定资产合计	742942	41236	447530	182587	71589
固定资产原价	910953	64274	524621	238051	84008
#生产经营用	712746	12855	454252	174568	71072
累计折旧	248191	28636	131290	70560	17705
#本年折旧	44947	2489	20834	16391	5233
在建工程	18212		8830	7501	1881
无形及递延资产小计	97824	51451	37753	7924	695
#无形资产	97824	51451	37753	7924	695
其他资产	6017		2563	2803	652
资产合计	4708194	800000	2416440	1254950	236805
流动负债合计	2658312	426380	1436767	709049	86117
长期负债合计	198821	165620	26664	4309	2228
负债合计	2857133	592000	1463430	713357	88345
所有者权益合计	1851061	208000	953009	541592	148460
实收资本	1365287	52172	752559	425995	134562
#国家资本	532035	52172	455294	19237	5332
集体资本	56425		16184	31041	9200
法人资本	181885		101634	59481	20770
个人资本	582679		171616	311802	99260
港澳台资本	8033		7830	203	
外商资本	4231			4231	
工程结算收入	7268486	716465	4029657	2218160	304203
工程结算成本	6626574	605723	3725266	2019187	276398

7－11 续表 (2009年) 单位:万元

项 目	合 计	特 级	一 级	二 级	三级以下
工程结算税金及附加	333987	103637	131733	87793	10824
工程结算利润	297116	6715	169425	104541	16435
其他业务收入	54845	26	46823	7370	626
其他业务利润	10991	26	6786	3784	396
经营费用	10808	390	3233	6639	546
管理费用	167962	2930	103482	52503	9047
#税 金	5390	655	2091	2134	509
财产保险费	505		348	147	9
差旅费	10253	2181	5118	2396	559
工会经费	1485		1102	333	51
财务费用	13714	852	9651	2874	337
#利息支出	8987	633	7386	780	188
营业利润	126432	2959	63078	52948	7447
营业外收入	7374	1113	3594	2248	419
营业外支出	4748	997	2798	647	305
利润总额	126437	2485	62878	53626	7449
应交所得税	50884	621	20617	26877	2770
应付利润	40400		20629	16453	3317
劳动、失业保险费	10726		5813	4661	252
住房公积金及住房补贴	6404		5092	1200	112
本年应付工资总额(贷方累计发生额)	1737350	74065	1015684	568708	78893
#主营业务应付工资总额	1716842	74065	1003824	562102	76851
本年应付福利费总额(贷方累计发生额)	104937	8861	57743	35433	2900
#主营业务应付福利费总额	103319	8861	56436	35225	2797
应收工程款	465025		287630	133945	43451
#竣工工程	193826		121405	46338	26083
全部从业人员年平均人数(人)	549958	28022	323347	171589	27000

7—12 按企业资质等级分建筑业专业承包施工企业主要财务指标

（2009 年）

单位:万元

项 目	合 计	一 级	二 级	三级以下
年初存货	113225	34351	43605	35269
流动资产合计	652463	185928	277210	189326
#存 货	139475	34616	58947	45912
长期投资	32995	10626	11177	11192
固定资产合计	98189	31193	34369	32627
固定资产原价	144807	59876	50160	34771
#生产经营用	105702	49937	31203	24562
累计折旧	62792	29322	21218	12251
#本年折旧	16535	7994	5852	2689
在建工程	3705	314	2116	1275
无形及递延资产小计	2667	596	1530	541
#无形资产	2667	596	1530	541
其他资产	687	137	504	45
资产合计	789271	228612	326370	234290
流动负债合计	372676	112921	147563	112192
长期负债合计	5237	453	3859	925
负债合计	377912	113373	151422	113117
所有者权益合计	411372	115239	174948	121186
实收资本	305453	88433	125505	91515
#国家资本	25676	7544	7663	10469
集体资本	5996		1463	4532
法人资本	79730	23689	34468	21573
个人资本	174186	40445	78801	54941
港澳台资本	18755	16755	2000	
外商资本	1111		1111	
工程结算收入	1125323	551503	367785	206036
工程结算成	928529	474572	290958	162999

7—12 续表 (2009年) 单位:万元

项目	合计	一级	二级	三级以下
工程结算税金及附加	47438	22364	17740	7334
工程结算利润	125803	43675	48811	33317
其他业务收入	8150	705	3312	4133
其他业务利润	4033	320	1640	2073
经营费用	23554	10892	10276	2386
管理费用	71307	20451	31223	19633
#税 金	2394	796	1311	286
财产保险费	309	93	141	76
差旅费	5967	2689	2462	816
工会经费	1306	872	240	195
财务费用	2729	701	1751	277
#利息支出	1647	397	1157	93
营业利润	55804	22843	17477	15484
营业外收入	2859	683	2046	130
营业外支出	705	63	496	146
利润总额	53267	19340	18246	15681
应交所得税	15133	7379	3686	4068
应付利润	13644	7950	3970	1723
劳动、失业保险费	2461	1732	484	246
住房公积金及住房补贴	1703	248	637	819
本年应付工资总额(贷方累计发生额)	268311	135999	86969	45343
#主营业务应付工资总额	266452	135402	86328	44722
本年应付福利费总额(贷方累计发生额)	18020	10666	5373	1981
#主营业务应付福利费总额	17714	10602	5271	1841
应收工程款	144869	61064	48105	35701
#竣工工程	86590	41835	20280	24475
全部从业人员年平均人数(人)	90424	38577	34809	17038

7－13　按县(市)区分建筑业总承包、专业承包施工企业主要财务指标

(2009年)　　单位:万元

项　　目	福州市	鼓楼区	台江区	仓山区	晋安区	马尾区	福清市
年初存货	865629	432283	24120	49578	44040	64220	159311
流动资产合计	4096494	2010110	251967	172079	245219	534938	367194
#存　货	851724	421312	21782	48968	44584	84803	131570
长期投资	441116	348372	18143	2990	11073	19957	30886
固定资产合计	841131	460521	43884	24049	23340	96786	69267
固定资产原价	1055760	525991	63533	28641	25585	136272	93128
#生产经营用	818448	386671	46919	10253	14312	117190	89859
累计折旧	310983	135930	21471	7406	7468	48449	27283
#本年折旧	61482	19814	3728	1141	1184	9313	12491
在建工程	21917	8488	1226	2289		5460	2417
无形及递延资产小计	100490	84006	2332	496	658	7478	1339
#无形资产	100490	84006	2332	496	658	7478	1339
其他资产	6704	1799	1274	42	837	878	1261
资产合计	5497465	2911375	319178	199685	281473	661083	470070
流动负债合计	3030988	1576531	203196	109191	185208	405076	288259
长期负债合计	204057	191563	1149	1972		5825	2036
负债合计	3235045	1768094	204345	111164	185208	410901	290295
所有者权益合计	2262433	1143281	114833	88522	96265	250196	179775
实收资本	1670740	792556	105560	62511	86663	190436	150419
#国家资本	557711	483091	10765	12407	4567	44495	
集体资本	62420	9403	10424	2078	5075	5267	6018
法人资本	261615	132661	19184	3756	5455	51053	15875
个人资本	756864	155278	62074	44024	67335	89621	116313
港澳台资本	26788	11259	3114				12213
外商资本	5341	864		247	4231		
工程结算收入	8393809	3227114	418671	278770	135817	1280744	537197
工程结算成本	7555103	2880324	377340	237267	120236	1157802	484659

7－13 续表1 (2009年) 单位:万元

项 目	长乐市	闽侯县	连江县	罗源县	闽清县	永泰县	平潭县
年初存货	16098	17366	20706	4623	10501	14450	8332
流动资产合计	85759	73361	103761	31076	86576	103538	30916
#存 货	19133	19921	23350	6287	10520	17965	1530
长期投资	1020	1896	704	1813	2397	90	1775
固定资产合计	20667	12477	16067	2013	20404	31440	20216
固定资产原价	26586	16301	25121	3745	29320	43803	37736
#生产经营用	20275	9167	23451	80	24803	40883	34587
累计折旧	7255	4174	9569	1914	8916	13368	17782
#本年折旧	948	405	1452	482	1645	3061	5817
在建工程	1309	312	105	48			263
无形及递延资产小计	975	343	231	34	2598	1	
#无形资产	975	343	231	34	2598	1	
其他资产	89	6		307	16	105	90
资产合计	110178	88095	120763	35248	112136	135185	52998
流动负债合计	55157	24451	62381	24017	36079	47882	13558
长期负债合计				1006		507	
负债合计	55157	24451	62381	25023	36079	48389	13558
所有者权益合计	55021	63643	58382	10225	76057	86795	39440
实收资本	47575	32415	40475	9320	61339	64225	27246
#国家资本		2386					
集体资本	4159	2500	1025		10267	6204	
法人资本	1526	4116	4135	4716	12627		6511
个人资本	41890	23210	35315	4604	38445	58021	20735
港澳台资本		203					
外商资本							
工程结算收入	364001	100394	378771	25787	338782	592945	714817
工程结算成本	337579	90148	349341	23868	305463	549644	641432

7—13　续表2　　(2009年)　　单位:万元

项　　目	福州市	鼓楼区	台江区	仓山区	晋安区	马尾区	福清市
工程结算税金及附加	381424	194759	13592	8269	4319	43245	22434
工程结算利润	422919	141240	27216	29362	11262	77957	27941
其他业务收入	62995	33748	1931	931	1576	21260	1980
其他业务利润	15025	6831	1188	674	1195	2605	1694
经营费用	34362	10791	523	3872		1739	2163
管理费用	239269	89146	23818	10143	8338	59830	9563
#税　金	7783	1917	508	599	169	2313	581
财产保险费	814	365	69	31	70	177	87
差旅费	16220	5862	1417	986	263	2607	1026
工会经费	2792	807	250	33	68	534	19
财务费用	16443	8061	695	1210	1043	2661	1477
#利息支出	10634	6056	860	688	955	1105	635
营业利润	182236	50869	3890	18684	3076	18072	18595
营业外收入	10233	5739	328	500	464	366	1237
营业外支出	5453	3068	118	249	146	990	101
利润总额	179704	50564	4108	15488	3403	17342	19730
应交所得税	66017	10285	1411	3875	1316	4317	7356
应付利润	54043	6210	3653	5467	765	5388	11128
劳动、失业保险费	13187	1720	2879	290	126	3602	107
住房公积金及住房补贴	8107	2790	1277	461	262	2406	2
本年应付工资总额(贷方累计发生额)	2005661	690791	98397	45509	42909	318531	153556
#主营业务应付工资总额	1983295	690521	92768	42571	42448	312085	153556
本年应付福利费总额(贷方累计发生额)	122956	29100	6846	970	1193	31670	5360
#主营业务应付福利费总额	121033	28910	6439	858	1193	31024	5332
应收工程款	609894	270630	29445	23200	23741	108200	61806
#竣工工程	280416	119825	20395	13143	6734	50488	25324
全部从业人员年平均人数(人)	640382	284555	22901	12545	12710	79788	47295

7—13 续表3　　(2009年)　　单位:万元

项 目	长乐市	闽侯县	连江县	罗源县	闽清县	永泰县	平潭县
工程结算税金及附加	11279	4087	12946	839	11760	21890	32006
工程结算利润	15111	6145	16102	1065	18428	21411	29680
其他业务收入	218	98	278	26	753	96	99
其他业务利润	187	89	150	24	295	65	29
经营费用	32	15	382	15	3131		11698
管理费用	6183	3405	5492	553	8957	8704	5139
#税 金	103	302	237	113	130	367	443
财产保险费	10	1	3				2
差旅费	115	169	741	21	567	391	2054
工会经费	42	28	20	7	30	112	843
财务费用	219	576	54	2	66	172	207
#利息支出	186	61	32	1	38	—20	38
营业利润	8896	2253	10706	534	9700	12600	24362
营业外收入	234	418	72	53	775	47	
营业外支出	331	269	25	26	81	49	
利润总额	8786	2376	10687	537	9696	12598	24388
应交所得税	5135	1436	5945	137	4650	5664	14490
应付利润	1330	513	1068	309	4594	3746	9872
劳动、失业保险费	316	135	185	14	2265	126	1421
住房公积金及住房补贴	162			42	678	26	
本年应付工资总额(贷方累计发生额)	83583	20162	123639	10154	89041	143944	185447
#主营业务应付工资总额	83543	19932	123161	9770	87108	140410	185424
本年应付福利费总额(贷方累计发生额)	2274	1811	5391	1218	2670	15690	18764
#主营业务应付福利费总额	2271	1807	5377	1188	2622	15254	18761
应收工程款	13166	1312	6323	9218	25169	30840	6845
#竣工工程	310	694	2342	6982	16963	14727	2490
全部从业人员年平均人数(人)	17864	8040	30710	2198	19484	53249	49043

主要统计指标解释

建筑业总产值(自行完成施工产值) 指建筑企业或附营建筑业施工单位自行完成的按工程进度计算的建筑安装总价值。它包括建筑工程产值,设备安装工程产值,房屋、构筑物修理产值,非标准设备制造产值。

建筑工程产值 指列入建筑工程预算内的各种工程价值。包括各种用途的房屋、构筑物的建筑工程和列入房屋工程预算内暖气、卫生、通风、照明、煤气等设备价值;设备基础、支柱、操作台、梯子、烟囱、凉水塔的建筑工程;各种锅炉炉体砌筑和金属结构安装工程;施工现场布置,场地平整,施工临时用水、电、道路的铺筑与架设;矿井的开凿,井巷掘进延伸,露天矿的剥离,石油、天然气钻井工程;铁路、公路、港口、桥梁的建筑工程;水利工程;防空、地下建筑等特殊工程。建筑工程产值还包括建筑装饰工程产值。建筑装饰工程的范围,包括抹灰、门窗、玻璃、吊顶、隔断、饰面板(砖)、涂料、裱湖、刷浆、花饰等十项工程。

设备安装工程产值 设备安装工程包括:生产、动力、起重、运输、传动和医疗、实验等各种需要安装设备的装配与安装,与设备相相联结的工作台、梯子、栏杆等装设工程,附属于被安装设备的管线敷设工程,被安装设备的绝缘、防腐、保温、油漆等工程;为测定安装工作质量,对单个设备、系统设备进行单机试车和系统联动无负荷试运转工作。设备安装工程产值中不包括被安装设备本身的价值。

房屋、构筑物修理产值 指房屋、构筑物修理所完成的产值,但不包括被修理房屋、构筑物本身的价值和生产设备的修理价值。

非标准设备制造产值 指加工制造没有定型的、非标准生产设备的加工费和原材料价值,不论是现场还是附属加工厂为本单位承建工程制造的非标准设备价值,都应计算产值。

竣工产值 指在报告期内,按照设计所规定的的工程内容全部完成,达到了设计规定的交工条件,经质量监督检查部门检查验收鉴定合格的单位工程价值之和。

单位工程施工个数 指在报告期内施工过的全部单位工程个数。它包括本期内新开工的,还包括上期施工跨入本期继续施工的单位工程个数。

单位工程竣工个数 指在报告期内,按照设计规定的的工程内容全部完成,达到了使用条件,经质量监督检查部门检查验收鉴定合格的全部单位工程个数。

自有机械设备年末总功率 指本企业(或单位)自有施工机械、生产设备、运输设备以及其他设备等列为在册固定资产的生产性机械设备年末总功率,按设计能力或查定能力计算。包括机械本身的动力和为该机械服务的单独动力设备。如电动机等到。计量单位用千瓦,动力换算可按 1 马力=0.735 千瓦折合成千瓦数。电焊机、变压器、锅炉不计算动力。

施工机械功率 指归本企业所有,属于本企业固定资产的施工机械,以及直接为施工服务的生产设备、运输设备的全部功率。

工程结算收入 指企业(或单位)按工程的分部分项自行完成的建筑产品价值并已与甲方在报告期内办理结算手续的工程价款收入,以及向甲方收取的除工程价款以外的按规定列作营业收入的各种款项,如临时设施费、劳动保险费、施工机械调迁费经及向甲方收取的各种索赔款。

房屋建筑施工面积 指在报告期内施工的全部房屋建筑面积,包括本期新开工的、上期施工跨入本期继续施工、上期停建本期复工的房屋建筑面积;不包括上期开工后又停工,本期末施工的房屋建筑面积。

房屋建筑竣工面积 指在报告期内,按照设计所规定的工程内容全部完成,达到了设计规定的交工条件,经有关部门检查验收鉴定合格的房屋建筑面积。

CHAPTER 8 第八篇

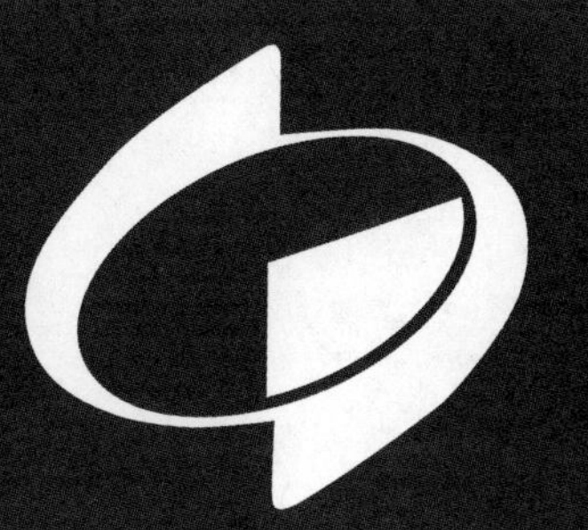

批发零售与住宿餐饮业

本篇内容包括：

1、批发零售贸易业购、销、存

2、限额以上批发贸易企业主要经济指标

3、住宿、餐饮业主要指标

4、历年社会消费品零售总额

8—1 限额以上批发零售贸易业商品销售类值

(2009年)

单位:万元

项　　目	购进总额	销售总额	批　发	零　售	年末库存
总　　计	**14697075**	**13589967**	**8316192**	**5273775**	**1804835**
#国有及国有控股	5631700	3748000	2719141	1028859	878775
按登记注册分					
内资企业	10931895	11893938	7885831	4008107	1590395
国有企业	1384650	2057581	1759979	297603	107752
集体企业	48407	56569	28538	28031	6035
联营企业	56388	53203	53203		6074
#国有联营企业	18682	18957	18957		2614
国有与集体联营企业	37706	34246	34246		3460
有限责任公司	4582351	5046098	2973820	2072278	1072594
国有独资公司	382322	417475	366924	50551	600033
其他有限责任公司	4200029	4628623	2606896	2021727	472561
股份有限公司	1490730	1018144	693462	324681	96709
私营企业	3270525	3548383	2298635	1249748	297951
私营独资企业	43770	59602	18522	41081	4099
私营合伙企业	13590	14835		14835	1176
私营有限责任公司	3091994	3340949	2173993	1166956	280101
私营股份有限公司	121172	132997	106120	26877	12575
其他企业	98845	113960	78194	35766	3280
港、澳、台商投资企业	760597	724987	107992	616995	77483
合资经营企业(港或澳、台资)	20882	21913	9367	12546	6795
合作经营企业(港或澳、台资)	604800	549900		549900	54900
港、澳、台商独资经营企业	128111	145285	98626	46659	14757
港、澳、台商投资股份有限公司	6805	7889		7889	1031
外商投资企业	3004583	971042	322370	648673	136957
中外合资经营企业	2749756	672247	227673	444574	113252
外资企业	231538	275216	71117	204099	22945
外商投资股份有限公司	23289	23580	23580		761

8—1 续表1　　(2009年)　　单位:万元

项目	购进总额	销售总额			年末库存
			批发	零售	
按国民经济行业分	**14697075**	**13589967**	**8316193**	**5273775**	**1804835**
一、批发业	**10365743**	**8804084**	**7960435**	**843649**	**1328658**
农畜产品批发	226301	310963	310963		552788
谷物、豆及薯类批发	85502	149350	149350		539702
种子、饲料批发	140799	161614	161614		13086
食品、饮料及烟草制品批发	1257199	1485053	1349075	135978	87052
米、面制品及食用油批发	290977	287392	268626	18766	49746
糕点、糖果及糖批发	3470	3469	3469		387
果品、蔬菜批发	3075	4101	4101		4
肉、禽、蛋及水产品批发	92918	148981	148981		6479
盐及调味品批发	45224	55036	55036		2099
饮料及茶叶批发	288493	312871	203075	109796	2853
烟草制品批发	364092	491437	491437		15762
其他食品批发	168951	181767	174350	7417	9722
纺织、服装及日用品批发	1206852	1293533	1271838	21695	122059
纺织品、针织品及原料批发	96008	98485	98485		681
服装批发	349253	377444	373722	3722	12602
鞋帽批发	632896	685493	684321	1172	91332
厨房、卫生间用具及日用杂货批发	4784	5045	5045		588
化妆品及卫生用品批发	40112	45346	35706	9639	2041
其他日用品批发	83799	81721	74559	7162	14814
文化、体育用品及器材批发	78723	83369	80289	3080	9109
文具用品批发	5602	5585	4371	1215	1337
体育用品批发	6310	6520	4655	1865	1557
图书批发	408	4041	4041		47
音像制品及电子出版物批发	14522	12778	12778		3222
首饰、工艺品及收藏品批发	43126	45161	45161		2130
其他文化用品批发	8754	9284	9284		816
医药及医疗器材批发	900747	1034496	840054	194442	68908
西药批发	801101	924210	732293	191917	59893
中药材及中成药批发	86663	95527	93001	2526	8584
医疗用品及器材批发	12983	14760	14760		431

8—1 续表 2 (2009 年) 单位:万元

项目	购进总额	销售总额			年末库存
			批发	零售	
矿产品、建材及化工产品批发	5096345	2841828	2459213	382615	260088
煤炭及制品批发	304834	335208	328460	6748	7155
石油及制品批发	3340626	901635	559761	341874	122800
非金属矿及制品批发	30673	35880	34322	1558	2129
金属及金属矿批发	395739	424183	424183		25361
建材批发	564606	601488	571813	29675	23937
化肥批发	246131	273950	273950		70480
农药批发	48652	49115	49115		151
其他化工产品批发	165084	220370	217610	2760	8075
机械设备、五金交电及电子产品批发	946044	1052598	974087	78512	177448
汽车、摩托车及零配件批发	71310	87951	85435	2517	4293
五金、交电批发	140567	152062	145406	6656	12164
家用电器批发	309522	334082	325525	8557	44815
计算机、软件及辅助设备批发	226391	239075	183882	55194	8897
通讯及广播电视设备批发	12853	16487	15129	1359	178
其他机械设备及电子产品批发	185402	222941	218712	4230	107102
贸易经纪与代理	306703	367340	367340		12595
其他批发	346829	334903	307575	27327	38613
再生物资回收与批发	26053	27564	27564		1895
其他未列明的批发	320777	307339	280012	27327	36718
二、零售业	**4331333**	**4785883**	**355758**	**4430126**	**476177**
综合零售	1211425	1353040	7747	1345293	105272
百货零售	242887	364477	2018	362459	12397
超级市场零售	961172	980389	5442	974947	92137
其他综合零售	7367	8175	287	7887	739
食品、饮料及烟草制品专门零售	245590	215654	1963	213691	63490
粮油零售	150356	94626		94626	59089
肉、禽、蛋及水产品零售	8599	12229		12229	401
饮料及茶叶零售	30983	43827	1963	41865	1627
烟草制品零售	30381	29907		29907	1523
其他食品零售	25272	35065		35065	851

8—1 续表3 (2009年) 单位:万元

项目	购进总额	销售总额			年末库存
			批发	零售	
纺织、服装及日用品专门零售	89947	100136	3838	96298	14570
纺织品及针织品零售	11556	13389	1738	11651	1594
服装零售	29533	36305	2100	34205	8203
鞋帽零售	20524	20518		20518	2311
钟表、眼镜零售	9135	8970		8970	1575
化妆品及卫生用品零售	8854	9670		9670	324
其他日用品零售	10345	11284		11284	564
文化、体育用品及器材专门零售	371441	388062	149319	238743	64864
文具用品零售	2026	2508		2508	133
体育用品零售	27376	34150	14327	19823	7670
图书零售	298057	298654	129718	168936	48186
音像制品及电子出版物零售	921	1031		1031	91
珠宝首饰零售	14140	12679		12679	1461
工艺美术品及收藏品零售	4600	13970	141	13829	3128
照相器材零售	1639	1746	1004	742	677
其他文化用品零售	22682	23323	4129	19195	3518
医药及医疗器材专门零售	66818	69456	10597	58859	7170
药品零售	56478	58923	10597	48326	5535
医疗用品及器材零售	10341	10533		10533	1634
汽车、摩托车、燃料及零配件专门零售	1389045	1708044	29698	1678346	84802
汽车零售	1210004	1344039	26808	1317232	68508
汽车零配件零售	95929	111792	1766	110026	11313
摩托车及零配件零售	5476	6110		6110	963
机动车燃料零售	77636	246103	1124	244978	4019
家用电器及电子产品专门零售	594278	622486	118948	503539	54981
家用电器零售	354214	360678	45340	315339	36250
计算机、软件及辅助设备零售	115577	130500	26838	103662	14276
通信设备零售	19538	21858		21858	2423
其他电子产品零售	104950	109450	46770	62680	2033
五金、家具及室内装修材料专门零售	303442	265277	29949	235328	76215
五金零售	22072	22759	3669	19090	1101
家具零售	237942	199702	6040	193663	70963
其他室内装修材料零售	43428	42816	20241	22575	4151
无店铺及其他零售	59348	63729	3700	60028	4813
生活用燃料零售	856	1018	248	769	16
其他未列明的零售	58492	62711	3452	59259	4797

8—2 限额以上批发零售贸易业商品销售类值(按品种分)

单位:万元

项目	2009年	批发额	零售额	2008年	批发额	零售额
总计	**12890814**	**7783592**	**5107221**	**13193536**	**8723960**	**4469576**
粮油、食品、饮料、烟酒类	2519652	1558036	961616	2015701	1424657	591043
服装、鞋帽、针纺织品类	1194985	807930	387056	1295538	995644	299894
化妆品类	72545	5156	67388	54037	7390	46647
金银珠宝类	115168	43867	71301	206897	144913	61985
日用品类	302150	121992	180158	281215	115399	165816
五金、电料类	101817	57561	44256	77055	61901	15153
体育、娱乐用品类	46326	19154	27172	24750	18690	6060
书报杂志类	186527	133740	52787	268595	135403	133193
电子出版物及音像制品类	3953	1561	2392	17152	6956	10196
家用电器和音像器材类	731506	399407	332100	744719	406027	338692
中西药品类	941062	734490	206571	832948	691894	141054
文化办公用品类	375232	202959	172273	408846	264626	144221
家具类	166931	34440	132491	120357	37773	82584
通讯器材类	137879	52306	85573	122007	39606	82401
煤炭及制品类	309193	298902	10292	369025	353187	15838
木材及制品类	45165	45165		41103	41103	
石油及制品类	1132069	598090	533979	1321069	576565	744504
化工材料及制品类	576122	576122		583785	583785	
金属材料类	605921	605921		1148148	1148148	
建筑及装潢材料类	504538	357860	146679	503924	354684	149240
机电产品及设备类	367234	340758	26476	549895	417340	132555
汽车类	1442927	39391	1403536	1257196	117226	1139970
种子饲料类	189885	189885		188722	188722	
棉麻类	369	369		59		59
其他类	821659	558532	263127	760795	592322	168473

8—3 限额以上批发零售贸易业商品销售数量

项 目	单 位	2009 年	批发量	零售量	2008 年	批发量	零售量
粮 食	吨	1586876	1521699	65177	717693	559040	158653
食用植物油	吨	238720	205218	33502	236793	154502	82291
照相机	台	81352	12149	69203	88182	9399	78783
#数码照相机	台	50535	11384	39151	56932	9350	47582
彩色电视机	台	737177	568297	168880	360038	202690	157348
#液晶等离子电视机	台	121100	108442	12658	104784	84332	20452
组合音响	台	14708	158	14550	14903	2	14901
摄像机	台	4553	1493	3060	9176	29	9147
影碟机	台	73593	32223	41370	108311	45585	62726
家用电冰箱	台	514338	371150	143188	312154	187538	124616
家用洗衣机	台	286159	153162	132997	169273	39679	129594
房间空调器	台	801553	599305	202248	882461	496646	385815
微波炉	台	143298	88481	54817	159287	104938	54349
微型计算机	台	752983	448200	304783	512151	328215	183936
普通电话机	部	255938	97737	158201	177907	123781	54126
移动电话机	部	473304	81997	391307	719604	126886	592718
汽 油	吨	587840	199477	388363	452521	75359	377162
煤 油	吨	642		642	300		300
柴 油	吨	1039603	662637	376966	658201	187424	470777
汽 车	辆	85994	5431	80563	65024	4855	60169
#轿 车	辆	60765	1628	59137	31670	1127	30543

8－4 限额以上批发零售贸易企业财务指标

（2009 年）　　　　单位：万元

项　　目	法人企业数（个）	年初存货	流动资产合计	#应收账款	存　货	流动资产年平均余额
总　　计	**695**	**920022**	**4755473**	**734944**	**1054613**	**2924493**
#国有及国有控股	87	406093	1354742	256794	470789	1032932
按登记注册类型分组						
内资企业	653	744417	4312556	652289	913627	2626020
国有企业	64	84010	635922	114375	110070	490922
集体企业	14	3346	9632	1056	3448	4717
联营企业	4	3222	14455	3741	6692	7492
国有联营企业	3	2233	10002	3687	5534	3217
国有与集体联营企业	1	989	4453	55	1158	4274
有限责任公司	216	419644	1866071	279606	518027	1143898
国有独资公司	7	167802	271104	5292	205413	74564
其他有限责任公司	209	251842	1594967	274314	312615	1069334
股份有限公司	19	56597	387214	66820	79463	164122
私营企业	327	172030	1308422	178309	192749	751923
私营独资企业	23	2484	19233	4394	3402	9798
私营合伙企业	9	1199	2330	163	976	1004
私营有限责任公司	282	154276	1172281	157226	180752	678821
私营股份有限公司	13	14071	114578	16526	7619	62300
其他企业	9	5569	90840	8382	3177	62947
港、澳、台商投资企业	13	40721	184668	12862	30837	26233
合资经营企业（港或澳、台资）	4	2409	12819	1572	3688	4996
合作经营企业（港或澳、台资）	1	13594	133972	3688	18264	
港、澳、台商独资经营企业	7	23843	34236	6471	7854	21237
港、澳、台商投资股份有限公司	1	874	3641	1131	1031	
外商投资企业	29	134885	258250	69792	110149	272240
中外合资经营企业	14	109873	200506	59454	88463	231753
外资企业	13	24125	55514	8897	21023	39070
外商投资股份有限公司	2	887	2230	1441	662	1417
按国民经济行业分						
一、批发业	**337**	**649135**	**3149923**	**510042**	**738195**	**2074785**
农畜产品批发	10	174969	264970	4131	156084	64100
谷物、豆及薯类批发	3	146339	192919	20	150041	
种子、饲料批发	7	28629	72051	4111	6043	64100
食品、饮料及烟草制品批发	30	81170	414564	33606	82238	342705
米、面制品及食用油批发	10	40422	123939	11460	46969	85080
糕点、糖果及糖批发	1	136	1297	519	328	1074
果品、蔬菜批发	1	9	200	13	4	195
肉、禽、蛋及水产品批发	6	14131	54542	12525	8490	42720
盐及调味品批发	3	2017	20415	3211	2099	18743
饮料及茶叶批发	3	5978	15430	1867	1223	15425
烟草制品批发	1	14308	167507	506	13485	157102
其他食品批发	5	4169	31234	3507	9640	22366

8—4 续表1 (2009年) 单位:万元

项目	法人企业数（个）	年初存货	流动资产			流动资产年平均余额
			合计	#应收账款	存货	
纺织、服装及日用品批发	65	34432	336351	60932	54290	265064
纺织品、针织品及原料批发	4	511	28513	1569	6918	6629
服装批发	21	10366	99211	20620	24808	77266
鞋帽批发	25	18078	181279	33068	15157	161364
厨房、卫生间用具及日用杂货批发	1		1450	507		
化妆品及卫生用品批发	4	2132	6759	1078	2470	4220
其他日用品批发	10	3346	19139	4090	4937	15585
文化、体育用品及器材批发	10	15988	43228	8734	8230	20065
文具用品批发	2	1017	5021	897	746	5554
体育用品批发	1	845	1518		1332	
图书批发	1	3819	18600	1274		
音像制品及电子出版物批发	1	1164	5988	2115	3222	5605
首饰、工艺品及收藏品批发	3	8443	9457	3236	2115	8906
其他文化用品批发	2	700	2645	1213	816	
医药及医疗器材批发	26	52395	313316	151108	64495	232841
西药批发	19	45385	268109	131171	54407	211626
中药材及中成药批发	4	6374	35507	16160	6728	21215
医疗用品及器材批发	3	636	9700	3778	3361	
矿产品、建材及化工产品批发	100	209364	1153330	119135	224473	751771
煤炭及制品批发	7	10141	71768	8172	11188	55329
石油及制品批发	13	104848	186536	25298	113720	195935
非金属矿及制品批发	2	3899	16872	586	1866	8029
金属及金属矿批发	22	28212	203436	12966	25513	85230
建材批发	34	20160	421053	41690	23645	331872
化肥批发	4	32716	154294	15962	37401	19287
农药批发	2	207	23093	4170	85	24534
其他化工产品批发	16	9181	76278	10293	11055	31555
机械设备、五金交电及电子产品批发	71	66929	383005	95857	93490	224387
汽车、摩托车及零配件批发	8	2926	31404	12619	1623	9397
五金、交电批发	7	5974	89718	11964	12794	63361
家用电器批发	18	35933	140557	36737	51799	63231
计算机、软件及辅助设备批发	13	6243	46229	7610	12179	23362
通讯及广播电视设备批发	3	112	10011	3855	78	4866
其他机械设备及电子产品批发	22	15742	65086	23073	15018	60171
贸易经纪与代理	5	4786	72043	2120	18484	41844
其他批发	20	9102	169116	34419	36410	132009
再生物资回收与批发	4	1049	16516	3844	1537	6198
其他未列明的批发	16	8053	152600	30575	34874	125812
二、零售业	**358**	**270887**	**1605550**	**224902**	**316418**	**849708**
综合零售	71	54178	355203	45966	60332	166657
百货零售	14	10743	124985	14295	11852	95529
超级市场零售	51	42991	228513	31347	47998	69573
其他综合零售	6	444	1705	324	481	1555

8－4 续表2 (2009年) 单位:万元

项　　目	法人企业数(个)	年初存货	流动资产合计	#应收账款	存　货	流动资产年平均余额
食品、饮料及烟草制品专门零售	22	7723	80873	4675	64311	70752
粮油零售	3	2751	60939	1158	59076	57430
肉、禽、蛋及水产品零售	5	514	2221	678	527	746
饮料及茶叶零售	9	1273	6574	1233	1785	3185
烟草制品零售	2	1409	6611	21	2186	6131
其他食品零售	3	1777	4529	1585	737	3261
纺织、服装及日用品专门零售	33	10463	35356	10991	10114	19292
纺织品及针织品零售	9	1157	4747	719	1768	3687
服装零售	11	4738	17773	3989	5671	8258
鞋帽零售	4	1534	4048	2861	220	1183
钟表、眼镜零售	1	1404	4790	1544	1575	4380
化妆品及卫生用品零售	4	364	2920	1509	312	1394
其他日用品零售	4	1265	1078	369	569	391
文化、体育用品及器材专门零售	21	42754	240630	84271	43207	208364
文具用品零售	2	122	2379	201	133	
体育用品零售	3	7757	12114	4412	6556	13548
图书零售	4	27782	202713	74162	28826	175706
音像制品及电子出版物零售	2	84	7396	733	91	5262
珠宝首饰零售	2	1928	6036	2897	1553	6142
工艺美术品及收藏品零售	3	2247	3570		2525	2510
照相器材零售	1	665	676	196	451	319
其他文化用品零售	4	2169	5748	1669	3073	4877
医药及医疗器材专门零售	15	4160	43192	3247	6672	10339
药品零售	14	2875	40894	2843	5037	8165
医疗用品及器材零售	1	1285	2299	404	1634	2174
汽车、摩托车、燃料及零配件专门零售	105	94058	350688	32395	71329	241551
汽车零售	73	82528	289492	21404	62356	197728
汽车零配件零售	10	4296	42055	5415	4817	29537
摩托车及零配件零售	7	980	1903	145	951	242
机动车燃料零售	15	6255	17237	5431	3204	14045
家用电器及电子产品专门零售	53	46523	417788	29998	47353	113488
家用电器零售	23	32835	299196	4092	33449	40111
计算机、软件及辅助设备零售	17	8402	57100	6796	9286	18341
通信设备零售	7	2974	8459	1905	2462	6239
其他电子产品零售	6	2311	53033	17206	2156	48797
五金、家具及室内装修材料专门零售	22	7603	57563	4432	8477	11050
五金零售	5	1341	5072	950	1215	2791
家具零售	5	3021	21002	240	4053	4567
其他室内装修材料零售	12	3241	31490	3242	3209	3691
无店铺及其他零售	16	3425	24257	8926	4624	8214
生活用燃料零售	1	24	186	13	16	
其他未列明的零售	15	3401	24071	8913	4608	8214

8—4 续表3 (2009年) 单位:万元

项目	长期投资合计	固定资产合计	固定资产原价	累计折旧	#本年折旧	资产总计
总计	**787631**	**683137**	**959468**	**314185**	**51978**	**7131356**
#国有及国有控股	238428	330467	514985	184631	22652	2622375
按登记注册类型分组						
内资企业	745158	541378	761322	257239	34709	6141415
国有企业	77915	88730	157276	68573	7384	832385
集体企业	284	4589	4454	1593	83	14714
联营企业		1115	3123	2021	269	15609
国有联营企业		906	2658	1765	203	10946
国有与集体联营企业		209	466	257	66	4662
有限责任公司	169538	237491	333796	97721	12651	2362879
国有独资公司	46655	15833	24906	9073	943	338410
其他有限责任公司	122883	221658	308890	88648	11708	2024469
股份有限公司	296575	153335	183407	61619	7461	1207532
私营企业	147779	55217	77634	24982	6703	1563269
私营独资企业	168	1167	2027	860	292	22502
私营合伙企业	37	638	1304	744	188	3052
私营有限责任公司	52917	50668	71285	22333	5947	1315294
私营股份有限公司	94657	2744	3019	1046	277	222421
其他企业	53067	900	1632	732	157	145028
港、澳、台商投资企业	42473	25037	32339	7427	1267	272912
合资经营企业(港或澳、台资)	2	745	1000	255	78	18702
合作经营企业(港或澳、台资)	41306	19891	26129	6238	891	209995
港、澳、台商独资经营企业	1165	4229	5160	931	297	40335
港、澳、台商投资股份有限公司		173	50	3	1	3880
外商投资企业		116722	165807	49519	16001	717029
中外合资经营企业		105779	145092	39312	13199	642629
外资企业		10922	20661	10172	2775	72149
外商投资股份有限公司		21	55	34	28	2251
按国民经济行业分						
一、批发业	**668636**	**358959**	**534264**	**177342**	**24116**	**4917444**
农畜产品批发	13496	9554	12240	3021	490	294349
谷物、豆及薯类批发	4452	5688	7722	2034	239	207147
种子、饲料批发	9044	3866	4518	987	251	87202
食品、饮料及烟草制品批发	71027	51249	92023	40774	2091	547641
米、面制品及食用油批发	7605	12862	22018	9156	566	149984
糕点、糖果及糖批发		20	39	19	8	1316
果品、蔬菜批发		3	3			204
肉、禽、蛋及水产品批发	9247	5072	7233	2161	529	69651
盐及调味品批发	48248	4089	8611	4522	331	74327
饮料及茶叶批发	3477	5437	7347	1910	−2451	25388
烟草制品批发	2142	22379	44602	22223	2939	193766
其他食品批发	309	1389	2171	783	167	33006

8—4 续表 4 (2009 年) 单位:万元

项目	长期投资合计	固定资产合计	固定资产原价	累计折旧	#本年折旧	资产总计
纺织、服装及日用品批发	215500	16910	27337	11151	1549	592471
纺织品、针织品及原料批发	214	708	1163	501	61	31215
服装批发	5689	2661	3291	1306	314	107828
鞋帽批发	209598	8753	14338	5585	589	421203
厨房、卫生间用具及日用杂货批发		29	73	45	10	1488
化妆品及卫生用品批发		141	272	131	29	6945
其他日用品批发		4617	8200	3583	546	23791
文化、体育用品及器材批发	5265	1333	1843	516	114	53159
文具用品批发	1453	405	490	85	36	6893
体育用品批发		21	42	21	10	1677
图书批发		102	189	87	26	21736
音像制品及电子出版物批发		14	52	39	8	6001
首饰、工艺品及收藏品批发	3812	653	829	182	5	14063
其他文化用品批发		139	241	103	29	2789
医药及医疗器材批发	10050	28024	37022	9763	1826	358048
西药批发	8052	25418	33450	8797	1592	308095
中药材及中成药批发	1948	2451	3213	763	132	40047
医疗用品及器材批发	50	156	359	203	102	9906
矿产品、建材及化工产品批发	344799	231171	333761	102771	16175	2407675
煤炭及制品批发	1206	787	1378	591	116	73842
石油及制品批发	136670	171780	254858	83091	12787	1148943
非金属矿及制品批发		288	356	69	37	17168
金属及金属矿批发	94639	3143	5036	1894	372	310818
建材批发	81161	31168	44945	13777	2429	546453
化肥批发	7	22208	23437	1298	70	177894
农药批发	20065	206	151	46	6	43363
其他化工产品批发	11053	1594	3600	2006	357	89196
机械设备、五金交电及电子产品批发	6906	11093	17315	6225	1295	410074
汽车、摩托车及零配件批发	58	445	851	406	100	31969
五金、交电批发	332	4404	5824	1420	186	94531
家用电器批发	337	1698	2926	1229	290	143562
计算机、软件及辅助设备批发	3367	590	1088	499	138	50209
通讯及广播电视设备批发	35	770	1061	291	98	11152
其他机械设备及电子产品批发	2777	3187	5565	2381	484	78652
贸易经纪与代理	45	1697	2859	1161	143	73992
其他批发	1547	7927	9864	1960	433	180036
再生物资回收与批发	474	2959	3933	998	123	20130
其他未列明的批发	1074	4968	5930	962	310	159905
二、零售业	**118995**	**324178**	**425204**	**136843**	**27862**	**2213912**
综合零售	55771	167200	185308	48619	13699	674181
百货零售	14389	124820	118299	21687	8851	331243
超级市场零售	41306	39302	64854	26240	4805	337979
其他综合零售	77	3078	2155	692	43	4959

8—4 续表5 （2009年） 单位：万元

项目	长期投资合计	固定资产合计	固定资产原价	累计折旧	#本年折旧	资产总计
食品、饮料及烟草制品专门零售	700	12986	15880	2979	603	95726
粮油零售		10038	11599	1562	255	71747
肉、禽、蛋及水产品零售		1741	2451	710	138	4004
饮料及茶叶零售		291	450	209	45	6907
烟草制品零售	700	753	1032	314	110	8375
其他食品零售		164	348	184	55	4693
纺织、服装及日用品专门零售	691	1856	3307	1451	318	39664
纺织品及针织品零售		149	233	84	22	4917
服装零售		919	1257	338	106	20030
鞋帽零售		131	266	135	51	4317
钟表、眼镜零售	691	195	912	716	27	5813
化妆品及卫生用品零售		426	570	144	104	3474
其他日用品零售		36	70	34	9	1115
文化、体育用品及器材专门零售	13361	63945	111150	47523	5643	338944
文具用品零售	155	31	54	23	6	2573
体育用品零售		170	330	160	60	12708
图书零售	10795	63185	110234	47050	5527	296983
音像制品及电子出版物零售	2285	319	11	9	2	10047
珠宝首饰零售		80	135	56	12	6115
工艺美术品及收藏品零售		78	122	44	4	3657
照相器材零售			19	19	11	898
其他文化用品零售	126	82	245	163	22	5963
医药及医疗器材专门零售		2044	2787	1108	149	45574
药品零售		1944	2599	1019	131	43095
医疗用品及器材零售		99	188	89	19	2480
汽车、摩托车、燃料及零配件专门零售	26234	55815	76234	24675	5621	459954
汽车零售	13719	35658	50372	14817	3623	358651
汽车零配件零售	12510	7649	5650	1301	350	64505
摩托车及零配件零售	5	13	75	62	8	1921
机动车燃料零售		12496	20137	8494	1640	34878
家用电器及电子产品专门零售	19224	8852	13970	5220	747	450935
家用电器零售	12527	1211	3352	2143	154	314282
计算机、软件及辅助设备零售	6303	849	1333	585	120	64545
通信设备零售	395	666	1118	452	260	9840
其他电子产品零售		6127	8166	2040	213	62268
五金、家具及室内装修材料专门零售	810	7720	10993	3306	914	78101
五金零售		297	399	102	15	5369
家具零售	168	4819	6953	2134	746	33483
其他室内装修材料零售	642	2604	3641	1070	153	39250
无店铺及其他零售	2203	3761	5577	1964	168	30832
生活用燃料零售		1026	1215	190		1211
其他未列明的零售	2203	2735	4362	1774	168	29621

8—4 续表6 (2009年) 单位:万元

项目	流动负债合计	#应付账款	长期负债合计	负债合计	所有者权益合计
总计	**4306412**	**975823**	**189345**	**4541324**	**2590032**
#国有及国有控股	1258748	370732	102809	1373981	1248394
按登记注册类型分组					
内资企业	3769500	820933	133691	3948681	2192734
国有企业	414418	123527	18346	445646	386739
集体企业	9554	4449	294	9849	4865
联营企业	10770	1837	264	11034	4575
国有联营企业	7127	771	264	7390	3556
国有与集体联营企业	3644	1065		3644	1019
有限责任公司	1642189	398363	65040	1719834	643045
国有独资公司	259535	10774	11453	270988	67422
其他有限责任公司	1382654	387589	53587	1448846	575623
股份有限公司	585031	131230	44666	638157	569376
私营企业	1084665	155446	5082	1101225	462044
私营独资企业	9382	2179		10077	12425
私营合伙企业	1302	619	20	1330	1722
私营有限责任公司	983230	147095	3524	997528	317766
私营股份有限公司	90751	5554	1538	92290	130131
其他企业	22875	6081		22938	122090
港、澳、台商投资企业	157320	27603	8500	165892	107020
合资经营企业(港或澳、台资)	15718	7287		15718	2984
合作经营企业(港或澳、台资)	111920	7467	8500	120420	89575
港、澳、台商独资经营企业	27268	11052		27340	12995
港、澳、台商投资股份有限公司	2414	1796		2414	1466
外商投资企业	379593	127287	47154	426751	290278
中外合资经营企业	296683	96855	44995	341678	300951
外资企业	73029	27029	2159	75192	—3044
外商投资股份有限公司	9881	3403		9881	—7630
按国民经济行业分					
一、批发业	**2855276**	**589950**	**117528**	**2997642**	**1919802**
农畜产品批发	246661	10934	8771	255432	38918
谷物、豆及薯类批发	182092	27	8771	190863	16284
种子、饲料批发	64569	10908		64569	22634
食品、饮料及烟草制品批发	224971	24316	10119	244956	302685
米、面制品及食用油批发	104204	6364	7353	114419	35565
糕点、糖果及糖批发	1237	1169		1237	79
果品、蔬菜批发	118	117		118	86
肉、禽、蛋及水产品批发	46795	6261	1298	48130	21521
盐及调味品批发	24434	4615	1455	25889	48438
饮料及茶叶批发	10507	4112		10507	14881
烟草制品批发	14356	1165		14356	179410
其他食品批发	23321	513	13	30301	2705

8—4 续表 7 (2009 年) 单位:万元

项目	流动负债合计	#应付账款	长期负债合计	负债合计	所有者权益合计
纺织、服装及日用品批发	361237	71045	23581	384849	207621
纺织品、针织品及原料批发	24734	3027		24734	6481
服装批发	87036	23741		87037	20791
鞋帽批发	231992	38651	23580	255601	165602
厨房、卫生间用具及日用杂货批发	1170			1170	319
化妆品及卫生用品批发	4278	1477		4278	2667
其他日用品批发	12027	4150	2	12029	11762
文化、体育用品及器材批发	25944	9749	1535	27578	25581
文具用品批发	912	145		912	5982
体育用品批发	846	758		846	830
图书批发	14725	3974		14725	7011
音像制品及电子出版物批发	2305	2304		2305	3697
首饰、工艺品及收藏品批发	5267	2052	1535	6902	7161
其他文化用品批发	1889	517		1889	900
医药及医疗器材批发	239554	113192	9602	250542	107506
西药批发	207943	99224	9522	217465	90630
中药材及中成药批发	22652	11394	80	24118	15929
医疗用品及器材批发	8959	2574		8959	947
矿产品、建材及化工产品批发	1212154	194058	62588	1276912	1130763
煤炭及制品批发	58982	8675		58982	14860
石油及制品批发	408191	96402	62056	470946	677996
非金属矿及制品批发	14871	132		14871	2297
金属及金属矿批发	174766	12259		174766	136052
建材批发	339848	16258	264	340111	206342
化肥批发	142965	47247	269	144704	33190
农药批发	12206	2366		12206	31157
其他化工产品批发	60326	10718		60326	28870
机械设备、五金交电及电子产品批发	351143	76680	109	352538	57536
汽车、摩托车及零配件批发	26236	9240		26236	5733
五金、交电批发	77437	5998	4	77441	17090
家用电器批发	145041	18404	95	145136	—1574
计算机、软件及辅助设备批发	40380	9561		40380	9829
通讯及广播电视设备批发	4600	1689		4600	6551
其他机械设备及电子产品批发	57449	31787	10	58745	19907
贸易经纪与代理	57235	28735	1223	58458	15534
其他批发	136378	61241		146378	33658
再生物资回收与批发	13719	1796		13719	6412
其他未列明的批发	122659	59445		132659	27247
二、零售业	**1451137**	**385873**	**71817**	**1543682**	**670230**
综合零售	433803	103937	39634	474932	199249
百货零售	196604	47106	29489	226357	104886
超级市场零售	235583	56775	10075	246888	91090
其他综合零售	1616	57	70	1687	3272

8—4 续表 8 (2009 年) 单位:万元

项目	流动负债合计	#应付账款	长期负债合计	负债合计	所有者权益合计
食品、饮料及烟草制品专门零售	69308	54360		69542	26184
粮油零售	60144	53137		60263	11484
肉、禽、蛋及水产品零售	1676	415		1676	2328
饮料及茶叶零售	4017	719		4131	2777
烟草制品零售	200	87		200	8175
其他食品零售	3272	2		3272	1421
纺织、服装及日用品专门零售	28784	19119	356	29532	10132
纺织品及针织品零售	3437	1399		3443	1474
服装零售	16692	11834		17007	3023
鞋帽零售	4088	2976		4088	229
钟表、眼镜零售	3543	2158		3543	2269
化妆品及卫生用品零售	611	563	356	967	2507
其他日用品零售	413	188		485	630
文化、体育用品及器材专门零售	165682	115083	13582	179264	159680
文具用品零售	1405	1124		1405	1168
体育用品零售	5579	2295	2159	7738	4971
图书零售	143356	108108	11423	154778	142205
音像制品及电子出版物零售	7493	333		7493	2554
珠宝首饰零售	2050	1044		2050	4066
工艺美术品及收藏品零售	1394			1394	2263
照相器材零售	676			676	222
其他文化用品零售	3730	2179		3730	2233
医药及医疗器材专门零售	32278	23778	95	32373	13201
药品零售	31109	22715	95	31204	11891
医疗用品及器材零售	1169	1063		1169	1310
汽车、摩托车、燃料及零配件专门零售	308605	30543	10800	328201	131754
汽车零售	248922	24849	5102	262313	96338
汽车零配件零售	36932	4993	770	38207	26299
摩托车及零配件零售	1212	154		1212	709
机动车燃料零售	21540	546	4929	26469	8408
家用电器及电子产品专门零售	348940	28796	838	359200	91735
家用电器零售	267657	18340	520	269087	45196
计算机、软件及辅助设备零售	32747	4627	4	40940	23604
通信设备零售	7851	4118		7851	1989
其他电子产品零售	40684	1711	314	41322	20946
五金、家具及室内装修材料专门零售	46480	6030	5300	52169	25932
五金零售	3992	119		4081	1287
家具零售	17870	4250	5300	23469	10014
其他室内装修材料零售	24618	1662		24619	14631
无店铺及其他零售	17256	4228	1213	18468	12363
生活用燃料零售	45	17		45	1166
其他未列明的零售	17211	4212	1213	18423	11197

8—4 续表 9 (2009 年) 单位:万元

项　　目	实收资本						
		国家资本	集体资本	法人资本	个人资本	港澳台资　本	外商资本
总　　计	**1762065**	**678174**	**27520**	**476117**	**414527**	**24600**	**141126**
＃国有及国有控股	768259	666829	100	13202	2531		85597
按登记注册类型分组							
内资企业	1446348	573677	27520	421710	411305		12136
国有企业	123332	105895	100	16362	975		
集体企业	3546	134	2356	1020	36		
联营企业	5750	4900			850		
国有联营企业	4750	4750					
国有与集体联营企业	1000	150			850		
有限责任公司	443325	172678	11812	180304	75132		3400
国有独资公司	26286	10979		15307			
其他有限责任公司	417040	161699	11812	164997	75132		3400
股份有限公司	396468	290070	13223	64100	29074		
私营企业	352762		30	159024	184973		8736
私营独资企业	12260			8954	3306		
私营合伙企业	1559			1053	506		
私营有限责任公司	281118		30	141291	131061		8736
私营股份有限公司	57826			7726	50100		
其他企业	121165			900	120265		
港、澳、台商投资企业	82544	500		54175	277	23393	4200
合资经营企业(港或澳、台资)	4050	500		1273	277	2000	
合作经营企业(港或澳、台资)	65790			51316		14474	
港、澳、台商独资经营企业	11119					6919	4200
港、澳、台商投资股份有限公司	1586			1586			
外商投资企业	233172	103997		232	2945	1207	124790
中外合资经营企业	206941	103997		152	2945	1177	98669
外资企业	26151			30			26121
外商投资股份有限公司	80			50		30	
按国民经济行业分							
一、批发业	**1232456**	**542290**	**25390**	**252313**	**306896**	**6576**	**98991**
农畜产品批发	25524	3224		6600	11500		4200
谷物、豆及薯类批发	4118	3118		1000			
种子、饲料批发	21406	106		5600	11500		4200
食品、饮料及烟草制品批发	74247	37330		22805	13957		155
米、面制品及食用油批发	28610	12430		2500	13525		155
糕点、糖果及糖批发	50			50			
果品、蔬菜批发	50				50		
肉、禽、蛋及水产品批发	12656	11606		818	232		
盐及调味品批发	14949	1643		13307			
饮料及茶叶批发	8617	8487		30	100		
烟草制品批发	3164	3164					
其他食品批发	6150			6100	50		

8－4　续表10　　　　（2009年）　　　　单位：万元

项　　目	实收资本	国家资本	集体资本	法人资本	个人资本	港澳台资本	外商资本
纺织、服装及日用品批发	106424	36947		42657	16023		10797
纺织品、针织品及原料批发	5568			5568			
服装批发	18125	910		3295	5920		8000
鞋帽批发	72952	33240		32139	7573		
厨房、卫生间用具及日用杂货批发	300				300		
化妆品及卫生用品批发	400				400		
其他日用品批发	9079	2797		1655	1830		2797
文化、体育用品及器材批发	23148			15260	4170	3718	
文具用品批发	5100			5000	100		
体育用品批发	500			500			
图书批发	7680			7680			
音像制品及电子出版物批发	3718					3718	
首饰、工艺品及收藏品批发	5500			2000	3500		
其他文化用品批发	650			80	570		
医药及医疗器材批发	86227	19806	3000	59544	2877	1000	
西药批发	73159	19153		50234	2772	1000	
中药材及中成药批发	12310		3000	9310			
医疗用品及器材批发	758	653			105		
矿产品、建材及化工产品批发	824466	423341	22303	60171	235851		82800
煤炭及制品批发	8203	1803		4565	1835		
石油及制品批发	483843	396143		2875	2025		82800
非金属矿及制品批发	2050			2000	50		
金属及金属矿批发	67652	6488	152	10955	50058		
建材批发	185232	13481	8400	28344	135007		
化肥批发	13811		13751	50	10		
农药批发	35516				35516		
其他化工产品批发	28159	5427		11382	11350		
机械设备、五金交电及电子产品批发	57300	12881	50	29142	13606	613	1008
汽车、摩托车及零配件批发	2665			416	2150	83	17
五金、交电批发	16327	4841		10774	712		
家用电器批发	7733	3473		850	2880	530	
计算机、软件及辅助设备批发	11251	100		7440	2720		991
通讯及广播电视设备批发	4841	3041		800	1000		
其他机械设备及电子产品批发	14482	1426	50	8862	4144		
贸易经纪与代理	8612	642		6100	1870		
其他批发	26509	8119	37	10034	7042	1245	31
再生物资回收与批发	4431	1431		1373	427	1200	
其他未列明的批发	22078	6688	37	8661	6615	45	31
二、零售业	**529609**	**135884**	**2131**	**223804**	**107631**	**18024**	**42135**
综合零售	169765	244	1668	95485	34449	14724	23196
百货零售	69215	134	137	39957	28737	250	
超级市场零售	98905			55528	5707	14474	23196
其他综合零售	1645	109	1531				

8—4 续表 11 （2009 年） 单位:万元

项　　目	实收资本	国家资本	集体资本	法人资本	个人资本	港澳台资本	外商资本
食品、饮料及烟草制品专门零售	13352	4329	150	1040	7238		596
粮油零售	4930				4930		
肉、禽、蛋及水产品零售	1807	579		600	628		
饮料及茶叶零售	2100		150	270	1680		
烟草制品零售	3870	3750		120			
其他食品零售	646			50			596
纺织、服装及日用品专门零售	8372	50		2465	2677	1550	1630
纺织品及针织品零售	1350	50		150	650	500	
服装零售	3772			865	1227	1050	630
鞋帽零售	1200			500	700		
钟表、眼镜零售	450			450			
化妆品及卫生用品零售	1350			250	100		1000
其他日用品零售	250			250			
文化、体育用品及器材专门零售	125178	109504		4650	7416		3608
文具用品零售	550	500		50			
体育用品零售	3858			250			3608
图书零售	112064	109004		2560	500		
音像制品及电子出版物零售	3090				3090		
珠宝首饰零售	1590			1590			
工艺美术品及收藏品零售	2501				2501		
照相器材零售	200			200			
其他文化用品零售	1325				1325		
医药及医疗器材专门零售	8831	632		3949	4250		
药品零售	7831	632		2949	4250		
医疗用品及器材零售	1000			1000			
汽车、摩托车、燃料及零配件专门零售	117767	18006	96	56037	32713	1200	9714
汽车零售	81354	14877		36812	27730	1200	736
汽车零配件零售	22411	3071		16786	2554		0
摩托车及零配件零售	1454			254	1200		0
机动车燃料零售	12548	58	96	2185	1230		8979
家用电器及电子产品专门零售	59030		130	43143	12316	50	3391
家用电器零售	27097		100	16971	6827		3199
计算机、软件及辅助设备零售	25353			23922	1285	50	96
通信设备零售	3062		30	1248	1784		
其他电子产品零售	3518			1002	2420		96
五金、家具及室内装修材料专门零售	19436	124		15140	4172		
五金零售	483	124			359		
家具零售	3450			150	3300		
其他室内装修材料零售	15503			14990	513		
无店铺及其他零售	7877	2995	86	1895	2400	500	
生活用燃料零售	1000			1000			
其他未列明的零售	6877	2995	86	895	2400	500	

8－4 续表12 (2009年) 单位:万元

项目	主营业务收入	主营业务成本	主营业务税金及附加	主营业务利润	其他业务收入	其他业务利润
总计	**14897354**	**13727889**	**52229**	**1075446**	**99461**	**66637**
＃国有及国有控股	5843487	5332511	21486	488114	16239	12834
按登记注册类型分组						
内资企业	11420211	10606549	49663	753281	79359	56342
国有企业	1780817	1613095	17676	150046	8925	7073
集体企业	55545	50686	64	4451	95	79
联营企业	54079	51087	50	2778	3	－4
国有联营企业	19247	17533	34	1516		－7
国有与集体联营企业	34833	33554	17	1262	3	3
有限责任公司	4624294	4304861	13722	296946	38025	32739
国有独资公司	383290	372104	256	10930	282	256
其他有限责任公司	4241004	3932757	13466	286016	37743	32483
股份有限公司	1553347	1433333	6668	113182	16312	6544
私营企业	3251738	3060142	11255	179025	15824	9755
私营独资企业	57989	53733	359	3897	95	94
私营合伙企业	13572	11385	151	1628	218	218
私营有限责任公司	3058288	2877328	10484	169567	15323	9255
私营股份有限公司	121890	117696	260	3934	188	188
其他企业	100389	93345	228	6853	176	156
港、澳、台商投资企业	539646	471038	1203	36334	8596	343
合资经营企业(港或澳、台资)	20597	19164	91	1146	201	177
合作经营企业(港或澳、台资)	388747	331220	1060	25594	7979	
港、澳、台商独资经营企业	123500	115378	39	8083	230	166
港、澳、台商投资股份有限公司	6801	5276	14	1511	186	
外商投资企业	2937497	2650302	1363	285831	11506	9951
中外合资经营企业	2668241	2415575	1061	251605	4995	3870
外资企业	248977	215150	297	33530	6398	6032
外商投资股份有限公司	20280	19578	5	697	112	49
按国民经济行业分						
一、批发业	**10782559**	**10078844**	**32049**	**666704**	**23937**	**18671**
农畜产品批发	310259	299603	95	10561	280	230
谷物、豆及薯类批发	149350	148195	44	1111	246	202
种子、饲料批发	160909	151408	51	9450	34	28
食品、饮料及烟草制品批发	1321836	1158574	21497	140897	3800	2988
米、面制品及食用油批发	266839	257609	189	8169	1853	1515
糕点、糖果及糖批发	2966	2683	5	282	4	
果品、蔬菜批发	3629	3077	4	548		
肉、禽、蛋及水产品批发	142359	137913	102	4345	923	569
盐及调味品批发	53295	43425	134	9736	92	77
饮料及茶叶批发	275145	258495	4329	12321	77	2
烟草制品批发	420032	311169	16470	92393	829	829
其他食品批发	157571	144203	265	13103	22	－4

8—4 续表13 (2009年) 单位:万元

项目	主营业务收入	主营业务成本	主营业务税金及附加	主营业务利润	其他业务收入	其他业务利润
纺织、服装及日用品批发	1286226	1225555	419	59947	5564	4449
纺织品、针织品及原料批发	98485	95815	38	2633		
服装批发	381694	372483	126	9085	525	466
鞋帽批发	682150	645759	158	36233	2863	2253
厨房、卫生间用具及日用杂货批发	5522	5071	17	434		
化妆品及卫生用品批发	38832	31112	55	7665	270	268
其他日用品批发	79543	75315	26	3897	1905	1462
文化、体育用品及器材批发	80986	77549	128	3013	250	89
文具用品批发	6504	6124	3	377	62	28
体育用品批发	5573	4804	6	763	40	5
图书批发	3211	2867	7	337		—43
音像制品及电子出版物批发	12778	12464	2	312	41	—10
首饰、工艺品及收藏品批发	44716	43661	99	659	108	108
其他文化用品批发	8205	7629	11	565		
医药及医疗器材批发	891197	845190	819	43928	1903	1787
西药批发	760833	723818	674	35081	1903	1794
中药材及中成药批发	115604	108783	90	6730		
医疗用品及器材批发	14760	12589	54	2117		—7
矿产品、建材及化工产品批发	5237625	4900853	7058	329555	7774	6581
煤炭及制品批发	316376	293973	500	21904	1	1
石油及制品批发	3422493	3156467	2440	263422	1182	705
非金属矿及制品批发	30667	29197	23	1447		
金属及金属矿批发	381757	374044	217	7496	250	210
建材批发	559377	541856	405	17116	612	446
化肥批发	273731	264051	2314	7365	5317	4809
农药批发	41978	41583	27	369		
其他化工产品批发	211246	199683	1133	10437	412	410
机械设备、五金交电及电子产品批发	972518	914367	1241	55114	2676	1015
汽车、摩托车及零配件批发	83538	79664	64	3811	494	51
五金、交电批发	142098	136663	186	5249	236	96
家用电器批发	308456	285739	388	21676	957	634
计算机、软件及辅助设备批发	219947	211493	150	7929	168	143
通讯及广播电视设备批发	16319	14459	134	1726		
其他机械设备及电子产品批发	202160	186350	320	14723	821	92
贸易经纪与代理	367293	351212	324	15755	295	295
其他批发	314621	305940	467	7935	1395	1238
再生物资回收与批发	23559	25195	344	—2177	523	441
其他未列明的批发	291062	280746	124	10112	872	797
二、零售业	**4114795**	**3649045**	**20181**	**408742**	**75524**	**47966**
综合零售	1185946	997442	6552	150206	44269	25814
百货零售	394218	322751	3839	67320	26361	16588
超级市场零售	783718	667783	2648	81905	17838	9165
其他综合零售	8010	6907	65	980	70	60

8—4 续表 14 (2009年) 单位:万元

项目	主营业务收入	主营业务成本	主营业务税金及附加	主营业务利润	其他业务收入	其他业务利润
食品、饮料及烟草制品专门零售	205661	168975	6735	30084	588	469
粮油零售	92040	79647	5239	7288	2	2
肉、禽、蛋及水产品零售	12082	9535	631	1916	221	210
饮料及茶叶零售	41584	36072	716	4795		
烟草制品零售	29907	20007	83	9816	5	
其他食品零售	30048	23714	66	6269	360	256
纺织、服装及日用品专门零售	91385	74993	284	16074	2032	759
纺织品及针织品零售	11598	10033	42	1490	32	30
服装零售	33637	27262	68	6307	50	36
鞋帽零售	19214	17683	20	1511		
钟表、眼镜零售	8686	5661	123	2901	1950	692
化妆品及卫生用品零售	8606	6322	24	2259		
其他日用品零售	9645	8033	7	1606		
文化、体育用品及器材专门零售	318960	266101	997	51785	7668	3839
文具用品零售	2144	1790	18	336		
体育用品零售	29596	24734	8	4854	10	10
图书零售	238456	195918	817	41721	7082	3387
音像制品及电子出版物零售	1031	835	4	115		
珠宝首饰零售	12564	8896	31	3636		
工艺美术品及收藏品零售	13485	13253	94	138		
照相器材零售	1750	1689	2	59		
其他文化用品零售	19936	18987	22	926	575	441
医药及医疗器材专门零售	65913	54575	352	10985	341	107
药品零售	56910	47371	325	9214	314	80
医疗用品及器材零售	9003	7204	28	1772	27	27
汽车、摩托车、燃料及零配件专门零售	1397538	1312783	1977	77328	4809	3989
汽车零售	1209305	1142461	1727	61452	2940	2371
汽车零配件零售	97730	90880	161	6689	1483	1232
摩托车及零配件零售	5630	5050	7	644	2	2
机动车燃料零售	84875	74393	82	8544	384	384
家用电器及电子产品专门零售	553833	511902	2089	40191	15338	12678
家用电器零售	310205	286154	1167	23233	14327	12120
计算机、软件及辅助设备零售	116855	108242	514	8098	520	86
通信设备零售	18837	16468	199	2171	304	294
其他电子产品零售	107936	101038	209	6689	186	178
五金、家具及室内装修材料专门零售	236407	214155	946	21305	173	83
五金零售	20813	19844	27	942		
家具零售	177831	159768	754	17309	146	57
其他室内装修材料零售	37763	34544	165	3054	27	27
无店铺及其他零售	59152	48119	250	10784	307	229
生活用燃料零售	900	766	2	133		
其他未列明的零售	58252	47354	247	10651	307	229

8—4 续表 15 (2009 年) 单位:万元

项 目	营业费用	管理费用			
			#税 金	差旅费	工会经费
总 计	**558949**	**254134**	**11928**	**10565**	**1852**
#国有及国有控股	182891	106676	4373	2190	956
按登记注册类型分组					
内资企业	390824	204328	10472	9644	1312
国有企业	46733	38003	1934	704	360
集体企业	2906	1474	133	148	7
联营企业	1484	1079	23	95	4
国有联营企业	798	462	2	4	1
国有与集体联营企业	686	617	21	92	3
有限责任公司	176563	79848	4905	3852	643
国有独资公司	6062	3825	56	168	63
其他有限责任公司	170501	76022	4849	3685	580
股份有限公司	64598	25271	1275	247	21
私营企业	95976	56294	2119	4472	267
私营独资企业	2116	1219	10	50	2
私营合伙企业	1247	294	44	19	
私营有限责任公司	90779	50849	1920	4239	243
私营股份有限公司	1834	3932	145	163	21
其他业	2564	2359	83	126	10
港、澳、台商投资企业	43976	8750	131	198	179
合资经营企业(港或澳、台资)	2120	362	9	14	7
合作经营企业(港或澳、台资)	38839	6281	20	98	163
港、澳、台商独资经营企业	2041	1794	95	74	4
港、澳、台商投资股份有限公司	977	313	8	12	5
外商投资企业	124148	41056	1324	723	361
中外合资经营企业	94243	30739	1168	574	301
外资企业	29087	9984	156	149	60
外商投资股份有限公司	818	332			
按国民经济行业分					
一、批发业	**286461**	**149486**	**6300**	**6552**	**929**
农畜产品批发	10367	2805	195	223	42
谷物、豆及薯类批发	6062	1643	62	120	40
种子、饲料批发	4305	1162	133	102	2
食品、饮料及烟草制品批发	29587	33941	1241	1783	295
米、面制品及食用油批发	5600	3889	119	163	42
糕点、糖果及糖批发	196	68	1	30	
果品、蔬菜批发	493	4			
肉、禽、蛋及水产品批发	1817	1723	46	69	13
盐及调味品批发	4307	2016	49		24
饮料及茶叶批发	5882	4597	325	1314	43
烟草制品批发	3958	18000	635	114	168
其他食品批发	7336	3644	67	94	3

8—4 续表 16　　(2009 年)　　单位:万元

项　目	营业费用	管理费用	#税　金	差旅费	工会经费
纺织、服装及日用品批发	39780	15446	736	1149	104
纺织品、针织品及原料批发	1788	649	35	2	3
服装批发	6662	4431	134	414	11
鞋帽批发	21775	8203	454	579	52
厨房、卫生间用具及日用杂货批发	416	166			
化妆品及卫生用品批发	5644	596	60	103	8
其他日用品批发	3494	1400	54	50	30
文化、体育用品及器材批发	2005	1521	39	32	7
文具用品批发	143	267	1	3	
体育用品批发	883	81	6	1	
图书批发	28	417			
音像制品及电子出版物批发	82	150	2	20	1
首饰、工艺品及收藏品批发	503	476	30	7	2
其他文化用品批发	367	130	1	1	3
医药及医疗器材批发	17472	12920	565	405	121
西药批发	14390	10111	454	315	120
中药材及中成药批发	2015	2291	111	21	1
医疗用品及器材批发	1067	518		68	
矿产品、建材及化工产品批发	141684	59703	2290	1395	286
煤炭及制品批发	13700	1763	94	169	6
石油及制品批发	97021	41248	1480	481	212
非金属矿及制品批发	514	590	20	4	
金属及金属矿批发	5303	5678	172	209	29
建材批发	11842	5105	322	292	15
化肥批发	7221	3298	87	32	3
农药批发	50	240	45	28	
其他化工产品批发	6034	1781	70	179	21
机械设备、五金交电及电子产品批发	32887	16310	549	1120	51
汽车、摩托车及零配件批发	1618	953	27	85	1
五金、交电批发	2577	1659	48	249	1
家用电器批发	18590	3552	195	146	10
计算机、软件及辅助设备批发	3865	2683	66	123	7
通讯及广播电视设备批发	178	731	29	3	3
其他机械设备及电子产品批发	6060	6733	184	515	28
贸易经纪与代理	6552	2002	68	127	4
其他批发	6128	4837	617	320	20
再生物资回收与批发	194	816	25	10	3
其他未列明的批发	5934	4021	592	310	17
二、零售业	**272488**	**104648**	**5628**	**4013**	**923**
综合零售	133594	29324	2071	514	372
百货零售	48703	8073	1511	196	65
超级市场零售	84469	20693	510	310	303
其他综合零售	422	558	50	8	4

8—4　续表17　　　　(2009年)　　　　单位:万元

项　　目	营业费用	管理费用	#税　金	差旅费	工会经费
食品、饮料及烟草制品专门零售	20256	4674	363	271	33
粮油零售	4592	1226	18	5	
肉、禽、蛋及水产品零售	660	1171	32	17	3
饮料及茶叶零售	2560	897	10	183	
烟草制品零售	5699	1163	281	65	21
其他食品零售	6746	217	21	1	9
纺织、服装及日用品专门零售	11335	3483	190	239	13
纺织品及针织品零售	669	575	4	17	1
服装零售	5398	1348	11	64	2
鞋帽零售	962	526	35	27	
钟表、眼镜零售	2403	593	123	106	9
化妆品及卫生用品零售	1112	181	16	24	
其他日用品零售	791	260		2	1
文化、体育用品及器材专门零售	23126	20914	942	643	288
文具用品零售	28	51	13	4	3
体育用品零售	2097	1074	14	51	
图书零售	19747	19145	865	564	277
音像制品及电子出版物零售	18	94	7	2	
珠宝首饰零售	218	151	36	12	5
工艺美术品及收藏品零售	16	148	1		
照相器材零售	23	23			
其他文化用品零售	979	227	6	10	3
医药及医疗器材专门零售	5265	3031	40	139	30
药品零售	3690	2957	36	139	30
医疗用品及器材零售	1576	74	3		
汽车、摩托车、燃料及零配件专门零售	38266	19602	1347	843	98
汽车零售	27332	16605	1047	775	86
汽车零配件零售	5744	1540	124	62	7
摩托车及零配件零售	409	130	1	1	1
机动车燃料零售	4782	1327	176	5	4
家用电器及电子产品专门零售	30565	12359	169	328	37
家用电器零售	21689	5673	47	82	17
计算机、软件及辅助设备零售	3288	3344	107	235	17
通信设备零售	1788	957	13	10	2
其他电子产品零售	3802	2385	2	1	1
五金、家具及室内装修材料专门零售	7113	6692	474	491	35
五金零售	440	418	13	9	2
家具零售	4907	5388	327	421	5
其他室内装修材料零售	1766	887	134	61	29
无店铺及其他零售	2967	4570	32	544	17
生活用燃料零售	48	74		4	
其他未列明的零售	2919	4496	32	540	17

8—4　续表18　　　　(2009年)　　　　单位:万元

项　　目	财务费用	#利息支出	营业利润	投资收益	补贴收入
总　　计	**52496**	**35549**	**362541**	**33507**	**27775**
#国有及国有控股	16206	14597	225362		18504
按登记注册类型分组					
内资企业	41634	31040	212591	25047	27470
国有企业	2974	2390	71217		8700
集体企业	84	25	227		64
联营企业	31	−55	180		110
国有联营企业	70	−16	179		
国有与集体联营企业	−39	−39	1		110
有限责任公司	20075	16087	61004		13624
国有独资公司	6911	6939	−5621		10450
其他有限责任公司	13164	9149	66625		3174
股份有限公司	7538	6844	49901	51	3149
私营企业	10875	5743	28006	24996	1823
私营独资企业	57	23	591		5
私营合伙企业	168	36	105		
私营有限责任公司	9245	4499	30396	7	1789
私营股份有限公司	1405	1185	−3086	24990	30
其他企业	57	5	2056		
港、澳、台商投资企业	2845	519	27419	8460	304
合资经营企业(港或澳、台资)	81	9	−2027		274
合作经营企业(港或澳、台资)	2194	439	25594	8460	
港、澳、台商独资经营企业	563	72	3852		30
港、澳、台商投资股份有限公司	7				
外商投资企业	8017	3989	122531		
中外合资经营企业	6723	3284	123769		
外资企业	1293	706	−832		
外商投资股份有限公司	2		−406		
按国民经济行业分					
一、批发业	**33014**	**25105**	**250580**	**24996**	**27412**
农畜产品批发	6662	6450	−9029		12250
谷物、豆及薯类批发	5247	5242	−11639		12250
种子、饲料批发	1415	1209	2610		
食品、饮料及烟草制品批发	2966	3705	78245		4406
米、面制品及食用油批发	2620	2633	−1550		4094
糕点、糖果及糖批发			18		
果品、蔬菜批发			32		
肉、禽、蛋及水产品批发	761	618	614		304
盐及调味品批发	120	114	3369		5
饮料及茶叶批发	424	271	1420		
烟草制品批发	−1039		72303		4
其他食品批发	81	68	2039		

8—4 续表 19 (2009 年) 单位:万元

项目	财务费用	#利息支出	营业利润	投资收益	补贴收入
纺织、服装及日用品批发	4138	2928	5418		3811
纺织品、针织品及原料批发	−116	−189	411		69
服装批发	78	−9	−1671		1373
鞋帽批发	4009	3081	4498		2249
厨房、卫生间用具及日用杂货批发			−148		
化妆品及卫生用品批发	85	66	1607		
其他日用品批发	81	−21	720		120
文化、体育用品及器材批发	2	−26	−131		12
文具用品批发	−24	−26	20		12
体育用品批发	4		−199		
图书批发	−2	−2	−149		
音像制品及电子出版物批发	13		56		
首饰、工艺品及收藏品批发	3	1	81		
其他文化用品批发	8		61		
医药及医疗器材批发	4868	3979	11729		31
西药批发	4160	3854	9500		31
中药材及中成药批发	608	121	1816		
医疗用品及器材批发	100	4	413		
矿产品、建材及化工产品批发	11142	8387	150913	24996	3244
煤炭及制品批发	520	472	5922		70
石油及制品批发	4734	3464	148166		
非金属矿及制品批发	9	9	334		
金属及金属矿批发	985	887	−3993	24990	
建材批发	1766	1107	−1147	7	80
化肥批发	1586	1493	70		3034
农药批发	−6	−5	84		
其他化工产品批发	1549	961	1477		60
机械设备、五金交电及电子产品批发	969	−731	7838		452
汽车、摩托车及零配件批发	−54	−187	1364		
五金、交电批发	606	130	502		159
家用电器批发	246	−12	641		
计算机、软件及辅助设备批发	230	39	1663		79
通讯及广播电视设备批发	−18	−18	836		
其他机械设备及电子产品批发	−41	−684	2833		215
贸易经纪与代理	1277	95	5936		451
其他批发	989	318	−338		2754
再生物资回收与批发	63	30	−746		2640
其他未列明的批发	927	288	408		115
二、零售业	**19483**	**10443**	**111961**	**8511**	**362**
综合零售	10707	5977	48951	8511	19
百货零售	6502	4847	19709	51	
超级市场零售	4150	1122	29118	8460	19
其他综合零售	54	8	124		

8—4 续表20 (2009年) 单位:万元

项 目	财务费用	#利息支出	营业利润	投资收益	补贴收入
食品、饮料及烟草制品专门零售	508	185	5216		5
粮油零售	266	145	1320		5
肉、禽、蛋及水产品零售	38	37	239		
饮料及茶叶零售	16	4	1323		
烟草制品零售	41		2918		
其他食品零售	148		−586		
纺织、服装及日用品专门零售	375	46	1667		
纺织品及针织品零售	21	10	284		
服装零售	112	36	−517		
鞋帽零售	21		1		
钟表、眼镜零售	192		406		
化妆品及卫生用品零售	26		941		
其他日用品零售	3		552		
文化、体育用品及器材专门零售	−341	−544	11932		216
文具用品零售	−3	−3	259		
体育用品零售	250	250	1444		
图书零售	−675	−858	6892		216
音像制品及电子出版物零售		−1	4		
珠宝首饰零售	80	69	3188		
工艺美术品及收藏品零售	2		−28		
照相器材零售			12		
其他文化用品零售	5		162		
医药及医疗器材专门零售	305	52	2297		
药品零售	283	52	2170		
医疗用品及器材零售	22		127		
汽车、摩托车、燃料及零配件专门零售	6196	3501	21792		5
汽车零售	5289	3385	18888		5
汽车零配件零售	407	85	230		
摩托车及零配件零售	1		106		
机动车燃料零售	500	32	2569		
家用电器及电子产品专门零售	487	158	9966		76
家用电器零售	145	10	7920		76
计算机、软件及辅助设备零售	192	119	1795		
通信设备零售	64	19	−343		
其他电子产品零售	87	11	594		
五金、家具及室内装修材料专门零售	1061	909	6851		3
五金零售	−8	−10	92		
家具零售	493	479	6578		
其他室内装修材料零售	576	440	180		3
无店铺及其他零售	185	159	3291		39
生活用燃料零售			10		
其他未列明的零售	185	159	3280		39

8—4 续表21 (2009年) 单位:万元

项目	营业外收入	利润总额	应交所得税	劳动、失业保险费	养老保险和医疗保险费
总计	**9055**	**420787**	**91610**	**5672**	**22738**
#国有及国有控股	1530	243009	56695	2995	9045
按登记注册类型分组					
内资企业	8384	270950	55596	4386	17191
国有企业	1491	81276	20229	1004	3457
集体企业	96	294	97	121	287
联营企业	50	239	35	4	53
国有联营企业	49	229	32	2	34
国有与集体联营企业	2	10	4	2	19
有限责任公司	4087	80913	18735	2572	6800
国有独资公司	34	4828	1037	38	527
其他有限责任公司	4053	76085	17698	2534	6273
股份有限公司	1136	49586	7832	143	2271
私营企业	1515	56636	8151	524	4262
私营独资企业	55	477	40	21	83
私营合伙企业	2	94	37	6	15
私营有限责任公司	1382	34243	8022	490	4044
私营股份有限公司	76	21823	51	7	120
其他企业	9	2007	517	18	61
港、澳、台商投资企业	466	28671	4570	890	706
合资经营企业(港或澳、台资)	44	—881	17	12	71
合作经营企业(港或澳、台资)	356	25421	4260	828	462
港、澳、台商独资经营企业	46	3732	285	45	126
港、澳、台商投资股份有限公司	21	398	8	5	47
外商投资企业	204	121166	31444	397	4841
中外合资经营企业	131	122393	30042	217	3514
外资企业	70	—822	1402	175	1309
外商投资股份有限公司	3	—405		5	18
按国民经济行业分					
一、批发业	5573	307166	64476	2006	11482
农畜产品批发	156	4933	562	7	184
谷物、豆及薯类批发	33	1212	69	2	149
种子、饲料批发	123	3721	494	6	35
食品、饮料及烟草制品批发	395	82779	20418	843	2455
米、面制品及食用油批发	153	1529	390	122	416
糕点、糖果及糖批发		18	4		10
果品、蔬菜批发		32	8		2
肉、禽、蛋及水产品批发	171	1733	120	91	88
盐及调味品批发	8	3549	1096	7	282
饮料及茶叶批发	47	1632	619	138	369
烟草制品批发	9	72248	18114	462	978
其他食品批发	6	2039	68	22	310

8—4 续表22　　(2009年)　　单位:万元

项　　目	营业外收入	利润总额	应交所得税	劳动、失业保险费	养老保险和医疗保险费
纺织、服装及日用品批发	1899	15395	2185	229	1471
纺织品、针织品及原料批发	498	984	274	8	80
服装批发	932	614	272	41	343
鞋帽批发	259	11273	1394	155	697
厨房、卫生间用具及日用杂货批发	147	—1			
化妆品及卫生用品批发		1607	15	3	62
其他日用品批发	64	919	231	22	289
文化、体育用品及器材批发	441	493	97	7	144
文具用品批发	17	120	31	1	20
体育用品批发	344	142	36	4	51
图书批发		—122			8
音像制品及电子出版物批发		56	14		8
首饰、工艺品及收藏品批发	80	235	2	1	53
其他文化用品批发		61	15	1	5
医药及医疗器材批发	282	11526	3046	185	1273
西药批发	250	9047	2449	176	1108
中药材及中成药批发	2	2030	511	6	113
医疗用品及器材批发	30	449	86	2	52
矿产品、建材及化工产品批发	911	176141	33969	303	4102
煤炭及制品批发	89	6277	1644	15	82
石油及制品批发	314	147272	31162	161	2909
非金属矿及制品批发		334	108		4
金属及金属矿批发	67	21424	140	12	160
建材批发	127	—9	407	33	417
化肥批发	239	224	213	59	399
农药批发	3	87		1	2
其他化工产品批发	73	533	295	22	129
机械设备、五金交电及电子产品批发	1072	8983	2232	327	1488
汽车、摩托车及零配件批发	33	1448	351	8	51
五金、交电批发	5	509	210	120	71
家用电器批发	28	662	233	101	533
计算机、软件及辅助设备批发	37	1763	270	12	289
通讯及广播电视设备批发	5	836	204	10	35
其他机械设备及电子产品批发	965	3764	964	75	510
贸易经纪与代理	413	6692	1671	23	71
其他批发	7	224	295	81	294
再生物资回收与批发	1	—128	58	41	75
其他未列明的批发	6	353	238	41	219
二、零售业	**3481**	**113621**	**27134**	**3666**	**11256**
综合零售	1286	51088	12425	1212	5418
百货零售	695	22133	7664	188	2424
超级市场零售	514	28877	4751	1007	2928
其他综合零售	77	78	10	18	66

8—4 续表23 (2009年) 单位:万元

项　　目	营业外收入	利润总额	应交所得税	劳动、失业保险费	养老保险和医疗保险费
食品、饮料及烟草制品专门零售	22	5110	1160	30	230
粮油零售		1267	1		4
肉、禽、蛋及水产品零售	21	266	11	5	59
饮料及茶叶零售		1248	131	13	50
烟草制品零售	1	2918	474	6	41
其他食品零售		－588	543	6	77
纺织、服装及日用品专门零售	280	1880	269	48	391
纺织品及针织品零售		283	32	8	68
服装零售	142	－419	28	29	117
鞋帽零售	74	36	18	3	56
钟表、眼镜零售	64	489	161	5	73
化妆品及卫生用品零售		941	26	1	28
其他日用品零售		551	3	2	51
文化、体育用品及器材专门零售	172	10629	4380	1763	1862
文具用品零售		259	58	1	4
体育用品零售	2	1445	362		5
图书零售	169	5585	3268	1740	1788
音像制品及电子出版物零售		4	1	2	4
珠宝首饰零售		3188	643	17	6
工艺美术品及收藏品零售		－28	9		4
照相器材零售		12		1	8
其他文化用品零售	1	164	41	2	43
医药及医疗器材专门零售	31	2317	213	53	394
药品零售	31	2194	153	45	252
医疗用品及器材零售		124	60	8	143
汽车、摩托车、燃料及零配件专门零售	554	21600	4896	256	1322
汽车零售	441	18633	4215	178	1041
汽车零配件零售	97	610	170	57	160
摩托车及零配件零售		96	33		3
机动车燃料零售	16	2261	479	20	118
家用电器及电子产品专门零售	857	10489	2039	259	1235
家用电器零售	805	8429	1405	209	345
计算机、软件及辅助设备零售	27	1804	516	19	292
通信设备零售	3	－348	9	7	199
其他电子产品零售	23	603	108	24	399
五金、家具及室内装修材料专门零售	173	7074	904	24	252
五金零售	33	123	21	5	30
家具零售	5	6584	838	13	144
其他室内装修材料零售	135	367	45	6	78
无店铺及其他零售	107	3435	849	22	152
生活用燃料零售		10	8		
其他未列明的零售	107	3425	841	22	152

8－4　续表 24　　(2009 年)　　单位:万元

项　　目	住房公积金和住房补贴	本年应付工资总额	本年应付福利费总额	本年应交增值税	全部从业人员年平均人数(人)
总　计	**8423**	**206491**	**10255**	**177006**	**92424**
#国有及国有控股	4819	84309	3218	87885	22915
按登记注册类型分组					
内资企业	6004	130666	7191	118546	59396
国有企业	2040	23499	827	30062	5508
集体企业	13	774	19	504	468
联营企业	8	384	32	397	171
国有联营企业		242	32	248	82
国有与集体联营企业	8	142		149	89
有限责任公司	2550	58798	3631	55429	32860
国有独资公司	219	1947	141	1658	411
其他有限责任公司	2331	56851	3490	53772	32449
股份有限公司	786	13986	1234	9632	3870
私营企业	607	31900	1347	21565	16164
私营独资企业	49	1274	19	439	865
私营合伙企业		487	16	147	355
私营有限责任公司	519	28823	1269	20337	14522
私营股份有限公司	38	1316	44	643	422
其他企业		1325	101	957	355
港、澳、台商投资企业	108	27146	1401	7665	16672
合资经营企业(港或澳、台资)	11	340	24	808	175
合作经营企业(港或澳、台资)	48	25199	1260	6212	15500
港、澳、台商独资经营企业	50	1126	110	599	358
港、澳、台商投资股份有限公司		482	7	46	639
外商投资企业	2310	48678	1664	50795	16356
中外合资经营企业	1802	40468	1249	45975	12806
外资企业	509	7616	415	4640	3333
外商投资股份有限公司		594		181	217
按国民经济行业分					
一、批发业	**4637**	**102773**	**4073**	**103360**	**31695**
农畜产品批发	79	885	47	74	257
谷物、豆及薯类批发	69	492	26		116
种子、饲料批发	10	393	21	74	141
食品、饮料及烟草制品批发	1349	17349	496	27549	4469
米、面制品及食用油批发	190	2259	206	770	783
糕点、糖果及糖批发		41	22	34	35
果品、蔬菜批发		17	2	19	10
肉、禽、蛋及水产品批发	29	902	8	6607	457
盐及调味品批发	140	1109	87	1202	216
饮料及茶叶批发	179	1295	90	194	1210
烟草制品批发	801	10168		17907	1151
其他食品批发	10	1558	82	816	607

8—4 续表25　　(2009年)　　单位:万元

项目	住房公积金和住房补贴	本年应付工资总额	本年应付福利费总额	本年应交增值税	全部从业人员年平均人数(人)
纺织、服装及日用品批发	370	8535	348	2990	3094
纺织品、针织品及原料批发	16	248	14	3	134
服装批发	45	1679	72	764	830
鞋帽批发	289	4379	197	503	1332
厨房、卫生间用具及日用杂货批发		193	3	84	90
化妆品及卫生用品批发	7	317	28	1283	53
其他日用品批发	14	1719	33	353	655
文化、体育用品及器材批发	24	957	48	359	481
文具用品批发	14	156	1	54	49
体育用品批发		195		76	103
图书批发		303	24		170
音像制品及电子出版物批发		28		11	19
首饰、工艺品及收藏品批发	10	159	16	124	86
其他文化用品批发		115	8	94	54
医药及医疗器材批发	485	9063	700	7140	3029
西药批发	481	8070	645	3959	2686
中药材及中成药批发	3	694	33	2855	237
医疗用品及器材批发		299	22	326	106
矿产品、建材及化工产品批发	1793	46978	1915	51708	13409
煤炭及制品批发	64	652	7	3715	158
石油及制品批发	1402	39024	1576	42341	10927
非金属矿及制品批发		164	19	194	23
金属及金属矿批发	72	1816	74	1524	346
建材批发	184	2401	167	2296	896
化肥批发	27	1713	16	4	598
农药批发		56		13	12
其他化工产品批发	44	1153	55	1621	449
机械设备、五金交电及电子产品批发	441	14415	347	8344	5283
汽车、摩托车及零配件批发	12	492	8	432	350
五金、交电批发	24	747	22	611	254
家用电器批发	100	7220	88	3609	2942
计算机、软件及辅助设备批发	15	2075	33	915	816
通讯及广播电视设备批发	10	632	76	375	102
其他机械设备及电子产品批发	281	3249	120	2402	819
贸易经纪与代理	26	2568	48	375	1089
其他批发	72	2022	124	4820	584
再生物资回收与批发	17	224	11	3928	96
其他未列明的批发	55	1798	113	892	488
二、零售业	**3786**	**103717**	**6182**	**73646**	**60729**
综合零售	1734	48387	3054	26140	26401
百货零售	437	9340	1138	11068	3606
超级市场零售	1291	38641	1901	14958	22536
其他综合零售	6	406	15	115	259

8—4　续表 26　　(2009 年)　　单位:万元

项　　目	住房公积金和住房补贴	本年应付工资总额	本年应付福利费总额	本年应交增值税	全部从业人员年平均人数(人)
食品、饮料及烟草制品专门零售	69	4187	147	2498	13119
粮油零售		1891	4	284	12054
肉、禽、蛋及水产品零售		275	38	39	260
饮料及茶叶零售		575	12	333	420
烟草制品零售	35	1023	72	718	289
其他食品零售	34	423	21	1123	96
纺织、服装及日用品专门零售	59	3888	178	1499	1979
纺织品及针织品零售	2	600	21	198	418
服装零售	19	2049	37	738	954
鞋帽零售	7	381	1	120	173
钟表、眼镜零售		358	39	36	234
化妆品及卫生用品零售	3	263	14	257	108
其他日用品零售	28	238	67	151	92
文化、体育用品及器材专门零售	1217	16660	287	11658	5437
文具用品零售	1	24	1	57	15
体育用品零售		1160		409	635
图书零售	1216	14460	247	10719	4357
音像制品及电子出版物零售		60	2	8	33
珠宝首饰零售		424	17	33	181
工艺美术品及收藏品零售		29		215	16
照相器材零售		45		14	23
其他文化用品零售		460	21	204	177
医及医疗器材专门零售	81	2023	128	771	1806
药品零售	26	1503	44	535	1571
医疗用品及器材零售	55	519	85	236	235
汽车、摩托车、燃料及零配件专门零售	284	15398	1538	20774	5700
汽车零售	173	12802	1421	18074	4272
汽车零配件零售	14	1165	79	1020	640
摩托车及零配件零售		237		62	119
机动车燃料零售	97	1194	39	1618	669
家用电器及电子产品专门零售	316	10036	683	7366	4843
家用电器零售	201	6083	477	5384	2859
计算机、软件及辅助设备零售	92	2124	111	744	834
通信设备零售	1	740	4	262	424
其他电子产品零售	21	1089	92	976	726
五金、家具及室内装修材料专门零售	4	2045	94	1985	1022
五金零售		244	16	151	124
家具零售		994	48	763	469
其他室内装修材料零售	4	808	30	1070	429
无店铺及其他零售	23	1093	73	957	422
生活用燃料零售		48		19	26
其他未列明的零售	23	1045	73	938	396

8－5 限额以上批发零售贸易企业主要效益指标

（2009年）

单位：%

项目	资产负债率	销售利润率	销售毛利率	经营费用率	成本费用利润率	总资产贡献率
总计	**63.68**	**2.82**	**7.85**	**3.75**	**2.88**	**11.07**
#国有及国有控股	52.39	4.16	8.74	3.13	4.31	16.32
一、按登记注册类型分组						
内资企业	62.43	2.31	5.81	2.57	2.35	7.98
国有企业	53.02	4.67	9.49	2.56	4.89	18.90
集体企业	98.40	－0.14	2.57	2.52	－0.14	1.71
联营企业	70.69	0.44	5.53	2.74	0.45	4.42
国有联营企业	67.51	1.19	8.90	4.15	1.21	4.83
国有与集体联营企业	78.15	0.03	3.67	1.97	0.03	3.47
有限责任公司	76.40	1.24	4.69	2.58	1.24	6.23
国有独资公司	80.08	1.26	2.92	1.58	1.24	4.37
其他有限责任公司	74.96	1.23	4.99	2.74	1.24	6.95
股份有限公司	50.52	2.77	5.98	3.52	2.79	5.38
私营企业	70.27	1.63	4.32	2.04	1.64	5.30
私营独资企业	29.46	－0.64	5.29	3.32	－0.64	0.39
私营有限责任公司	77.40	0.70	4.37	2.07	0.70	4.04
私营股份有限公司	41.78	21.49	3.20	1.39	20.84	11.04
其他企业	10.66	0.55	2.82	0.90	0.55	0.56
港、澳、台商投资企业	67.25	3.05	6.13	1.43	3.14	9.39
合资经营企业(港或澳、台资)	44.42	－2.38	－0.41	1.30	－2.27	6.28
港、澳、台商独资经营企业	70.73	3.64	6.84	1.44	3.78	9.86
外商投资企业	49.52	4.55	8.82	2.98	4.77	33.33
中外合资经营企业	47.80	4.71	8.95	2.93	4.94	33.60
外资企业	76.51	0.47	5.67	4.79	0.48	18.30
外商投资股份有限公司	438.93	－2.00	3.46	4.03	－1.95	－9.74
二、按控股情况分组						
国有控股	52.60	4.28	8.28	2.78	4.44	17.46
集体控股	77.04	0.13	3.93	2.67	0.12	3.91
私人控股	71.36	1.78	4.67	2.29	1.79	5.78
港澳台商控股	66.49	－0.78	2.82	2.48	－0.78	1.90
外商控股	79.73	－0.11	3.18	2.77	－0.11	2.38
其他	63.55	1.19	4.95	2.76	1.20	5.11
三、按经营形式分组						
独立门店	76.17	1.36	5.02	2.53	1.37	6.07
连锁总店	－7.57	－0.08	2.76	2.76	－0.08	－0.54
连锁门店	61.63	1.42	3.58	0.66	1.44	9.74
其他	56.80	3.35	7.06	2.71	3.43	12.49

8－5 续表1 (2009年) 单位:%

项目	资产负债率	销售利润率	销售毛利率	经营费用率	成本费用利润率	总资产贡献率
四、批发业(按批发行业小类分组)	**60.96**	**2.85**	**6.53**	**2.66**	**2.91**	**10.95**
农畜产品批发	86.78	1.59	3.43	3.34	1.54	4.18
谷物、豆及薯类批发	92.14	0.81	0.77	4.06	0.75	3.20
种子、饲料批发	74.04	2.31	5.90	2.68	2.35	6.51
食品、饮料及烟草制品批发	44.73	6.26	12.35	2.24	6.76	28.70
米、面制品及食用油批发	76.29	0.57	3.46	2.10	0.57	3.75
糕点、糖果及糖批发	93.98	0.61	9.54	6.60	0.61	4.64
果品、蔬菜批发	57.68	0.88	15.20	13.57	0.89	30.46
肉、禽、蛋及水产品批发	69.10	1.22	3.12	1.28	1.22	13.25
盐及调味品批发	34.83	6.66	18.52	8.08	7.12	8.26
饮料及茶叶批发	41.39	0.59	6.05	2.14	0.61	29.03
烟草制品批发	7.41	17.20	25.92	0.94	21.76	64.70
其他食品批发	91.81	1.29	8.48	4.66	1.31	10.07
纺织、服装及日用品批发	64.96	1.20	4.72	3.09	1.20	4.16
纺织品、针织品及原料批发	79.24	1.00	2.71	1.82	1.00	3.66
服装批发	80.72	0.16	2.41	1.75	0.16	1.76
鞋帽批发	60.68	1.65	5.33	3.19	1.66	4.00
厨房、卫生间用具及日用杂货批发	78.59	－0.02	8.17	7.52	－0.02	6.73
化妆品及卫生用品批发	61.60	4.14	19.88	14.54	4.29	44.43
其他日用品批发	50.56	1.15	5.31	4.39	1.14	6.56
文化、体育用品及器材批发	51.88	0.61	4.24	2.48	0.61	2.05
文具用品批发	13.22	1.85	5.84	2.19	1.85	2.64
体育用品批发	50.48	2.55	13.79	15.84	2.46	15.83
图书批发	67.74	－3.79	10.70	0.86	－3.68	－0.54
音像制品及电子出版物批发	38.40	0.44	2.46	0.64	0.44	1.43
首饰、工艺品及收藏品批发	49.08	0.53	2.36	1.12	0.53	3.49
其他文化用品批发	67.74	0.74	7.02	4.47	0.75	6.51
医药及医疗器材批发	69.97	1.29	5.16	1.96	1.31	7.56
西药批发	70.58	1.19	4.87	1.89	1.20	6.63
中药材及中成药批发	60.22	1.76	5.90	1.74	1.78	14.28
医疗用品及器材批发	90.44	3.04	14.71	7.23	3.15	9.29
矿产品、建材及化工产品批发	53.04	3.36	6.43	2.71	3.44	11.61
煤炭及制品批发	79.88	1.98	7.08	4.33	2.03	17.20
石油及制品批发	40.99	4.30	7.77	2.83	4.46	19.86
非金属矿及制品批发	86.62	1.09	4.79	1.68	1.10	4.00
金属及金属矿批发	56.23	5.61	2.02	1.39	5.55	7.84
建材批发	62.24	0.00	3.13	2.12	0.00	0.83
化肥批发	81.34	0.08	3.54	2.64	0.08	2.44
农药批发	28.15	0.21	0.94	0.12	0.21	0.38
其他化工产品批发	67.63	0.25	5.47	2.86	0.25	5.17
机械设备、五金交电及电子产品批发	85.97	0.92	5.98	3.38	0.93	5.03
汽车、摩托车及零配件批发	82.07	1.73	4.64	1.94	1.76	6.68
五金、交电批发	81.92	0.36	3.82	1.81	0.36	1.79
家用电器批发	101.10	0.21	7.36	6.03	0.21	3.53
计算机、软件及辅助设备批发	80.42	0.80	3.84	1.76	0.81	6.38
通讯及广播电视设备批发	41.25	5.12	11.40	1.09	5.45	14.00
其他机械设备及电子产品批发	74.69	1.86	7.82	3.00	1.89	8.84
贸易经纪与代理	79.01	1.82	4.38	1.78	1.85	12.47
其他批发	81.30	0.07	2.76	1.95	0.07	3.74
再生物资回收与批发	68.15	－0.55	－6.94	0.82	－0.49	21.15
其他未列明的批发	82.96	0.12	3.54	2.04	0.12	1.55

8—5 续表2 (2009年) 单位:%

项目	资产负债率	销售利润率	销售毛利率	经营费用率	成本费用利润率	总资产贡献率
五、零售业	**69.73**	**2.76**	**11.32**	**6.62**	**2.81**	**11.32**
(一)按零售行业小类分组						
综合零售	70.45	4.31	15.89	11.26	4.36	15.46
百货零售	68.34	5.61	18.13	12.35	5.73	15.41
超级市场零售	73.05	3.68	14.79	10.78	3.72	15.64
其他综合零售	34.01	0.97	13.76	5.26	0.98	6.56
食品、饮料及烟草制品专门零售	72.65	2.48	17.84	9.85	2.63	16.77
粮油零售	83.99	1.38	13.46	4.99	1.48	9.69
肉、禽、蛋及水产品零售	41.85	2.20	21.08	5.46	2.33	25.39
饮料及茶叶零售	59.80	3.00	13.25	6.16	3.15	35.34
烟草制品零售	2.39	9.76	33.10	19.06	10.84	53.43
其他食品零售	69.73	−1.96	21.08	22.45	−1.91	24.82
纺织、服装及日用品专门零售	74.46	2.06	17.94	12.40	2.09	10.51
纺织品及针织品零售	70.02	2.44	13.50	5.77	2.51	11.58
服装零售	84.91	−1.25	18.95	16.05	−1.23	2.30
鞋帽零售	94.70	0.19	7.97	5.01	0.19	5.32
钟表、眼镜零售	60.96	5.63	34.82	27.66	5.53	16.05
化妆品及卫生用品零售	27.82	10.93	26.53	12.92	12.31	36.39
其他日用品零售	43.52	5.71	16.72	8.21	6.06	63.85
文化、体育用品及器材专门零售	52.89	3.33	16.57	7.25	3.43	8.28
文具用品零售	54.62	12.08	16.50	1.32	13.87	15.60
体育用品零售	60.89	4.88	16.43	7.08	5.13	19.57
图书零售	52.12	2.34	17.84	8.28	2.39	6.87
音像制品及电子出版物零售	74.58	0.38	19.08	1.75	0.41	0.22
珠宝首饰零售	33.52	25.37	29.19	1.73	34.11	65.41
工艺美术品及收藏品零售	38.12	−0.21	1.72	0.11	−0.21	7.96
照相器材零售	75.30	0.69	3.46	1.33	0.69	3.08
其他文化用品零售	62.55	0.82	4.76	4.91	0.81	7.33
医药及医疗器材专门零售	71.03	3.52	17.20	7.99	3.67	8.22
药品零售	72.41	3.85	16.76	6.48	4.04	7.65
医疗用品及器材零售	47.16	1.37	19.98	17.50	1.39	18.14
汽车、摩托车、燃料及零配件专门零售	71.36	1.55	6.06	2.74	1.57	11.76
汽车零售	73.14	1.54	5.53	2.26	1.56	13.13
汽车零配件零售	59.23	0.62	7.01	5.88	0.62	3.36
摩托车及零配件零售	63.11	1.71	10.30	7.27	1.72	10.32
机动车燃料零售	75.89	2.66	12.35	5.63	2.79	13.32
家用电器及电子产品专门零售	79.66	1.89	7.57	5.52	1.89	4.95
家用电器零售	85.62	2.72	7.75	6.99	2.69	5.23
计算机、软件及辅助设备零售	63.43	1.54	7.37	2.81	1.57	5.89
通信设备零售	79.79	−1.85	12.58	9.49	−1.80	1.57
其他电子产品零售	66.36	0.56	6.39	3.52	0.56	3.07
五金、家具及室内装修材料专门零售	66.80	2.99	9.41	3.01	3.09	15.74
五金零售	76.02	0.59	4.66	2.11	0.59	6.04
家具零售	70.09	3.70	10.16	2.76	3.86	29.10
其他室内装修材料零售	62.72	0.97	8.53	4.68	0.97	5.66
无店铺及其他零售	59.90	5.81	18.65	5.02	6.15	18.43
生活用燃料零售	3.72	1.16	14.97	5.33	1.17	3.20
其他未列明的零售	62.20	5.88	18.71	5.01	6.23	19.05

8—5 续表3 (2009年) 单位:%

项　　目	资产负债率	销售利润率	销售毛利率	经营费用率	成本费用利润率	总资产贡献率
(二)按登记注册类型分组						
内资企业	68.67	2.52	10.38	5.54	2.57	10.50
国有企业	70.83	0.53	6.62	5.14	0.52	3.35
集体企业	45.71	1.13	14.29	7.66	1.15	11.54
有限责任公司	69.03	2.47	10.02	5.56	2.51	9.91
其他有限责任公司	69.03	2.47	10.02	5.56	2.51	9.91
股份有限公司	63.32	5.55	17.56	7.73	5.93	13.07
私营企业	70.92	1.98	9.35	4.95	2.01	10.78
私营独资企业	63.37	1.15	7.79	3.72	1.17	12.78
私营合伙企业	43.58	0.69	16.11	9.19	0.72	16.68
私营有限责任公司	72.14	2.08	9.43	5.02	2.11	10.79
私营股份有限公司	34.34	0.16	4.61	2.07	0.16	5.86
其他企业	67.02	4.20	13.39	5.07	4.39	23.04
港、澳、台商投资企业	59.73	5.78	14.06	9.52	5.91	16.69
合资经营企业(港或澳、台资)	98.69	−5.73	12.63	17.21	−5.42	−1.93
合作经营企业(港或澳、台资)	57.34	6.54	14.80	9.99	6.72	17.82
港、澳、台商独资经营企业	54.24	1.78	6.06	2.08	1.81	21.57
港、澳、台商投资股份有限公司	62.22	5.86	22.42	14.36	6.06	12.18
外商投资企业	99.81	1.28	16.17	12.59	1.27	13.06
中外合资经营企业	94.37	3.06	16.01	11.18	3.13	17.43
外资企业	105.71	−0.61	16.34	14.08	−0.59	8.33
(三)按控股情况分组						
国有控股	51.07	2.57	14.97	7.85	2.62	8.81
集体控股	49.45	0.68	7.37	4.42	0.68	11.82
私人控股	67.75	2.52	9.88	5.32	2.57	10.57
港澳台商控股	98.49	−0.30	9.13	7.63	−0.30	7.37
外商控股	98.31	1.80	13.85	10.07	1.80	11.57
其　他	72.50	3.44	11.45	6.89	3.50	13.04
(四)按经营形式分组						
独立门店	69.38	2.51	9.68	5.05	2.57	13.84
连锁总店	74.30	4.37	13.29	10.24	4.38	9.90
连锁门店	150.68	−4.42	16.33	20.83	−4.16	−4.03
其　他	66.45	2.37	12.74	6.88	2.41	9.67
(五)按零售业态分组						
有店铺零售	69.73	2.77	11.31	6.62	2.81	11.33
便利店	76.24	0.86	13.73	6.91	0.87	7.30
超　市	76.94	2.05	14.09	8.48	2.11	12.49
大型超市	72.25	3.93	14.80	10.56	3.96	15.33
百货店	67.48	6.08	18.73	12.13	6.26	15.36
专业店	58.05	2.23	11.01	4.86	2.28	7.73
专卖店	77.05	1.91	7.91	4.68	1.93	10.42
家居建材商店	73.00	3.36	11.10	4.24	3.48	18.79
厂家直销中心	72.28	1.54	10.02	4.69	1.56	4.04
无店铺零售	67.08	0.57	13.20	8.84	0.58	5.50
邮　购	41.75	0.51	13.96	9.70	0.51	8.72
电话购物	96.30	1.11	7.10	1.86	1.13	1.78

8—6 星级住宿业和限额以上餐饮业经营情况

(2009年)　　　　单位:万元

项　　目	单位数(个)	年末从业人员数(个)	年末餐饮业营业面积(平方米)	年末住宿或餐饮业拥有床位数(张)	年末住宿或餐饮业拥有餐位数(个)
总　计	**255**	**45400**	**491033**	**26613**	**165117**
#国有及国有控股	29	4596	38582	6650	14730
一、按登记注册类型分组					
内资企业	212	33152	371682	19084	121715
国有企业	26	4292	41732	6103	15560
集体企业	9	472	7668	883	1996
股份合作企业	1	23		126	
联营企业	2	672	1800	710	866
#国有联营企业	2	672	1800	710	866
有限责任公司	28	3112	35373	4184	9531
#其他有限责任公司	28	3112	35373	4184	9531
股份有限公司	2	191	3980	95	1110
私营企业	137	23863	273229	6983	89572
私营独资企业	64	3900	80162	1152	22168
私营合伙企业	25	2275	45475	1273	9279
私营有限责任公司	44	17232	129772	4438	54101
私营股份有限公司	4	456	17820	120	4024
其他企业	7	527	7900		3080
港、澳、台商投资企业	26	7105	73203	4775	28948
合资经营企业(港或澳、台资)	10	2287	25487	2720	5058
合作经营企业(港或澳、台资)	2	657	8512	504	1650
港、澳、台商独资经营企业	14	4161	39204	1551	22240
外商投资企业	17	5143	46148	2754	14454
中外合资经营企业	4	779	8441	944	3825
中外合作经营企业	2	250	1970	431	650
外资企业	11	4114	35737	1379	9979
二、按国民经济行业分组					
住宿业	104	16904	147757	23438	49672
#旅游饭店	91	15737	140412	20780	47362
一般旅馆	12	1127	6745	2478	2010
餐饮业	151	28496	343276	3175	115445
正餐服务	143	24110	313292	3175	101471
快餐服务	6	4265	28892		13481
饮料及冷饮服务	1	50	200		100
其他餐饮服务	1	71	892		393

8－6 续表 （2009 年） 单位：万元

项　　目	营业收入	客房收入	餐费收入	商品销售收　入	其他收入
总　　计	**604165**	**89490**	**484557**	**15079**	**15039**
＃国有及国有控股	45993	19511	22968	327	3187
一、按登记注册类型分组					
内资企业	402712	54951	326444	13309	8009
国有企业	43277	18415	22127		2735
集体企业	10928	3286	6907	20	716
股份合作企业	594	588			6
联营企业	7753	3211	4138		403
＃国有联营企业	7753	3211	4138		403
有限责任公司	31987	12608	17996	179	1204
＃其他有限责任公司	31987	12608	17996	179	1204
股份有限公司	3059	161	2898		
私营企业	298751	16683	266202	13110	2756
私营独资企业	57273	2696	53123	1114	340
私营合伙企业	32978	2960	29096	373	549
私营有限责任公司	186855	10923	162489	11623	1820
私营股份有限公司	21645	104	21494		47
其他企业	6365		6176		189
港、澳、台商投资企业	106342	16295	85993	1168	2885
合资经营企业(港或澳、台资)	24217	8708	13544	38	1927
合作经营企业(港或澳、台资)	9913	1925	7233	327	429
港、澳、台商独资经营企业	72212	5663	65216	803	529
外商投资企业	95111	18244	72120	602	4145
中外合资经营企业	17387	5907	9957	474	1049
中外合作经营企业	6257	2703	3241	36	278
外资企业	71467	9634	58923	92	2818
二、按国民经济行业分组					
住宿业	207351	83453	109493	2185	12221
＃旅游饭店	196105	78261	104980	2185	10680
一般旅馆	10994	5061	4392		1541
餐饮业	396814	6037	375065	12894	2818
正餐服务	324606	6037	304025	12894	1651
快餐服务	70689		69521		1167
饮料及冷饮服务	513		513		
其他餐饮服务	1006		1006		

8—7 星级住宿业和限额以上餐饮业财务指标

（2009年）

项　　目	法人企业数（个）	年初存货	流动资产合计	#应收账款	存　货	流动资产年平均余额
总　　计	**255**	**13791**	**189166**	**19665**	**14638**	**160086**
#国有及国有控股	29	1494	31418	2790	1463	24230
一、按登记注册类型分组						
内资企业	212	7792	122626	15869	8877	102982
国有企业	26	1277	28074	2716	1283	21932
集体企业	9	127	3440	1929	91	418
股份合作企业	1		62	2	12	
联营企业	2	908	7311	336	534	6702
#国有联营企业	2	908	7311	336	534	6702
有限责任公司	28	1154	23335	4284	1291	30600
#其他有限责任公司	28	1154	23335	4284	1291	30600
股份有限公司	2	80	551	5	81	507
私营企业	137	4178	59079	6378	5337	42226
私营独资企业	64	882	7645	1588	1202	4392
私营合伙企业	25	872	5675	822	992	2339
私营有限责任公司	44	2214	42711	3554	3026	32518
私营股份有限公司	4	211	3048	415	116	2977
其他企业	7	67	775	221	250	597
港、澳、台商投资企业	26	3857	36058	2615	2755	32412
合资经营企业(港或澳、台资)	10	1619	13287	1226	691	12078
合作经营企业(港或澳、台资)	2	377	5434	361	347	5330
港、澳、台商独资经营企业	14	1861	17337	1028	1717	15003
外商投资企业	17	2142	30482	1182	3007	24693
中外合资经营企业	4	465	14960	73	502	10636
中外合作经营企业	2	325	1429	349	248	1037
外资企业	11	1352	14093	760	2257	13020
二、按国民经济行业分组						
住宿业	104	8091	133308	13704	6850	115832
#旅游饭店	91	7589	127533	13251	6609	115212
一般饭店	12	494	5758	450	234	587
餐饮业	151	5700	55858	5962	7788	44255
正餐服务业	143	4697	47038	5581	5624	35443
快餐服务业	6	994	5990	374	1680	5983

8－7 续表1

(2009年)

单位:万元

项目	长期投资合计	固定资产合计	固定资产原价	累计折旧	#本年折旧	资产总计
总计	**11786**	**318371**	**493518**	**188596**	**23540**	**665396**
#国有及国有控股	369	84937	140306	56017	5280	157865
一、按登记注册类型分组						
内资企业	9837	193720	276317	90006	11361	407824
国有企业	359	85031	124590	40207	4135	153606
集体企业		3687	7616	3929	283	9557
股份合作企业		354	378	24	2	415
联营企业	60	17514	25898	8384	1085	26090
#国有联营企业	60	17514	25898	8384	1085	26090
有限责任公司	1821	37309	54357	19510	2338	69333
#其他有限责任公司	1821	37309	54357	19510	2338	69333
股份有限公司		34	129	95	12	585
私营企业	7548	48108	61235	17427	3288	145711
私营独资企业	72	10787	13891	3383	763	22438
私营合伙企业	362	2278	4295	2166	473	11956
私营有限责任公司	7114	33009	40422	11184	1968	106039
私营股份有限公司		2034	2628	694	84	5278
其他企业	50	1684	2115	431	218	2527
港、澳、台商投资企业	1949	47556	98022	52537	3557	128486
合资经营企业(港或澳、台资)	826	11157	35842	26053	794	36288
合作经营企业(港或澳、台资)		5633	14056	8423	482	11067
港、澳、台商独资经营企业	1123	30767	48124	18062	2281	81132
外商投资企业		77095	119178	46052	8623	129086
中外合资经营企业		17895	35309	17414	1609	36161
中外合作经营企业		14901	17949	4620	855	17017
外资企业		44299	65921	24019	6159	75908
二、按国民经济行业分组						
住宿业	10713	252533	397517	155841	16027	492794
#旅游饭店	10510	248622	387897	150132	15643	480279
一般饭店	153	3877	9381	5504	371	12414
餐饮业	1074	65838	96001	32755	7513	172602
正餐服务业	1074	54349	77122	23339	4294	132255
快餐服务业		9263	17415	8221	2987	31700

8—7 续表2 (2009年) 单位:万元

项目	流动负债合计	#应付账款	长期负债合计	负债合计	所有者权益合计	#实收资本
总计	**282302**	**30188**	**77953**	**363847**	**301549**	**332212**
#国有及国有控股	48606	5806	18799	68956	88909	96327
一、按登记注册类型分组						
内资企业	139802	20311	17533	160926	246897	183005
国有企业	34628	5628	3313	39492	114114	88664
集体企业	5843	1108		5852	3704	3224
股份合作企业	242	50		242	173	10
联营企业	2243	1097		2243	23847	600
#国有联营企业	2243	1097		2243	23847	600
有限责任公司	23127	2681	13297	37364	31969	46620
#其他有限责任公司	23127	2681	13297	37364	31969	46620
股份有限公司	454	53		454	132	200
私营企业	72657	9626	923	74662	71049	42217
私营独资企业	6701	1510	281	7888	14550	12467
私营合伙企业	6371	767	267	6740	5216	6148
私营有限责任公司	56336	6161	376	56785	49254	21712
私营股份有限公司	3249	1188		3249	2029	1891
其他企业	609	69		617	1910	1469
港、澳、台商投资企业	84043	3676	46040	130083	—1596	93026
合资经营企业(港或澳、台资)	18302	1151	21878	40180	—3892	44771
合作经营企业(港或澳、台资)	15926	203	3209	19135	—8069	7711
港、澳、台商独资经营企业	49815	2321	20952	70767	10364	40544
外商投资企业	58458	6201	14380	72838	56248	56182
中外合资经营企业	21424	1373		21424	14737	13705
中外合作经营企业	11287	853	937	12224	4793	9426
外资企业	25747	3975	13443	39190	36718	33051
二、按国民经济行业分组						
住宿业	195546	18295	66223	264496	228298	256504
#旅游饭店	187979	17563	63947	254653	225626	250847
一般饭店	7460	732	2276	9736	2678	5482
餐饮业	86756	11893	11730	99350	73251	75708
正餐服务业	51978	8505	5722	58564	73692	56477
快餐服务业	28138	1516	4443	32581	—881	17112

8－7　续表 3　　　　(2009 年)　　　　单位:万元

项　　目	国家资本	集体资本	法人资本	个人资本	港澳台资　本	外商资本
总　　计	**98975**	**6667**	**81214**	**42085**	**69684**	**33588**
＃国有及国有控股	94706				1621	
一、按登记注册类型分组						
内资企业	93734	2486	44592	42085	98	10
国有企业	88434		230			
集体企业	1500	1674	50			
股份合作企业						10
联营企业	100		500			
＃国有联营企业	100		500			
有限责任公司	3700		26234	16589	98	
＃其他有限责任公司	3700		26234	16589	98	
股份有限公司				200		
私营企业		812	17454	23951		
私营独资企业			5448	7018		
私营合伙企业			471	5676		
私营有限责任公司		812	11054	9846		
私营股份有限公司			480	1411		
其他企业			124	1345		
港、澳、台商投资企业	5240	3658	23063		61065	
合资经营企业(港或澳、台资)	1780	3658	23063		16270	
合作经营企业(港或澳、台资)	3460				4251	
港、澳、台商独资经营企业					40544	
外商投资企业		523	13560		8521	33578
中外合资经营企业			13560			145
中外合作经营企业		523			4185	4718
外资企业					4336	28715
二、按国民经济行业分组						
住宿业	96550	2904	68551	23221	37776	27503
＃旅游饭店	93906	2816	68551	22641	35526	27408
一般饭店	2470	88		580	2250	95
餐饮业	2424	3763	12663	18865	31908	6085
正餐服务业	2424	3763	11663	18697	19590	340
快餐服务业			1000	168	10249	5696

8—7 续表4 (2009年) 单位:万元

项 目	主营业务收入	主营业务成本	主营业务税金及附加	主营业务利润	其他业务收入	其他业务利润
总 计	**598745**	**274755**	**30930**	**290609**	**8254**	**6728**
#国有及国有控股	44355	13492	2682	27724	1567	1388
一、按登记注册类型分组						
内资企业	400547	193461	21198	183433	4207	3419
国有企业	41503	13944	2399	24703	1984	1806
集体企业	10852	5085	494	5281		
股份合作企业	634	392	35	206		
联营企业	7753	2185	430	5138	261	123
#国有联营企业	7753	2185	430	5138	261	123
有限责任公司	32872	12534	1956	18050	664	639
#其他有限责任公司	32872	12534	1956	18050	664	639
股份有限公司	3059	1803	172	1084		
私营企业	297698	153554	15400	127071	1022	781
私营独资企业	56613	36659	3039	15590	212	145
私营合伙企业	32610	19100	2004	11159	168	9
私营有限责任公司	186844	77819	9996	99028	642	627
私营股份有限公司	21631	19976	361	1294		
其他企业	6176	3965	312	1899	276	71
港、澳、台商投资企业	106217	50850	4928	50443	923	827
合资经营企业(港或澳、台资)	24166	6701	1415	16054	344	340
合作经营企业(港或澳、台资)	9913	5348	366	4199		
港、澳、台商独资经营企业	72137	38801	3147	30189	580	487
外商投资企业	91982	30444	4804	56734	3124	2482
中外合资经营企业	16700	6048	887	9766	572	543
中外合作经营企业	5992	1543	320	4129	288	257
外资企业	69289	22853	3598	42839	2263	1682
二、按国民经济行业分组						
住宿业	204849	70124	11455	122590	5807	5017
#旅游饭店	193982	64558	10653	118237	5290	4508
一般饭店	10615	5490	782	4196	476	472
餐饮业	393896	204631	19475	168020	2447	1711
正餐服务业	322861	176771	16137	128183	1303	850
快餐服务业	69516	27264	3263	38989	1144	862

8—7 续表5 （2009年） 单位：万元

项目	营业费用	管理费用	财务费用	#利息支出	营业利润	投资收益
总计	**149452**	**105594**	**6773**	**2507**	**36806**	**20**
#国有及国有控股	16373	13477	1785	1010	−2039	
一、按登记注册类型分组						
内资企业	89618	70208	1260	−36	27054	20
国有企业	15303	11628	444	237	−383	
集体企业	2517	1841	66	1	827	
股份合作企业	6	1	5		194	
联营企业	3388	1831	68		−26	
#国有联营企业	3388	1831	68		−26	
有限责任公司	11210	5485	879	719	1206	
#其他有限责任公司	11210	5485	879	719	1206	
股份有限公司	434	525	29		97	
私营企业	55723	48415	−234	−992	24693	20
私营独资企业	9081	4455	174	71	2800	
私营合伙企业	6784	1872	319	72	2259	
私营有限责任公司	39083	42022	−836	−1135	19289	20
私营股份有限公司	774	65	109		345	
其他企业	1037	483	3		446	
港、澳、台商投资企业	32604	15043	4650	2126	−1027	
合资经营企业（港或澳、台资）	8824	7028	1220	1019	−677	
合作经营企业（港或澳、台资）	2613	1369	1521	854	−1303	
港、澳、台商独资经营企业	21168	6646	1909	253	954	
外商投资企业	27230	20343	863	416	10779	
中外合资经营企业	3893	4092	312	176	2011	
中外合作经营企业	3444	663	218	110	61	
外资企业	19893	15588	333	130	8707	
二、按国民经济行业分组						
住宿业	65626	49233	6004	3874	6777	20
#旅游饭店	62302	47696	5909	3840	6724	20
一般饭店	3177	1475	95	34	68	
餐饮业	83826	56361	769	−1368	30029	
正餐服务业	55891	49319	−525	−1500	25601	
快餐服务业	27555	6559	1294	132	4443	

8—7 续表6 (2009年) 单位:万元

项　　目	补贴收入	营业外收入	利润总额	应交所得税	劳动、失业保险费	养老保险和医疗保险费
总　　计	**299**	**519**	**33965**	**9357**	**721**	**8205**
#国有及国有控股	235	187	-2139	218	122	2466
一、按登记注册类型分组						
内资企业	144	320	26717	6424	582	5347
国有企业	80	80	-547	145	121	2264
集体企业		72	761	133	11	99
股份合作企业			195			3
联营企业		19	-15		7	144
#国有联营企业		19	-15		7	144
有限责任公司		18	1183	442	91	358
#其他有限责任公司		18	1183	442	91	358
股份有限公司		3	178	109	3	42
私营企业	64	128	24516	5576	341	2422
私营独资企业		8	2151	606	79	232
私营合伙企业		18	2242	676	3	43
私营有限责任公司	64	98	19770	4221	258	2128
私营股份有限公司		5	353	73	1	19
其他企业			446	19	7	15
港、澳、台商投资企业	155	140	-906	1080	69	1435
合资经营企业(港或澳、台资)		6	-708	196	27	561
合作经营企业(港或澳、台资)	155	105	-1253		12	259
港、澳、台商独资经营企业		29	1055	884	30	615
外商投资企业		59	8154	1853	70	1423
中外合资经营企业		5	1900	385	12	166
中外合作经营企业		3	64	10	3	53
外资企业		50	6191	1458	55	1204
二、按国民经济行业分组						
住宿业	156	339	6527	2948	297	4498
#旅游饭店	156	334	6484	2849	277	4257
一般饭店		5	58	95	11	238
餐饮业	143	180	27438	6408	424	3707
正餐服务业	143	145	25618	5676	358	2695
快餐服务业		36	1831	725	66	885

8-7 续表7 (2009年) 单位:万元

项目	住房公积金和住房补贴	本年应付工资总额	#主营业务应付工资总额	本年应付福利费总额	#主营业务应付福利费总额	从业人员平均人数(人)
总计	**3163**	**80425**	**44761**	**4409**	**1844**	**45305**
#国有及国有控股	531	9412	5051	354	278	4682
一、按登记注册类型分组						
内资企业	2443	56983	26413	1874	839	33041
国有企业	492	9319	4343	404	159	4363
集体企业	28	853	536	44	25	469
股份合作企业		66				24
联营企业	34	979	840	5		636
#国有联营企业	34	979	840	5		636
有限责任公司	60	5406	5050	185	170	3139
#其他有限责任公司	60	5406	5050	185	170	3139
股份有限公司		290	290			191
私营企业	1829	39133	15154	1233	485	23703
私营独资企业	13	5840	4746	77	64	3833
私营合伙企业	5	3270	2841	56	44	2190
私营有限责任公司	1811	29409	6996	1100	377	17250
私营股份有限公司		613	571			430
其他企业		937	199	4		516
港、澳、台商投资企业	382	12639	10973	593	520	7089
合资经营企业(港或澳、台资)	173	3543	2890	223	223	2197
合作经营企业(港或澳、台资)	54	795	795	82	82	660
港、澳、台商独资经营企业	155	8302	7289	287	214	4232
外商投资企业	338	10803	7375	1943	485	5175
中外合资经营企业	1	2367	1629	394	189	780
中外合作经营企业		428	215	64		240
外资企业	337	8009	5532	1484	296	4155
二、按国民经济行业分组						
住宿业	802	32437	22970	2943	1213	16784
#旅游饭店	721	30512	21306	2819	1127	15603
一般饭店	79	1849	1664	113	87	1141
餐饮业	2360	47989	21791	1467	631	28521
正餐服务业	1881	41039	14911	1201	365	24072
快餐服务业	480	6737	6668	259	259	4328

8—8 按行业分社会消费品零售总额

（1988～2009 年）

单位:万元

年份	合计	批发零售贸易业	餐饮业	其他行业	制造业	农对非零售额
1988	377931	291538	13826	45290	27277	29566
1989	436614	330248	16209	58669	31488	37689
1990	452764	331223	20587	62384	38570	39576
1991	506952	370231	20464	79497	36760	47974
1992	606802	464470	27776	78591	35965	33365
1993	777163	593644	43875	90776	48868	40513
1994	1048674	779362	58964	160914	49434	48725
1995	1332694	989155	106433	186642	50464	59578
1996	1873235	1517625	185902	111718	57990	74819
1997	2344415	1885178	255068	144607	59562	86180
1998	2770234	2249704	294374	167361	58795	94609
1999	3152256	2539537	368167	181403	63149	101726
2000	3517653	2833875	418509	196414	68855	107911
2001	3862850	3137011	449542	206858	69439	112146
2002	4306946	3485075	524865	297006	74361	109271
2003	4909778	4043290	608730	257757		
2004	5803820	4852169	711629	240022		
2005	6645454	5689260	913330	42864		
2006	7790321	6716281	1024511	49529		
2007	9473711	8154373	1264089	55249		
2008	11446381	9862225	1519862	64294		
2009	13386447	11464073	1819200	103175		

注:2003 年起其他行业不包括农对非和制造业零售。

8—9 按销售单位所在地分社会消费品零售总额

（1988～2009 年）

单位：万元

年　　份	合　　计	市	县	县以下
1988	377931	231765	55381	90785
1989	436614	273641	66522	96451
1990	452764	289302	67158	96304
1991	506952	348672	55342	102938
1992	606802	418654	67169	120979
1993	777163	524541	87480	165142
1994	1048674	731403	107294	209977
1995	1332694	926728	117280	288686
1996	1873235	1232794	175696	464745
1997	2344415	1517289	229068	598058
1998	2770234	1769499	274211	726524
1999	3152256	2014733	312234	825289
2000	3517653	2256320	354574	906759
2001	3862850	2481059	396736	985055
2002	4306946	2795779	438691	1072476
2003	4909778	3385565	440938	1083275
2004	5803820	4144452	508532	1150836
2005	6645454	5151979	413224	1080251
2006	7790321	6200434	452800	1137087
2007	9473711	7592591	554362	1326758
2008	11446381	9286502	630373	1529506
2009	13386447	10843515	828969	1713963

8—10 主要年份分县(市)社会消费品零售总额

单位:万元

年份	福州市	市区	福清市	长乐市	闽侯县	连江县	罗源县	闽清县	永泰县	平潭县
1952	14728	8328	1608	1081	1248	831	226	455	300	619
1957	28730	15037	2909	1571	2747	2147	775	895	755	1251
1962	41885	22684	3497	2800	2810	2915	1095	1231	891	1195
1965	40392	20820	4122	2682	3373	3011	1060	1185	950	1442
1970	41312	19044	4384	3043	3346	3314	1203	1390	1186	1939
1975	55755	27905	5552	3390	3727	4126	1561	2014	1834	2115
1978	69385	36033	7906	4658	4923	5684	2145	2398	2331	2669
1979	81434	43828	9386	5462	5521	6033	2593	2995	2636	3127
1980	105652	60368	11239	6467	6721	6874	2983	3246	3032	3720
1981	107486	56748	12042	7839	7832	7494	3293	3795	3349	4277
1982	119816	64368	13043	8038	8705	8571	3547	3882	3723	4537
1983	132492	70060	14466	9279	9699	9367	3884	4270	4022	4968
1984	159722	87347	16504	11463	11803	10014	4026	5026	4310	5662
1985	203152	117103	18988	13960	14953	12107	4557	6533	5783	5888
1986	246647	149494	21926	16325	16910	13964	4972	7727	6465	6550
1987	284971	172062	25860	18400	20423	16145	5502	9732	7351	8179
1988	377931	231765	32167	24919	24174	23198	6863	11633	9006	12673
1989	440614	273641	35556	29296	26691	25521	7577	13217	9547	15568
1990	452764	289302	37995	28228	26646	25325	7676	12663	9283	15646
1991	506952	329641	41145	30843	30573	26533	8104	12931	9676	19213
1992	606802	393142	50695	36089	37473	33128	10743	14451	11830	19251
1993	777163	490035	73213	46613	56882	40130	13824	19048	14774	22570
1994	1048674	680253	106192	62588	62139	50768	20077	22044	19075	25588
1995	1332693	818728	166820	83629	78137	69438	26033	28074	23046	38350
1996	1873235	1055321	267667	133098	120134	125004	32581	45071	31820	60670
1997	2344414	1281154	353700	170222	150584	164359	45418	57167	47865	72709
1998	2770234	1480459	430105	210066	180134	195247	55038	68236	58503	92395
1999	3152256	1695115	486428	232181	203811	222603	63011	78057	66193	104857
2000	3517653	1902024	536112	255271	226143	249540	72005	85088	76103	115368
2001	3862850	2097221	570959	285267	247980	276537	80014	93290	86835	124747
2002	4306946	2360004	630288	316245	273539	304837	89032	100394	96615	135991
2003	4909778	2926436	657047	329737	268213	291500	90185	106719	103576	136366
2004	5803820	3704895	722751	356405	264630	290244	99743	115412	105541	144199
2005	6645454	4639941	758526	364194	233060	179772	109617	109380	101990	133971
2006	7790321	5524748	833096	378298	278937	213930	125354	121935	120400	158605
2007	9473711	6832866	949737	429919	329373	253604	146227	138375	139842	189986
2008	11446381	8265791	1142602	500875	398241	301335	169958	164993	167466	225929
2009	13386447	9712233	1335169	603851	516240	364159	202292	194697	195068	262738

主要统计指标解释

批发和零售业、住宿和餐饮业(单位)统计限额以上标准 (1)批发业(包括外贸企业)同时具备以下两个条件:一是年商品销售总额在2000万元及以上,二是年末从业人员在20人及以上。(2)零售业(包括外贸企业)同时具备以下两个条件:一是年商品销售总额在500万元及以上,二是年末从业人员在60人及以上。(3)住宿业是一星级及以上或为旅游饭店。(4)餐饮业同时具备以下两个条件:一是年营业收入在200万元及以上,二是年末从业人员在40人及以上。

商品购进总额 指从本企业以外的单位和个人购进(包括从国外、境外直接进口)作为转卖或加工后转卖的商品。本指标由从生产者购进额、从批发零售贸易业购进额、进口额和其他项目组成。这个指标反映批发零售贸易企业从国内、国外市场上购进商品的总量。

商品销售总额 指对本企业以外的单位和个人出售(包括对国外、境外直接出口的)商品(包括售给本单位消费用的商品)。本指标由对生产经营单位批发额、对批发零售贸易业批发额、出口额和对居民和社会集团商品零售额项目组成。这个指标反映批发零售贸易企业在国内市场上销售商品以及出口商品的总量。

社会消费品零售额 指各种经济类型的批发零售贸易业、餐饮业和其他行业对城乡居民和社会集团的消费品零售额总和。这个指标反映通过各种商品流通渠道向居民和社会集团供应的生活消费品来满足他们生活需要,是研究人民生活、社会消费品购买力、货币流通等问题的重要指标。

对居民的消费品零售额 指售给城乡居民用于生活消费的商品。

对社会集团的消费品零售额 指售给机关、团体、部队、学校、企业、事业单位和城市街道居民委员会、农村村民委员会用公款购买的用作非生产、非经营使用的消费品。

按行业分 将社会消费品零售总额按经营企业、单位本身的业务性质所的划分。用以反映各行业在社会消费品零售渠道中的比重和作用。

批发零售贸易业零售额 指专门从事商品转卖业务的各种济类型独立核算的批发零售贸易企业以及个体的和其他行业附营的批发零售贸易单位直接售给居民和社会集团的消费品零售额。

住宿和餐饮业零售额 指住宿和餐饮企业、产业活动单位为顾客提供就餐服务得到的餐费收入或出售商品所取得的收入。

住宿和餐饮业营业额 指住宿和餐饮企业、产业活动单位在经营活动中因提供服务或销售商品等到取得的收入。包括客房收入、餐费收入、商品销售收入和其他收入。

其他行业零售额 指批发零售贸易业、餐饮业以外的其他行业的直接零售额。包括各种经济类型的交通运输业、邮电业、建筑业、居民服务业、公用事业出版社等行业的零售额(跨行业的经济联合组织的零售额,按其主营活动确定其所属行业,列入该行业的零售额内)。

按销售地区分 指将社会消费品零售额按经营机构所在地所作划分。用以研究反映城乡商品销售变化情况。

市的零售额 指设立在中央直辖市,省、地辖市的市区和郊区以及县级市的市区的各行业消费品零售额,不包括市属县的消费品零售额。

县的零售额 指设立在县城关区的各行业消费品零售额。

县以下的零售额 指设立在县城关以及县级市的市区以外的集镇和农村的各行业消费品零售额。但不包括分布在农村的独立工矿、林区的商品零售额,这部分零售额,凡属市直辖的列入“市的零售额”中,凡属县直辖的列入“县的零售额”中。

CHAPTER 9 第九篇

对外贸易与旅游

本篇内容包括：

1、外贸进出口情况

2、利用外资情况

3、接待境外旅游人数

9—1 进出口总额

(1981～2009年)

年份	进出口总额(万美元)	出口总额	进口总额	进出口总额(万元)	出口总额	进口总额
1981		394			701	
1982		682			1316	
1983		888			1740	
1984		2215			6180	
1985		1384			4055	
1986		1323			4922	
1987		3961			14735	
1988	16840	9290	7550	62645	34559	28086
1989	19906	14124	5782	93757	66524	27233
1990	32278	23360	8918	168491	121939	46552
1991	42568	30034	12534	231144	163085	68060
1992	65562	46969	18593	376982	270072	106910
1993	150893	93987	56906	873670	544185	329486
1994	211193	129448	81745	1801476	1104191	697285
1995	234961	156732	78229	1968973	1313414	655559
1996	303581	168315	135266	2519722	1397015	1122708
1997	375183	192861	182322	3105765	1596503	1509262
1998	379794	196157	183637	3143935	1623788	1520147
1999	371050	203578	167472	3071552	1685219	1386333
2000	511835	272947	238888	4232875	2257272	1975604
2001	537892	299856	238036	4448367	2479809	1968558
2002	638804	353425	285379	5282909	2922825	2360084
2003	829631	464279	365352	6861048	3839587	3021461
2004	1252722	744391	508331	10360011	6156114	4203897
2005	1368910	867200	501710	11053948	7002640	4051308
2006	1575456	1016452	559004	12414593	8009642	4404952
2007	1864105	1231004	633101	13878262	9164825	4713437
2008	2032422	1358759	673663	13890791	9286574	4604217
2009	1786004	1201245	584759	12195193	8202341	3992851

注：从1996年起为海关统计口径数据。

9—2 按主要国别(地区)分出口商品贸易额

单位:万美元

国别(地区)	2000年	2001年	2002年	2003年	2004年	2005年	2006年	2007年	2008年	2009年
总　计	**272947**	**298483**	**349140**	**464279**	**744391**	**867200**	**1016452**	**1231004**	**1358759**	**1201138**
亚　洲	107504	115788	136346	173379	270549	306633	321216	416836	456892	442614
#中国香港	23882	30974	39170	53461	84719	76932	65083	63725	66605	61604
中国澳门	615	356	94		592	222	344	429	240	214
日　本	42091	48061	54609	55487	81891	94095	91517	117239	124542	106124
菲律宾	1916	2640	2795		6272	10394	9859	12285	11084	11929
泰　国	989	1002	1454		3823	4559	5050	7956	8016	11071
马来西亚	4145	1503	2472		12069	9827	19691	27655	37824	52759
新加坡	5386	6658	6465		12528	16376	11306	16307	21171	21993
阿拉伯联合酋长国	1884	2319	4424		11279	12941	12948			
欧　洲	56880	69740	78622	111319	166501	206784	256257	335613	373479	296145
#德国	15412	22245	24621	22445	36411	29231	34993	53696	72969	53306
法　国	3715	2701	3866	3572	4882	11873	13750	17593	16972	15613
意大利	4623	4986	5800	8447	7670	13192	15048	22585	27301	23694
芬　兰	332	534	594	40814	2415	4010	3262	9135	12652	4340
英　国	7151	7843	8589	10407	16226	20946	31156	30638	30020	29109
丹　麦	540	531	725		1129	2765	6236	5513	6549	4846
瑞　典	549	640	651		1219	1989	2835	4751	4475	4036
瑞　士	842	1533	1260	1524	2489	4666	7187	9677	5244	2329
西班牙	3351	3381	3356	4144	4837	8341	10350	22000	14853	12932
北美洲	88011	91870	111316	147468	245699	259031	331638	330818	364212	319300
#加拿大	6533	7984	6723	8007	12023	15942	22236	27449	28350	22315
美　国	81478	83886	104594	139460	233676	243089	309401	303364	335862	296985
大洋洲	4511	4255	5840	9720	19830	16907	21047	27467	26727	28148
#澳大利亚	4040	3760	5101	8534	14148	14716	16012	22249	22799	21343
非　洲	4961	7747	8455	10525	17879	23938	33652	41177	47262	45496
拉丁美洲	11080	9082	8561	11862	23933	30183	51826	79750	90187	69435
俄罗斯				1443	2749	4584	4664	7440	11696	9925

9－3 按主要国别(地区)分进口商品贸易额

单位:万美元

国别(地区)	2000 年	2001 年	2002 年	2003 年	2004 年	2005 年	2006 年	2007 年	2008 年	2009 年
总　计	**238889**	**238287**	**285379**	**365351**	**498331**	**501710**	**559004**	**633101**	**673663**	**583940**
亚　洲	200716	196287	240536	307189	419006	419188	472449	512025	532102	411439
#中国香港	2542	2135	2218	2442	2914	1948	1753	1947	1990	2034
中国澳门	24	23	19		2	3	10	14	5	
日　本	38931	36952	42635	62874	81783	72427	66490	74794	91945	69773
菲律宾	671	1237	599		1134	1373	1664	2071	3204	6306
泰　国	4379	4670	5839		4690	4088	7504	8613	11490	10885
马来西亚	11737	11201	13551		16683	10787	7993	13197	17369	12952
新加坡	3361	2230	2648		4015	2495	2568	3926	4312	4646
阿拉伯联合酋长国	7	115	7		11	82	91			
欧　洲	17931	21785	22290	26693	33023	32175	38368	55937	65210	67672
#德国	1628	1443	2107	6606	8499	8617	12773	22150	28017	22092
法　国	421	471	598	719	1039	749	821	1961	5093	4875
意大利	1266	1696	2203	1626	2551	1620	1533	1790	3126	2960
芬　兰	597	329	282	350	5183	669	507	1448	1335	2150
英　国	2978	2598	1337	1940	3079	3060	2122	2421	2882	4628
丹　麦	72	73	81		256	264	246	498	876	331
瑞　典	234	151	201		212	598	1093	1988	2374	1230
瑞　士	4331	8538	8469	8534	9807	9818	10018	9283	1425	959
西班牙	260	91	35	76	319	500	271	394	2057	2720
北美洲	12671	12636	10836	16585	24238	19517	24173	35953	30227	37282
#加拿大	412	707	274	493	476	919	608	1364	1754	2603
美　国	12252	11928	10562	16091	23762	18597	23565	34588	28466	34666
大洋洲	1137	915	1112	2003	1877	1806	2513	2396	2832	7801
#澳大利亚	497	226	454	935	734	1056	1330	1144	1167	5214
非　洲	832	926	958	1075	1989	2365	4028	4809	5918	13224
拉丁美洲	5561	5738	9646	11804	18199	19307	17212	22279	37374	46521

9—4 外商直接投资合同数

（1979～2009 年）

单位:项

年 份	外商直接投资	合资企业	合作企业	独资企业
1979	5			
1980	5			
1981	3			
1982	2			
1983	4			
1984	64			
1985	73			
1986	29	19	10	
1987	56	46	9	1
1988	168	123	26	19
1989	214	131	16	67
1990	233	103	9	121
1991	286	99	16	171
1992	676	259	35	382
1993	1134	372	56	706
1994	722	216	31	475
1995	678	179	25	474
1996	412	107	10	295
1997	437	83	18	336
1998	481	109	13	359
1999	338	80	8	250
2000	295	80	6	209
2001	319	73	3	243
2002	386	52	41	293
2003	360	88	2	268
2004	414	90	5	319
2005	326	81	11	234
2006	327	83	2	242
2007	234	78		155
2008	155	31	1	123
2009	144	29	1	114

9—5 外商直接投资合同金额

(1979～2009 年)

单位:万美元

年份	外商直接投资	合资企业	合作企业	独资企业
1979	105			
1980	387			
1981	104			
1982	15			
1983	106			
1984	5603			
1985	4367			
1986	909	794	115	
1987	3052	2115	767	170
1988	11781	8489	1432	1860
1989	15156	9262	656	5238
1990	27370	7693	1452	18225
1991	29601	6632	1057	21912
1992	117538	27587	7565	82386
1993	330705	64417	13476	252812
1994	220592	56769	16279	147544
1995	322706	36978	24674	261053
1996	111121	23919	2113	85088
1997	92022	16395	9497	65831
1998	111031	32927	19577	58527
1999	93426	13434	5030	74962
2000	95479	15652	1171	78656
2001	103264	20122	1944	81198
2002	150867	10236	16854	117596
2003	161412	20650	3236	135597
2004	135003	10651	−376	122331
2005	116672	12603	6581	96779
2006	142956	22989	4497	115470
2007	132371	22323		100379
2008	148883	9619	2834	130805
2009	122969	5880	2660	112371

注:2009 年外商直接投资合同金额中股份制企业合同金额为 2053 万美元。

9—6 按行业分外商直接投资合同数

（1987～2009 年）

单位:项

年 份	农 业	制造业	建筑业	交通运输仓储及邮电通信业	批发和零售贸易餐饮业	房地产公用事业服务业
1987	6	48	1			
1988	6	153	4	2		3
1989	8	179	1			23
1990	6	190	1		2	33
1991	8	248		3		25
1992	22	481	11		3	153
1993	56	675	46		55	134
1994	37	379	39		26	75
1995	46	414	36		39	36
1996	37	209	15		50	20
1997	29	247	13		76	16
1998	23	291	6	4	78	31
1999	26	219	6		17	39
2000	14	210		1	10	35
2001	10	228	3	1	9	23
2002	13	237	9	5	13	53
2003	12	256	8	5	11	67
2004	12	307	5	9	18	63
2005	5	240		7	26	10
2006	8	234	5	4	36	42
2007	10	131	1	3	42	57
2008	8	63	4	1	33	46
2009	4	38		2	54	46

9—7 按行业分外商直接投资合同金额

(1987～2009 年)　　单位:万美元

年份	农业	制造业	建筑业	交通运输仓储及邮电通信业	批发和零售贸易餐饮业	房地产公用事业服务业
1987	197	2608	215			
1988	1103	9906	119	64		589
1989	256	11095	51			3474
1990	233	20243	22		115	6752
1991	959	21744				6623
1992	1003	50540	432		3480	58127
1993	5148	134920	2280		5592	149058
1994	2637	92714	1562		1642	105230
1995	7501	251052	2036		2857	25104
1996	2983	54310	1051		3758	15021
1997	3823	50486	6692		6854	9409
1998	6588	47296	17819	375	6211	20661
1999	8560	49682	3970		4178	22143
2000	703	52199	169	10	3004	33314
2001	4727	69326	885	1454	501	17967
2002	4400	101619	8132	3463	944	22600
2003	3294	128747	3873	208	358	24932
2004	3887	93171	－1815	8458	2959	28343
2005	8141	87428	－13	5710	3893	7045
2006	6922	113480	2695	1395	3704	14760
2007	5408	73864	－71	1128	13896	38146
2008	6157	62739	1649	56	7557	70725
2009	3522	32980	761	8400	13552	63720

9—8 按国别(地区)分外商直接投资合同数

单位:项

国别(地区)	2000 年	2001 年	2002 年	2003 年	2004 年	2005 年	2006 年	2007 年	2008 年	2009 年
合同数	**295**	**319**	**386**	**360**	**414**	**326**	**327**	**234**	**155**	**144**
#中国香港	119	95	140	137	158	125	142	78	63	56
中国澳门	7		1	3	3	4	4	1	1	2
日　本	27	24	33	17	24	27	25	16	13	7
菲律宾	2	2	3	7	3	2				
泰　国		2	1	3	1			1		
马来西亚	1	2	3	2	4	2		2	2	1
新加坡	7	6	10	15	13	6	12	6	4	5
印度尼西亚	2	4	1	2	7	4	11		1	2
德　国	1					2		2	2	
维尔京群岛	10	22	27	25	34	22	17	19	15	6
英　国		1			1		2	1	1	
开曼群岛	2	3	3	4	2	2	2	1		1
加拿大	5	7	11	12	10	11	12	6	3	3
美　国	24	33	35	37	43	33	19	32	11	23
澳大利亚	8	12	7	9	16	16	5	14	4	2

9—9 按国别(地区)分外商直接投资合同金额

单位:万美元

国别(地区)	2000 年	2001 年	2002 年	2003 年	2004 年	2005 年	2006 年	2007 年	2008 年	2009 年
合同金额	**95479**	**103264**	**150867**	**161412**	**135003**	**116672**	**142956**	**132371**	**148883**	**122969**
#中国香港	63312	43296	70300	75503	82905	51832	70580	58978	100517	119015
中国澳门	763		711	443	89	994	381	525	-479	390
日　本	4080	1653	18927	2591	3886	5122	12842	3216	1034	1914
菲律宾	98	731	473	1735	-99	151	-191	74	38	-1592
泰　国		190	150	2011	25				889	
马来西亚	1045	1004	3270	207	646	412	1	2810	2601	-305
新加坡	585	579	37	-1797	2946	2068	5076	395	5946	384
印度尼西亚	494	3141	1198	81	932	763	8857	-1308	2930	348
德　国	10	179	-7		33	86	6	-20	573	
维尔京群岛	7666	12138	18907	12814	14590	22617	18211	26466	2876	-8122
英　国		-8	-95	552	-289		1291	993	-1883	
开曼群岛	96	6115	4372	286	1121	2379	1651	4059	1210	735
加拿大	437	159	2994	1294	1495	645	3843	729	-267	520
美　国	7516	7666	7889	6915	10448	7375	1932	8894	2742	1104
澳大利亚	325	562	-1	3151	1754	2997	661	1293	-15	88

9—10 实际利用外商直接投资金额

(1979～2009 年)

单位:万美元

年份	合计	#合资企业	#合作企业	#独资企业
1979	78			
1980	167			
1981	61			
1982	154			
1983	679			
1984	1630			
1985	1539			
1986	1495	588	886	
1987	1462	498	794	170
1988	2355	2004	351	
1989	5035	2815	890	1330
1990	10193	6242	703	3248
1991	13813	5412	330	8071
1992	28452	7870	1175	19407
1993	63385	24762	2938	35685
1994	81838	42263	3004	46571
1995	105035	26106	5289	73640
1996	97590	27902	5330	64358
1997	97848	30830	5973	60746
1998	90348	27883	6177	56288
1999	90036	25183	6675	58178
2000	80087	8471	3565	66843
2001	100198	27953	3095	67754
2002	120246	28404	3162	76635
2003	130198	12332	3236	114630
2004	136042	19336	5407	99029
2005	160000			
2006	162100			
2007	170225			
2008	213034			
2009	229596			
2005(验资口径)	64017	9986	341	51383
2006(验资口径)	66069	8913	430	56726
2007(验资口径)	70011	11634	55	57859
2008(验资口径)	100150	24311	189	68177
2009(验资口径)	103227	16842		71491

注:2009 年实际利用外资(验资口径)中股份制企业利用外资额为 14901 万美元。

9—11 按国别(地区)分实际利用外商直接投资金额

单位:万美元

国别(地区)	2000 年	2001 年	2002 年	2003 年	2004 年	2005 年	2006 年	2007 年	2008 年	2009 年
中国香港	39861	47263	51503	51940	57923	26819	26569	31728	43567	73079
中国澳门	474	500	2358	207	1213	227	52	1525	217	105
日　本	1679	6072	3258	23600	4818	3624	10020	1614	3344	2044
菲律宾	258	125	1169	228	1184	508	58	209	124	
泰　国	174	151	769	941	500	295		56	907	
马来西亚	2075	1480	2883	491	1448	630	20	353	853	20
新加坡	1209	1638	1299	1601	2819	2070	1119	2971	2487	2486
印度尼西亚	509	1990	796	415	946	336	424	629	361	1458
德　国		10					61		10	500
法　国						52	3	42		
英　国	7850	1810	3558	450	267	300	400	667	179	1
加拿大	50	221	823	695	1398	223	401	377	452	359
美　国	7031	13452	4791	6642	8220	2138	3613	2195	2160	1788
澳大利亚	178	242	784	186	801	378	267	776	488	204
维尔京群岛	7794	11121	13351	15145	18906	12042	13579	16795	25682	12172
开曼群岛		61	4523	3116	1269	3630	2016	2914	992	1546
百慕大	1001	100	10852	2708	4885	1800			2123	490

9—12 接待境外旅游人数

(1980～2009年)

单位:人次

年份	合计	外国人	华侨	港澳同胞	台湾同胞
1980	26881	8234	6258	12290	99
1981	27584	9032	3442	14368	742
1982	20335	8592	1767	8957	1019
1983	42131	15706	3713	20928	1784
1984	55474	20903	3207	27822	3542
1985	53693	20836	1669	28177	3011
1986	67586	27256	2754	34388	3188
1987	73789	31118	1669	36223	4779
1988	105195	27028	2537	35849	39781
1989	110016	19563	1494	24131	64828
1990	178984	27823	2549	28883	119729
1991	148135	34656	3366	29958	80155
1992	174414	46273	4547	32654	90940
1993	162741	48717	3601	29330	81093
1994	129680	52800	3030	25664	48186
1995	127669	50381	4549	25566	47173
1996	120563	50154	3804	22870	43735
1997	129148	51315	3638	22724	51471
1998	132098	45719	4846	27059	54474
1999	249601	74603	20808	53636	100554
2000	300269	100745	36705	59496	103323
2001	288763	124814		55625	108324
2002	298003	146135		56963	94905
2003	281762	144792		59067	77903
2004	310779	177842		55147	77790
2005	308883	187642		49876	71365
2006	559602	340571		81232	137799
2007	572273	344548		83812	143913
2008	630457	361155		83525	185777
2009	605973	357898		85095	162980

9—13 按国别分接待外国者旅游人数

单位：人次

国别(地区)	2000年	2001年	2002年	2003年	2004年	2005年	2006年	2007年	2008年	2009年
合　计	**100745**	**124814**	**146135**	**144792**	**177842**	**187642**	**340571**	**344548**	**361155**	**357898**
亚洲小计	47302	47854	56290	55826	64763	64552	93867	92406	99827	95158
#日　本	17794	19851	21251	20708	27780	29233	40267	36027	38676	35036
菲律宾	3592	2715	4063	2181	2412	2291	5904	5993	5924	6509
新加坡	9201	8610	9477	13816	12818	10447	13345	13655	15763	17669
泰　国	684	866	780	347	486	776	1028	1146	1251	1264
印度尼西亚	3365	3192	3565	2226	3039	2912	7151	7022	8046	7762
马来西亚	8237	5391	8343	6750	7900	6334	7641	8277	10712	9313
美洲小计	42869	64934	76603	75966	91550	100414	214932	218164	224152	224080
#美　国	40024	59810	72198	72907	86881	96152	192426	195815	201080	201249
加拿大	2203	3746	3516	2629	4322	3947	17580	18067	18583	18610
欧洲小计	8770	9454	10576	10236	16949	18848	23417	24790	27150	28892
#英　国	1042	1684	1991	1901	2798	2456	6152	6434	6913	6789
法　国	650	639	890	687	1099	1055	1657	1595	1326	1444
德　国	2531	2633	2588	3632	6209	6718	3185	3795	5053	7965
意大利	551	518	655	515	948	1293	2759	2763	2835	2654
俄罗斯	1037	1266	981	878	1254	1204	794	555	686	652
大洋洲小计	1378	2015	2282	2357	3199	2736	5829	6161	6386	6215
#澳大利亚	1172	1686	1973	2023	2866	2339	4319	4431	4630	4367
新西兰	163	171	258	284	295	326	1139	946	1048	974
非洲小计	426	557	384	407	1381	1092	2526	3027	3640	3553

9—14　按县(市)区分外商直接投资合同数

单位:项

地　区	2000 年	2001 年	2002 年	2003 年	2004 年	2005 年	2006 年	2007 年	2008 年	2009 年
福州市	**295**	**319**	**387**	**360**	**414**	**326**	**327**	**234**	**155**	**144**
鼓楼区	48	48	64	61	71	54	51	53	43	36
台江区	25	31	27	26	35	23	22	19	10	17
仓山区	27	47	48	46	47	38	42	29	18	12
晋安区	31	31	40	35	42	30	29	17	10	18
马尾区	31	34	53	49	30	27	28	19	12	5
福清市	32	33	44	40	57	54	60	45	24	19
长乐市	8	14	23	19	26	16	16	14	7	10
闽侯县	29	34	35	24	40	24	19	17	16	13
连江县	8	8	8	33	17	14	9	4	9	5
罗源县	6	4	13	10	12	13	9	12	4	5
闽清县	10	3	1	9	5	5	7	2	1	
永泰县	5	6	2	1	3	5	2	1		2
平潭县	4	1	2	2	5	3		1		2

9—15 按县(市)区分外商直接投资合同金额

单位:万美元

地　区	2000年	2001年	2002年	2003年	2004年	2005年	2006年	2007年	2008年	2009年
福州市	**95479**	**103264**	**150867**	**161412**	**135003**	**116672**	**142956**	**132371**	**148883**	**122969**
鼓楼区	8907	9380	13173	12422	16356	14074	15291	15750	17168	19331
台江区	7078	8462	12610	11802	12375	7941	10112	15960	16337	18438
仓山区	7782	10156	23500	12343	15032	15050	8688	11757	31315	6609
晋安区	1607	12024	15341	14818	18001	16362	17701	4691	5941	7630
马尾区	4149	14544	31494	29026	11051	12911	22512	21037	21476	4829
福清市	12056	13008	19475	53982	20225	15784	40162	17870	23790	23876
长乐市	4618	11724	15062	15536	18191	11613	1078	7906	5697	9353
闽侯县	12911	10950	12154	10516	9181	6654	16288	9970	10783	18419
连江县	737	1709	2012	5141	5071	5301	4912	6899	7899	5439
罗源县	797	1139	5052	4651	4005	4504	5153	3950	5006	5048
闽清县	354	54	—372	823	704	463	231	74	2119	281
永泰县	203	2406	1352	4	774	286	285	780	854	1000
平潭县	657	12	353	110	321	761	339	1136		607

9—16 按县(市)区分实际利用外资金额

单位:万美元

地　区	2000年	2001年	2002年	2003年	2004年	2005年	2006年	2007年	2008年	2009年
福州市	**80087**	**100198**	**120246**	**130198**	**136042**	**64017**	**66069**	**70011**	**100150**	**103227**
鼓楼区	4503	5646	9240	12318	15404	8123	10133	14002	17827	18162
台江区	3010	3762	7078	9745	11895	4750	4723	6200	9113	9788
仓山区	5048	7575	18600	15926	12418	6567	9310	12586	16403	15371
晋安区	2509	10184	15246	17332	15850	6311	6640	4050	2732	2735
马尾区	15080	18753	21639	21729	21050	7087	13357	13551	13746	15706
福清市	11032	13770	20009	17069	20289	12301	12630	12867	13256	13336
长乐市	7191	10272	14799	15316	15523	3757	3815	4747	5824	7960
闽侯县	5727	8505	12208	13076	16015	5514	6212	9621	11291	13202
连江县	1351	1600	1930	3115	2445	2289	2958	3876	3912	3260
罗源县	1353	1420	996	2850	3532	1733	1821	2115	2459	2380
闽清县	570	510	201	356	604	206	63	131	155	160
永泰县	361	636	1270	75	100	207	345	577	621	625
平潭县	576	638	465	513	304	95	450	500	556	542

注:2005年起实际利用外资为验资口径。

主要统计指标解释

进出口总额 海关进出口总额指实际进出我国国境的货物总金额。包括对外贸易实际进出口货物,来料加工装配进出口货物,国家间、联合国及国际组织无偿援助物资和赠送品,华侨、港澳台同胞和外籍华人捐赠品,租赁期满归承租人所有的租赁货物,进料加工进出口货物,边境地方贸易及边境地区小额贸易进出口货物(边民互市贸易除外),中外合资经营企业、中外合作经营企业、外商独资经营企业进出口货物和公用物品,到离岸价格在规定限额以上的进出口货样和广告品(无商业价值、无使用价值和免费提供出口的除外),从保税仓库提取在中国境内销售的进口货物,以及其他进出口货物。我国规定出口货物按离岸价格统计,进口货物按到岸价格统计。

利用外资 指我国各级政府、部门、企业和其他经济组织通过对外借款、吸收外商直接投资以及用其他方式筹措的境外现汇、设备、技术等。

对外借款 包括通过外国政府贷款,国际金融组织贷款,外国银行商业贷款,出口信贷以及对外发行债券,股票等方式,从境外筹措的资金。

外商直接投资 是指外国企业和经济组织或个人(包括华侨、港澳台胞以及我国在境外注册的企业)按我国有关政策、法规,用现汇、实物、技术等在我省境内开办外商独资企业、与我省境内的企业或经济组织共同举办中外合资经营企业、合作经营企业或合作开发资源的投资(包括外商投资收益的再投资)以及经政府有关部门批准的项目总额中境外直接投资者对企业的贷款。

对外承包工程 包括各对外承包公司以招标议标承包方式承揽下列业务(1)承包国外工程建设项目;(2)承包我国对外经援项目;(3)承包我国驻外机构的工程建设项目;(4)承包我国境内利用外资进行建设的工程项目(包括承担地形地貌测绘;地质资源勘探与普查;建设区域规划;提供设计文件、图纸、生产工艺技术资料和工程技术经济咨询;工程项目的可行性考察、研究和评估;进行技术指导和培训人员等);(5)对外承包兼营的房屋开发业务。对外承包工程的营业额是以货币表现的本期内完成的对外承包工程的工作量,包括以前年度签订的合同和本年度新签订的合同在报告期内完成的工作量。

对外劳务合作 指以收取工资的形式向业主或承包商提供技术和劳动服务的活动。我国对外承包公司在境外开办的合营企业,中国公司同时又提供劳务的,其劳务部门也纳入劳务合作统计。劳务合作营业额按报告期内向雇主提交的结算数(包括工资、加班费和奖金等)统计。

旅游者人数 (1)入境国际旅游者人数:指来中国参观、访问、旅行、探亲、访友、休养、考察、参加会议和从事经济、科技、文化、教育、宗教等活动的外国人、华侨、港澳和台湾同胞的人数。不包括外国常住机构,如使领馆、通讯社、企业办事处的工作人员;来我国常住的外国专家、留学生以及在岸逗留不过夜人员。(2)出境居民人数:指大陆居民因公务活动或私人事务短期出境的人数。公务活动出境居民人数包括在国际交通工具上的中国服务员工,因私出境居民人数不包括在国际交通工具上的中国服务员工。(3)国内旅游者人数:指我国大陆居民和在我国常住1年以上的外国人、华侨、港澳台同胞离开常住地在境内其他地方的旅游设施内至少停留一夜,最长不超过6个月的人数。

国际旅游(外汇)收入 指入境旅游的外国人、华侨、港澳台同胞在中国大陆旅游过程中发生的一切旅游费用支出,对于国家来说就是国际旅游(外汇)收入。

CHAPTER 10 第十篇

价格指数

本篇内容包括：

1、主要物价总指数

2、居民消费价格分类指数

3、原材料、燃料、动力购进价格指数

4、房屋销售和租赁价格指数

10—1 主要物价总指数

（以1978年价格为100）

年份	居民消费价格指数	城市	农村	商品零售价格指数	服务项目价格指数
1979	101.1			101.2	100.0
1980	107.8			108.2	110.8
1981	108.9			109.5	109.5
1982	112.9			113.8	109.5
1983	115.6			116.4	114.9
1984	120.6			120.6	126.6
1985	140.6			141.3	140.4
1986	153.0			154.2	147.7
1987	169.2			171.8	151.8
1988	216.6			221.6	179.6
1989	256.9			263.5	207.8
1990	257.2	102.4	98.5	262.2	225.9
1991	271.9	110.3	102.7	276.1	249.1
1992	294.5	120.2	108.2	296.3	289.5
1993	350.5	143.9	127.0	350.2	351.4
1994	447.8	181.7	157.9	435.3	450.6
1995	529.3	214.8	186.8	500.6	570.5
1996	568.5	233.3	198.8	524.1	684.6
1997	581.6	241.9	203.0	528.3	767.4
1998	579.3	242.6	201.6	521.4	798.1
1999	574.1	240.9	199.6	505.8	880.3
2000	583.9	247.9	202.2	498.7	1152.3
2001	578.1	245.2	199.4	486.2	1219.1
2002	572.9	245.0	196.4	475.5	1282.5
2003	577.5	246.0	198.6	464.1	1338.9
2004	603.5	257.2	207.1	475.2	1412.6
2005	619.2	265.4	211.2	480.4	1470.5
2006	626.0	267.5	214.2	479.9	1471.6
2007	653.5	278.7	224.1	494.8	1496.3
2008	682.3	290.7	234.0	516.6	1439.9
2009	676.8	288.1	232.1	508.9	1416.6

注：1. 本表中商品零售价格指数1990～2000年为全市数据，其他年份为市区数据。

2. 上述年份不全的指数均以开编年份的上一年价格为100。

10—2 主要物价总指数

（以上年价格为100）

年份	居民消费价格指数	城市	农村	商品零售价格指数	服务项目价格指数
1951	107.8			108.4	98.2
1952	97.6			97.2	103.9
1957	100.7			100.6	101.6
1962	100.8			101.0	99.1
1965	95.9			95.6	98.9
1970	99.3			99.2	100.0
1975	100.1			100.1	99.7
1978	100.2			100.3	99.0
1979	101.1			101.2	100.0
1980	106.6			106.9	110.8
1981	101.0			101.2	98.8
1982	103.7			103.9	100.0
1983	102.4			102.3	104.9
1984	104.3			103.6	110.2
1985	116.6			117.2	110.9
1986	108.8			109.1	105.2
1987	110.6			111.4	102.8
1988	128.0			129.0	118.3
1989	118.6			118.9	115.7
1990	100.1	102.4	98.5	99.5	108.7
1991	105.7	107.7	104.3	105.3	110.3
1992	108.3	109.0	105.4	107.3	116.2
1993	119.0	119.7	117.4	118.2	121.4
1994	126.9	126.3	124.3	124.3	128.2
1995	118.2	118.2	118.3	115.0	126.6
1996	107.4	108.6	106.4	104.7	120.0
1997	102.3	103.7	102.1	100.8	112.1
1998	99.6	100.3	99.3	98.7	104.0
1999	99.1	99.3	99.0	97.0	110.3
2000	101.7	102.9	101.3	98.6	130.9
2001	99.0	98.9	98.6	97.5	105.8
2002	99.1	99.9	98.5	97.8	105.2
2003	100.8	100.4	101.1	97.6	104.4
2004	104.5	104.6	104.3	102.4	105.5
2005	102.6	103.2	102.0	101.1	104.1
2006	101.1	100.8	101.4	99.9	100.3
2007	104.4	104.2	104.6	103.1	101.8
2008	104.4	104.3	104.4	104.4	96.9
2009	99.2	99.1	99.2	98.5	98.4

注：1. 本表中1990年以前零售、消费总指数数据均为市区数据。

2. 2001年起商品零售价格总指数为市区数据。

10—3 居民消费价格分类指数

（以1978年价格为100）

项　　目	1980年	1985年	1990年	1995年	1999年	2000年	2001年
居民消费价格总指数	**107.8**	**140.6**	**257.2**	**529.3**	**612.7**	**583.9**	**578.1**
#食品类	114.0	162.5	329.2	770.1	786.7	780.4	760.1
衣着类	99.1	91.6	158.9	347.6	404.2	390.5	360.8
家庭设备及用品		96.8	138.6	136.9	135.8	134.7	132.5
医疗保健	99.8	114.5	171.6	306.3	371.9	379.4	395.3
娱乐教育文化用品	101	101.8	150.3	153.1	148.3	137.9	139.2
居　住		104.5	117.2	196.5	300.9	319.3	327.3
服务项目价格指数	100.8	127.7	225.9	570.5	725.8	1152.3	1219.1

项　　目	2002年	2003年	2004年	2005年	2006年	2007年	2008年	2009年
居民消费价格总指数	**572.9**	**577.5**	**603.5**	**619.2**	**626.0**	**653.5**	**682.3**	**676.8**
#食品类	740.3	752.1	822.8	860.6	879.5	963.9	1083.4	1089.9
衣着类	355.0	332.3	317.0	302.1	290.3	281.6	256.5	260.6
家庭设备及用品	129.7	125.4	122.0	121.0	121.8	123.6	127.2	127.3
医疗保健	381.9	375.8	361.9	361.2	363.0	372.8	376.9	378.8
娱乐教育文化用品	136.3	145.0	155.0	163.2	159.6	159.1	148.3	146.5
居　住	351.5	363.5	379.9	401.9	422.0	435.1	455.1	426.9
服务项目价格指数	1282.5	1338.9	1412.6	1470.5	1471.6	1496.3	1439.9	1416.6

注：1. 家庭设备及用品价格指数以1982年价格为100；2. 居住价格指数以1983年价格为100。

10—4 居民消费价格分类指数(市区)

(以上年价格为100)

项目	1995年	1997年	1998年	1999年	2000年	2001年
居民消费价格总指数	**118.2**	**102.7**	**100.3**	**99.3**	**102.9**	**99.0**
食品类	123.6	100.2	97.8	97.6	99.2	97.4
粮　食	139.9	87.0	101.2	94.1	94.6	100.2
淀粉及薯类	123.7	98.0	111.6	95.6	95.7	107.2
干豆类及豆制品类	107.2	103.6	99.3	87.5	94.0	98.4
油脂类	102.8	108.8	101.2	95.5	95.0	90.3
肉禽及其制品类	118.5	106.0	92.6	84.9	95.9	98.7
蛋　类	116.2	83.0	98.1	97.8	84.0	103.2
水产品	115.6	105.3	94.2	110.0	103.0	94.3
菜　类	141.7	103.8	109.0	98.9	107.7	95.5
调味品类	130.6	109.8	99.4	96.1	94.8	84.6
糖　类	120.8	97.3	91.0	90.5	110.2	114.4
烟草类	96.9	100.8	99.8	102.7	96.2	105.6
酒和饮料	106.2	106.7	100.6	99.9	95.8	100.5
干鲜瓜果类	135.3	90.7	95.0	88.9	100.0	98.3
糕点类	121.6	100.0	100.0	100.0	106.6	117.3
奶及奶制品	127.5	100.7	100.2	101.8	100.0	96.8
其他食品	112.6	100.6	92.0	105.3	100.0	98.8
饮食业	125.7	100.6	100.5	100.0	100.0	99.6
衣着类	125.5	106.9	106.2	94.5	96.6	92.4
服　装	140.0	106.2	110.5	96.3	96.2	90.2
衣着材料	111.7	103.2	98.9	109.8	98.4	100.7
鞋袜帽及其他衣着	103.1	111.0	100.5	84.7	97.8	98.3
家庭设备及用品	103.3	100.8	98.2	99.9	99.2	98.4
#耐用消费品	102.1	98.1	97.1	99.7	99.6	97.5
家庭日用杂品	107.4	102.3	101.9	99.8	94.7	101.0
医疗保健	114.7	105.4	104.1	100.7	102.0	105.3
交通和通讯工具	101.1	95.6	95.9	98.7	102.6	100.0
娱乐、教育文化用品	102.7	100.8	96.8	92.3	93.0	100.9
居　住	108.5	109.7	111.2	104.0	106.1	102.5
#水电、燃料	111.1	113.0	106.8	100.0	105.0	102.6
服务项目价格指数	126.6	112.1	104.0	110.3	130.9	105.8
#学杂保育费	145.2	112.0	102.7	136.5	106.0	111.1

10—4 续表

2002 年	2003 年	2004 年	2005 年	2006 年	2007 年	2008 年	2009 年
99.6	**99.4**	**103.9**	**102.5**	**100.3**	**104.1**	**104.2**	**98.7**
97.9	99.9	109.5	105.6	101.2	109.4	114.0	99.7
94.6	103.3	116.5	99.0	103.4	105.8	106.9	106.6
97.6	92.1	100.1	104.7	101.4	102.9	112.2	104.3
97.6	101.1	109.1	102.9	101.1	107.7	123.1	99.3
99.8	106.1	111.2	95.9	99.2	123.6	119.6	79.7
98.2	99.5	113.4	104.2	95.3	131.2	122.7	89.4
99.0	96.3	124.9	102.7	93.6	126.4	102.9	101.3
91.9	100.7	107.3	110.9	101.9	98.5	111.8	102.8
112.9	93.1	119.7	115.5	103.4	110.6	111.4	103.6
102.2	99.8	100.6	100.9	102.6	107.2	105.6	104.7
97.0	96.9	101.3	99.5	105.9	102.2	104.0	99.4
93.1	100.8	101.9	99.1	99.8	100.0	100.4	100.2
100.1	98.6	97.0	98.5	99.8	102.2	109.2	102.4
96.7	107.6	102.2	109.2	120.5	93.2	113.5	106.5
97.1	98.9	99.1	96.1	101.7	101.8	107.2	102.1
99.4	99.2	96.3	94.3	98.0	100.1	116.2	100.2
101.0	103.6	99.4	100.3	101.8	101.1	105.8	104.1
97.8	98.1	107.9	104.2	97.0	109.6	111.1	102.4
100.1	95.4	98.8	95.5	91.8	95.4	88.0	102.7
99.0	94.5	98.9	94.5	90.7	96.6	88.8	103.0
98.6	100.8	100.0	100.0	100.0	104.4	102.2	100.3
103.4	97.8	98.2	98.2	95.3	91.0	84.4	101.7
98.5	96.2	98.2	99.6	100.2	100.4	103.0	100.9
94.8	95.3	97.3	98.8	101.9	100.9	99.7	99.2
100.3	98.9	95.7	100.0	98.9	100.0	109.1	102.4
96.5	96.9	95.8	98.5	102.5	105.1	101.0	101.3
97.7	94.7	97.3	97.5	98.0	100.2	96.9	95.4
110.7	104.9	105.2	103.5	99.2	99.9	94.2	98.0
100.5	103.3	103.3	104.8	105.7	103.8	102.7	93.4
101.4	106.8	106.6	109.4	108.8	103.3	103.2	93.9
106.7	102.8	103.4	103.0	100.3	101.8	96.9	97.7
135.0	117.3	117.4	110.8	101.6	100.0	84.5	98.3

10—5 城市居民消费价格分类指数

（以上年价格为100）

项目	1995年	1997年	1998年	1999年	2000年	2001年
居民消费价格总指数	**118.2**	**102.7**	**100.3**	**99.3**	**102.9**	**98.9**
食品类	123.6	100.2	97.8	97.6	99.2	96.5
粮　食	139.9	87.0	101.1	94.1	94.6	100.3
淀粉及薯类	123.7	98.0	111.6	95.6	95.7	107.2
干豆类及豆制品类	107.2	103.6	99.3	87.5	94.0	98.4
油脂类	102.8	103.8	101.2	95.5	95.0	92.6
肉禽及其制品类	118.5	106.0	92.6	84.5	95.9	99.1
蛋　类	116.2	83.0	98.1	97.8	84.0	104.2
水产品	115.6	105.3	94.1	110.0	103.0	98.1
菜　类	141.7	103.8	109.1	98.9	107.7	95.5
调味品类	130.6	109.8	99.3	96.1	94.8	90.1
糖　类	120.8	97.3	91.0	90.5	110.0	116.0
烟草类	96.9	100.8	99.8	102.7	96.2	109.1
干鲜瓜果类	135.3	90.7	95.0	88.9	100.0	97.8
糕点类	121.6	100.0	100.0	100.0	106.6	119.5
奶及奶制品	127.5	100.7	100.2	101.8	100.0	97.0
其他食品	112.6	100.6	92.1	105.3	100.0	98.8
饮食业	125.7	100.6	100.5	100.0	100.0	97.9
衣着类	125.5	106.9	106.2	94.5	96.6	91.1
服　装	140.0	106.2	110.5	96.3	96.2	88.3
衣着材料	111.7	103.2	98.9	109.8	98.4	100.7
鞋袜帽及其他衣着	103.1	111.0	100.5	84.7	97.8	99.1
家庭设备及用品	103.3	100.8	98.2	99.9	99.2	96.0
#耐用消费品	102.1	98.1	97.1	99.7	99.6	95.1
家庭日用杂品	107.4	102.3	101.9	99.8	94.7	102.4
医疗保健	114.7	105.4	104.1	100.7	102.0	101.9
交通和通讯工具	101.1	95.6	95.9	98.7	102.6	101.2
娱乐、教育文化用品	102.7	100.3	96.8	92.3	93.0	102.9
居　住	108.5	109.7	111.2	104.0	106.1	102.0
#水电、燃料	111.1	113.0	106.8	100.0	105.0	102.5
服务项目价格指数	126.6	112.1	104.0	110.3	130.7	104.7
#学杂保育费	145.2	112.0	102.7	138.5	206.0	

10－5 续表

2002 年	2003 年	2004 年	2005 年	2006 年	2007 年	2008 年	2009 年
99.9	**100.4**	**104.6**	**103.2**	**100.8**	**104.2**	**104.3**	**99.1**
97.7	101.1	109.2	105.4	101.2	109.7	113.2	100.7
95.0	106.6	125.4	99.1	102.4	109.1	107.0	105.5
98.7	100.6	107.0	112.5	103.1	102.2	111.0	103.5
97.6	102.6	112.1	103.7	100.7	106.6	122.2	99.4
99.3	108.2	117.7	98.2	99.2	122.8	122.3	82.0
97.5	99.6	113.0	102.5	97.4	129.2	121.7	91.2
93.1	95.6	126.6	102.5	94.4	127.2	102.4	101.8
95.5	98.9	106.6	110.3	99.1	101.1	111.2	105.6
118.2	98.7	111.0	119.0	105.5	111.2	110.8	104.8
102.8	100.0	99.5	101.6	101.7	103.9	103.4	102.2
93.5	94.5	102.3	99.1	104.1	102.9	104.3	101.5
93.8	100.5	102.7	99.1	99.9	100.0	100.4	100.2
90.1	111.3	103.2	107.5	118.5	96.4	114.0	105.5
97.9	97.8	99.3	97.2	100.0	101.8	106.5	101.2
98.6	98.9	96.2	94.7	99.3	100.3	113.6	98.7
99.5	109.4	101.7	101.1	101.5	101.8	103.9	104.4
97.0	99.5	105.1	102.5	98.3	106.7	109.2	102.6
98.7	93.9	99.1	96.7	94.6	96.2	89.8	101.0
98.5	92.7	99.1	96.3	93.5	96.6	89.8	101.3
96.3	98.9	101.8	101.0	100.5	101.6	103.1	103.0
99.9	97.2	98.8	97.2	98.2	94.3	88.5	99.7
96.7	96.3	98.2	99.3	99.9	100.5	102.5	100.2
93.9	93.8	95.8	97.2	100.6	100.5	99.3	98.6
99.4	99.8	98.5	101.2	98.5	99.3	107.1	101.4
99.2	95.7	95.2	100.3	101.4	103.1	100.6	100.4
97.6	95.9	97.8	98.1	99.0	100.2	97.0	96.4
112.8	107.4	106.6	104.6	100.2	99.8	94.0	98.5
99.1	103.6	105.1	107.1	105.8	103.5	103.4	93.2
99.6	106.2	107.2	110.3	108.4	102.9	104.4	93.0
107.3	104.5	104.5	103.9	101.3	101.7	96.6	98.3
	118.3	116.9	112.4	102.6	100.0	85.9	98.5

10—6 农村居民消费价格分类指数

（以上年价格为100）

项目	1995年	1997年	1998年	1999年	2000年	2001年
居民消费价格总指数	**118.3**	**102.1**	**99.3**	**99.0**	**101.3**	**98.6**
食品类	122.2	99.7	99.8	97.5	98.2	97.4
粮　食	136.4	83.5	102.1	98.3	85.6	93.7
淀粉及薯类	122.1	94.0	106.3	98.7	98.1	99.7
干豆类及豆制品类	112.0	102.7	95.1	92.9	101.6	97.9
油脂类	107.7	101.9	96.8	97.4	98.1	97.8
肉禽及其制品类	120.5	101.5	90.6	90.5	96.5	99.6
蛋　类	117.9	80.6	100.3	98.0	85.2	102.3
水产品	109.9	106.7	99.6	101.0	103.8	97.6
菜　类	146.2	104.5	113.5	100.4	105.7	86.7
调味品类	119.3	106.2	103.7	104.3	96.5	98.7
糖　类	128.0	98.5	91.4	84.7	111.3	104.4
烟草类	93.8	107.8	103.5	99.7	110.1	98.9
干鲜瓜果类	127.7	94.5	100.8	97.9	100.1	98.8
糕点类	116.4	103.7	100.2	99.0	98.9	97.1
奶及奶制品	122.7	104.7	101.1	99.5	99.8	105.5
其他食品	109.3	105.4	98.9	97.0	96.4	97.5
饮食业	127.1	109.0	102.9	100.4	99.3	99.0
衣着类	119.7	104.2	98.6	93.7	98.5	98.5
服　装	121.2	104.5	97.4	91.9	99.7	97.3
衣着材料	111.5	100.6	99.5	95.9	97.4	101.1
鞋袜帽及其他衣着	124.7	107.3	100.8	95.9	96.2	101.1
家庭设备及用品	107.3	100.9	98.4	97.4	98.0	96.7
#耐用消费品	106.4	100.0	96.9	96.2	97.1	94.5
家庭日用杂品	119.6	104.5	101.4	98.9	99.2	98.2
医疗保健	111.9	103.3	104.3	102.5	103.5	99.2
交通和通讯工具	104.9	94.8	95.9	96.3	94.4	94.5
娱乐、教育文化用品	104.6	98.5	91.5	95.2	96.3	104.1
居　住	111.6	106.2	99.8	102.8	106.5	100.9
#水电、燃料	115.2	110.2	102.0	106.7	111.4	100.9
服务项目价格指数	126.0	119.3	104.4	117.1	129.6	101.8
学杂保育费	141.3	137.2	107.5	147.6	179.9	

10－6 续表

2002 年	2003 年	2004 年	2005 年	2006 年	2007 年	2008 年	2009 年
98.5	**101.1**	**104.3**	**102.0**	**101.4**	**104.6**	**104.4**	**99.2**
98.4	102.2	109.5	103.4	103.2	109.5	111.3	99.9
94.9	110.3	124.4	99.3	101.8	106.6	104.8	103.5
96.5	106.4	108.7	103.4	103.4	111.7	109.1	99.1
96.4	106.4	122.1	102.9	100.9	106.0	121.6	97.6
97.0	108.7	129.2	99.0	99.7	115.7	119.1	82.6
99.9	100.8	108.3	104.5	96.8	124.9	119.4	90.3
99.0	97.7	123.6	102.2	95.2	124.2	103.2	102.7
95.2	99.4	107.2	104.8	104.6	105.2	109.1	103.4
112.0	103.5	103.2	113.3	109.5	109.2	108.7	105.2
99.9	98.4	101.9	99.3	102.1	100.5	102.6	103.8
97.7	92.0	103.9	101.9	114.0	101.9	99.4	103.1
98.6	100.7	100.7	99.8	100.5	99.9	100.4	100.2
96.3	107.1	103.5	100.7	125.7	98.7	109.9	107.9
98.3	100.1	101.1	98.7	98.9	100.4	104.9	104.4
96.3	100.8	101.0	101.2	101.6	104.5	116.7	101.0
98.2	102.1	100.7	101.4	102.2	103.7	110.9	105.1
99.3	100.2	103.4	101.5	99.3	103.3	107.6	102.8
96.2	93.5	91.8	93.9	98.1	98.1	92.3	103.5
95.0	91.6	90.7	92.9	97.4	97.0	90.6	104.3
101.1	98.3	100.2	103.2	100.4	102.7	101.6	100.2
98.6	97.5	93.4	95.2	100.2	101.6	97.3	100.6
95.8	96.9	97.9	99.1	101.7	102.8	103.3	99.9
93.4	95.9	96.2	97.5	102.5	104.0	102.2	98.2
96.8	98.1	99.7	99.5	100.3	99.8	105.2	100.9
97.2	100.0	97.3	99.2	99.3	102.1	101.8	100.7
96.6	98.3	100.5	98.6	100.7	100.9	98.1	97.6
101.2	105.5	108.5	106.0	95.0	99.6	91.8	99.2
101.0	103.3	104.1	105.0	104.2	102.7	106.0	94.1
102.8	107.8	104.3	108.7	105.2	102.0	107.5	92.3
101.6	104.2	106.3	104.4	98.5	101.6	95.5	98.3
	111.0	114.3	110.3	89.9	98.3	82.0	97.5

10—7　商品零售价格分类指数(市区)

(以上年价格为100)

项　　目	1995年	1997年	1998年	1999年	2000年	2001年
商品零售价格总指数	**114.4**	**101.2**	**98.8**	**96.8**	**98.8**	**97.5**
食品类	125.2	100.1	97.6	96.0	98.8	96.8
粮　食	139.1	88.2	100.9	93.9	94.8	101.0
油脂类	102.8	108.7	101.2	95.4	95.1	88.8
肉禽蛋	119.2	101.9	93.6	97.7	93.8	97.3
水产品	116.2	105.6	92.8	107.2	102.6	91.1
鲜　菜	146.3	104.1	112.5	97.8	109.1	99.1
干　菜	110.3	100.7	93.4	102.8	92.4	95.1
鲜　果	135.9	89.8	95.4	89.9	100.5	95.4
干　果	125.6	97.6	94.6	87.1	91.5	100.1
其他食品类	125.1	102.4	97.9	97.7	101.3	101.9
饮食业	125.7	100.7	100.7	100.0	100.0	100.0
饮料烟酒类	102.6	105.0	101.3	101.0	94.7	99.7
饮　料	104.5	102.4	102.2	99.3	89.7	97.8
烟　酒	101.7	106.2	100.9	101.8	97.1	100.6
服装、鞋帽类	125.1	109.1	108.8	93.7	96.5	92.9
服　装	140.5	107.8	114.4	96.5	95.4	88.4
鞋	103.9	109.5	100.4	81.8	97.5	97.5
其他衣着	116.6	113.8	101.3	105.5	99.7	102.9
纺织品类	110.7	101.7	100.3	102.8	98.1	101.0
中西药品类	115.2	105.1	103.4	100.4	101.7	98.5
#中　药	120.8	107.1	110.5	99.6	104.9	101.5
西　药	108.9	103.9	100.0	101.2	100.0	96.5
化妆品类	104.7	101.7	100.4	99.9	97.6	96.7
书报杂志类	108.5	103.1	102.8	101.1	107.1	113.6
文化体育用品类	100.8	98.7	99.8	99.2	99.4	97.8
日用品类	109.7	100.0	99.6	99.2	99.1	96.9
家用电器类	99.5	98.4	95.0	92.3	92.3	95.5
首饰类	97.0	98.5	92.9	96.1	101.5	93.1
燃料类	106.1	102.2	99.9	99.6	114.4	99.1
建筑装璜材料类	94.4	98.8	94.7	92.9	101.4	101.1

10－7 续表

2002年	2003年	2004年	2005年	2006年	2007年	2008年	2009年
97.8	**97.6**	**102.4**	**101.1**	**99.9**	**103.1**	**104.4**	**98.5**
97.7	99.9	110.3	105.7	101.2	109.0	114.5	98.9
99.5	103.3	116.8	99.0	103.1	105.6	106.6	106.3
98.7	106.1	111.2	95.9	99.0	124.6	118.5	79.1
99.1	99.4	115.5	103.9	96.1	126.8	113.2	95.5
93.0	100.9	107.3	110.9	101.6	96.5	111.4	103.3
106.6	91.9	122.4	118.1	102.8	111.4	111.2	96.6
102.1	100.5	104.1	98.2	106.5	106.6	112.1	100.4
93.2	108.4	101.1	110.8	124.3	89.9	112.6	111.7
97.7	103.2	108.7	99.4	104.8	108.9	115.9	87.8
98.1	103.7	99.4	100.3	101.8	101.1	105.8	104.1
95.9	98.1	107.9	104.2	97.0	110.4	113.6	102.8
101.3	100.3	98.9	98.7	100.5	101.9	104.8	102.7
99.4	103.7	99.4	96.3	99.5	98.3	108.1	100.4
102.3	99.7	98.1	99.0	100.8	103.1	105.3	102.5
101.7	95.4	98.9	95.4	91.9	95.0	88.2	104.6
100.4	94.4	98.9	94.5	91.0	96.0	89.4	104.9
103.9	97.4	98.1	98.1	95.0	89.9	82.5	105.2
102.9	100.0	102.2	97.2	84.1	99.7	83.4	110.2
98.1	93.3	99.9	97.2	97.1	94.7	99.9	103.4
95.1	96.1	94.2	96.7	102.4	107.4	101.3	101.8
98.0	113.2	95.9	91.4	104.0	121.8	102.7	105.4
93.6	82.6	90.5	100.4	102.1	98.8	100.3	100.1
100.9	90.4	97.2	99.4	98.6	99.1	101.0	103.5
100.2	103.8	103.6	100.3	100.0	101.5	103.6	115.5
98.2	100.8	98.9	98.0	98.4	99.0	95.9	94.5
98.8	98.7	98.0	99.7	98.8	99.4	103.5	102.2
93.4	94.2	96.5	98.3	99.1	96.8	88.0	98.4
102.9	108.0	109.1	103	105.3	99.8	105.0	99.0
97.0	104.2	107.9	114.3	115.1	107.6	110.1	89.5
98.2	99.7	99.1	97.1	100.6	105.3	107.1	94.6

10—8 商品零售价格分类指数(市区)

(以1978年价格为100)

项　　目	1980年	1985年	1990年	1995年	1990年	2000年	2001年
商品零售价格总指数	**108.2**	**141.3**	**267.9**	**529.3**	**535.4**	**528.9**	**515.7**
食品类	114.0	162.5	426.5	1024.9	1030.5	1018.1	985.6
#粮　食		102.2	201.7	927.2	777.2	736.8	744.1
鲜　菜		161.5	375.6	1198.9	1461.0	1594.0	1579.7
肉禽蛋		116.1	246.9	446.6	403.8	378.8	368.6
水产品		236.3	569.4	1388.8	1657.3	1700.4	1549.1
饮料烟酒类		128.0	169.8	222.0	243.7	230.8	230.1
服装鞋帽类	99.1	91.6	158.9	357.8	438.9	423.5	393.5
纺织品类		113.3	239.5	412.0	438.1	429.8	434.1
中西药品类	99.8	114.5	171.6	304.0	357.6	363.6	358.2
文化体育用品类	101.0	101.8	150.3	149.3	143.4	142.5	139.4
日用品类	100.9	96.4	144.8	196.5	197.3	195.5	189.4
家用电器类		89.2	127.6	110.3	93.1	85.9	82.0
燃料类	100.0	101.7	139.1	602.8	640.6	732.8	726.2

项　　目	2002年	2003年	2004年	2005年	2006年	2007年	2008年	2009年
商品零售价格总指数	**504.4**	**492.3**	**504.1**	**509.6**	**509.1**	**524.9**	**548.0**	**539.8**
食品类	962.9	961.9	1061.0	1121.5	1135.0	1237.2	1416.6	1401.0
#粮　食	740.4	764.8	893.3	884.4	911.8	962.9	1026.5	1091.2
鲜　菜	1684.0	1547.6	1894.3	2237.2	2299.8	2562.0	2848.9	2988.5
肉禽蛋	365.3	363.1	419.4	435.8	418.8	531.0	601.1	574.1
水产品	1440.7	1453.7	1559.8	1729.8	1757.5	1696.0	1889.3	1951.6
饮料烟酒类	233.1	742.6	734.4	724.9	728.5	742.3	777.9	798.9
服装鞋帽类	400.2	381.8	377.6	360.2	331.0	314.5	277.4	290.2
纺织品类	425.9	397.4	397.0	385.9	374.7	354.8	354.4	366.4
中西药品类	340.6	327.3	308.3	298.1	305.3	327.9	332.2	338.2
文化体育用品类	136.9	138.0	136.5	133.8	131.7	130.4	125.1	118.2
日用品类	187.1	184.7	181.0	180.5	178.3	177.2	183.4	187.4
家用电器类	76.6	72.2	69.7	68.5	67.9	65.7	57.8	55.2
燃料类	704.4	734.0	792.0	905.3	1042.0	1121.2	1234.4	1104.8

10－9 分县(市)主要物价指数

(2009 年,以上年价格为 100)

县(市)	居民消费价格指数	#非食品价格指数	#服务项目价格指数	#消费品价格指数	1. 食品类	2. 烟酒及用品
福州市	99.2	98.3	98.4	99.4	100.6	101.3
市 区	98.7	98.3	97.7	99.0	99.7	102.2
福清市	99.6	97.7	98.6	99.9	102.8	100.4
长乐市	99.5	98.1	99.2	99.6	101.9	101.6
闽侯县	98.9	99.8	98.4	99.0	98.0	100.2
连江县	99.5	98.9	99.7	99.4	100.8	101.4
罗源县	98.8	98.3	97.8	99.0	99.5	101.3
闽清县	99.8	100.1	98.5	100.1	99.6	100.6
永泰县	99.1	97.4	96.0	99.7	101.2	99.9
平潭县	99.1	97.7	98.7	99.2	101.1	102.6

县(市)	3. 衣 着	4. 家庭设备用品及维修服务	5. 医疗保健和个人用品	6. 交通及通讯	7. 娱乐教育文化用品及服务	8. 居 住
福州市	101.6	100.1	101.3	96.8	98.8	93.8
市 区	102.7	100.9	102.6	95.4	98.0	93.4
福清市	96.9	98.6	100.5	96.6	99.5	94.2
长乐市	100.0	100.8	98.9	97.1	99.8	93.8
闽侯县	107.3	99.7	100.7	98.3	99.7	96.3
连江县	99.7	99.1	101.3	97.4	99.6	95.9
罗源县	103.4	99.0	101.0	96.9	99.3	92.8
闽清县	109.2	99.5	100.9	98.0	99.9	96.1
永泰县	98.0	101.4	101.2	98.4	96.2	93.8
平潭县	103.5	102.7	100.9	96.7	100.2	86.9

10—10 工业品出厂价格指数

（以上年价格为100）

项目	2004年	2005年	2006年	2007年	2008年	2009年
工业品出厂价格总指数	**103.67**	**100.45**	**98.65**	**100.12**	**100.73**	**97.00**
一、按轻重工业分						
轻工业	101.81	99.04	97.00	99.04	99.78	97.09
以农产品为原料	104.64	100.80	100.40	103.21	102.66	98.55
以非农产品为原料	100.42	98.25	95.41	97.37	98.67	96.20
重工业	107.32	103.27	101.84	102.57	102.87	96.85
采掘工业	100.21	99.34	105.54	113.95	125.47	108.25
原料工业	105.45	104.01	100.46	102.75	101.94	100.59
加工工业	109.12	102.64	103.03	102.24	103.52	92.64
二、按两大部类分						
生产资料	104.91	100.49	98.08	99.84	100.02	95.54
采掘工业	100.21	99.34	105.54	113.95	125.47	108.25
原料工业	105.70	103.81	100.65	102.81	101.41	99.89
加工工业	104.66	99.24	97.29	99.06	99.57	94.21
生活资料	101.55	100.41	100.71	101.24	103.62	101.01
食品	104.47	100.65	100.84	101.90	104.10	100.75
衣着	100.43	100.57	100.60	100.60	103.29	101.05
一般日用品	104.22	101.09	101.34	102.01	103.96	100.92
耐用消费品	96.73	98.54	98.65	98.42	101.12	101.59
三、按工业行业大、中类分						
非金属矿采选业	100.21	99.35	105.54	113.95	125.47	108.25
土砂石开采	100.37	98.85	105.63	114.45	126.36	108.86
采盐	99.78	101.62	103.13	101.24	100.61	99.50
农副食品加工业	111.14	100.89	99.70	103.49	106.91	99.53
谷物磨制	139.03	97.21	100.56	107.84	105.13	100.59
饲料加工	110.60	100.90	97.98	106.22	111.73	98.69
植物油加工	103.98	82.13	104.40	124.64	127.90	75.86
屠宰及肉类加工	100.79	109.58	96.97	101.59	103.77	100.31
水产品加工	104.38	101.51	101.01	100.53	103.26	100.72

10—10 续表 1 (以上年价格为 100)

项目	2004 年	2005 年	2006 年	2007 年	2008 年	2009 年
蔬菜、水果和坚果加工	101.19	101.31	101.06	99.89	102.20	102.75
其他农副食品加工	107.75	99.05	99.80	107.78	109.08	102.56
食品制造业	98.93	100.14	99.55	103.60	108.65	100.77
焙烤食品制造	99.66	99.88	100.17	103.60	100.75	100.84
糖果、巧克力及蜜饯制造	97.35	100.00		111.11	112.27	100.00
方便食品制造	105.14	101.67	99.01	102.55	105.80	100.44
液体乳及乳制品制造	105.62	99.95	100.12	100.00	112.27	102.50
罐头制造	100.49	100.00	100.07	100.10	102.35	100.00
调味品、发酵制品制造	96.39	100.17	99.79	102.88	113.14	100.20
其他食品制造	99.95	100.17	101.04	111.42	120.94	100.29
饮料制造业	100.93	100.33	101.13	101.38	100.65	100.03
酒的制造	100.02	101.17	100.79	103.05	101.56	100.00
软饮料制造	99.93	98.07	101.96	100.95	99.64	100.29
精制茶加工	108.22	104.47	99.25	100.94	106.50	99.67
纺织业	107.13	100.07	100.63	105.02	95.54	92.79
棉、化纤纺织及印染精加工	107.67	99.86	100.70	105.81	95.19	92.38
毛纺织和染整精加工	101.03	99.91	98.88	100.00	100.00	
纺织制成品制造	112.94	102.78	102.36	101.46	101.78	97.85
针织品、编织品及其制品制造	101.22	100.77	99.47	99.47	98.88	96.92
纺织服装、鞋、帽制造业	100.16	100.01	101.93	101.49	103.11	101.72
纺织服装制造	99.58	98.92	100.56	99.74	102.13	101.01
纺织面料鞋的制造	103.04	104.94	105.26	108.34	107.30	106.42
皮革、毛皮、羽毛(绒)及其制品业	100.70	102.17	100.32	101.42	99.05	101.75
皮革鞣制加工	99.03	106.38	103.85	104.04	107.90	100.47
皮革制品制造	98.70	101.46	99.82	102.01	97.57	101.86
羽毛(绒)加工及制品制造	103.63	101.25	100.49	100.00	100.00	100.00
木材加工及木、竹、藤、棕、草制品业	98.93	102.87	104.03	109.43	105.58	100.83
人造板制造	98.51	103.69	105.17	112.70	100.99	100.02
木制品制造	99.81	101.09	103.56	104.16	107.22	104.18
竹、藤、棕、草制品制造	100.32	100.58	100.47	114.01	119.99	100.00

10—10 续表 2 (以上年价格为 100)

项目	2004 年	2005 年	2006 年	2007 年	2008 年	2009 年
家具制造业	101.88	101.09	101.73	98.05	101.80	103.32
木质家具制造	100.05	103.62	100.04	97.37	99.68	98.82
金属家具制造	102.84	98.44	104.11	98.54	103.74	107.07
其他家具制造	102.20	101.57	100.00	100.00	100.00	101.53
造纸及纸制品业	101.36	100.80	100.02	100.44	103.34	97.44
造　纸	103.11	100.72	100.86	101.66	106.80	91.65
纸制品制造	100.02	100.82	99.68	99.97	102.01	100.31
印刷业和记录媒介的复制	98.95	101.73	100.25	100.60	110.02	96.10
印　刷	98.87	101.95	100.21	100.57	110.19	96.12
装订及其他印刷服务活动	98.16	99.95	100.00	103.93	95.79	
文教体育用品制造业	99.75	101.08	99.93	100.10	101.21	99.95
文化用品制造	98.63	97.90	99.68	100.22	100.64	99.21
体育用品制造	99.29	102.30	100.00	100.00	101.37	100.07
乐器制造	100.00	100.00	100.00	100.00	104.53	100.91
玩具制造	100.03	99.97	100.34	100.18	99.50	99.96
化学原料及化学制品制造业	114.32	110.00	95.64	113.03	113.05	100.32
基础化学原料制造	124.47	110.21	95.30	114.79	114.85	87.66
肥料制造	113.90	114.26	97.47	110.30	136.97	101.07
涂料、油墨、颜料及类似产品制造	99.20	103.41	93.97	103.54	100.86	99.99
合成材料制造	122.07	83.74	97.08	108.74	105.86	94.36
专用化学产品制造	97.42	104.44	101.68	103.03	104.17	109.14
日用化学产品制造	100.52	101.37	106.93	101.70	101.61	108.40
医药制造业	94.56	100.01	101.32	99.95	100.72	101.86
化学药品制剂制造	92.55	101.53	101.31	99.94	100.62	100.62
中成药制造	102.46	102.46	101.70	100.08	101.01	100.79
动物药品制造	96.51	83.70	97.49	100.00	100.79	101.22
化学纤维制造业	107.18	101.61	103.73	104.06	91.88	87.16
合成纤维制造	109.33	101.61	103.73	104.06	91.88	87.16
橡胶制品业	99.95	104.26	100.65	104.06	109.27	99.35
橡胶靴鞋制造	101.13	104.26	100.65	100.46	109.27	99.10

10－10 续表3 （以上年价格为100）

项目	2004年	2005年	2006年	2007年	2008年	2009年
塑料制品业	104.71	104.69	100.32	100.56	103.44	94.34
塑料薄膜制造	106.40	108.24	100.98	101.55	108.78	84.66
塑料板、管、型材的制造	112.23	104.80	99.61	101.82	98.97	88.40
塑料丝、绳及编织品的制造	103.64	105.62	105.96	104.74	101.92	99.90
泡沫塑料制造	117.75	106.98	100.29	102.00	100.15	87.96
塑料人造革、合成革制造	106.75	102.89	100.88	100.67	102.15	98.10
塑料包装箱及容器制造	116.83	112.19	110.56	102.62	105.66	92.65
日用塑料制造	102.11	102.40	100.05	99.93	102.22	99.29
非金属矿物制品业	100.21	97.54	100.76	99.40	102.51	100.71
水泥、石灰和石膏的制造	98.03	88.55	101.59	100.00	90.83	100.00
水泥及石膏制品制造	113.74	101.09	103.96	101.07	119.03	101.57
砖瓦、石材及其他建筑材料制造	100.22	99.43	100.54	100.26	101.88	100.48
玻璃及玻璃制品制造	101.31	99.23	100.06	97.77	98.89	101.86
石墨及其他非金属矿物制品制造	93.09	100.00	100.00	100.00	100.00	100.00
黑色金属冶炼及压延加工业	121.85	101.39	92.17	109.28	125.20	82.26
钢压延加工	126.47	98.25	91.76	109.55	134.19	81.49
铁合金冶炼	109.87	100.83	100.88	100.70	125.08	98.77
有色金属冶炼及压延加工业	124.50	114.78	126.27	102.38	92.35	80.79
常用有色金属冶炼	92.56	114.55	148.72	123.10	64.88	81.46
稀有稀土金属冶炼	195.54	176.92	77.51	93.97	146.90	66.80
有色金属合金制造	101.72	100.52	111.24	101.64	97.73	93.16
有色金属压延加工	117.51	104.59	126.23	102.33	92.35	82.91
金属制品业	113.20	100.06	98.40	99.74	104.98	99.44
结构性金属制品制造	125.77	102.76	98.40	99.35	102.63	99.92
金属工具制造	105.85	103.32	95.92	93.49	110.79	102.69
金属丝绳及其制品的制造	107.37	98.16	97.64	104.89	111.46	89.22
搪瓷制品制造	100.00	100.00	100.04	99.92	100.00	99.46
不锈钢及类似日用金属制品制造	100.00	100.00	100.30	100.00	100.00	99.98

10—10 续表4 (以上年价格为100)

项 目	2004年	2005年	2006年	2007年	2008年	2009年
通用设备制造业	111.17	103.98	97.12	98.90	111.56	93.31
锅炉及原动机制造	102.16	100.10	97.03	95.23	98.28	94.21
金属加工机械制造	105.11	100.08	100.00	101.45	105.49	100.87
泵、阀门、压缩机及类似机械的制造	102.06	101.68	109.91	107.62	107.29	88.54
轴承、齿轮、传动和驱动部件的制造	113.14	104.90	95.32	98.30	119.00	92.30
风机、衡器、包装设备等通用设备制造	99.16	100.03	100.55	98.63	105.17	99.55
金属铸、锻加工	128.92	105.92	92.43	101.02	120.07	95.10
专用设备制造业	103.06	100.70	98.73	97.45	95.27	99.27
矿山、冶金、建筑专用设备制造	102.19	96.25	95.01	90.07	103.61	97.68
化工、木材、非金属加工专用设备制造	104.28	103.90	98.39	98.40	96.82	98.47
食品、饮料、烟草及饲料生产专用设备制造	109.78	101.04	100.05	100.11	100.00	
农、林、牧、渔专用机械制造	106.80	102.84	99.11	100.00	109.26	100.00
医疗仪器设备及器械制造	99.58	99.02	100.17	101.88	102.04	99.95
环保、社会公共安全及其他专用设备制造	99.02	72.26	100.00	94.33	84.36	101.27
交通运输设备制造业	98.43	100.85	100.34	99.04	98.69	98.52
汽车制造	96.52	98.61	100.24	98.96	98.80	98.47
摩托车制造	100.02	101.06	100.00	100.00	100.00	100.00
船舶及浮动装置制造	103.68	105.55	102.09	99.53	97.40	98.93
电器机械及器材制造业	106.94	106.66	116.95	106.43	95.66	95.78
电机制造	116.86	97.12	105.87	106.95	106.45	98.39
输配电及控制设备制造	97.15	107.00	107.21	104.38	95.07	96.73
电线、电缆、光缆及电工器材制造	132.47	118.13	134.56	109.13	94.93	77.57
电池制造	97.07	108.24	126.45	107.59	87.01	95.21
照明器具制造	98.92	99.83	100.37	97.76	106.10	106.56
通信设备、计算机及其他电子设备制造业	98.02	93.62	89.83	95.41	97.09	94.79
通信设备制造	95.40	99.41	98.65	98.22	97.63	97.30
电子计算机制造	97.26	93.82	89.25	96.05	96.59	94.08
电子器件制造	109.75	89.58	90.24	91.21	99.79	97.19
电子元件制造	90.65	100.00	100.33	100.87	101.95	98.51

10－10 续表5 （以上年价格为100）

项 目	2004年	2005年	2006年	2007年	2008年	2009年
家用视听设备制造	94.67	96.99	90.03	95.56	101.50	102.79
仪器仪表及文化、办公用机械制造业	106.86	98.20	100.93	103.13	103.20	97.36
通用仪器仪表制造	98.15	101.03		101.42	112.75	99.61
专用仪器仪表制造	99.23	90.99	100.17	100.00	100.00	100.00
钟表与计时仪器制造	100.58	100.44	100.97	103.30	103.40	96.83
光学仪器及眼镜制造	108.87	97.70	101.54	106.62	98.00	99.52
工艺品及其他制造业	104.66	101.07	102.27	102.84	103.46	100.89
工艺美术品制造	104.66	101.07	102.27	102.84	103.46	100.95
电力、热力的生产和供应业	103.69	101.91	100.52	100.94	100.43	102.29
电力生产	105.02	101.08	100.86	102.36	100.00	105.24
电力供应	101.66	103.18	100.35	100.25	100.64	100.76
燃气生产和供应业	104.99	110.28	113.49	112.83	105.57	85.33
燃气生产和供应业	104.99	110.28	113.49	112.83	105.57	85.33
水的生产和供应业	103.68	102.19	103.77	101.18	101.50	116.77
自来水的生产和供应	103.68	102.19	103.77	101.18	101.50	116.77
四、按工业部门分						
冶金工业	121.17	104.66	108.82	106.08	113.20	85.72
电力工业	103.48	101.91	100.52	100.94	100.43	102.29
煤炭及炼焦工业	100.00	100.00	112.62	117.68	99.82	94.02
石油工业	108.24	123.80	114.62	106.26	113.33	71.21
化学工业	108.26	105.07	100.01	103.05	104.44	95.60
机械工业	99.74	97.68	95.69	97.19	97.66	95.46
建筑材料工业	100.94	97.55	101.07	100.53	104.77	101.20
森林工业	99.06	102.96	102.95	106.20	104.03	100.26
食品工业	105.66	100.59	99.78	103.28	106.56	99.82
纺织工业	107.72	99.96	100.77	105.58	95.41	92.61
缝纫工业	100.19	100.04	101.59	101.06	102.67	101.47
皮革工业	99.67	102.39	102.75	102.06	98.31	101.66
造纸工业	101.36	100.80	100.03	100.44	103.34	97.44
文教艺术用品工业	99.15	101.59	100.18	100.43	107.20	98.42
其它工业	105.54	100.95	102.07	102.33	102.75	102.28

10—11　原材料、燃料、动力购进价格指数

（以上年价格为100）

项　　　目	2004年	2005年	2006年	2007年	2008年	2009年
原材料、燃料、动力购进价格总指数	**117.47**	**106.92**	**101.76**	**101.83**	**109.90**	**92.78**
燃料、动力类	113.48	119.04	104.84	100.98	115.32	101.59
黑色金属材料类	132.93	105.15	92.48	108.44	130.93	76.52
#钢　材	126.69	106.57	91.85	105.15	120.07	79.85
其　它	137.93	104.03	95.13	129.18	164.98	68.00
有色金属材料和电线类	110.27	106.52	130.05	107.22	99.36	88.31
化工原料类	123.71	105.07	101.1	103.58	114.03	80.28
木材及纸浆类	100.59	101.19	98.18	99.30	109.71	93.03
建筑材料及非金属矿类	115.46	117.47	92.16	101.45	117.29	90.99
其它工业原材料及半成品类	108.45	106.21	103.84	96.79	96.97	98.93
农副产品类	126.38	91.23	100.43	104.71	105.80	102.46
纺织原料类	104.46	100.19	101.94	100.78	99.61	93.90
按行业分：						
煤炭开采和洗选业						
石油和天然气开采业						
黑色金属矿采选业						
有色金属矿采选业						
非金属矿采选业	100.32		144.86	113.95	112.30	157.25
其他采矿业		101.97				
农副食品加工业	116.15	106.42	103.44	103.49	111.88	91.28
食品制造业	111.11	102.50	101.62	103.60	111.80	90.93
饮料制造业	120.12	93.36	102.84	101.38	111.25	95.22
烟草制品业		102.23				
纺织业	111.48	95.44	102.79	105.02	104.16	88.33
纺织服装、鞋、帽制造业	100.81			101.49	101.08	

10－11　续表　　　　　　　　　　（以上年价格为 100）

项　　目	2004 年	2005 年	2006 年	2007 年	2008 年	2009 年
皮革、毛皮、羽毛(绒)及其制品业	106.75		103.57	101.42	101.52	91.12
木材加工及木、竹、藤、棕、草制品业	112.83	105.66	102.88	109.43	116.78	85.11
家具制造业	103.91			98.05	111.21	
造纸及纸制品业	114.90	106.02	98.57	100.44		
印刷业和记录媒介的复制	102.05	105.04	96.56	100.60	112.83	90.68
文教体育用品制造业	112.07	97.57	97.43	100.10	106.26	89.65
石油加工、炼焦及核燃料加工业		102.04				
化学原料及化学制品制造业	117.72	99.00	100.01	113.03	117.98	85.65
医药制造业	108.18	108.04	103.83	99.95	109.69	98.39
化学纤维制造业	113.94	103.71		104.06		
橡胶制品业		98.30		100.46	100.00	
塑料制品业	126.33	105.42	101.23	100.56	106.71	86.09
非金属矿物制品业	110.55	104.67	96.45	99.40	118.91	99.82
黑色金属冶炼及压延加工业	122.00	109.29	92.52	109.28	133.58	74.38
有色金属冶炼及压延加工业	115.97	97.36	127.51	102.38	101.03	80.40
金属制品业	109.34	115.93	97.30	99.74	111.70	99.16
通用设备制造业	118.87	106.56	110.89	98.90	107.67	78.36
专用设备制造业	111.53			97.45	110.06	
交通运输设备制造业	116.87	134.91	104.72	99.04	114.86	81.50
电气机械及器材制造业			110.22	106.43	101.96	86.62
通讯设备、计算机及其他电子设备制造业		110.16	99.17	95.41	100.02	98.12
仪器仪表及文化、办公用机械制造业		104.79	102.82	103.13	99.69	96.00
废弃资源和废旧材料回收加工业		100.41				
电力、热力的生产和供应业		112.94	100.23	100.94	106.10	106.52
燃气生产和供应业		104.98	115.44	112.83	114.28	79.08
水的生产和供应业		108.69	102.54	101.18	108.23	95.09

10—12 房屋租赁和物业管理价格指数

(以上年价格为100)

项目	2005年	2006年	2007年	2008年	2009年	项目	2005年	2006年	2007年	2008年	2009年
房屋租赁价格指数	**101.4**	**101.7**	**102.6**	**101.7**	**101.0**	**物业管理价格指数**	**100.3**	**100.0**	**100.1**	**100.0**	**100.2**
一、住　宅	100.4	101.4	103.0	102.6	100.6	一、住　宅	99.9	100.0	100.0	100.0	100.0
普通住宅	100.6	101.5	102.9	102.3	100.5	普通住宅	100.0	100.0	100.0	100.0	100.0
高档住宅		101.7	103.4	105.4	102.1	高档住宅	99.3	100.0	100.0	100.0	100.0
经济适用房						经济适用房	100.0	100.0	100.0	100.0	
二、办公楼	101.0	100.0	101.9	105.3	100.2	二、办公楼	103.4	100.1	100.3	100.0	102.5
写字楼	101.3		104.8			写字楼	104.3	100.0	100.2	100.0	
普通办公用房	100.0	100.0	100.1			普通办公用房	100.0	100.4	100.4	100.0	
三、商业娱乐用房	101.9	102.5	102.7	100.8	101.5	三、商业娱乐用房	100.0	100.0	100.0	100.0	100.0
四、工业仓储用房	104.8	99.2	101.1	100.0	100.7	四、工业仓储用房	100.0	100.0	100.0	100.0	100.0
工业厂房	109.1	100.0				工业厂房	100.0	100.0	100.0	100.0	
其　他	88.8	100.0	101.1			其　他					

10—13 土地交易价格指数

(以上年价格为100)

项目	2004年	2005年	2006年	2007年	2008年	2009年
土地交易总计	**112.3**	**118.6**	**107.9**	**117.1**	**107.7**	**110.4**
(一)居住用地	112.7	118.5	107.8	118.6	107.5	112.4
高档住宅用地					99.5	
普通住宅用地	112.7	118.5	107.8	118.6	107.7	112.8
经济适用房用地						
(二)工业仓储用地					99.9	95.7
(三)商业、旅游、娱乐用地	111.2	109.0	108.3	111.7	99.4	95.4
(四)它用地	110.5		107.2	110.7		105.0

10－14 房屋销售价格指数

（以上年价格为 100）

项　　目	2004 年	2005 年	2006 年	2007 年	2008 年	2009 年
房屋销售价格指数	**104.9**	**103.9**	**106.7**	**106.8**	**103.9**	**100.2**
一、商品房	105.9	104.4	107.5	107.6	103.9	99.6
住　宅	107.0	104.9	108.3	108.1	104.4	99.5
经济适用房		102.0	100.6	100.6	100.2	100.0
普通住宅	108.2	105.3	109.2	109.1	104.4	99.1
多层住宅	111.4	105.5	109.1	107.7	103.2	101.9
高层住宅	106.8	105.2	109.2	109.3	104.7	98.9
其他住宅						
高档住宅	99.3	105.8	106.9	107.8	105.9	99.8
别　墅	98.9	105.0	107.1	107.8	107.5	102.0
高档公寓	100.0	106.3	106.5	108.2	105.4	99.0
非住宅	101.5	102.3	104.0	105.7	101.9	100.1
办公楼		105.6	102.9	105.6	101.7	100.3
写字楼	95.6	105.6	102.9	105.9		
普通办公用房			100.5	103.6		
商业娱乐用房	101.8	101.9	104.4	105.7	103.3	100.00
工业仓储用房		98.0				
其它用房	103.3	102.5	102.3	105.3	100.1	100.2
二、二手房	101.5	102.3	103.3	103.8	103.8	101.0
住　宅	102.2	102.9	105.2	104.0	103.8	100.9
多层住宅		103.2	105.4	104.1	103.8	100.8
高层住宅		102.6	104.3	104.1	100.8	100.9
其他住宅					100.8	
非住宅	98.9	100.0	100.5	102.3	103.8	101.4

主要统计指标解释

居民消费价格指数 是度量一组代表性消费商品及服务项目价格水平随着时间而变动的相对数，是反映居民家庭购买并用于消费的商品及服务项目价格水平变动趋势和变动幅度的统计指标。它是分析和制定货币政策、价格政策、居民消费政策、工资政策以及国民经济核算的重要依据。

农业生产资料价格指数 是度量一组代表性农业生产资料价格水平随着时间而变动的相对数。它是反映工业、商业及其他单位和个人向农民出售的农业生产资料价格水平变动趋势和变动幅度的统计指标，它是制定相关的经济政策及国民经济核算的重要依据。

工业品出厂价格指数 是反映工业品出厂价格在一定时期内变动幅度的相对数。工业品出厂价格是工业品进入流通领域的初始价格，是制定其他销售价格的基础。通过它可以观察轻工业与重工业、生产资料与生活资料及分部门工业产品价格的变动趋势和变动幅度，消除价格变动因素，真实反映工业产成品实际价值量。

工业企业原材料、燃料、动力购进价格指数 是反映工业企业在一定时期内所购进的原材料和能源价格变动幅度的相对数。通过它可以观察工业企业购进各类原材料和能源价格变动趋势和变动幅度及其对生产成本、效益的影响程度。

固定资产投资价格指数 是反映固定资产投资价格在一定时期内变动幅度的相对数。通过它可以观察建筑安装工程（含材料费、人工费等项目）、设备工器具购置费和其他费用等方面的价格变动趋势和变动幅度，消除按现价计算的固定资产投资指标中的价格变动因素，反映固定资产投资的真实规模、速度、结构和效益。

房地产价格指数 是反映房地产价格在一定时期内变动幅度的相对数。通过它可以观察土地交易、房屋销售、房屋租赁等方面的价格变动趋势和变动幅度，消除按现价计算的房地产投资中的价格变动因素，反映房地产投资的真实规模、速度和结构。

农产品生产价格 是指农产品生产者第一手（直接）出售其产品时实际获得的单位产品价格。农产品生产是农产品进入流通领域的初始价格，反映农产口生产者出售其产品的价格水平和结构变动情况，满足以缩减指数法核算农业发展速度。

商品零售价格指数 是反映城市商品零售价格变动趋势的一种经济指数。零售物价的调整变动直接影响到城市居民的生活支出和国家的财政收入，影响居民购买力和市场供需平衡，影响消费与积累的比例。因此，计算零售价格指数，可以从一个侧面对上述经济活动进行观察和分析。

CHAPTER 11 第十一篇

财政金融

本篇内容包括：

1、财政收支情况

2、金融机构存贷款及现金收支情况

11－1 主要年份财政收入及支出

单位：万元

年 份	地方财政收入		财 政 支 出	
	全 市	市 区	全 市	市 区
1952	2911	1900	1501	
1957	5654	3957	2823	
1962	9553	6071	2997	
1965	10039	6991	4233	
1970	13052	10544	6832	
1975	16454	13465	8834	
1978	24042	19395	12848	
1979	22754	18179	15139	
1980	26401	21191	14464	
1981	27007	21660	15996	
1982	27902	21258	19163	
1983	30441	21916	20214	
1984	33027	25211	23504	
1985	51403	42215	39153	
1986	59296	47000	47064	
1987	68027	52651	52766	
1988	83294	62608	67545	38900
1989	100509	73624	78579	46590
1990	109448	77937	82816	46874
1991	119982	83846	95044	53929
1992	140189	98883	116521	67717
1993	213876	154241	166165	100726
1994	209931	148598	218231	136688
1995	258210	177692	274524	173813
1996	301576	205303	351845	229028
1997	350492	240490	356722	232799
1998	425350	299683	422864	266142
1999	500927	342630	485320	298161
2000	553534	379777	540439	339490
2001	685594	486041	633398	398452
2002	704395	473016	684145	416347
2003	836582	553535	822748	486663
2004	1071070	734463	951458	563094
2005	1276777	871658	1189934	712767
2006	1525163	1036616	1423025	834788
2007	1465641	1020567	1430922	839360
2008	1688559	1132545	1781952	993916
2009	1952612	1264771	2050925	1067934

注：本表2007年起地方财政收入、财政支出为地方财政一般预算收入和一般预算支出口径。

11—2 财政收入主要指标

单位:万元

项　　目	2007 年	2008 年	2009 年	2009 年比 2008 年增长(%)
(一)地方财政一般预算收入	1465641	1688559	1952612	15.6
#增值税	200564	226727	248558	9.6
营业税	485881	484440	596888	23.2
企业所得税	156305	206027	219203	6.4
个人所得税	89378	113854	125809	10.5
城市维护建设税	62022	68070	74924	10.1
房产税	57464	64800	73911	14.1
印花税	22208	27696	31294	13.0
城镇土地使用税	14528	74768	53652	－28.2
土地增值税	68713	73409	104367	42.2
车船使用和牌照税	3570	9257	11449	23.7
耕地占用税	21103	24185	24833	2.7
契　税	113227	91657	102174	11.5
国有资本经营收入	15395	19361	35549	83.6
国有(资源)资产有偿使用收入	9454	26215	68771	162.3
行政性收费收入	69605	93629	101147	8.0
罚没收入	38595	39528	37385	－5.4
专项收入	32975	40586	38213	－5.8
其他收入	1888	1350	1589	17.7
(二)政府性基金收入	1412697	1048229	1399517	33.5

11—3 财政支出主要指标

单位:万元

项　　目	2007 年	2008 年	2009 年	2009 年比 2008 年增长(%)
(一)地方财政一般预算支出	1430922	1781952	2050925	15.1
一般公共服务	224470	250979	286806	14.3
国　防	3579	5849	5137	－12.2
公共安全	133474	153528	161429	5.1
教　育	313221	393878	458679	16.5
科学技术	23736	28843	33118	14.8
文化体育与传媒	17443	25267	35321	39.8
社会保障和就业	166982	217797	235367	8.1
医疗卫生	80884	135341	144805	7.0
环境保护	11404	24283	31874	31.3
城乡社区事务	79776	104353	153692	47.3
农林水事务	60591	84192	113531	34.8
交通运输	8945	14485	31975	120.7
工业商业金融等事务	87572	120618	110394	－8.5
地震灾后恢复重建支出		10331	4013	－61.2
其它支出	218845	212208	244784	15.4
(二)政府性基金支出	1160668	1148871	1022618	－11.0

11—4 分县(市)区财政收入主要指标

(2009 年)

单位:万元

项目	福州市	市区	#市本级	鼓楼区	台江区	仓山区	晋安区	马尾区
(一)地方财政一般预算收入	1952612	1264771	743684	138268	73585	76842	80800	151592
#增值税	248558	136917	58094	13099	12494	16953	15656	20621
营业税	596888	437473	266819	46469	22188	20240	23173	58584
企业所得税	219203	150222	60678	28976	12207	11347	11658	25356
个人所得税	125809	94472	87731					6741
城市维护建设税	74924	56417	33098	5884	3786	2983	4613	6053
房产税	73911	54000	11739	18308	6607	5173	6587	5586
印花税	31294	21608	5827	4883	2033	2122	4054	2689
城镇土地使用税	53652	34064	3389	5727	3575	7798	6404	7171
土地增值税	104367	76625	45194	5519	6619	4897	3527	10869
车船税	11449	8808	8558					250
耕地占用税	24833	7721	7618					103
契　税	102174	78361	77786					575
国有资本经营收入	35549	6952	4588	1668	232	232	232	
国有资产有偿使用收入	68771	12775	10249	679	116	96	815	820
行政事业性收费收入	101147	41788	31102	3740	1571	1654	1524	2197
罚没收入	37385	22670	17694	772	602	1855	482	1265
专项收入	38213	23455	13282	2427	1514	1473	2047	2712
其他收入	1589	307	238		41	14	14	
(二)政府性基金收入	1399517	769974	681355			526	985	87108

11—4 续表

单位:万元

项目	福清市	长乐市	闽侯县	连江县	罗源县	闽清县	永泰县	平潭县
(一)地方财政一般预算收入	210498	116452	165770	75637	37187	30744	16057	35496
#增值税	32856	23086	30044	9925	4735	8216	1547	1232
营业税	47247	22562	34934	22586	9711	3583	4643	14149
企业所得税	26993	13901	9909	7909	1979	2163	2320	3807
个人所得税	7063	7624	5967	4140	2668	2238	600	1037
城市维护建设税	5183	4513	2547	2877	765	1509	459	654
房产税	7698	4068	4083	2052	428	896	297	389
印花税	3623	2052	1597	1182	657	222	100	253
城镇土地使用税	7091	4691	5772	1053	143	264	165	409
土地增值税	8135	4014	6810	4494	389	246	364	3290
车船税	1008	522	229	284	96	159	103	240
耕地占用税	3624	1068	7242	2567	2347	58	111	95
契　税	4148	4837	5263	2781	2932	840	416	2596
国有资本经营收入	9589	10203	2296	2425	174	2452	633	525
国有资产有偿使用收入	25874	747	19033	348	6468	3178	27	321
行政事业性收费收入	12441	5734	24771	6651	1265	1482	2683	4332
罚没收入	4635	3002	1003	2293	1128	849	543	1262
专项收入	3026	3798	2305	1555	1032	1777	689	576
其他收入	200		797	39	4	205	6	31
(二)政府性基金收入	151699	152483	155847	85009	16598	13996	15766	38145

11—5 分县(市)区财政支出主要指标

(2009年) 单位:万元

项目	全市	市区	#市本级	鼓楼区	台江区	仓山区	晋安区	马尾区
(一)地方财政一般预算支出	2050925	1067934	639786	86693	61936	75688	74810	129021
一般公共服务	286806	122817	59254	16433	9855	8763	11014	17498
国防	5137	3489	1971	450	256	281	299	232
公共安全	161429	101170	75969	6129	3853	4283	2894	8042
教育	458679	196689	87897	24795	21642	22525	17096	22734
科学技术	33118	23552	16485	1571	918	1179	1068	2331
文化体育与传媒	35321	15294	8101	581	767	1539	930	3376
社会保障和就业	235367	120134	88028	7628	5506	5650	10674	2648
医疗卫生	144805	55522	28259	5249	4001	6648	6942	4423
环境保护	31874	13840	9826	778	215	897	1204	920
城乡社区事务	153692	130087	79776	11595	5999	5669	7893	19155
农林水事务	113531	20214	12079	280	113	1604	2685	3453
交通运输	31975	24042	19472	704	263	402	955	2246
采掘电力信息等事务	50434	41470	24573	2611	931	2542	565	10248
粮油物资储备管理等事务	59862	41138	33228	1360	2760	851	1390	1549
金融监管支出	98	82						82
地震灾后恢复重建支出	4013	4013	4013					
其它支出	244784	154381	90855	6529	4857	12855	9201	30084
(二)政府性基金支出	1022618	476898	391294	39001	2185	5834	12167	26417

11—5 续表

单位:万元

项目	福清市	长乐市	闽侯县	连江县	罗源县	闽清县	永泰县	平潭县
(一)地方财政一般预算支出	249332	156428	180276	118222	62323	64434	69531	82445
一般公共服务	50118	22972	23340	24380	13399	7617	10723	11440
国　防	226	378	295	187	109	134	174	145
公共安全	15414	11687	9126	8193	3904	3527	4274	4134
教　育	65973	41091	46603	31496	15380	18393	21904	21150
科学技术	3511	2087	1237	1399	807	246	142	137
文化体育与传媒	1516	2161	11720	1200	709	835	882	1004
社会保障和就业	31535	17347	5736	18473	9965	13401	5768	13008
医疗卫生	24633	10155	17587	11199	5540	6247	6748	7174
环境保护	1556	4960	2286	1637	1535	2122	3172	766
城乡社区事务	3932	2009	2692	2364	1184	1635	1317	8472
农林水事务	20804	14108	17692	12303	6201	5778	9388	7043
交通运输	2365	976	1577	883	588	370	151	1023
采掘电力信息等事务	456	4154	1087	362	1475	145	69	1216
粮油物资储备管理等事务	2792	4627	4400	2065	625	1098	1573	1544
金融监管支出					16			
地震灾后恢复重建支出								
其它支出	24501	17716	34898	2081	886	2886	3246	4189
(二)政府性基金支出	154539	86660	185728	63522	15945	13469	10968	14889

11－6　主要年份金融机构存贷款与现金收支情况

（1978～2009年）

单位：万元

年　　份	存款余额	#居民储蓄	贷款余额	现金收入	现金支出	现金投放(＋)回笼(－)
1978	77601	18146	91467			
1979	87455	21716	110420			
1980	151201	29903	138097			
1981	192536	41758	162162			
1982	235293	54044	187095			
1983	265148	70007	204568			
1984	440563	92956	291742	144450	137737	－6713
1985	289820	123555	302934	383319	375659	－7660
1986	378241	166508	366741	462191	456342	－5849
1987	452925	215917	418577	646827	633915	－12912
1988	484704	235407	469953	978225	971666	－6559
1989	618937	350188	559900	1247421	1159087	－88334
1990	854105	518540	677153	1465438	1334921	－130517
1991	1133491	688703	788927	1800124	1684068	－116056
1992	1568301	906030	995055	2605957	2493969	－111988
1993	1817095	1055894	1346071	4282713	4232547	－50166
1994	2566545	1593746	1562959	6604709	6357429	－247280
1995	3971395	2319383	2360780	9698914	9474265	－224649
1996	5184852	3195935	2956459	14524717	14421509	－103208
1997	6078105	3783654	3777974	26480153	26556120	75967
1998	6875763	4355716	4196271	32797002	33003793	206791
1999	9906340	5030220	7970215	37992443	38200333	207890
2000	10338457	4844713	8830450	48839192	48872901	33709
2001	12510171	5590916	11571483	65356687	65345969	－10718
2002	13905993	7106162	11577911	52134542	52131880	－2662
2003	16964051	8762245	13672072	56542003	56509394	－32609
2004	20188730	9962729	15559772	67938302	67730873	－207428
2005	23757542	11550362	17727789	64996351	64815137	－181213
2006	28962492	13113823	21795935	70321239	70074039	－247199
2007	32901090	13753667	26404521	76664702	76248330	－416372
2008	38587590	17098954	30782212	63226947	62801264	－425683
2009	47405776	20475958	40543634	59722733	59318140	－404594

注：本表为不含外资金融机构的人民币存、贷款数据。

11—7 金融机构信贷资金主要指标(资金来源)

单位:万元

项　目	2008 年	2009 年	项　目	2008 年	2009 年
资金来源合计	**40589492**	51068891	6. 信托存款		
一、各项存款年末余额	38587590	47405776	7. 委托存款	297516	247386
1. 企业存款	12693055	16516871	8. 其他存款	3374560	4181313
(1)活期存款	8924652	11576339	二、金融债券	4	3
(2)定期存款	3768403	4940532	三、应付及暂收款	1466353	1053152
2. 财政存款	2076006	2703303	四、同业往来	1890811	3724485
3. 机关团体存款	2643674	2817751	五、行业资金往来		
4. 储蓄存款	17098954	20475958	六、各项准备	317043	448519
(1)活期存款	6785746	8634503	七、所有者权益	919706	1211923
(2)定期存款	10313208	11841455	#实收资本	165085	294195
5. 农业存款	403825	463193	八、其他	-2592015	-2774967

11—8 金融机构信贷资金主要指标(资金运用)

单位:万元

项　目	2008 年	2009 年	项　目	2008 年	2009 年
资金运用合计	**40589492**	**51068891**	二、有价证券及投资	1247791	1652210
一、各项贷款年末余额	30782212	40543634	三、应收及预付款	1032377	697810
1. 短期贷款	9465731	13677695	四、同业往来	17829	254999
2. 中长期贷款	19984956	25217748	五、行业资金往来	6941814	7103167
3. 信托贷款			六、金银占款		
4. 融资租赁			七、外汇占款	-126758	15795
5. 委托贷款			八、固定资产	471193	518723
6. 票据融资	1323287	1640842	九、库存现金	223034	282552
7. 各项垫款	8239	7348			

11—9 金融机构现金收入及支出主要指标

项　　目	1990年	1995年	1996年	1997年	1998年	1999年
现金收入合计	**1465438**	**9698914**	**14524717**	**26480153**	**32797002**	**37992443**
#商品销售收入	384720	1502289	1561650	1964525	2324369	2703165
服务业收入	96570	560163	651666	782078	1159788	1283837
税款收入	17168	70760	91121	100081	157005	162037
城乡个体经营收入	12108	160283	297104	580634	620238	606712
储蓄存款收入	720419	5585107	8932594	18123064	25332220	29213625
其他金融机构收入	30098	192094	248862	341719	153249	264777
居民归还贷款收入				4595	254737	399026
汇兑收入	32449	377133	483749	613837	837298	1091913
有价证券及其他投资性收入	3190	54639	27227	53744	72770	119872
其他收入	67456	754823	1697703	3915876	1885328	2147479
现金支出合计	**1334921**	**9474265**	**14421509**	**26556120**	**33003793**	**38200333**
#工资及对个人其他支出		1001795	1176174	1449259	1494995	1539786
农付产品采购支出	85541	326877	298478	412789	399136	865619
工矿产品收购支出	17922	219316	257367			590221
行政事业管理费支出	63147	328117	390246	481790	800229	939035
城乡个体经营支出	15750	280722	354574	532462	801352	673415
储蓄存款支出	580931	5016513	8401063	18394693	26004872	30931597
其他金融机构支出	15888	109336	135536	240279	113017	215951
居民提取贷款支出				2966	238283	372877
汇兑支出	29534	315987	372242	386473	435717	423252
有价证券及其他投资性支出	3419	24273	34153	33131	73370	32536
其他支出	65180	1125017	2269622	4278072	1609118	1616045
现金投放(+)、回笼(-)	**-130517**	**-224649**	**-103208**	**75967**	**206791**	**207890**

单位:万元

2000 年	2001 年	2002 年	2003 年	2004 年	2005 年	2006 年	2007 年	2008 年	2009 年
48839192	**65356687**	**52134542**	**56542003**	**67938302**	**64996351**	**70321239**	**76664702**	**63226947**	**59722733**
3233272	2741081	2473403	2848390	3223257	3225316	2963330	2675233	2293033	2377290
1649015	1459358	1487683	1515661	1624894	1559866	1564348	1714393	1723504	1674841
197028	175665	180712	205056	248403	305469	255369	280371	293352	337114
749900	574984	572485	580756	633969	588729	540785	656618	446283	459291
38269533	54884991	43111154	46952769	55512666	53451995	59064394	64290362	51908714	48263149
278382	272469	148226	92908	55361	58816	58895	24614	73998	32575
673495	874883	602086	487641	566597	528419	600056	652388	532839	552415
1395315	1206838	1006974	854644	952006	1042804	847980	585226	472723	435103
195141	75615	51170	52255	41017	78569	65374	26484	22708	29206
2198111	3090802	2500650	2951923	5080131	4156368	4360706	5759013	5459593	5561748
48872901	**65345969**	**52131880**	**56509394**	**67730873**	**64815137**	**70074039**	**76248330**	**62801264**	**59318140**
1707721	1621162	1727193	1921318	2228589	2212515	2434599	2375876	2115788	1976072
1119331	946173	987228	1042068	1326575	1140852	1070593	898376	593440	480994
855178	660811	774137	1054329	1164418	1235710	996304	719031	557410	476076
1215041	1176438	1368721	1392030	1455732	1574087	1682020	1748632	1840349	1775550
690997	656462	753427	874877	1013909	1033318	840730	622209	506141	443346
39713651	55412380	43128746	46445841	54748148	52388062	57600511	62925854	51298788	47681795
353484	865119	101507	43399	52180	53122	100416	325705	136903	81285
720377	834663	552196	480556	600734	367137	468405	375190	256011	312281
825656	417050	411696	424176	418250	619876	470367	312010	305569	381631
47120	65284	44624	37247	34992	42535	48649	28300	14313	11108
1624345	2690426	2282405	2793552	4687346	4147925	4361444	5917148	5176551	5698002
33709	**−10718**	**−2662**	**−32609**	**−207428**	**−181213**	**−247199**	**−416372**	**−425683**	**−404594**

11—10 分县(市)金融机构信贷执行情况

(2009年)

项目	福州市	市区	福清市	长乐市
一、金融机构各项存款余额	**47405776**	**36565748**	**4192762**	**2341857**
#企业存款	16516871	14890757	478429	361390
活期存款	11576339	10196290	351456	308917
定期存款	4940532	4694467	126974	52473
财政存款	2703303	2416062	37616	85998
机关团体存款	2817751	2228520	187159	115278
储蓄存款	20475958	12786320	3358943	1542389
活期储蓄	8634503	5300904	1159308	757742
定期储蓄	11841455	7485416	2199635	784647
农业存款	463193	173682	62948	57428
委托存款	247386	238414	1236	7695
其他存款	4181313	3831995	66430	171679
二、金融机构贷款余额	40543634	34839557	1780851	1753597
#短期贷款	13677695	10633220	928109	1156949
中长期贷款	25217748	22674372	782832	556257

单位:万元

闽侯县	连江县	罗源县	闽清县	永泰县	平潭县
1447803	**1197702**	**281033**	**491441**	**371925**	**505505**
406864	137954	41533	54003	53333	92608
368662	132701	36442	49090	47266	85516
38202	5254	5091	4913	6067	7092
52327	37504	732	16293	4765	52006
123240	84250	20943	10769	30210	17383
777979	869604	174392	383279	268311	314742
344740	396554	134737	181819	129828	228871
433239	473050	39654	201459	138483	85871
70164	31365	20291	11293	9790	26232
	7	35			
17230	37019	23108	15804	5516	12533
595953	549670	224515	199415	161848	438228
287907	223025	112117	156119	90376	89874
302447	326645	112248	43296	71472	348179

11—11 分县(市)金融机构现金收支情况

(2009 年)

项　　目	福州市	市　区	福清市	长乐市
银行现金收入合计	**59722733**	**35557593**	**8158112**	**5418705**
#商品销售收入	2377290	1536649	151971	361148
服务业收入	1674841	1144561	99438	183461
行政税费收入	337114	141777	16293	132414
城乡个体经营收入	459291	192620	7345	177700
储蓄存款收入	48263149	27677181	7248721	4199937
其他金融性公司收入	32575	9777	7685	5
居民归还贷款收入	552415	209154	94841	21946
汇兑收入	435103	197216	22184	151052
有价证券及其他投资性收入	29206	22302	383	2663
其他收入	5561748	4426355	509251	188379
银行现金支出合计	**59318140**	**34977305**	**8350426**	**5412144**
#工资及对个人其他支出	1976072	1280920	118297	264221
农付产品采购支出	480994	254121	15554	100155
工矿及其他产品采购支出	476076	115104	28519	224149
行政企业管理与经营费支出	1775550	1364930	137131	88301
城乡个体经营支出	443346	273291	16958	26434
储蓄存款支出	47681795	26604641	7239225	4463936
其他金融性公司支出	81285	65001	156	13
居民提取贷款支出	312281	204708	63988	12924
汇兑支出	381631	131346	36784	163912
有价证券及其他投资性支出	11108	10207	260	
其他支出	5698002	4673035	693554	68098
现金投放(+)、回笼(-)	**-404594**	**-580289**	**192315**	**-6560**

单位:万元

闽侯县	连江县	罗源县	闽清县	永泰县	平潭县
2239008	**3162584**	**1095635**	**1051915**	**799791**	**2239391**
62180	82883	34517	25929	49167	72845
55779	47260	32367	29326	28155	54495
7711	12863	2635	1535	13111	8775
37236	3262	3714	15298	13922	8194
1887286	2783236	966563	911924	589720	1998581
14785	1	303	1	17	1
37228	64801	27277	30439	35677	31053
17090	9796	998	2402	6458	27906
	471	2269	1118		
119712	158011	24993	33943	63563	37541
2238978	**3160436**	**1092557**	**1050968**	**799347**	**2235979**
126655	61286	17624	32572	35917	38580
41661	17822	10414	3803	32213	5249
30603	14240	29921	21110	6414	6016
60936	42976	33910	21561	17740	7065
73682	8458	8471	22098	10667	3288
1811366	2800746	1025381	937822	608940	2189738
10631	514	35	1	4919	14
8990	1740	6	7298	1599	11028
17574	2122	70	1834	5010	22981
			640	1	
55879	210533	－33275	2230	75927	－47980
－30	**－2148**	**－3077**	**－947**	**－444**	**－3412**

主要统计指标解释

财政收入 指国家财政参与社会产品分配所取得的收入，是实现国家职能的财力保证。财政收入所包括的内容几经变化，目前主要包括：

(1)各项税收：包括增值税、营业税、消费税、土地增值税、城市维护建设税、资源税、城市土地使用税、印花税、个人所得税、企业所得税、关税、农牧业税和耕地占用税等。

(2)专项收入：包括征收排污费收入、征收城市水资源费收入、教育费附加收入等。

(3)其他收入：包括基本建设贷款归还收入、基本建设收入、捐赠收入等。

(4)国有企业亏损补贴：这项为负收入，冲减财政收入。

财政支出 国家财政将筹集起来的资金进行分配使用，以满足经济建设和各项事业的需要，主要包括：基本建设支出、企业挖潜改造资金、地质勘探费用、科技三项费用、支援农村生产支出、农林水利气象等部门的事业费用、工业交通商业等部门的事业费、文教科学卫生事业费、抚恤和社会福利救济费、国防支出、行政管理费、价格补贴支出。

中央财政收入和地方财政收入 指按财政体制划分的中央本级收入和地方本级收入。1994 年分税制财政体制以后，属于中央财政的收入包括关税、海关代征消费税和增值税，消费税，中央企业所得税，地方银行和外资银行及非银行金融企业所得税，铁道、银行总行、保险总公司等集中缴纳的营业税、所得税、利润和城市维护建设税，增值税的 75％部分，证券交易税(印花税)50％部分和海洋石油资源税。属于地方财政的收入包括营业税，地方企业所得税，个人所得税，城镇土地使用税，固定资产投资方向调节税，城镇维护建设税，房产税，车船使用税，印花税，屠宰税，农牧业税，农业特产税，耕地占用税，契税，增值税 25％部分，证券交易税(印花税)50％部分和除海洋石油资源税以外的其他资源税。

中央财政支出和地方财政支出 指根据政府在经济和社会活动中的不同职责，划分中央和地方政府的责权，按照政府的责权划分确定的支出。中央财政支出包括国防支出，武装警察部队支出，中央级行政管理费和各项事业费，重点建设支出以及中央政府调整国民经济结构、协调地区发展、实施宏观调控的支出。地方财政支出主要包括地方行政管理和各项事业费，地方统筹的基本建设、技术改造支出，支援农村生产支出，城市维护和建设经费，价格补贴支出等。

存款 指企业、机关、团体或居民根据资金必须收回的原则，把货币资金存入银行或其他信用机构保管并取得一定利息的一种信用活动形式。根据存款对象的不同可划分为企业存款、财政存款、机关团体存款、基本建设存款、城镇储蓄存款、农村存款等科目。它是银行信贷资金的主要来源。

贷款 指银行或其他信用机构根据资金必须归还的原则，按一定利率，为企业、个人等提供资金的一种信用活动形式。我国银行贷款分为流动资金贷款、固定资产贷款、城乡个体工商户贷款以及农业贷款等科目。

CHAPTER 12 第十二篇

人民生活

本篇内容包括：

1、城乡居民家庭基本情况

2、城乡居民生活收支情况

3、城乡居民拥有耐用消费品数量

12—1 主要年份城镇居民家庭基本情况

年份	平均每户家庭人口(人)	平均每户就业人数(人)	平均每户就业面(%)	平均每一就业者负担人数(人)	平均每人年可支配收入(元)	平均每人年消费性支出(元)	平均每人居住面积(平方米)
1952	5.62	1.87	33.3	3.01	104	98	5.7
1957	5.37	2.22	41.3	2.42	152	141	6.1
1959	5.29	2.22	42.0	2.38	177	164	6.5
1962	4.94	2.26	45.7	2.19	168	158	6.8
1963	4.94	2.27	46.0	2.17	199	155	6.8
1964	4.93	2.28	46.2	2.16	177	167	6.9
1965	4.91	2.29	46.6	2.14	197	185	7.0
1966	4.89	2.29	46.8	2.14	203	191	7.2
1975	4.01	2.02	50.4	1.98	268	260	8.0
1978	3.90	2.02	51.8	1.93	295	288	8.2
1980	3.81	2.00	52.5	1.91	314	308	8.5
1981	3.75	2.00	53.3	1.88	346	316	8.6
1982	3.72	2.01	54.0	1.85	415	379	8.7
1983	3.68	2.00	54.3	1.84	450	402	8.7
1984	3.65	2.01	55.1	1.82	506	453	8.8
1985	3.62	2.00	55.2	1.81	678	638	8.8
1986	3.60	2.00	55.6	1.80	829	771	8.9
1987	3.56	2.02	56.8	1.76	888	845	9.0
1988	3.52	2.02	57.3	1.74	1079	1023	9.0
1989	3.50	2.01	57.5	1.74	1332	1242	9.2
1990	3.44	2.02	58.7	1.70	1537	1381	9.3
1991	3.47	2.00	57.6	1.74	1639	1522	9.3
1992	3.45	2.02	58.6	1.71	2273	1820	9.4
1993	3.39	2.00	59.0	1.70	2769	2281	11.6
1994	3.19	1.90	59.6	1.68	4108	3338	11.6
1995	3.17	1.84	58.0	1.72	4896	4021	11.6
1996	3.21	1.88	58.6	1.71	5545	4307	12.1
1997	3.21	1.88	58.6	1.71	6417	5150	12.4
1998	3.19	1.88	58.9	1.70	6857	5459	12.4
1999	3.23	1.85	57.3	1.75	7098	5364	12.5
2000	3.20	1.80	56.3	1.78	7944	6009	12.6
2001	3.29	1.82	55.3	1.81	8675	6213	14.9
2002	3.11	1.66	53.4	1.87	9147	6636	17.7
2003	3.12	1.69	54.2	1.85	10123	7347	18.9
2004	3.11	1.55	49.8	2.01	11436	8042	19.8
2005	3.11	1.58	50.8	1.97	12661	8382	19.7
2006	3.14	1.68	53.5	1.86	14206	9595	20.2
2007	3.10	1.68	54.2	1.85	16642	11790	20.1
2008	3.10	1.63	52.6	1.90	19009	13541	21.0
2009	3.14	1.66	52.9	1.90	20289	14105	22.8

注:本表中平均每人居住面积2002年起为人均住房使用面积口径。

12—2 城镇居民人均现金收支情况

单位:元

项　　目	2004年	2005年	2006年	2007年	2008年	2009年
一、期初手存现金	**318.81**	**480.13**	**700.02**	**529.93**	**571.77**	**688.53**
二、人均总收入	**12325.96**	**13681.90**	**15383.63**	**18060.78**	**20841.06**	**22431.40**
#可支配收入	11436.34	12660.82	14206.16	16641.61	19008.97	20289.31
工资性收入	8023.59	8689.06	9909.15	11580.44	13476.9	14845.95
工资及补贴收入	7659.34	8328.89	9538.69	11272.30	13141.03	14424.65
其他劳动收入	364.24	360.17	370.46	308.14	335.87	421.30
经营净收入	657.76	800.66	1112.70	1213.96	1497.39	1175.27
财产性收入	229.29	302.27	365.14	850.78	661.57	940.17
#利息收入	22.09	67.77	34.41	38.02	48.84	53.53
股息与红利收入	39.48	49.57	88.86	502.09	140.87	185.97
出租房屋收入	163.21	182.74	231.14	276.94	421.85	568.33
转移性收入	3415.33	3889.91	3996.63	4415.58	5205.19	5470.01
#养老金或离退休金	2384.36	2529.71	2548.95	2977.88	3630.34	3901.43
社会救济收入	0.85	1.35	1.82	8.61	1.16	6.17
辞退金	204.80	186.07	166.22		56.97	
保险收入	71.72	72.75	54.41	80.55	39.87	24.61
赡养收入	166.56	340.82	322.55	506.57	463.28	767.56
捐赠收入	383.00	637.81	741.11	645.07	762.88	504.02
提取住房公积金	77.19	13.38	23.61	69.68	70.74	42.21
三、出售财物收入	**1.53**	**10.20**	**2412.01**	**176.35**	**7.95**	**324.76**
#出售住房收入		8.65	2407.61	172.26		312.11
四、借贷收入	**6254.56**	**7078.69**	**9782.39**	**9117.97**	**11894.22**	**13219.67**
#提取储蓄存款	5879.32	6638.08	8286.59	8912.63	11653.32	12965.69
收回储蓄性保险本金	4.35		0.04	0.53	52.85	8.06
兑售有价证券	3.46	5.76		11.85	71.68	
住房贷款	5.94	356.01	1210.04	4.71	11.15	40.67
教育贷款		11.29	6.11			

12—2 续表

单位:元

项　　目	2004 年	2005 年	2006 年	2007 年	2008 年	2009 年
五、人均总支出	**10837.92**	**12360.22**	**15321.12**	**15636.31**	**17911.25**	**19479.69**
消费支出	8041.88	8382.11	9594.90	11789.51	13540.68	14105.46
#服务性消费支出	2005.57	2127.93	2523.45	3250.64	3734.01	3619.93
购房与建房支出	874.85	1770.91	3243.62	1131.90	760.78	1510.00
#购　房	874.74	1770.91	3243.03	1131.90	760.78	1510.00
转移性支出	1173.57	1332.92	1403.62	1446.25	1981.94	1940.42
#交纳的个人所得税	91.37	89.32	72.75	96.37	172.68	228.61
捐赠支出	664.09	686.43	945.84	850.20	1299.97	1083.26
购买彩票	7.90	7.81	3.11	2.12	3.01	8.64
赡养支出	350.94	517.00	339.94	332.76	414.48	511.72
#在外就学子女费用	98.43	369.95	187.76	127.88	201.65	295.28
财产性支出	14.20	12.15	46.00	46.45	103.12	155.13
社会保障支出	733.42	862.12	1032.99	1222.19	1524.73	1768.67
#个人交纳的养老基金	271.42	313.00	376.03	442.33	535.29	622.40
个人交纳的住房公积金	330.58	381.70	473.35	541.08	655.19	799.35
个人交纳的医疗基金	100.32	135.69	154.35	203.40	291.32	313.18
个人交纳的失业基金	25.00	25.68	28.06	32.28	42.76	33.71
六、借贷支出	**7339.62**	**8187.86**	**12290.20**	**11406.64**	**14639.87**	**16350.50**
#存入储蓄款	7014.01	7764.07	11508.21	10839.59	13594.55	15553.52
储蓄性保险支出	75.33	76.09	102.85	68.22	183.19	178.78
购买有价证券	42.09	1.26	94.51	148.15	123.97	2.74
归还住房贷款	88.88	247.34	394.90	271.62	656.56	301.41
归还教育贷款			5.90	4.61		
七、期末手存现金	**723.19**	**717.30**	**670.34**	**851.97**	**782.0**	**857.71**

12—3 城镇居民人均消费支出

单位:元

项目	1995年	1997年	1998年	1999年	2000年	2001年	2002年
消费支出	**4020.57**	**5150.16**	**5459.28**	**5363.76**	**6009.36**	**6213.12**	**6635.48**
#服务性消费支出							
一、食　品	**2396.76**	**2813.52**	**2818.56**	**2879.40**	**2739.72**	**2852.28**	**3062.97**
粮油类							
#粮　食	442.46	126.00	354.96	362.04	277.08	281.16	260.38
油脂类	87.47	92.04	107.88	117.12	82.80	77.76	61.41
肉禽及制品	458.44	546.60	506.04	495.72	480.72	455.64	514.75
#猪牛羊肉	251.12	305.64	282.60	263.52	227.88	209.88	317.64
蛋　类	87.86	84.96	81.00	79.44	60.48	59.76	68.84
#鲜　蛋	84.25	81.12	76.80	75.84	56.40	55.68	60.75
水产品	428.98	623.28	629.40	626.88	642.60	670.92	735.09
蔬菜类	230.10	259.68	269.64	265.08	261.36	242.40	248.17
#鲜　菜	202.47	226.56	238.68	234.00	222.12	210.72	210.75
烟草类	60.92	79.32	82.92	90.60	80.52	96.24	70.16
酒和饮料	82.60	106.92	113.52	108.60	103.92	113.04	81.53
#饮料(含茶)	25.35	36.36	36.00	37.68	38.40	44.76	37.12
干鲜瓜果类	213.08	250.92	236.88	258.72	236.88	248.88	237.33
奶及奶制品	47.20	79.80	92.28	117.96	148.44	166.08	158.18
糕点类	25.93	28.68	28.92	23.04	34.68	33.24	39.72
在外用餐	102.16	170.28	187.80	189.12	208.44	288.00	430.71
二、衣着商品	**351.11**	**472.20**	**440.04**	**378.00**	**485.40**	**484.56**	**437.59**
#服　装	244.03	331.68	320.52	277.92	359.04	371.40	333.81
衣着材料	30.62	31.20	19.56	11.64	14.88	7.92	3.70
衣着加工服务费	15.16	25.32	17.28	11.40	12.24	6.72	2.82
三、家庭设备用品及服务	**307.97**	**360.48**	**501.72**	**434.64**	**523.20**	**454.32**	**377.43**
耐用消费品	155.85	166.92	307.80	225.36	246.48	179.28	162.39
#家　具	30.53	28.08	65.28	36.24	40.56	39.12	29.79
家庭设备	81.04	94.92	156.12	96.72	130.92	140.16	132.60
家庭服务	67.11	51.84	87.96	79.56	108.84	116.88	41.78
四、医疗保健	**69.71**	**174.12**	**225.00**	**159.00**	**342.60**	**318.24**	**436.93**

12—3 续表1

单位:元

项　　目	2003年	2004年	2005年	2006年	2007年	2008年	2009年
消费支出	**7346.66**	**8041.88**	**8382.11**	**9594.90**	**11789.51**	**13540.68**	**14105.46**
#服务性消费支出				2523.45	3250.64	3734.01	3619.93
一、食　品	**3183.79**	**3442.24**	**3647.33**	**4039.61**	**4669.91**	**5768.96**	**5675.47**
粮油类				502.86	574.04	680.61	686.73
#粮　食	275.19	331.65	339.71	345.61	377.22	425.37	467.05
油脂类	71.03	89.37	84.18	89.65	125.50	166.59	125.93
肉禽及制品	568.86	622.46	674.23	698.96	876.21	1076.54	1068.61
#猪牛羊肉	333.05	391.32	479.92	506.62	609.50	760.89	758.20
蛋　类	74.05	77.62	85.21	81.34	105.99	109.98	108.79
#鲜　蛋	64.08	69.54	75.87	72.37	96.33	99.47	97.36
水产品	752.57	751.79	785.42	893.81	986.46	1024.45	1135.42
蔬菜类	262.93	279.28	335.63	360.99	404.56	451.98	481.52
#鲜　菜	223.31	234.46	291.89	310.90	342.18	387.49	418.15
烟草类	85.69	53.84	72.06	83.93	94.46	95.96	122.15
酒和饮料	90.89	98.59	101.41	109.99	109.73	149.12	206.67
#饮料(含茶)	39.48	43.02	44.98	50.85	58.07	95.39	146.26
干鲜瓜果类	252.40	247.48	273.78	318.78	355.35	385.94	413.61
奶及奶制品	178.74	213.60	186.64	204.87	226.37	283.21	289.07
糕点类	44.78	43.05	50.44	50.26	55.94	70.39	81.82
在外用餐	367.89	457.09	470.66	594.93	744.26	1219.22	946.88
二、衣着商品	**493.09**	**506.43**	**574.56**	**683.37**	**836.45**	**1209.46**	**1320.21**
#服　装	379.09	389.76	434.84	517.40	616.58	938.75	1005.69
衣着材料	3.03	1.57	2.32	2.79	3.36	3.17	2.20
衣着加工服务费	2.99	2.85	3.10	2.74	1.95	3.55	4.68
三、家庭设备用品及服务	**443.11**	**402.80**	**472.28**	**478.07**	**657.85**	**798.01**	**906.88**
耐用消费品	223.35	179.40	217.46	200.20	297.68	274.70	379.22
#家　具	45.34	48.52	38.54	45.35	46.23	48.76	56.00
家庭设备	178.02	130.88	178.92	154.84	242.93	215.83	258.40
家庭服务	35.62	55.10	54.84	55.64	66.63	135.49	107.92
四、医疗保健	**427.39**	**568.89**	**425.92**	**677.45**	**736.93**	**645.78**	**677.72**

12—3 续表2

单位:元

项　　目	1995年	1997年	1998年	1999年	2000年	2001年	2002年
五、交通与通信	**203.34**	**240.12**	**369.96**	**417.24**	**528.24**	**541.92**	**533.85**
交　通	92.95	72.72	130.80	151.56	166.44	194.28	188.27
#交通费	27.58	39.96	37.80	45.36	84.60	90.24	117.55
通　信	110.39	167.40	239.16	265.68	361.92	347.64	345.59
#通信工具	12.75	30.24	42.12	49.20	72.24	54.36	51.89
电信费	75.43	130.20	193.32	212.76	284.88	289.44	286.54
六、教育文化娱乐服务	**267.96**	**472.56**	**401.64**	**355.20**	**521.76**	**657.48**	**749.57**
文娱用耐用消费品	65.77	149.88	117.88	70.32	161.64	156.96	257.77
#彩色电视机	33.35	68.16	32.28	41.76	42.24	27.48	44.83
影碟机	1.48	31.92	19.80	13.96	14.16	5.28	6.17
家用电脑		14.16	10.80	2.76	78.12	61.80	126.65
教　育	146.08	232.56	206.04	210.36	244.20	303.26	321.52
#教材及参考书	18.08	26.28	38.04	36.12	42.60	43.68	38.69
学杂费	109.75	183.24	133.44	147.48	162.00	207.60	162.94
托幼费	9.16	9.96	13.32	12.12	20.76	19.20	10.36
书报杂志	13.49	18.12	15.00	13.80	20.88	24.24	34.92
七、居　住	**271.70**	**434.04**	**454.56**	**495.60**	**547.56**	**705.84**	**864.15**
住　房	59.51	135.48	105.48	106.56	106.56	84.60	357.16
#建筑材料	28.95	72.96	34.20	33.48	55.08	30.60	36.11
房　租	24.60	28.32	50.16	47.04	22.20	33.36	51.14
水电燃料及其他	212.19	298.68	241.08	389.04	441.00	491.04	478.34
#水	22.33	33.12	43.56	56.28	67.68	79.80	79.77
电	101.62	155.88	193.92	205.44	220.68	244.92	257.20
燃　料	86.45	106.32	111.48	126.72	148.68	160.68	138.98
八、杂项商品和服务	**155.11**	**183.12**	**247.80**	**244.80**	**321.00**	**198.12**	**172.98**
杂项商品					281.16	269.28	
#金银珠宝饰品	17.83	18.00	22.92	21.84	24.36	17.40	20.44
化妆品	15.01	22.80	26.40	30.96	41.64	40.68	38.41
服务费	19.13	28.32	40.32	34.92	40.68	28.32	

12－3　续表 3　　　　单位:元

项　　目	2003 年	2004 年	2005 年	2006 年	2007 年	2008 年	2009 年
五、交通与通信	**726.70**	**1208.73**	**959.71**	**1005.84**	**1721.59**	**1702.05S**	**2014.08**
交　通	152.08	593.53	324.15	258.13	916.65	661.64	990.34
#交通费	85.20	113.71	107.58	107.18	182.16	181.54	159.86
通　信	574.62	615.20	635.57	747.71	804.94	1040.41	1023.74
#通信工具	72.92	53.44	67.80	96.19	100.63	124.6	134.1
电信费	496.63	555.38	560.15	645.43	699.34	902.53	876.24
六、教育文化娱乐服务	**911.08**	**888.46**	**887.41**	**1141.34**	**1481.62**	**1545.88**	**1606.23**
文娱用耐用消费品	301.85	255.13	256.73	313.72	394.78	442.66	444.83
#彩色电视机	59.51	24.46	26.78	85.21	86.67	95.89	103.08
影碟机	8.54	7.43	8.43	1.76	…	…	…
家用电脑	122.86	102.19	78.86	87.24	161.95	137.46	88.63
教　育	456.37	358.53	362.68	530.88	654.88	571.58	497.78
#教材及参考书	51.93	31.94	28.73	35.62	38.70	29.93	42.1
学杂费	302.62	202.63	200.27	276.37	377.53	172.25	163.43
托幼费	14.88	33.35	41.20	35.64	52.87	78.72	68.53
书报杂志	40.81	43.07	40.51	33.69	39.04	44.3	63.19
七、居　住	**944.87**	**753.78**	**1119.66**	**1257.85**	**1327.90**	**1252.1**	**1229.6**
住　房	318.76	102.35	412.18	470.85	478.92	281.27	259.86
#建筑材料	11.51	1.46	7.49	2.57	4.87	24.28	16.43
房　租	36.33	13.93	24.44	26.76	40.13	91.61	57.64
水电燃料及其他	598.44	621.78	673.47	751.21	795.91	895.31	886.44
#水	89.97	93.03	100.04	113.54	118.26	125.58	143.03
电	336.54	349.65	362.84	418.53	447.79	531.54	557.02
燃　料	168.46	178.97	204.10	215.79	218.66	228.61	178.49
八、杂项商品和服务	**216.61**	**270.55**	**295.23**	**311.36**	**357.27**	**618.45**	**675.27**
杂项商品				172.60	194.54	349.29	379.36
#金银珠宝饰品	16.73	14.96	18.84	30.30	33.64	98.89	64.53
化妆品	45.45	54.22	61.53H	68.04	81.85	95.73	107.81
服务费				138.76	162.73	269.16	295.91

12—4 分城市县城居民家庭基本情况

项目	单位	1995年		2000年		2001年		2002年		2003年	
		城市	县城	城市	县城	城市	县城	城市	县城	城市	县城
平均每户家庭人口	人	3.05	3.28	3.21	3.17	3.26	3.31	3.10	3.14	3.12	3.12
平均每户就业人口	人	1.78	1.91	1.67	1.92	1.79	1.84	1.65	1.67	1.69	1.69
平均每户就业面	%	58.36	58.23	54.83	60.57	54.91	55.59	53.22	53.18	54.17	54.17
平均每一就业者负担人数	人	1.72	1.72	1.82	1.65	1.82	1.80	1.88	1.88	1.85	1.85
平均每人可支配收入	元	5485	4348	8213	7129	9053	7724	9191	9115	10179	10123
转移性收入	元	1381	876	1754	1223	1922	1365	2764	2668	2797	2746
#离退休金	元	726	420	1235	99	1218	797	1645	1597	1736	1704
赡养收入	元	190	264	102	797	44	183	193	192	185	189
赠送收入	元	262	123	215	199	293	160	638	600	407	397

项目	单位	2004年		2005年		2006年		2007年		2008年		2009年	
		城市	县城	城市	县城	城市	县城	城市	县城	城市	县城	城市	县城
平均每户家庭人口	人	3.11	3.11	3.11	3.11	3.14	3.14	3.10	3.10	3.10	3.10	3.13	3.14
平均每户就业人口	人	1.55	1.55	1.58	1.58	1.69	1.68	1.69	1.68	1.63	1.63	1.67	1.66
平均每户就业面	%	49.84	49.84	50.80	50.80	53.82	53.50	54.52	54.19	52.58	52.58	53.35	52.87
平均每一就业者负担人数	人	2.01	2.01	1.97	1.97	1.86	1.86	1.83	1.85	1.90	1.90	1.87	1.89
平均每人可支配收入	元	11516	11436	12757	12661	14321	14206	16765	16642	19140	19009	20748	20289
转移性收入	元	3453	3415	3938	3890	4042	3997	4460	4416	5287	5205	5758	5470
#离退休金	元	2432	2384	2574	2530	2582	2549	3011	2978	3700	3630	4164	3901
赡养收入	元	137	167	318	341	299	323	491	507	451	463	723	768
赠送收入	元	390	383	658	638	767	741	667	645	782	763	549	504

12—5 分城市县城居民消费性支出

单位:元

项目	1995年		2000年		2001年		2002年		2003年	
	城市	县城	城市	县城	城市	县城	城市	县城	城市	县城
平均每人消费性支出	4513	3563	6308	5101	6493	5760	6671	6609	7385	7347
食品	2613	2189	2993	1970	3041	2433	3089	3044	3202	3184
#粮食	410	478	288	245	285	256	261	260	276	275
肉禽蛋	630	468	581	419	544	365	597	591	646	643
水产品	488	374	660	590	699	588	738	733	755	753
鲜菜	211	194	233	190	216	189	212	210	224	223
烟、酒、茶及饮料	142	145	199	139	217	180	159	152	178	177
衣着	412	295	451	589	480	515	433	441	489	493
家庭设备用品及服务	365	255	614	247	653	520	376	378	447	443
医疗保健	101	41	337	361	309	315	443	432	434	427
交通和通信	174	230	495	628	546	310	530	537	726	727
娱乐、教育、文化服务	366	177	560	407	554	609	752	748	917	911
#文娱耐用消费品	96	37	201	41	124	139	279	273	307	302
居住	289	256	555	524	593	539	876	855	955	945
杂项商品及服务	194	199	303	375	318	301	171	174	215	217
人均住房使用面积(平方米)	8.94	14.20	9.01	16.46	9.52	18.95	17.12	18.08	18.45	18.94

项目	2004年		2005年		2006年		2007年		2008年		2009年	
	城市	县城	城市	县城	城市	县城	城市	县城	城市	县城	城市	县城
平均每人消费性支出	8093	8042	8428	8382	9671	9595	11892	11790	13662	13541	14575	14105
食品	3463	3442	3667	3647	4068	4040	4699	4670	5825	5769	5889	5675
#粮食	331	332	340	491	346	346	376	377	434	425	467	467
肉禽蛋	702	700	762	759	783	780	982	982	1214	1187	1231	1177
水产品	753	752	785	785	897	894	988	986	1044	1024	1143	1135
鲜菜	235	234	293	292	313	311	340	405	397	387	428	418
烟、酒、茶及饮料	154	152	190	173	197	194	209	204	249	245	284	329
衣着	505	506	571	575	682	683	833	836	1213	1209	1291	1320
家庭设备用品及服务	407	403	477	472	484	478	664	658	802	798	918	907
医疗保健	579	569	428	426	690	677	751	737	655	646	690	678
交通和通信	1226	1209	969	960	1013	1006	1747	1722	1717	1702	2180	2014
娱乐、教育、文化服务	891	888	890	887	1151	1141	1500	1482	1566	1546	1674	1606
#文娱耐用消费品	260	255	262	257	317	314	402	395	448	443	458	445
居住	753	754	1129	1120	1274	1258	1338	1328	1258	1252	1243	1230
杂项商品及服务	270	271	297	295	310	311	359	357	627	618	690	675
人均住房使用面积(平方米)	19.29	19.80	19.17	19.74	19.65	20.20	19.58	20.20	20.52	21.05	20.30	22.80

12—6　按人均可支配收入分组的城镇居民家庭基本情况

（2009年）　　单位:元

项　　目	最低收入	低收入	中等偏下	中等收入	中等偏上	高收入	最高收入
占调查总户数比重(%)	10.00	10.00	20.00	20.00	20.00	10.00	10.00
平均每户人口数(人)	3.48	3.28	3.38	3.15	3.00	3.22	2.67
平均每户就业人口数(人)	1.51	1.65	1.64	1.77	1.51	1.83	1.67
平均每户就业面(%)	43.39	50.30	48.52	56.19	50.33	56.83	62.55
平均每一就业者负担人数(人)	2.30	1.99	2.06	1.78	1.99	1.76	1.60
家庭总收入	9204.03	11596.58	15176.74	19437.42	24000.41	31320.78	46514.81
人均可支配收入	7728.15	10576.13	13535.16	17490.92	22081.09	28395.94	42109.63
#工薪收入	5567.38	7931.48	9783.62	14185.19	14833.56	20358.29	31172.23
经营性净收入	1067.43	592.47	1041.41	646.31	1392.00	397.75	3246.98
财产性收入	146.37	115.19	280.42	436.62	968.35	1627.43	3503.38
转移性收入	2422.86	2957.43	4071.30	4169.30	6806.51	8937.31	8592.22
#养老金或离退休金	1728.12	2396.08	3309.73	3140.50	4396.40	5850.19	6153.76
赡养收入	249.12	180.26	380.64	479.51	1309.35	1417.34	1203.36
捐赠收入	183.45	198.05	192.80	338.67	747.15	1107.10	813.83
人均消费支出	8120.20	9109.53	10014.93	12804.00	15325.18	18230.51	25435.18
食　品	4003.10	4201.63	4748.86	5215.43	6337.54	6952.66	7997.90
#粮　食	376.67	432.50	442.46	450.24	499.34	514.65	519.59
肉禽蛋	880.59	1068.86	1028.95	1168.30	1294.00	1338.50	1361.55
蔬菜类	389.64	411.59	448.96	465.94	525.00	569.75	519.73
水产品	859.34	897.85	987.66	1074.37	1304.13	1275.91	1434.88
衣　着	662.05	790.22	844.51	1175.73	1433.10	1590.43	2804.76
家庭设备用品及服务	317.61	535.61	580.90	836.37	864.14	1458.35	1837.62
医疗保健	241.73	515.30	475.60	614.66	700.50	851.88	1336.08
交通和通信	777.55	964.39	1117.69	2066.79	2260.52	3037.02	3734.73
教育文化娱乐服务	948.95	742.91	915.71	1208.97	1792.08	1924.75	4042.60
#文化娱乐用品	121.14	217.59	245.71	454.94	457.89	619.46	975.13
居　住	701.48	1056.73	948.12	1135.79	1205.36	1429.04	2208.51
#住　房	9.03	296.20	138.23	169.47	183.60	325.29	829.04
#建筑材料	0.38	8.32	21.32	14.93	9.28	4.88	49.44
房　租	6.98	173.31	84.76	36.24	38.27	9.26	56.52
水、电、燃料及其他	676.58	720.84	770.85	910.64	942.20	1005.49	1098.92
#水　费	101.47	105.94	116.52	141.21	161.28	185.08	177.41
电　费	422.69	441.70	471.55	573.82	600.68	624.10	713.31
燃　料	152.34	170.43	166.96	185.02	177.25	195.82	195.22
杂项商品和服务	467.74	302.73	383.54	550.25	731.94	986.39	1472.97

注:各项支出中均包含各项的服务性支出。

12—7 城镇居民人均日常消费品购买量

项　　目	单 位	1995 年	1997 年	1998 年	1999 年	2000 年	2001 年	2002 年
粮　食	公斤	141.20	126.00	123.60	129.60	104.40	104.40	94.16
油脂类	公斤	7.80	8.40	9.60	10.80	7.20	8.40	6.74
鲜　菜	公斤	97.20	105.60	106.80	112.80	102.00	100.80	106.09
干　菜	公斤	0.60	1.20	1.20	1.20	1.20	1.20	0.86
猪　肉	公斤	14.60	15.60	15.60	15.60	14.40	13.20	21.53
牛羊肉	公斤	1.10	2.40	2.40	2.40	2.40	2.40	2.37
其他肉及肉制品	公斤	1.50	1.20	1.20	1.20	1.20	1.20	2.21
家　禽	公斤	7.10	7.20	7.20	7.20	9.60	7.20	10.25
鲜　蛋	公斤	11.70	12.00	12.00	12.00	10.80	9.60	10.54
鱼　虾	公斤	21.10	22.80	25.20	26.40	24.00	24.00	22.54
酒	公斤	15.00	14.40	18.00	15.80	13.20	10.80	9.02
茶　叶	公斤	0.40	0.00	0.00	0.00	0.00	0.00	0.29
糕　点	公斤	2.40	2.40	2.40	1.20	2.40	2.40	2.95
鲜乳品	公斤	10.60	12.00	13.20	18.00	19.20	20.40	19.92
服　装	件	5.00	6.00	6.00	6.00	7.20	7.20	6.95
鞋　类	双	1.50	1.20	1.20	1.20	2.40	2.40	1.86
煤　炭	公斤	48.10	24.00	27.60	28.80	12.00	13.20	16.08
液化石油气	公斤	18.70	25.20	28.80	31.20	33.60	38.40	32.08

12—7 续表

项　　目	单　位	2003年	2004年	2005年	2006年	2007年	2008年	2009年
粮　食	公斤	96.36	88.50	88.60	87.32			
油脂类	公斤	7.59	7.99	7.90	7.80			
鲜　菜	公斤	111.19	107.07	109.23	107.58	108.86	107.17	114.95
干　菜	公斤	0.89	0.98	0.99	1.03			
猪　肉	公斤	22.78	22.00	22.13	22.91	21.00	21.17	22.35
牛羊肉	公斤	2.43	2.70	3.06	3.46	3.80	3.18	3.39
其他肉及肉制品	公斤	2.98	2.88	2.67	2.68			
家　禽	公斤	10.93	9.72	10.35	10.10			
鲜　蛋	公斤	11.73	10.05	10.73	11.67	11.31	11.22	10.4
鱼　虾	公斤	23.32	21.97	22.07	24.30	24.63	23.21	24.98
酒	公斤	8.71	8.60	8.57	7.97			
茶　叶	公斤	0.22	0.21	0.21	0.19	0.18	0.20	0.24
糕　点	公斤	3.62	3.48	3.47	3.17	3.54	3.71	4.31
鲜乳品	公斤	22.88	23.85	22.35	21.40	21.88	21.04	20.86
服　装	件	7.37	6.49	6.93	7.05	9.59	9.11	11.27
鞋　类	双	2.05	1.73	2.01	2.09	2.35	2.26	2.74
煤　炭	公斤	13.81	4.06	2.41	0.36	0.25	1.97	0.47
罐装液化石油气	公斤	34.18	33.51	31.78	26.69	24.27	19.14	19.57

12—8 每百户城镇居民家庭耐用消费品拥有量

（年末数）

项目	单位	1995年	2000年	2001年	2002年	2003年
摩托车	辆	6.00	32.75	35.43	24.18	26.27
家用汽车	辆			0.43	0.67	0.07
洗衣机	台	87.75	98.75	97.57	96.84	97.81
电冰箱	台	81.50	98.00	98.57	100.38	101.10
彩色电视机	台	92.50	145.50	144.43	150.36	163.44
家用电脑	台		12.00	16.43	26.38	46.17
组合音响	套	11.00	28.00	27.71	21.36	21.07
钢琴	架	1.00	2.00	3.00	2.13	2.38
其他中高档乐器	件	8.00	5.50	6.71	7.68	7.02
照相机	架	24.50	41.25	44.71	49.79	52.98
摄像机	台		1.50	2.00	1.75	2.06
空调器	台	10.50	75.50	76.29	105.32	129.54
淋浴热水器	台	56.25	95.00	96.29	92.96	97.17
微波炉	台		35.00	39.86	60.42	74.26
健身器材	件		5.25	7.00	4.78	6.69
移动电话	台		62.00	69.86	77.98	102.04

项目	单位	2004年	2005年	2006年	2007年	2008年	2009年
摩托车	辆	31.55	31.98	32.66	30.13	24.67	31.33
家用汽车	辆	2.30	2.61	3.57	3.58	10.34	13.21
洗衣机	台	102.26	105.80	108.06	103.84	99.57	102.72
电冰箱	台	102.18	104.15	103.82	101.94	101.68	104.86
彩色电视机	台	173.33	177.26	186.65	185.70	188.91	196.23
家用电脑	台	50.62	59.05	66.51	71.93	92.77	101.93
组合音响	套	21.82	18.60	21.79	25.29	26.93	30.29
钢琴	架	2.42	2.10	3.38	3.65	2.94	3.92
其他中高档乐器	件	3.16	3.50	6.39	5.03	4.25	5.91
照相机	架	51.66	56.15	58.40	56.48	53.86	54.82
摄像机	台	3.71	4.67	4.03	5.63	11.09	11.68
空调器	台	167.54	169.35	184.81	192.06	208.53	215.59
淋浴热水器	台	101.10	104.07	105.71	105.24	102.34	106.95
微波炉	台	80.14	81.79	88.21	86.31	88.66	91.62
健身器材	件	8.20	6.93	6.93	6.17	4.80	5.41
移动电话	台	131.85	146.26	180.44	186.58	202.17	221.75

12—9 城镇居民家庭居住条件构成

单位:%

项 目	1995 年	2000 年	2001 年	2002 年	2003 年
按居住面积分					
无房户	0.0	0.0	0.0	0.0	0.0
4 平方米以下	2.5	0.2	0.4	0.0	0.0
4—10 平方米	33.5	42.2	36.0	0.0	0.0
10—14 平方米	11.5	28.8	25.4	0.0	0.0
14 平方米以上	52.5	28.8	38.2	100.0	100.0
按自来水使用情况分					
无自来水	0.3	0.0	0.0	0.0	0.0
独用自来水	87.7	96.8	96.9	97.4	98.6
公用自来水	12.0	3.2	3.1	2.7	1.4
按卫生设备拥有情况分					
无卫生设备	30.2	10.5	8.6	13.8	9.4
有浴室厕所	65.0	86.8	89.0	84.8	88.9
有厕所无浴室	1.5	0.5	0.3	1.3	1.6
公共卫生设备	3.3	2.2	2.1	0.1	0.1
按厨房使用情况分					
无厨房	1.5	0.0	0.1	0.0	0.0
独用厨房	91.8	98.0	98.4	100.0	100.0
公用厨房	6.7	2.0	1.5	0.0	0.0
按房屋产权分					
公 房	52.5	20.3	15.8	16.0	12.3
租赁私房	1.3	0.2	0.9	3.1	0.5
自有房	44.5	77.3	83.0	80.6	85.0
其 他	1.7	2.3	0.3	0.2	2.2
按燃料使用情况分					
管道煤气	22.0	15.0	12.1	25.7	29.2
液化石油气	54.0	81.4	84.0	71.2	69.0
煤	15.5	1.8	2.0	2.6	1.4
其 他	8.5	1.8	1.9	0.6	0.4
按电话使用情况分					
无电话	42.5	5.0	4.4	2.6	0.4
公费电话	7.2	2.3	1.4	0.0	0.0
自费电话	50.3	92.8	94.0	97.4	99.6
公用电话	0.0	0.0	0.1	0.0	0.0

12—9 续表

单位:%

项　　目	2004年	2005年	2006年	2007年	2008年	2009年
按居住面积分						
无房户	0.0	0.0	0.0	0.0	0.0	0.0
4平方米以下	0.0	0.0	0.0	0.0	0.0	0.0
4—10平方米	0.0	0.0	0.0	0.0	0.0	0.0
0—14平方米	0.0	0.0	0.0	0.0	0.0	0.0
14平方米以上	100.0	100.0	100.0	100.0	100.0	100.0
按自来水使用情况分						
无自来水	0.0	0.0	0.0	0.0	0.0	0.0
独用自来水	98.6	97.3	98.3	100.0	100.0	99.4
公用自来水	1.4	2.7	1.7	0.0	0.0	0.6
按卫生设备拥有情况分						
无卫生设备	1.4	2.3	2.3	0.0	0.9	0.80
有浴室厕所	98.1	96.8	97.2	99.5	96.9	97.2
有厕所无浴室	0.4	0.7	0.4	0.3	1.2	1.1
公共卫生设备	0.1	0.1	0.1	0.1	1.0	0.9
按厨房使用情况分						
无厨房	0.0	0.0	0.0	0.0	0.0	0.0
独用厨房	100.0	100.0	100.0	100.0	100.0	100.0
公用厨房	0.0	0.0	0.0	0.0	0.0	0.0
按房屋产权分						
公　房	5.4	6.1	4.8	5.0	7.3	5.4
租赁私房	0.1	0.1	0.4	1.0	2.2	2.0
自有房	93.8	92.8	92.9	93.9	89.2	91.5
其　他	0.7	1.0	2.0	0.0	1.3	1.1
按燃料使用情况分						
管道煤气	33.6	32.60	34.2	38.5	47.1	2.1
罐装液化石油气	65.8	66.7	64.8	60.5	50.6	56.3
煤	0.4	0.0	0.0		0.3	0.6
其　他	0.3	0.7	1.0	1.0	2.0	3.7
按电话使用情况分						
无电话	0.0	0.0	0.0	0.0	0.0	0.0
公费电话	0.0	0.0	0.0	0.0	0.0	0.0
自费电话	100.0	100.0	100.0	100.0	100.0	100.0
公用电话	0.0	0.0	0.0	0.0	0.0	0.0

注:2009年城镇居民家庭居住条件构成中燃料使用情况新增加管道天然气和管道液化石油气,分别占33.24%和4.05%。

12－10　主要年份城市居民家庭基本情况

年　　份	平均每户家庭人口（人）	平均每户就业人数（人）	平均每户就业面（%）	平均一就业者负担人数（人）	平均每人全年可支配收入（元）	平均每人消费性支出（元）	平均每人居住面积（平方米）
1952	5.34	1.83	34.30	2.92	125	112	4.5
1957	5.10	2.18	42.70	2.34	183	161	4.9
1959	5.03	2.18	43.30	2.31	213	187	5.2
1962	4.70	2.20	46.80	2.14	202	180	5.4
1963	4.70	2.22	47.20	2.12	199	177	5.4
1964	4.68	2.23	47.60	2.10	213	191	5.6
1965	4.66	2.24	48.10	2.08	237	211	5.7
1966	4.65	2.24	48.20	2.07	245	219	5.8
1975	3.81	1.98	52.00	1.92	324	298	6.4
1978	3.71	1.98	53.40	1.87	356	330	6.5
1980	3.62	1.96	54.10	1.85	379	353	6.8
1981	3.56	1.96	55.10	1.82	418	363	6.9
1982	3.53	1.97	55.80	1.79	495	449	7.0
1983	3.50	1.96	56.00	1.79	560	480	7.0
1984	3.47	1.97	56.80	1.76	618	541	7.0
1985	3.44	1.96	57.00	1.76	836	761	7.1
1986	3.64	2.24	61.54	1.63	1028	921	8.1
1987	3.63	2.27	62.53	1.60	1118	1008	8.4
1988	3.56	2.14	60.11	1.66	1356	1221	8.1
1989	3.49	2.03	58.17	1.72	1658	1483	8.4
1990	3.44	2.02	58.72	1.70	1931	1648	8.6
1991	3.22	1.92	59.63	1.68	2050	1816	8.0
1992	3.24	2.01	62.04	1.61	2598	2125	8.3
1993	3.21	1.99	61.99	1.61	3165	2699	8.5
1994	3.08	1.85	60.06	1.66	4605	3857	9.0
1995	3.05	1.78	58.36	1.71	5485	4513	8.9
1996	3.14	1.84	58.60	1.71	5946	4975	8.7
1997	3.01	1.75	58.14	1.72	7083	5893	9.2
1998	3.05	1.75	57.38	1.74	7363	6258	9.2
1999	3.16	1.74	55.06	1.82	7414	5733	8.9
2000	3.21	1.71	53.27	1.88	8300	6417	9.0
2001	3.26	1.79	54.91	1.82	9053	6493	9.1
2002	3.10	1.65	53.23	1.88	9191	6671	17.1
2003	3.12	1.69	54.17	1.85	10179	7385	18.5
2004	3.11	1.55	49.84	2.01	11516	8093	19.3
2005	3.11	1.58	50.80	1.97	12757	8428	19.2
2006	3.14	1.69	53.82	1.86	14321	9671	19.7
2007	3.1	1.69	54.52	1.83	16765	11892	19.6
2008	3.1	1.63	52.58	1.90	19140	13662	20.5
2009	3.13	1.67	53.35	1.87	20748	14575	20.29

注：本表中平均每人居住面积2002年起为人均住房使用面积口径。

12－11　城市居民人均现金收支情况

单位:元

项　　目	2004年	2005年	2006年	2007年	2008年	2009年
一、期初手存现金	**318.13**	**466.91**	**691.77**	**519.78**	**567.71**	**702.31**
二、人均总收入	**12423.62**	**13797.93**	**15521.34**	**18209.30**	**20990.71**	**22976.60**
#可支配收入	11515.73	12756.78	14320.80	16764.98	19140.29	20747.77
工资性收入	8107.92	8771.35	10009.65	11685.18	13547.67	15098.67
工资及补贴收入	7712.02	8410.29	9637.85	11375.52	13220.56	14689.57
其他劳动收入	395.90	361.06	371.81	309.66	327.11	409.10
经营净收入	639.49	787.15	1106.06	1204.40	1504.24	1168.86
财产性收入	223.00	301.29	363.74	859.94	652.13	951.34
#利息收入	19.46	66.48	30.07	34.94	43.27	42.87
股息与红利收入	35.38	46.21	84.07	507.29	133.03	149.91
出租房屋收入	165.36	187.44	239.47	285.16	431.16	638.30
转移性收入	3453.22	3938.14	4041.89	4459.77	5286.67	5757.74
#养老金或离退休金	2432.10	2574.36	2582.25	3010.85	3699.82	4163.89
社会救济收入	0.49	1.35	1.84	8.88	0.81	5.17
辞退金	212.40	190.27	173.58		58.96	
保险收入	74.11	75.11	56.23	83.51	41.55	28.22
赡养收入	137.01	318.39	298.95	490.83	450.83	722.66
捐赠收入	389.97	658.33	766.84	667.10	781.75	549.36
提取住房公积金	80.76	13.63	24.65	72.28	72.71	52.74
三、出售财物收入	**1.14**	**1.23**	**2517.90**	**184.09**	**6.37**	**387.86**
#出售住房收入			2514.16	179.89		373.00
四、借贷收入	**6368.23**	**7252.76**	**10026.27**	**9260.15**	**12093.74**	**13857.16**
#提取储蓄存款	6013.20	6813.15	8483.93	9084.86	11870.88	13714.76
收回储蓄性保险本金	4.56			0.55	54.83	4.98
住房贷款	6.17	372.15	1258.17	4.91	4.31	
教育贷款		11.80	6.38			

12—11 续表

单位:%

项目	2004年	2005年	2006年	2007年	2008年	2009年
五、人均总支出	**10934.53**	**12506.61**	**15566.52**	**15816.19**	**18080.87**	**20330.48**
消费支出	8092.95	8427.77	9671.45	11891.70	13661.75	14574.68
#服务性消费支出	2018.25	2143.34	2554.24	3305.98	3802.4	3831.59
购房与建房支出	899.76	1841.64	3375.47	1170.99	781.95	1748.85
#购　房	899.67	1841.64	3375.47	1170.99	781.95	1748.85
转移性支出	1179.58	1344.94	1417.48	1460.88	1992.64	2007.33
#交纳的个人所得税	95.00	92.06	74.96	99.35	178.56	255.46
捐赠支出	659.07	684.14	952.78	853.95	1310.76	1118.38
购买彩票	8.14	8.11	3.21	2.21	3.06	9.67
赡养支出	.355.81	527.47	343.54	334.24	406.95	510.70
#在外就学子女费用	94.46	379.68	190.75	127.90	194.4	293.61
财产性支出	14.13	12.47	47.77	48.16	107.27	168.60
社会保障支出	748.11	879.80	1054.36	1244.46	1537.26	1831.02
#个人交纳的养老基金	278.39	320.85	386.31	453.29	544.74	684.44
个人交纳的住房公积金	336.16	387.66	480.12	546.43	651.41	766.65
个人交纳的医疗基金	102.21	139.20	158.15	208.30	296.78	340.18
个人交纳的失业基金	25.70	26.53	28.97	33.34	44.25	39.74
六、借贷支出	**7458.51**	**8317.01**	**12528.76**	**11517.56**	**14810.08**	**16708.81**
#存入储蓄款	7155.70	7903.06	11737.37	10977.60	13749.95	16024.25
储蓄性保险支出	76.14	77.31	105.60	68.56	188.09	163.10
购买有价证券	35.70		97.68	130.12	129.22	3.20
归还住房贷款	85.11	251.00	404.35	279.07	669.7	279.38
归还教育贷款			6.16	4.82		
七、期末手存现金	**720.33**	**710.17**	**665.97**	**849.42**	**786.15**	**915.93**

12—12 城市居民人均消费支出

单位：元

项　　目	1995 年	2000 年	2001 年	2002 年	2003 年
消费支出	**4512.84**	**6416.52**	**6493.05**	**6670.83**	**7385.18**
一、食　品	**2613.48**	**3001.08**	**3041.41**	**3088.72**	**3201.95**
#粮　食	409.68	288.72	285.33	261.31	275.82
油脂类	71.64	86.04	77.98	61.62	70.90
肉禽及制品	534.96	519.24	482.52	527.45	571.77
#猪牛羊肉	273.60	234.36	210.64	318.03	333.26
蛋　类	95.40	65.16	61.86	69.27	74.33
#鲜　蛋	95.40	65.16	61.86	61.00	64.12
水产品	488.04	681.84	699.09	738.29	754.66
菜　类	243.00	267.84	250.25	249.52	264.01
#鲜　菜	211.32	226.80	215.87	211.69	224.13
烟草类	57.96	78.00	97.71	70.79	86.29
酒和饮料	84.24	105.60	118.93	85.81	91.97
#饮料(含茶)				37.61	39.92
干鲜瓜果类	228.48	249.48	260.12	238.79	253.64
奶及奶制品	65.88	176.52	178.02	158.85	178.62
糕点类	36.72	38.64	36.03	40.06	45.20
在外用餐	180.36	308.52	367.06	442.26	375.62
二、衣着商品	**411.84**	**447.20**	**480.33**	**433.38**	**489.08**
#服装	280.92	330.48	370.68	330.89	376.21
衣着材料	34.80	9.48	5.45	3.51	2.98
衣着加工服务费	17.40	11.04	5.53	2.67	2.90
三、家庭设备用品及服务	**364.56**	**597.60**	**652.68**	**376.44**	**446.50**
#耐用消费品	177.84	272.76	361.87	161.07	225.76
#家　具	27.48	35.76	43.97	29.89	46.07
家庭设备	85.92	125.28	164.74	131.18	179.69
#家庭服务	84.24	141.00	131.49	41.13	35.37
四、医疗保健	**100.56**	**396.96**	**308.60**	**443.03**	**433.67**

12—12 续表 1 单位:元

项　　目	2004 年	2005 年	2006 年	2007 年	2008 年	2009 年
消费支出	**8092.95**	**8427.77**	**9671.45**	**11891.70**	**13661.75**	**14574.68**
一、食　品	**3462.76**	**3667.49**	**4067.76**	**4699.37**	**5824.79**	**5888.50**
#粮　食	331.01	339.63	345.83	376.20	433.84	467.29
油脂类	89.45	84.16	89.82	124.99	171.57	135.27
肉禽及制品	624.63	676.71	701.82	876.66	1101.64	1112.88
#猪牛羊肉	391.51	480.99	508.25	534.46	691.31	672.86
蛋　类	77.72	85.43	81.53	104.97	112.78	118.57
#鲜　蛋	69.49	75.91	72.36	95.26	101.91	106.08
水产品	752.93	785.49	896.55	987.64	1043.84	1143.42
菜　类	280.22	337.10	362.81	402.25	463.67	494.33
#鲜　菜	234.89	293.16	312.52	339.81	397.41	427.98
烟草类	53.63	72.76	85.17	97.04	97.39	107.21
酒和饮料	100.16	103.21	112.18	112.40	151.86	176.57
#饮料(含茶)	43.68	45.58	51.69	59.11	96.09	106.11
干鲜瓜果类	248.44	275.41	320.52	358.37	396.05	426.09
奶及奶制品	215.66	187.86	206.41	228.28	291.51	297.73
糕点类	43.28	50.92	50.70	55.90	72.66	82.15
在外用餐	468.60	480.26	607.23	767.29	1259.39	1083.47
二、衣着商品	**504.50**	**570.84**	**682.39**	**832.80**	**1212.58**	**1290.73**
#服　装	388.08	431.21	517.10	612.36	941.31	979.75
衣着材料	1.51	2.32	2.75	3.39	3.23	2.03
衣着加工服务费	2.77	3.02	2.69	1.93	3.58	5.13
三、家庭设备用品及服务	**406.61**	**476.98**	**483.70**	**663.60**	**802.38**	**917.70**
#耐用消费品	181.79	220.05	203.60	300.63	272.95	374.23
#家　具	49.62	38.58	46.45	47.80	50.54	66.42
家庭设备	132.18	181.47	157.15	252.83	222.41	307.81
#家庭服务	56.15	55.61	55.98	66.93	139.49	122.26
四、医疗保健	**578.80**	**427.96**	**689.50**	**751.32**	**655.15**	**690.09**

12—12 续表 2

单位:元

项 目	1995 年	2000 年	2001 年	2002 年	2003 年
五、交通与通信	**174.48**	**500.40**	**545.55**	**529.95**	**726.31**
交 通	71.88	173.28	208.85	186.77	150.97
#交通费	32.28	95.88	94.08	118.63	85.01
通 信	102.60	327.12	336.70	343.19	575.35
#通信工具	9.96	68.64	62.60	51.42	72.80
电信费	80.16	253.92	270.03	284.79	497.53
六、娱乐教育文化服务	**365.52**	**605.76**	**553.68**	**751.57**	**917.20**
文娱用耐用消费品	96.48	222.24	124.06	279.06	306.95
#彩色电视机	47.52	57.96	36.50	45.55	60.82
影碟机				6.30	8.71
家用电脑				121.72	125.53
教 育	192.48	246.72	296.37	309.29	456.57
#教材及参考书	29.16	52.56	51.39	39.70	53.30
学杂费	147.48	177.24	198.06	159.47	302.77
托幼费	11.16	9.36	17.84	9.68	14.09
书报杂志	20.04	26.40	29.27	35.35	41.34
文娱费	37.20	75.00	81.00	163.23	153.67
七、居 住	**288.96**	**563.88**	**592.90**	**876.39**	**955.10**
住 房	60.60	119.16	102.72	367.38	327.95
#建筑材料	28.68			37.01	11.11
房 租	31.56	33.36	45.97	52.28	36.99
水电燃料及其他	228.24	444.72	490.18	480.10	599.71
#水	22.08	69.48	81.85	80.16	90.16
电	107.52	231.60	250.45	258.88	338.51
燃 料	96.96	135.96	150.11	138.62	167.50
八、杂项商品服务	**193.56**	**303.72**	**317.90**	**171.33**	**215.37**
#金银珠宝饰品	20.04			20.93	16.72
美容化妆品	19.32			38.07	45.34
其他服务	8.04	29.76	44.43	27.74	22.43

12—12 续表3

单位:元

项　　目	2004年	2005年	2006年	2007年	2008年	2009年
五、交通与通信	**1226.38**	**968.51**	**1013.49**	**1747.35**	**1716.69**	**2180.28**
交　通	608.18	329.98	259.60	937.91	665.69	1114.11
#交通费	114.67	109.08	108.60	186.43	185.08	160.63
通　信	618.19	638.54	753.89	809.44	1051.00	1066.17
#通信工具	54.67	68.35	97.29	101.17	126.14	140.19
电信费	557.37	562.54	650.49	704.13	918.41	920.52
六、娱乐教育文化服务	**891.42**	**889.69**	**1150.50**	**1500.29**	**1565.88**	**1673.98**
文娱用耐用消费品	259.88	262.10	316.50	401.64	447.68	458.10
#彩色电视机	24.50	27.36	86.13	90.31	99.96	123.02
影碟机	7.60	8.68	1.77			
家用电脑	105.12	80.40	87.89	168.41	142.11	123.75
教　育	353.64	359.62	535.74	663.86	578.61	525.22
#教材及参考书	32.50	29.37	36.55	31.53	26.17	33.61
学杂费	200.31	196.62	276.37	389.21	176.87	191.96
托幼费	33.27	41.46	35.36	51.40	80.49	80.60
书报杂志	44.01	41.48	34.22	40.03	45.19	56.80
文娱费	277.90	267.98	298.26	434.79	539.59	690.66
七、居　住	**752.55**	**1129.07**	**1273.80**	**1337.57**	**1257.52**	**1243.44**
住　房	100.03	421.97	486.04	487.93	282.66	257.43
#建筑材料	1.11	6.92	1.86	4.22	22.65	15.72
房　租	14.02	24.83	27.39	41.22	94.99	68.25
水电燃料及其他	622.39	673.39	751.49	795.55	897.74	894.88
#水	93.11	100.44	113.99	118.22	125.71	142.37
电	352.29	364.13	420.00	448.89	533.60	562.28
燃　料	176.88	202.10	214.03	216.91	228.47	180.78
八、杂项商品服务	**269.93**	**297.22**	**310.30**	**359.39**	**626.75**	**689.95**
#金银珠宝饰品	14.68	19.01	30.78	35.06	102.34	73.27
美容化妆品	54.23	61.67	67.76	83.70	97.93	117.50
其他服务	37.50	47.35	13.07	22.95	54.08	43.59

12—13 按人均可支配收入分组的城市居民家庭基本情况

（2009年） 单位:元

项　　目	最低收入	低收入	中等偏下	中等收入	中等偏上	高收入	最高收入
占调查总户数比重(%)	10.00	10.00	20.00	20.00	20.00	10.00	10.00
平均每户家庭人口数(人)	3.45	3.27	3.27	3.17	3.04	2.96	2.64
平均每户就业人口数(人)	1.79	1.61	1.62	1.83	1.40	1.91	1.71
平均每户就业面(%)	51.88	49.24	49.54	57.73	46.05	64.53	64.77
平均每一就业者负担人数(人)	1.93	2.03	2.02	1.73	2.17	1.55	1.54
人均可支配收入	9256.27	11944.66	14773.60	18795.64	23895.70	31532.19	46865.90
家庭总收入	10538.76	13546.78	16630.19	20760.52	25858.85	35175.46	51694.39
工资性收入	7140.93	9399.87	11166.91	14983.63	13937.22	24769.06	34435.92
经营性收入	512.50	654.09	773.71	552.45	1317.75	1908.47	3953.97
转移性收入	2797.73	3376.17	4303.71	4659.94	9635.13	6628.88	8927.34
#养老金或离退休金	2362.44	2932.99	3543.46	3258.74	6334.79	4218.32	6705.06
赡养收入	119.23	8.66	305.11	695.10	1457.04	1421.05	1025.87
捐赠收入	132.69	236.33	216.41	431.61	1319.19	544.40	823.97
平均每人消费性支出	8679.14	9499.04	10398.90	14437.44	16687.72	20745.21	27475.03
食　品	4306.08	4385.73	5030.10	5680.67	6922.91	6588.23	9283.47
#粮　食	429.91	432.53	443.80	473.61	488.88	494.90	521.67
肉禽蛋	1050.89	1070.53	1146.33	1239.39	1386.87	1170.26	1569.85
蔬菜类	397.78	434.43	456.33	500.49	570.90	478.92	615.36
水产品	877.81	883.23	1012.77	1106.29	1395.41	1126.59	1665.31
衣　着	634.25	755.96	885.57	1090.68	1524.12	1960.22	3009.68
家庭设备用品及服务	404.58	499.42	570.01	865.78	1143.09	1070.60	2402.91
医疗保健	335.76	583.64	472.32	866.13	689.51	746.48	1340.08
交通和通信	794.62	1173.63	1152.13	2832.50	2142.35	4715.88	3468.04
教育文化娱乐服务	837.87	907.25	975.83	1269.47	2045.30	3607.83	3398.59
#文化娱乐用品	161.37	260.02	293.41	432.39	569.82	719.21	1012.20
居　住	939.57	935.57	933.02	1184.39	1362.38	1277.07	2620.69
#住　房	219.91	127.57	78.86	206.34	304.32		1211.35
#维修用建筑材料	6.15	4.68	23.01	15.65	1.59		74.20
房　租	181.66	103.86	55.85	43.44	47.68		89.19
水、电、燃料及其他	686.65	785.10	813.12	915.43	955.73	1063.54	1127.96
#水　费	99.67	112.49	120.05	137.93	173.28	184.62	182.85
电　费	430.88	464.53	513.24	579.98	599.04	675.06	723.68
燃　料	154.02	183.33	169.40	187.90	180.12	197.11	207.02
其他商品和服务	426.42	257.83	379.94	647.82	858.06	778.90	1951.58

注:各项支出中均包含各项的服务性支出。

12－14　城市居民人均日常消费品购买量

项　　目	单　位	1995年	2000年	2001年	2002年	2003年
粮　食	公斤	118.40	103.51	102.50	94.05	96.18
油脂类	公斤	6.20	7.72	7.79	6.76	7.58
鲜　菜	公斤	99.50	104.22	106.07	106.50	111.61
干　菜	公斤	0.60	0.96	0.96	0.87	0.90
猪　肉	公斤	15.60	13.82	12.66	21.57	22.84
牛羊肉	公斤	1.30	2.42	2.31	2.41	2.45
其他肉及肉制品	公斤	1.30	1.20	1.13	2.22	3.01
家　禽	公斤				10.35	11.02
鲜　蛋	公斤	13.00	11.79	10.61	10.60	11.77
鱼　虾	公斤	21.70	9.33	9.37	22.53	23.30
茶　叶	公斤	0.40			0.30	0.23
糕　点	公斤	2.90	2.72	2.42	2.96	3.63
鲜乳品	公斤	15.40			20.05	22.98
服　装	件	6.40	6.61	7.04	6.93	7.37
鞋　类	双	1.90	1.74	1.62	1.84	2.04
煤　炭	公斤	69.80	20.17	22.21	16.57	14.12
液化石油气	公斤	14.30	25.77	30.74	30.92	33.52

项　　目	单　位	2004年	2005年	2006年	2007年	2008年	2009年
粮　食	公斤	87.85	88.19	86.96			
油脂类	公斤	7.97	7.90	7.81			
鲜　菜	公斤	107.20	109.57	107.90	108.02	109.61	115.23
干　菜	公斤	0.99	0.99	1.03			
猪　肉	公斤	22.00	22.18	22.98	21.00	21.60	23.04
牛羊肉	公斤	2.73	3.10	3.52	3.80	3.28	3.54
其他肉及肉制品	公斤	2.90	2.70	2.70			
家　禽	公斤	9.76	10.42	10.16			
鲜　蛋	公斤	10.08	10.78	10.91	11.22	11.51	11.42
鱼　虾	公斤	21.80	22.00	24.31	24.80	23.61	25.49
茶　叶	公斤	0.21	0.22	0.19	0.18	0.20	0.21
糕　点	公斤	3.48	3.47	3.15	3.45	3.79	4.14
鲜乳品	公斤	24.10	22.55	21.56	21.89	21.66	20.43
服　装	件	6.48	6.93	7.06	8.06	9.00	9.96
鞋　类	双	1.70	1.99	2.08	2.35	2.25	2.62
煤　炭	公斤	4.02	1.90	0.03	0.26	2.05	0.59
罐装液化石油气	公斤	32.71	31.10	26.06	24.01	18.91	19.15

12—15 城市居民家庭每百户拥有耐用消费品拥有量

（年末数）

项目	单位	1995年	2000年	2001年	2002年	2003年
摩托车	辆	4.00	22.00	23.33	23.19	25.31
家用汽车	辆				0.67	0.06
洗衣机	台	89.50	100.00	98.00	96.86	98.00
电冰箱	台	90.50	99.50	101.33	100.42	101.42
彩色电视机	台	100.00	151.50	150.67	150.64	164.33
家用电脑	台		18.00	22.33	26.83	47.25
组合音响	套	14.00	26.50	26.00	21.06	20.81
钢琴	架	1.00	2.50	3.33	2.08	2.33
其他中高档乐器	件	11.50	6.00	6.33	7.67	6.94
照相机	架	33.50	45.50	49.00	50.06	53.47
摄像机	台		1.50	1.33	1.67	2.00
空调器	台	14.50	96.00	102.33	106.81	131.69
淋浴热水器	台	61.50	95.00	96.67	92.72	97.14
微波炉	台		49.50	55.33	61.42	75.64
健身器材	件		10.00	16.00	4.67	6.67
移动电话	台		109.00	195.00	77.36	101.89

项目	单位	2004年	2005年	2006年	2007年	2008年	2009年
摩托车	辆	30.33	30.67	31.33	28.81	22.83	23.26
家用汽车	辆	2.33	2.67	3.67	3.64	10.61	14.95
洗衣机	台	102.33	106.00	108.33	103.97	99.36	102.33
电冰箱	台	102.33	104.33	104.00	101.99	101.61	104.65
彩色电视机	台	173.67	177.67	187.33	186.09	189.07	197.67
家用电脑	台	51.33	60.00	67.67	73.18	93.57	107.97
组合音响	套	21.67	18.33	21.67	25.50	27.01	31.89
钢琴	架	2.33	2.00	3.33	3.64	2.89	3.65
其他中高档乐器	件	3.00	3.33	6.33	4.97	4.18	5.98
照相机	架	52.00	56.67	59.00	56.95	54.66	58.80
摄像机	台	3.67	4.67	4.00	5.63	11.25	12.29
空调器	台	170.00	171.67	187.67	195.03	210.29	226.58
淋浴热水器	台	101.00	104.00	105.67	104.97	101.93	105.65
微波炉	台	81.00	82.67	89.33	87.09	89.07	94.68
健身器材	件	8.33	7.00	7.00	6.29	4.82	5.32
移动电话	台	131.67	146.33	181.67	187.75	201.93	226.25

12－16 城市居民家庭居住条件构成

单位：%

项 目	1995 年	2000 年	2001 年	2002 年	2003 年
按居住面积分					
无房户	0.0	0.0	0.0	0.0	0.0
4 平方米以下	4.5	0.5	1.0	0.0	0.0
4—10 平方米	67.0	63.5	63.3	0.0	0.0
10—14 平方米	18.5	24.5	25.3	0.0	0.0
14 平方米以上	10.0	11.5	10.3	100.0	100.0
按自来水使用情况分					
无自来水	0.0	0.0	0.0	0.0	0.0
独用自来水	88.5	95.5	96.0	97.3	98.7
公用自来水	11.5	4.5	4.0	2.6	1.3
按卫生设备拥有情况分					
无卫生设备	34.0	16.0	14.3	14.2	9.7
有浴室厕所	62.5	82.5	84.7	84.4	88.6
有厕所无浴室	1.0	0.5	0.0	1.4	1.7
公共卫生设备	2.5	1.0	1.0	0.0	0.0
按厨房使用情况分					
无厨房	0.5	0.0	0.0	0.0	0.0
独用厨房	89.5	96.0	97.0	100.0	100.0
公用厨房	10.0	4.0	3.0	0.0	0.0
按房屋产权分					
公 房	66.5	26.0	19.7	16.3	12.4
租赁私房	0.5	0.5	1.0	3.2	0.5
自有房	33.0	73.5	79.3	80.3	84.9
其 他	0.0	0.0	0.0	0.2	2.2
按燃料使用情况分					
管道煤气	44.0	30.0	28.3	26.8	30.5
罐装液化石油气	32.0	66.5	67.0	70.0	67.7
煤	20.0	2.5	3.3	2.7	1.5
其 他	4.0	1.0	1.3	0.5	0.3
按电话使用情况分					
无电话	37.5	4.0	3.7	2.7	0.3
公费电话	7.0	3.0	2.3	0.0	0.0
自费电话	55.5	93.0	94.0	97.3	99.7
公用电话	0.0	0.0	0.0	0.0	0.0

12—16 续表

单位:%

项目	2004年	2005年	2006年	2007年	2008年	2009年
按居住面积分						
无房户	0.0	0.0	0.0	0.0	0.0	0.0
4平方米以下	0.0	0.0	0.0	0.0	0.0	0.0
4—10平方米	0.0	0.0	0.0	0.0	0.0	0.0
10—14平方米	0.0	0.0	0.0	0.0	0.0	0.0
14平方米以上	100.0	100.0	100.0	100.0	100.0	100.0
按自来水使用情况分						
无自来水	0.0	0.0	0.0	0.0	0.0	0.0
独用自来水	98.7	97.3	98.3	100.0	100.0	99.3
公用自来水	1.3	2.7	1.7	0.0	0.0	0.7
按卫生设备拥有情况分						
无卫生设备	1.3	2.3	2.3	0.0	1.0	1.0
有浴室厕所	98.3	97.0	97.3	99.7	96.8	96.7
有厕所无浴室	0.3	0.7	0.3	0.3	1.3	1.3
公共卫生设备	0.0	0.0	0.0	0.0	1.0	1.0
按厨房使用情况分						
无厨房	0.0	0.0	0.0	0.0	0.0	0.0
独用厨房	100.0	100.0	100.0	100.0	100.0	100.0
公用厨房	0.0	0.0	0.0	0.0	0.0	0.0
按房屋产权分						
公　房	5.3	6.0	4.7	5.0	7.4	6.0
租赁私房	0.0	0.0	0.3	1.0	2.2	2.3
自有房	94.0	93.0	93.0	94.0	89.1	90.4
其　他	0.7	1.0	2.0	0.0	1.3	1.3
按燃料使用情况分						
管道煤气	35.0	34.0	35.7	40.1	43.7	1.3
罐装液化石油气	64.3	65.3	63.3	58.9	49.2	49.2
煤	0.3	0.0	0.0	0.0	0.3	0.7
其　他	0.3	0.7	1.0	1.0	1.6	2.3
按电话使用情况分						
无电话	0.0	0.0	0.0	0.0	0.0	0.0
公费电话	0.0	0.0	0.0	0.0	0.0	0.0
自费电话	100.0	100.0	100.0	100.0	100.0	100.0
公用电话	0.0	0.0	0.0	0.0	0.0	0.0

注:2009年城镇居民家庭居住条件构成中燃料使用情况增加管道天然气和管道液化石油气,分别占41.53%和4.98%。

12—17　县(市)城镇居民家庭基本情况

(2009年)

县(市)	平均每户家庭人口(人)	平均每户就业人数(人)	平均一就业者负担人数(人)	平均每人全年可支配收入(元)	家庭平均每人全年总收入(元)
福州市	3.14	1.66		20289.31	22431.40
市　区	3.13	1.67		20747.77	22976.60
福清市	3.26	1.77		20680.29	22529.75
长乐市	2.95	0.98		20899.51	22432.43
闽侯县	3.00	1.97		20344.73	23249.87
连江县	3.21	1.51		17143.53	19495.71
罗源县	3.26	1.69		15024.38	16438.08
闽清县	3.36	2.03		14383.24	15889.22
永泰县	3.22	1.66		13977.75	15395.76
平潭县	3.08	1.73		16430.14	17570.18

县(市)	平均每人全年消费性支出(元)	#食　品	衣　着	家庭设备用品及服务	居　住
福州市	14105.46	5675.47	1320.21	906.88	1229.60
市　区	14574.68	5888.50	1290.73	917.70	1243.44
福清市	14106.13	5268.21	1734.33	1091.54	1368.71
长乐市	13197.19	5246.77	1373.11	855.99	950.21
闽侯县	10936.20	4349.20	1433.94	623.21	1044.19
连江县	11465.81	4604.22	1250.91	666.07	1103.36
罗源县	10033.52	4331.34	1498.17	628.76	806.56
闽清县	10069.05	4290.26	1130.29	574.21	1351.83
永泰县	10234.62	4375.34	968.38	1182.02	1640.91
平潭县	11228.35	4315.61	1475.26	773.18	866.56

12－18　城乡居民恩格尔系数

(1984～2009 年)

年　份	城镇居民恩格尔系数	农村居民恩格尔系数	年　份	城镇居民恩格尔系数	农村居民恩格尔系数
1984	0.64		1997	0.55	0.51
1985	0.58		1998	0.52	0.53
1986	0.56		1999	0.54	0.49
1987	0.60		2000	0.46	0.46
1988	0.63		2001	0.44	0.50
1989	0.63		2002	0.46	0.49
1990	0.62		2003	0.43	0.46
1991	0.60		2004	0.43	0.46
1992	0.58		2005	0.44	0.47
1993	0.58	0.54	2006	0.42	0.46
1994	0.58	0.57	2007	0.40	0.47
1995	0.60	0.56	2008	0.43	0.47
1996	0.60	0.43	2009	0.40	0.45

12—19 主要年份农民家庭基本情况

年份	平均每户常住人口（人）	平均每户整半劳力（人）	平均每个劳动力负担人口（人）	平均每人纯收入（元）	平均每人生活消费支出（元）	食品支出（元）	平均每人使用住房面积（平方米）
1989	5.26	2.65	1.99	795.00	698.65	641.56	
1990	5.13	2.54	2.02	864.00	764.52	687.44	
1991	5.10	2.53	2.01	969.00	807.93	724.89	
1992	5.04	2.57	1.96	1109.00	890.56	788.97	
1993	4.88	2.98	1.63	1387.00	1141.00	618.00	
1994	4.83	3.02	1.59	1801.00	1434.00	815.00	21.30
1995	4.77	2.97	1.60	2303.00	1818.00	1023.00	23.20
1996	4.72	3.01	1.57	2847.00	2063.00	893.00	24.56
1997	4.57	2.99	1.53	3223.00	2329.00	1189.00	25.54
1998	4.51	3.02	1.49	3490.00	2247.00	1182.00	26.29
1999	4.46	2.94	1.52	3677.00	2419.00	1194.00	28.28
2000	4.01	2.70	1.48	3860.00	2920.00	1336.00	34.25
2001	3.98	2.42	1.65	4020.00	2746.00	1372.00	34.28
2002	3.90	2.61	1.49	4192.00	2811.00	1381.00	38.00
2003	3.90	2.60	1.95	4402.00	2968.00	1376.00	40.36
2004	3.90	2.60	1.90	4815.00	3217.00	1486.00	41.82
2005	3.80	2.61	1.92	5197.00	3503.00	1644.00	41.52
2006	3.81	2.67	1.53	5592.00	3904.00	1809.00	45.50
2007	3.79	2.67	1.42	6286.05	4387.78	2061.83	46.09
2008	3.78	2.66	1.42	7142.00	5080.00	2378.00	46.88
2009	3.80	2.66	1.43	7669.06	5502.18	2484.68	46.99

12—20 农村劳动者工资性收入

单位:元

项目	2001年	2002年	2003年	2004年	2005年	2006年	2007年	2008年	2009年
工资性收入	1626.00	1743.74	1950.86	2089.21	2542.67	2853.03	3233.99	3601.78	3973.56
在非企业组织中劳动得到收入	478.46	501.25	707.36	499.46	627.28	540.65	569.74	499.58	504.32
在本地企业中劳动得到的收入	528.71	621.01	702.66	606.67	781.90	967.77	1373.24	1676.11	1886
#在本地乡镇企业得到的收入	313.24	337.23	502.63	160.74	288.09	389.59	1069.05	1258.66	1358.82
常住人口外出从业得到的收入	435.55	457.84	540.84	665.32	808.15	1059.21	1291.01	1426.08	1583.23

12—21 农民人均家庭经营纯收入

单位:元

项　　目	2000年	2001年	2002年	2003年	2004年
家庭经营纯收入	**2334.00**	**2387.06**	**2356.61**	**1773.68**	**2422.13**
种植业收入	697.69	629.43	675.08	472.47	790.58
林业收入	24.43	24.82	26.94	54.26	18.81
牧业牧入	304.65	307.49	250.90	66.92	158.76
渔业收入	115.18	175.43	177.78	156.48	198.14
工业收入	140.90	104.32	131.80	62.18	127.94
建筑业收入	277.18	327.44	309.31	298.92	291.32
交通、运输和邮电业收入	273.71	288.66	341.05	306.25	419.68
批发和零售贸易、餐饮业收入	214.98	221.84	192.15	170.94	204.37
社会服务业收入	99.90	149.37	88.57	107.47	137.72
文教卫生业收入	21.95	32.28	20.83	33.73	30.14
其他家庭经营收入	129.17	85.01	83.51	44.06	44.44

项　　目	2005年	2006年	2007年	2008年	2009年
家庭经营纯收入	**1750.75**	**1842.48**	**2031.63**	**2362.85**	**2431.21**
种植业收入	520.26	530.37	566.12	628.74	630.25
林业收入	14.94	18.85	20.73	21.92	27.34
牧业牧入	73.21	98.24	97.84	125.81	104.84
渔业收入	129.26	126.61	138.22	199.75	196.34
工业收入	92.97	120.85	119.88	155.29	189.85
建筑业收入	158.52	156.43	183.76	232.72	276.72
交通、运输和邮电业收入	284.41	319.70	355.52	392.51	352.54
批发和零售贸易、餐饮业收入	237.42	238.48	294.87	308.20	339.39
社会服务业收入	120.03	121.12	138.14	179.36	193.69
文教卫生业收入	59.89	76.21	81.96	78.82	72.42
其他家庭经营收入	59.83	36.63	34.59	39.72	47.82

12—22 农民人均生活消费支出

单位:元

项　　目	2000年	2001年	2002年	2003年	2004年
总　　计	**2699.93**	**2745.98**	**2811.48**	**2968.42**	**3217.41**
食　品	1136.74	1371.67	1351.15	1375.53	1486.44
衣　着	159.39	147.14	154.54	150.39	173.15
居　住	545.39	341.35	378.27	443.77	471.06
家庭设备、用品及服务	134.35	148.11	145.23	158.55	150.56
医疗保健	100.43	111.83	155.18	175.24	163.88
交通与通讯	220.41	226.59	238.50	295.19	291.17
文化教育娱乐用品与服务	302.41	311.50	299.58	300.12	332.67
其他商品和服务	100.81	87.80	89.03	69.64	85.14

项　　目	2005年	2006年	2007年	2008年	2009年
总　　计	**3503.40**	**3903.97**	**4387.78**	**5079.84**	**5502.18**
食　品	1644.17	1809.08	2061.83	2377.72	2484.68
衣　着	195.63	239.72	279.87	331.48	366.23
居　住	530.76	575.24	618.45	741.90	866.37
家庭设备、用品及服务	162.11	215.98	239.48	269.49	304.87
医疗保健	190.76	195.31	229.41	241.70	270.46
交通与通讯	332.18	387.91	443.49	526.34	562.41
文化教育娱乐用品与服务	368.15	377.46	413.48	471.85	506.76
其他商品和服务	79.63	103.26	101.76	119.34	140.41

12－23　农民人均消费品消费量

单位：公斤

品　　名	2001年	2002年	2003年	2004年	2005年	2006年	2007年	2008年	2009年
粮　食	196.82	162.72	143.69	157.91	142.97	141.69	137.24	135.81	133.06
#小　麦	8.00	8.46	2.43	3.04	1.74	1.35	1.03	1.06	1.32
稻　谷	155.00	131.47	124.19	133.73	118.74	118.30	115.30	116.19	113.41
玉　米	0.51	1.46	0.66	0.59	0.33	0.43	0.45	0.43	0.44
薯　类	22.20	18.83	2.14	3.07	2.73	2.26	2.35	1.98	1.85
豆类及豆制品	4.70	5.02	5.84	5.70	6.33	6.41	6.17	5.75	6.11
#大　豆	0.38	0.30	0.35	0.59	1.01	1.45	0.90	0.49	0.62
杂　豆	0.34	0.37	2.13	2.63	2.75	2.94	2.87	2.85	3.09
蔬菜及菜制品	87.00	85.25	72.36	77.80	73.56	75.97	75.65	70.38	70.61
油脂类	5.12	6.20	4.82	4.98	5.20	5.02	5.43	5.95	6.21
植物油	3.67	4.86	3.68	4.16	4.45	4.33	4.89	5.56	5.65
动物油	1.45	1.34	1.15	0.83	0.75	0.69	0.54	0.38	0.56
肉禽及其制品	21.75	21.73	21.46	22.34	23.48	25.06	24.00	22.75	22.71
#猪　肉	12.57	12.90	12.41	12.49	13.62	13.90	12.55	11.51	11.99
牛　肉	0.25	0.26	0.27	0.47	0.50	0.62	0.72	0.50	0.54
羊　肉	0.40	0.40	0.25	0.49	0.52	0.54	0.55	0.51	0.52
家　禽	6.50	6.04	5.44	5.65	5.82	6.40	6.31	6.77	5.85
肉禽制品	1.51	1.57	3.09	3.24	3.02	3.60	3.86	3.45	3.82
蛋类及蛋制品	4.74	4.87	4.60	4.66	4.64	4.93	4.81	5.25	5.26
奶和奶制品	2.78	3.42	5.18	7.12	9.06	9.38	9.71	9.36	9.01
水产品	26.70	26.47	26.05	28.05	29.07	29.56	31.91	31.92	33.21
#鱼　类	13.05	13.39	12.37	13.01	13.74	14.07	15.31	15.51	14.97
虾、贝、蟹类	9.12	8.97	9.88	10.94	11.17	11.39	12.02	12.00	13.13
藻　类	0.73	0.45	0.53	0.85	0.94	0.92	0.77	0.78	0.75
其　他	3.79	3.67	3.27	3.26	3.21	3.19	3.81	3.62	4.37
食　糖	2.40	2.71	2.09	1.96	1.79	1.87	1.80	1.78	1.61
酒和饮料	15.08	15.77	15.34	13.64	14.40	14.79	15.19	15.50	18.61
水果及水果制品	24.50	21.54	18.22	18.91	20.48	18.39	18.35	19.73	19.36
坚果及果制品	1.96	1.28	1.29	1.30	1.44	1.63	1.66	1.85	1.96

12—24　平均每百户农民家庭主要耐用消费品拥有量

品　　名	单　位	2001年	2002年	2003年	2004年	2005年	2006年	2007年	2008年	2009年
自行车	辆	99	92	89	91	75	73	77	73	79
电风扇	台	199	206	198	220	209	225			
洗衣机	台	46	53	56	65	65	66	67	66	68
电冰箱	台	37	40	42	53	64	67	74	74	79
摩托车	辆	43	48	52	53	58	62	63	63	62
黑白电视	台	32	27	21	20	7	5	4	3	3
彩色电视	台	96	103	105	120	129	139	142	143	145
照相机	架	9	8	13	14	16	17	17	16	17
抽油烟机	台	10	12	18	22	27	30	31	35	36
空调机	台	8	12	20	30	44	53	60	61	65
录放相机	台	10	12	13	12	12	9	62	59	
热水器	台	40	45	58	65	74	80	82	81	80
微波炉	台	8	8	14	18	31	37	41	42	44
电话机	部	79	90	101	106	105	100	105	99	100
移动电话	部	32	38	66	89	118	151	159	167	179
组合音响	台	20	20	21	19	20	25			
摄像机	台	1	1	1	5	3	4	5	6	6
中高档乐器	件	1	1	2	2	2	1	1	1	1

12—25 农民家庭房屋情况

项　　目	单　位	2001 年	2002 年	2003 年	2004 年	2005 年	2006 年	2007 年	2008 年	2009 年
建房情况										
每人新建房屋面积	平方米	0.71	1.24	1.04	0.84	0.57	0.57	0.42	0.46	0.22
＃砖木结构	平方米	0.10	0.27			0.21	0.14		0.03	
钢筋混凝土结构	平方米	0.49	0.85	1.04	0.84	0.36	0.43	0.42	0.43	0.22
每平方米新建房屋价值	元	536.30	430.50	667.32	534.21	360.87	551.45	454.60	786.24	1029.75
房屋使用情况										
每人年末使用房屋面积	平方米	34.28	38.00	40.36	41.82	41.52	45.50	46.09	46.88	46.99
＃砖木结构	平方米	9.27	8.40	9.18	11.94	9.70	12.59	10.66	8.24	7.98
钢筋混凝土结构	平方米	20.01	25.39	29.25	28.27	27.56	29.36	31.95	34.99	35.56

12—26 平均每百户农民家庭主要生产用固定资产拥有量

单位:元

项　　目	2001 年	2002 年	2003 年	2004 年	2005 年	2006 年	2007 年	2008 年	2009 年
年末生产用固定资产原值	**513162**	**485549**	**649052**	**626927**	**896064**	**619182**	**680632**	**808085**	**893949**
农　业	195763	156432	90361	89702	80131	77759	83146	119035	113013
＃房屋及建筑物	75997	64178	23586	67957	9424	16594	26073	49014	49662
役畜、产品畜	22844	43540	23131	18027	18129	15094	16403	24176	23908
大中型铁木农具	7577	9357	10970	8852	66144	10335	9227	10739	12682
农林牧渔业机械	62235	39080	30251	16083	28104	31683	18831	23704	23352
工　业	42632	62863	115692	72615	61887	67408	90866	156275	118556
＃房屋及建筑物	8046	8738	13538	16938	18155	22606	15704	46408	18437
生产设备	30432	43201	71462	54769	43732	44803	75162	109866	84627
建筑业	4769	6300	18685	26137	5634	10915	10493	8239	8521
交通运输业	221077	174706	376826	298267	605254	367915	402901	365127	493563
批发和零售贸易餐饮业	18723	29001	24431	26369	50724	49127	45254	77225	79099
社会服务业	18523	14415	9154	12754	36310	29930	29225	39296	46620
文教卫生事业	769	4061	3385	6462	12317	14085	17113	20775	20070
其　他	10750	34569	10518	9363	1521			14085	14507

12—27 分县(市)农民家庭基本情况

（2009 年）

县(市)区	平均每户常住人口(人)	平均每户整半劳力(人)	平均每个劳动力负担人口(人)	平均每人总收入(元)	平均每人纯收入(元)	平均每人使用住房面积(平方米)	平均每人总支出(元)	平均每人生活消费支出(元)	食品
福州市	3.80	2.66	1.43	8751.49	7669.06	46.99	6685.96	5502.18	2484.68
市　区	3.58	2.59	1.38	11179.16	10336.03	61.93	7843.92	6697.87	3102.06
福清市	3.50	2.44	1.43	10458.74	9268.87	79.57	7473.20	6048.26	2655.40
长乐市	3.84	2.74	1.40	9925.24	8937.73	39.60	6656.16	5728.11	2458.11
闽侯县	3.79	2.54	1.49	8897.14	7127.47	58.31	6741.95	5078.97	2308.20
连江县	4.24	3.04	1.39	7432.03	6946.77	33.56	6244.93	5299.46	2576.55
罗源县	3.36	2.24	1.50	7665.31	6320.29	27.51	7627.49	6391.12	2960.67
闽清县	3.67	2.63	1.40	7417.65	6337.43	49.59	6090.53	4694.71	2203.36
永泰县	4.04	3.07	1.32	6477.94	5576.25	28.66	5369.24	4272.25	2096.00
平潭县	4.40	2.74	1.61	7313.37	5864.19	36.61	5432.23	4470.99	1587.57

县(市)区	衣　着	居　住	家庭设备用品及服务	医疗保健	交通及通讯	文教娱乐用品及服务	其他商品和服务	家庭经营费用支出(元)
福州市	366.23	866.37	304.87	270.46	562.41	506.76	140.41	811.16
市　区	475.66	845.67	349.91	353.42	660.53	741.64	168.98	746.48
福清市	400.50	1068.80	363.75	380.98	659.98	289.46	229.39	686.05
长乐市	536.82	948.26	305.19	292.57	648.66	350.41	188.08	629.98
闽侯县	316.22	1140.31	268.95	126.96	389.73	428.36	100.24	1494.57
连江县	291.46	761.64	367.97	275.67	483.67	360.54	181.94	300.56
罗源县	480.38	1239.46	305.26	242.22	513.87	486.41	162.85	1076.22
闽清县	276.21	624.65	267.04	293.40	575.28	371.56	83.20	934.84
永泰县	207.76	578.33	234.48	137.19	538.42	401.58	78.49	799.35
平潭县	247.98	716.90	245.20	261.90	511.21	840.04	60.20	791.51

主要统计指标解释

城镇就业者负担人数 指城镇居民家庭人口与就业人口之比。

城镇居民家庭总收入 指城镇居民家庭成员得到的工薪收入、经营净收入、财产性收入、转移性收入之和。

城镇居民可支配收入 指城镇居民家庭得到可用于最终消费支出和其它非义务性支出以及储蓄的总和，即居民家庭可以用来自由支配的收入。它是家庭总收入扣除交纳的所得税、个人交纳的社会保障支出以及记帐补贴后的收入。计算公式：

可支配收入＝家庭总收入－交纳所得税－个人交纳的社会保障支出－记帐补贴

城镇居民消费性支出 指城镇居民家庭用于日常生活的支出，包括食品、衣着、家庭设备用品及服务、医疗保健、交通和通信、娱乐教育文化服务、居住、杂项商品和服务等八大类支出。

农村家庭经营收入 是指农村住户以家庭为生产经营单位进行生产筹划和管理而获得的收入。农村住户家庭活动按行业划分为农业、林业、牧业、渔业、工业、建筑业、交通运输业邮电业、批发和零售贸易餐饮业、社会服务业、文教卫生业和其他家庭经营。

财产性收入 指金融资产或有形非生产性资产的所有者向其他机构单位提供资金或将有形非生产性资产供其支配，作为回报而从中获得的收入。

转移性收入 指农村住户和住户成员无须付出任何对应物而获得的货物、服务、资金或资产所有权等，不包括无偿提供的用于固定资本形成的资金。一般情况下，是指农村住户在二次分配中的所有收入。

现金收入 指农村住户和住户成员在调查期内得到的以现金形态表现的收入。按来源分成工资性收入、家庭经营现金收入、财产性收入、转移性收入。

农村家庭纯收入 是指农村住户当年从各个来源得到的总收入相应扣除所发生的费用后的收入总和。计算方法：

纯收入＝总收入－税费支出－家庭经营费用支出－生产性固定资产折旧－调查补贴－赠送农村外部亲友支出

纯收入主要用于再生产投入和当年生活消费支出，也可用于储蓄和各种非义务性支出。“农民人均纯收入”按人口平均的纯收入水平，反映的是一个地区或一个农户农村居民的平均收入水平。

农民生活消费支出 指农村常住居民家庭年内用于日常生活的全部开支。它是来反映和研究农民家庭实际生活消费水平高低的重要的指标。农民家庭生活消费支出，包括用于吃、穿、住、烧、用等生活消费品开支和文化、生活服务费用开支两部分。

恩格尔系数 指食物支出金额在消费性总支出金额中所占的比例。计算公式为：

恩格尔系数＝食物支出金额/消费性总支出金额×100％

CHAPTER 13 第十三篇

科学 教育 文化与出版

本篇内容包括：

1、企事业单位专业技术人员及行业分布

2、专利申请公告及技术市场情况

3、教育事业情况

4、文化事业情况

5、出版事业情况

13－1 地方国有企事业单位专业技术人员数

（1988～2009 年）

单位：人

年　　份	合　　计	#工程技术人　　员	农业技术人　　员	卫生技术人　　员	科学研究人　　员	教学人员
1988	69257	13649	1935	6336	189	33106
1989	74889	14112	1799	6597	186	37403
1990	76161	13057	1760	6788	182	40065
1991	74915	11725	1536	7185	180	41862
1992	78382	12433	1496	7349	176	42855
1993	75214	11905	1376	7108	175	43574
1994	73403	11941	1241	6740	176	43046
1995	75137	12215	1377	6712	202	44256
1996	81731	12322	1682	8899	220	47899
1997	82992	12378	1987	9664	225	48041
1998	82802	11720	1504	8691	192	50619
1999	86069	11227	1624	9373	198	53388
2000	86722	10401	1560	8533	177	54970
2001	85130	10289	1821	8538	189	55040
2002	84521	9194	1645	9048	217	55646
2003	81703	8052	1588	8765	203	55440
2004	85046	8292	1890	10577	157	56632
2005	83275	7207	1854	10402	272	56481
2006	81323	6069	2010	9622	163	57264
2007	81378	6168	1743	8881	169	56276
2008	79901	5387	1656	11102	179	55714
2009	80755	5912	1515	11068	196	56593

注：本表为不含省属的市属国有企事业单位专业技术人员数。

13—2 按行业分地方国有企事业单位技术人员数

项目	单位	2004年	2005年	2006年	2007年	2008年	2009年
合计	人	**85046**	**83275**	**81323**	**81378**	**79901**	**80755**
农、林、牧、渔业	人	3007	2809	2650	2427	2114	2062
采矿业	人	3	3	18	12	10	
制造业	人	1515	1017	584	490	303	402
电力、煤气及水的生产和供应业	人	1044	1030	553	617	580	518
建筑业	人	3552	3102	2590	2239	893	1219
交通运输、仓储及邮政业	人	905	811	786	788	780	841
信息传输、计算机服务和软件业	人	54	39	86	57	69	41
批发和零售业	人	957	717	658	590	390	444
住宿和餐饮业	人	133	89	81	82	69	60
金融业	人	71	123	349	409	195	245
房地产业	人	622	630	544	602	214	173
租赁和商务服务业	人	201	272	279	232	113	110
科学研究、技术服务和地质勘查业	人	727	639	598	599	688	654
水利、环境和公共设施管理业	人	1054	1095	1125	1287	1225	1325
居民服务和其他服务业	人	257	240	213	221	197	158
教育	人	57021	57200	57785	56970	56456	56911
卫生、社会保障和社会福利业	人	10620	10539	9914	11037	11515	11748
文化、体育和娱乐业	人	1788	1528	1289	1365	1403	1483
公共管理和社会组织	人	1515	1392	1221	1354	2687	2361

13－3　各类型专利申请公告情况

(1985～2009年)　　单位:项

年　　份	专利申请公告量	发　明	实用新型	外观设计
1985	76	39	37	
1986	76	32	43	1
1987	121	30	83	8
1988	131	31	99	1
1989	150	32	100	18
1990	142	38	94	10
1991	180	36	101	43
1992	243	35	182	26
1993	211	56	125	30
1994	300	76	175	49
1995	379	61	163	155
1996	423	66	174	183
1997	451	65	177	199
1998	682	78	271	333
1999	737	59	308	370
2000	823	95	331	397
2001	791	96	315	380
2002	946	102	423	421
2003	1294	203	464	627
2004	1241	205	464	572
2005	1354	365	432	557
2006	2468	560	857	1051
2007	3255	994	973	1288
2008	3794	1138	1291	1365
2009	4708	1530	1954	1224

注:本表2007年前为专利申请公告量,2008年起为专利申请量。

13－4 技术市场基本情况

项目	2002年		2003年		2004年		2005年	
	合同数（项）	合同金额（万元）	合同数（项）	合同金额（万元）	合同数（项）	合同金额（万元）	合同数（项）	合同金额（万元）
合　计	**3229**	**37707.23**	**3158**	**47075.32**	**3892**	**40905.92**	**3725**	**43932.42**
按合同类别分								
技术开发合同	295	7927.80	346	13363.08	427	11230.20	539	13407.09
技术转让合同	345	8552.86	140	8424.08	130	6432.59	92	5709.69
技术咨询合同	558	5666.83	957	10370.85	1232	7349.51	1170	10402.64
技术服务合同	2031	15559.84	1715	14916.46	2103	15893.62	1924	14413.00
按服务目标分								
陆地、海洋和大气的开发与估价			2	10.60			4	36.91
农业、林业和渔业的发展	156	4773.70	203	2070.41	160	1751.55	247	2213.20
促进工业发展	371	7765.81	242	7748.72	195	4532.54	301	6553.94
能源的生产、储存和分配	415	4873.67	459	7655.94	386	6149.84	307	4771.12
交通、通讯事业的发展	228	6273.35	224	4629.06	214	3691.16	455	11455.68
教育事业的发展	45	166.03	50	274.16	26	189.07	35	193.88
卫生事业的发展	132	824.64	148	2106.08	111	1500.97	101	1669.17
环境保护	169	3072.69	209	1413.43	195	636.35	261	1579.80
知识全面发展	3	22.00			4	231.00	44	512.92
其他（民用）	902	5392.91	870	15820.62	1476	16619.97	723	7108.26
按技术流向分								
本　省	2605	25987.38	3019	44525.48	3736	37827.46	3503	36368.17
省　外	624	11719.95	139	2549.84	156	3078.46	222	7564.25

注：2009年的交通、通讯事业的发展指标改为基础设施的发展。

13—4 续表

项目	2006年		2007年		2008年		2009年	
	合同数（项）	合同金额（万元）	合同数（项）	合同金额（万元）	合同数（项）	合同金额（万元）	合同数（项）	合同金额（万元）
合　计	**2790**	**67424.95**	**3457**	**96082.04**	**3303**	**84513**	**2511**	**111411.36**
按合同类别分								
技术开发合同	516	15538.7	689	25450.05	552	26963.88	553	47308.39
技术转让合同	65	37025.42	39	52111.06	45	9219.43	76	12407.48
技术咨询合同	314	4506.77	845	6519.32	1048	6355.5	683	5932.88
技术服务合同	666	10354.06	1884	12001.62	1658	41974.18	1199	45762.61
按服务目标分								
陆地、海洋和大气的开发与估价					2	35.38		
农业、林业和渔业的发展	161	3224.3	119	2334.42	99	2678.14	53	1140.36
促进工业发展	171	33631.94	216	26392.68	145	2733.45	93	16923.9
能源的生产、储存和分配	230	1466.38	60	1988.36	281	1932.1	30	1063.64
交通、通讯事业的发展							187	426279
教育事业的发展								
卫生事业的发展			63	3065.41	51	568.08	24	886.8
环境保护	186	1331.75	371	3168.43	348	3174.72	315	4205.93
知识全面发展	4	75.96	17	632.78	20	1031.73	13	991.74
其他(民用)	5	176.85	1681	40944.55	1396	52101.73	1033	55017.75
按技术流向分								
本　省			3456	75581.91	3303	84513	2223	85119.47
省　外			1	20500.13			159	18270.66

13—5 主要年份技术市场基本情况

(1991～2009 年)

年份	合同数(项)	合同金额(万元)
1991	1212	2034.24
1992	4124	5448.40
1993	2851	9171.42
1994	1936	12387.89
1995	2021	15106.43
1996	1782	18184.87
1997	1976	23788.15
1998	2310	28656.56
1999	2625	31550.87
2000	2859	39528.03
2001	3159	43240.92
2002	3229	37707.33
2003	3158	47075.32
2004	3892	40905.92
2005	3725	43932.42
2006	2790	67424.95
2007	3457	96082.04
2008	3303	84513.00
2009	2511	111411.36

13—6 各单位技术买卖情况

(2009 年)

项目	登记合同数(项)	合同成交总金额(万元)	#技术交易额(万元)
合计	**2511**	**111411.36**	**108649.10**
按社会经济目标分			
农业、林业和渔业的发展	53	1140.36	1125.18
促进工业的发展	93	16923.90	14847.16
能源的生产和合理利用	30	1063.64	1063.64
基础设施的发展	187	4262.79	4219.16
环境治理与保护	315	4205.93	4188.35
卫生(不包括污染)	24	886.80	822.29
社会发展和社会服务	541	26303.56	25833.32
地球和大气层的探索与利用	1	6.88	6.88
知识的发展	13	991.74	987.59
民用空间	217	538.41	538.41
国防	4	69.60	69.60
其他	1033	55017.75	54954.50
按卖方类别分			
机关法人			
事业法人	1264	16931.98	16459.93
社团法人			
企业法人	1113	93012.61	90722.39
自然人	133	1271.75	1271.75
其他组织	1	195	195

13－7　主要年份各类学校数

单位：所

年　份	普通高等学　校	中等专业学　校	职业中学	普通中学	#高　中	小　学	幼儿园
1952	3	11		30	13	1468	80
1957	3	8		49	26	2044	513
1962	7	11	25	101	37	2597	634
1965	5	7	104	120	40	3600	700
1970	2			111	31	3265	148
1975	2	17	2	156	115	3977	523
1980	5	22	2	178	122	3441	746
1985	8	29	42	199	81	3323	695
1990	12	42	75	247	81	3280	1521
1995	12	44	68	327	82	3047	2503
1996	12	44	65	359	83	2998	2594
1997	12	44	67	369	85	2971	2540
1998	12	44	66	374	87	2903	2494
1999	13	46	56	359	86	2673	2463
2000	13	45	53	364	97	2455	2294
2001	14	46	77	374	109	2272	1809
2002	13	41	74	375	103	2250	1753
2003	31	115		377	102	2081	1681
2004	29	104		273	109	1982	1612
2005	36	95		467	124	1842	1765
2006	37	113		374	132	1729	1737
2007	35	91		377	125	1633	1694
2008	34	84		373	124	1497	1719
2009	34	71		367	124	1350	1649

注：2003年起“普通高等学校”统计口径包括各类学院；“中等专业学校”改为“中等职业学校”，统计口径包括各类职业中学。

13—8 主要年份各类学校专任教师数

单位:人

年份	普通高等学校	中等专业学校	职业中学	普通中学	#高中	小学	幼儿园
1952	307	529		1002		4888	139
1957	767	347		1772		7410	876
1962	1987	527	97	3322		11794	1242
1965	1672	355	401	4008		14258	1362
1970	320			2216		15513	360
1975	1288	295	12	6265		23239	940
1980	2537	928	15	9906		23166	2115
1985	3890	1432	589	10787		23456	3563
1990	4329	2303	1301	13140	2430	22702	26829
1995	4047	2610	1862	16461	2328	26483	6370
1996	4094	2449	2061	17393	2382	27164	6141
1997	4242	2506	2138	18322	2523	28229	6633
1998	3938	2608	2160	19314	2701	29068	6800
1999	4223	2619	2082	19900	3136	29703	7119
2000	4754	2572	2114	20305	3946	29189	7047
2001	5267	2379	2186	21204	4780	28540	28540
2002	7031	2130	2081	22181	6678	29062	5719
2003	9027	5492		23228	6373	28244	5774
2004	9979	5588		24011	6909	27635	6629
2005	12698	5045		25158	7798	27031	2350
2006	12793	5271		26226	8645	27094	8078
2007	13924	4793		26638	9106	26742	8508
2008	14786	4648		26574	9197	26524	9373
2009	15763	4641		26406	9124	26093	10008

13－9 主要年份各类学校在校生数

单位：人

年份	普通高等学校	中等专业学校	职业中学	普通中学	#高中	小学	幼儿园
1952	2135	6158		22825	3525	200313	6612
1957	5058	3472		44051	11038	294147	31306
1962	12158	2728	1782	125392	15341	372757	39004
1965	8256	3509	8769	79803	17142	507762	40912
1970	245			52444	7209	457894	10541
1975	4276	1925	364	159131	45872	609622	29207
1978	8157	4694	614	210678	74057	572849	41704
1979	11418	6951	382	182015	66906	602954	63736
1980	14410	7368	502	193919	44796	617674	75114
1981	14800	7363	2900	167208	27375	617479	84378
1982	13050	7301	4077	159481	28655	624756	97557
1983	15570	7597	3108	159371	28304	637754	110600
1984	17662	7965	6146	175409	35384	656360	114118
1985	22018	9360	10033	190026	37529	675345	105909
1986	25851	14968	11770	202305	37846	664646	115724
1987	27417	15999	14840	221222	36587	634953	145528
1988	29006	18330	18283	211491	31745	607019	145057
1989	28898	20202	17777	206448	28204	605634	140888
1990	28188	21551	18144	213767	27269	605452	141959
1991	27548	21913	18633	223308	29307	620374	144208
1992	29050	24036	21991	237744	32227	631336	146729
1993	31579	29158	32473	244235	32050	642413	152119
1994	33826	33274	32981	257549	30715	651972	157948
1995	34162	36973	36532	285031	30045	650417	163579
1996	33929	39005	35576	323290	32599	649150	162965
1997	35056	43109	37617	354790	37535	653843	143463
1998	37503	47419	36504	367672	41420	643243	133051
1999	46151	52212	39078	373294	49679	623614	132514
2000	65737	53916	40179	378207	60473	602680	136026
2001	88714	55579	41304	380100	74894	587371	133418
2002	97140	53717	37860	383009	85572	572809	122580
2003	129942	120403		399185	95719	538609	122889
2004	148217	122280		412417	106711	514274	123917
2005	194073	122728		417772	119653	488897	159548
2006	216288	129629		412757	130235	493134	170465
2007	233133	127565		404841	131725	480127	183520
2008	250281	129107		396730	130044	462635	200488
2009	265682	148631		379903	124938	446285	213075

13—10 主要年份各类学校招生数

单位:人

年份	普通高等学校	中等专业学校	职业中学	普通中学	#高中	小学	幼儿园
1952				11958	1974	85024	80
1957				15574	3833	74435	272
1962	1037	97	1053	24051	5721	90163	232
1965	1847	1337	4289	29527	5961	116443	320
1970	245			31214	4402	116488	2446
1975	1251	1015	259	93793	23723	125394	15739
1978	3359	2332	341	93333	34344	126165	28087
1979	3612	2816	158	83450	31463	134173	41892
1980	3027	2937	147	52753	2050	118921	44667
1981	3033	3313	2590	63154	15170	112004	63401
1982	3368	2777	2233	59005	13648	115356	75946
1983	4554	3342	2322	61412	13313	119809	87971
1984	5604	3172	4251	65391	13907	117619	87678
1985	7365	4350	6091	69845	12606	113646	82804
1986	7611	6183	5695	73036	12059	95402	88273
1987	8188	6502	8303	87716	12440	81753	102791
1988	9326	8137	9372	77746	9590	86734	98204
1989	8283	6805	7240	80352	9403	106898	101419
1990	7903	6811	7313	82682	10033	105420	101440
1991	8304	7390	8289	80654	11140	108714	94110
1992	9947	8652	10732	85917	11802	107149	94850
1993	11002	10529	18255	87221	10075	103601	98136
1994	10339	12604	12963	94529	9729	107329	99024
1995	10232	13001	14568	113713	11140	108007	102065
1996	10567	13345	12156	122989	12348	111388	97704
1997	11148	15123	13493	125729	14735	115463	83363
1998	11914	15821	13099	126495	15221	101499	76561
1999	17616	17649	14546	128323	20395	92466	75477
2000	26070	15272	15206	131173	25713	85902	74072
2001	31800	13499	15303	129122	99045	85763	74637
2002	26052	16825	13121	130734	30984	85922	64644
2003	51137	43637		150026	35116	77138	63786
2004	58978	41789		141191	41197	72233	63363
2005	67095	42997		137202	44455	67978	79407
2006	69305	52167		135094	45390	76430	81277
2007	75247	46881		135487	44371	78082	87272
2008	82954	46842		134206	44058	76384	90968
2009	83444	69300		119601	39897	77747	94499

13－11 主要年份各类学校毕业生数

单位：人

年 份	普通高等学校	中等专业学校	职业中学	普通中学	#高中	小 学	幼儿园
1952	580	1022		4698	803	15422	
1957	442	804		10694	2933	32248	172
1962	2421	1464	103	14798	4196	41178	289
1965	3325	247	288	17572	4417	50536	330
1970				16520	3780	62902	1373
1975	1033	283	54	49474	19460	80697	16121
1978	1652	103	127	86993	23935	75245	21025
1979	186	1018	191	100215	37143	68249	27621
1980	2027	2510	46	25020	21381	72388	23917
1981	2614	3283	122	75193	32494	73785	42432
1982	5686	2789	127	51303	14763	74948	57359
1983	3764	3015	1585	46427	13222	79476	66648
1984	3714	3224	1276	43577	9905	86842	81668
1985	3714	3224	1276	43577	9905	86842	81668
1986	4624	4124	2261	47599	10992	91965	70342
1987	6545	5302	3913	50107	12290	98862	67681
1988	7644	5765	4045	53122	11744	95716	80779
1989	8117	4845	5137	50458	10984	98155	87787
1990	8420	5342	5401	49717	10046	100434	88357
1991	8666	6935	6346	44934	8220	91177	94908
1992	8295	6434	5690	54849	8498	95922	91344
1993	8205	7088	6100	61880	9492	93139	91806
1994	7933	7607	5986	58933	10357	99032	94334
1995	9542	8984	9116	73218	10434	110461	94609
1996	10461	9185	11207	74529	8913	112916	97880
1997	9669	10895	10533	83558	8821	113533	99923
1998	9284	11278	13311	102052	10077	113717	84947
1999	8779	12537	10720	110779	11215	111191	78317
2000	10251	12849	12005	115002	13345	108329	71663
2001	14051	10911	12014	114127	14319	101556	71630
2002	15362	14788	10114	113176	18894	112876	71291
2003	26200	36328		124464	25571	111327	59769
2004	28878	35584		119166	28163	101769	63363
2005	32886	33786		121847	29575	95042	63246
2006	46596	37965		138806	33323	92877	67097
2007	55672	32156		133883	38943	92705	71514
2008	62966	31287		130122	41469	92142	72230
2009	64307	38157		121895	41439	82921	75507

13—12 每万人口拥有在校学生数

年份	每万人口拥有在校生(人)				初中毕业生升学率(%)	小学毕业生升学率(%)	学龄儿童入学率(%)
	普通高等学校	中等专业学校	普通中学	小学			
1952	10.11	33.11	96.44	838.92			
1957	18069	19.54	162.8	1087.64			
1962	39.79	15.29	206.47	1219.85			
1965	27.46	14.05	245.3	1629.8			
1970	0.68	1.3	284.76	1352.97			
1975	10.46	5.86	386.28	1548.3			
1978	18.65	12.77	481.79	1353.35			
1980	25.49	18.25	431.91	1400.96			
1985	44.42	20.42	390.94	1381.47			
1990	52.66	40.26	399.34	1131.05		99.51	99.21
1995	60.76	65.76	506.93	1138.96	61.63	93.00	99.88
1996	59.53	68.44	567.23	1137.41	54.06	98.78	99.90
1997	60.98	74.99	617.19	1109.38	53.29	97.82	99.92
1998	64.68	81.78	634.11	1069.42	51.55	97.90	99.94
1999	79.14	89.54	640.16	1022.83	52.34	97.11	99.95
2000	111.56	91.50	641.87	988.61	55.20	97.41	99.97
2001	149.31	93.54	639.75	988.61	55.20	97.63	99.63
2002	162.57	89.90	640.98	958.61	60.70	97.01	99.83
2003	214.83	199.06	659.96	890.47	69.00	99.01	99.84
2004	243.22	200.65	676.77	843.92	76.00	100.50	99.85
2005	318.47	201.40	685.56	802.28	82.10	107.61	99.67
2006	347.32	208.16	662.82	791.89	83.85	98.74	91.23
2007	369.87	202.38	642.29	761.73	84.64	98.29	91.53
2008	393.55	203.01	623.84	727.47	88.75	97.84	92.28
2009	417.77	233.71	597.38	701.76	92.5	96.12	92.74

13—13 平均每一专任教师负担学生数

单位:人

年 份	普通高等学校	中等专业学校	职业中学	普通中学	#高 中	小 学	幼儿园
1952	7.59	11.98		22.40		40.98	47.57
1957	6.59	12.07		25.23		40.32	35.74
1962	5.76	7.36	18.37	17.89		30.63	31.40
1965	5.34	10.46	21.87	20.29		34.64	30.04
1970	0.77	4.71		19.91		27.89	29.28
1975	3.48	5.08	30.33	13.74		28.26	31.07
1978	4.12	9.65		20.00		25.23	19.72
1980	4.93	8.07	33.47	19.33		27.56	35.51
1985	5.58	6.97	17.03	17.18		28.03	29.72
1990	6.07	9.36	13.92	16.27	11.22	26.57	13.25
1995	8.44	14.17	15.69	17.31	12.91	24.56	39.64
1996	8.28	15.93	17.26	18.59	13.69	23.90	26.54
1997	8.26	17.20	17.59	19.36	14.88	23.16	21.63
1998	9.52	18.18	16.50	19.04	15.34	22.13	19.57
1999	10.93	19.94	18.77	18.26	15.84	22.35	18.61
2000	13.83	20.96	19.04	18.63	15.33	20.65	19.30
2001	16.84	23.36	18.89	17.93	15.67	20.56	25.36
2002	13.82	25.22	18.19	17.27	12.81	17.71	21.43
2003	14.39	21.92		17.19	15.04	19.07	21.28
2004	14.85	21.88		17.17	15.45	18.61	18.69
2005	15.28	24.33		16.61	15.34	18.09	21.71
2006	16.91	24.59		15.74	15.06	18.20	21.10
2007	16.74	26.61		15.2	14.47	17.95	21.57
2008	16.93	27.78		14.93	14.14	17.44	21.39
2009	16.85	32.03		14.39	13.69	17.1	21.29

13—14 主要年份各类文化事业机构数

单位:个

年份	艺术事业		公共图书馆	博物馆	群众文化事业		
	表演团体	表演场所			艺术馆	文化馆	文化站
1987	12	7	13	1	1	13	11
1988	18	16	15	4	2	13	11
1989	18	9	15	6	2	13	11
1990	18	16	15	6	2	13	11
1991	12	7	15	6	1	13	11
1992	12	7	15	6	1	13	26
1993	12	7	15	6	1	13	7
1994	12	7	15	6	1	13	26
1995	12	7	15	6	1	13	37
1996	12	7	15	11	1	13	173
1997	12	6	14	16	1	13	188
1998	13	6	14	16	1	13	167
1999	14	6	14	17	1	13	165
2000	12	5	14	17	1	13	153
2001	12	7	15	14	1	12	181
2002	12	6	14	14	1	12	167
2003	13	6	14	14	1	12	194
2004	13	6	14	14	1	12	194
2005	13	3	14	15	1	13	191
2006	13	2	14	15	1	13	191
2007	13	2	14	15	1	13	188
2008	13	2	14	15	1	13	188
2009	13	2	14	15	1	13	188

13—15 书刊报纸出版情况

年份	出版社（个）	出版种数(种)			总印数(万册、万份)		
		图书	杂志	报纸	图书	杂志	报纸
1978	1	347	6	1	6818	386	57
1980	3	500	23	3	9171	926	13823
1985	7	1219	92	25	15603	3320	32241
1986	7	1341	97	23	12464	3400	33122
1987	7	1454	102	27	17102	4147	36966
1988	8	1434	99	21	17047	3391	34486
1989	8	1734	99	20	15859	2704	27805
1990	8	1799	95	19	16311	3123	30284
1991	8	1689	96	19	17114	3655	31395
1992	8	1863	104	21	18093	4225	31118
1993	9	1811	109	26	15759	4078	29709
1994	9	2113	117	27	18286	3974	33254
1995	9	2300	124	28	16943	4120	32790
1996	9	2261	125	28	18571	3857	32807
1997	9	2176	122	29	20468	3938	32362
1998	9	2326	121	26	18588	3858	35136
1999	9	2188	111	28	17749	3945	37129
2000	9	2069	139	32	17600	4396	38185
2001	9	1708	141	32	15015	4386	38391
2002	9	2531	138	32	17107	4004	41496
2003	9	2445	138	32	13483	3839	40344
2004	9	2528	129	27	12158	3370	41308
2005	9	2438	128	27	9499	2757	39335
2006	9	2562	128	27	9093	2799	46358
2007	9	2197	130	27	7641	2768	43649
2008	9	2702	129	27	6818	2839	47063
2009	9	2528	131	27	6891	2764	31874

13－16　图书出版分类构成情况

项　目	2004年			2005年			2006年		
	种　数（种）	印　数（万册、张）	印　张（千印张）	种　数（种）	印　数（万册、张）	印　张（千印张）	种　数（种）	印　数（万册、张）	印　张（千印张）
总　计	**2528**	**12158**	**982137**	**2438**	**9499**	**600340**	**2562**	**9093**	**629735**
使用“中国标准书号”合计	2501	12139	981746	2425	9481	600025	2532	9063	628912
马列主义、毛泽东思想	5	6	989	1	4	631	1	2	356
哲　学	7	3	391	9	2	405	11	3	251
社会科学总论	12	4	441	6	3	323	8	3	221
政治、法律	26	12	1821	42	13	2031	37	10	1682
军　事	3	1	201	2	1	129	1	1	81
经　济	58	15	2510	48	13	2433	52	13	2249
文化、科学、教育、体育	1623	11116	923225	1505	8638	549736	1615	8420	568830
语言、文字	20	17	882	28	19	1376	22	15	1489
文　学	165	100	11405	147	104	8471	127	86	5795
艺　术	185	638	21137	241	440	18507	229	302	11498
历史、地理	110	79	3697	111	122	4314	138	81	5808
自然科学总论	10	7	562	3	1	119			
数理科学、化学	2	1	134	1	1	20	2	1	81
天文学、地球科学	7	2	230	4	3	143	1	1	35
生物科学	5	1	144	7	8	161			
医学、卫生	58	27	2733	51	19	2482	76	33	3495
农业科学	42	28	1512	54	22	1515	65	35	20674
工业技术	144	71	8593	150	64	6407	125	50	5372
交通运输	7	5	369	5	3	230	4	3	126
航空、航天									
环境科学	2	1	44	2	1	91	1	1	36
综合性图书	10	7	726	8	3	502	17	5	833
不使用“中国标准书号”合计	27	19	391	13	10	298	30	27	800

13—16 续表

项　　目	2007年			2008年			2009年		
	种数（种）	印数（万册、张）	印张（千印张）	种数（种）	印数（万册、张）	印张（千印张）	种数（种）	印数（万册、张）	印张（千印张）
总　计	**2197**	**7641**	**555780**	**2702**	**6818**	**39286**	**2528**	**6891**	**467639**
使用“中国标准书号”合计	2183	7927	554774	2685	6808	392770	2504	6874	466676
马列主义、毛泽东思想	3	1	143	1	1	130	1	1	131
哲　学	9	3	372	17	5	634	8	3	445
社会科学总论	9	2	214	2	1	188	7	2	244
政治、法律	16	52	2627	28	13	2278	25	10	1347
军　事	1	0.15	22	2	1	488			
经　济	43	8	1570	24	4	723	45	12	2219
文化、科学、教育、体育	1308	7073	449472	1716	6135	344813	1454	6096	392854
语言、文字	22	9	801	20	8	755	13	6	728
文　学	200	135	13614	179	149	12964	238	153	15446
艺　术	215	131	12486	302	241	9919	242	240	12764
历史、地理	130	98	5877	131	85	5589	128	114	6097
自然科学总论				1	0.4	51	2	1	38
数理科学、化学	1	0.18	71				2	4	190
天文学、地球科学				1	0.1	19	2	3	64
生物科学	1	0.1	20	1	0.1	11	1	2	90
医学、卫生	52	29	4117	71	44	4397	77	94	5256
农业科学	33	20	45740	54	35	1957	64	41	2625
工业技术	116	61	16916	90	45	1957	161	78	24819
交通运输	5	2	119	4	2	77	13	5	341
航空、航天									
环境科学	1	0.15	23	3	22	687	1	0.2	69
综合性图书	18	6	571	38	18	3289	20	9	910
不使用“中国标准书号”合计	14	14	1006	17	9	516	24	16	928

13—17 杂志出版情况

项目	2004年			2005年			2006年		
	种数（种）	总印数（万册）	总印张（千印张）	种数（种）	总印数（万册）	总印张（千印张）	种数（种）	总印数（万册）	总印张（千印张）
合计	**129**	**3370**	**127979**	**128**	**2757**	**118372**	**128**	**2799**	**119910**
综合	5	3	173	4	28	1963	5	4	275
哲学、社会科学	39	1070	41913	44	1403	61507	39	3051	48545
自然科学、技术	52	161	7009	55	129	5720	52	142	7290
文化、教育	23	1434	46581	15	572	19344	22	968	36578
文学、艺术	10	702	32303	10	625	29838	10	635	27222
画刊	3	105	2436	3	78	1654	2	22	363

项目	2007年			2008年			2009年		
	种数（种）	总印数（万册）	总印张（千印张）	种数（种）	总印数（万册）	总印张（千印张）	种数（种）	总印数（万册）	总印张（千印张）
合计	**130**	**2768**	**123650**	**129**	**2839**	**122528**	**131**	**2764**	**125508**
综合	4	3	187	3	1	125	4	2	220
哲学、社会科学	42	1143	53755	40	1347	59185	40	1417	63304
自然科学、技术	52	137	7395	54	130	6746	53	131	7314
文化、教育	21	879	33729	21	795	28219	22	675	27076
文学、艺术	11	606	28584	9	534	27441	10	509	26964
画刊	2	23	631	2	33	813	2	31	630

13—18 报纸出版情况

项目	2004年			2005年			2006年		
	种数（种）	总印数（万份）	总印张（千印张）	种数（种）	总印数（万份）	总印张（千印张）	种数（种）	总印数（万份）	总印张（千印张）
合计	**27**	**41308**	**1713541**	**27**	**39335**	**1453640**	**27**	**46358**	**1338530**
按类别分									
综合	6	36904	1634293	6	33651	1345807	6	34113	1163002
专业	21	4404	79248	21	5684	107832	21	12245	175528
按级别分									
省级	23	34919	1461896	23	33273	1196139	23	39614	1047856
地(市)级	4	6389	251645	4	6062	257500	4	6744	290674
县级									

项目	2007年			2008年			2009年		
	种数（种）	总印数（万份）	总印张（千印张）	种数（种）	总印数（万份）	总印张（千印张）	种数（种）	总印数（万份）	总印张（千印张）
合计	**27**	**43649**	**1728658**	**27**	**47063**	**2062181**	**27**	**31874**	**1420016**
按类别分									
综合	6	38598	1626821	6	41894	1961241	6	26433	1249627
专业	21	5052	101837	21	5168	100940	21	5441	170389
按级别分									
省级	23	37454	1470723	23	38008	1499506	23	24128	970650
地(市)级	4	6196	257934	4	8972	560346	4	7746	449367
县级									

主要统计指标解释

科技活动 指在自然科学、农业科学、医药科学、工程与技术科学、人文与社会科学领域(简称科学技术领域)中,与科学知识的产生、发展、传播和应用密切相关的有组织的活动。可分为研究与试验发展(R&D)、研究与试验发展成果应用及相关的科技服务三类活动。

专业技术人员 指从事专业技术工作和专业技术管理工作的人员,即企事业单位中已经聘任专业技术职务从事专业技术工作和专业技术管理工作的人员,以及未聘任专业技术职务,现在专业技术岗位上工作的人员。包括工程技术人员,农业技术人员,卫生技术人员,科学研究人员,教学人员,经济人员,会计人员,统计人员,翻译人员,图书资料、档案、文博人员,新闻出版人员,律师、公证人员,广播电视播音人员,工艺美术人员,体育人员,艺术人员及企业政治思想工作人员,共十七个专业技术职务类别,用来反映科技人力资源情况。

科学家与工程师 指科技活动人员中具有高、中级技术职称(职务)的人员和不具有高、中级技术职称(职务)的大学本科以上学历人员。

发明(专利) 指对产品、方法或其改进所提出的新的技术方案。是国际通行的的反映拥有自主知识产权技术的核心指标。

实用新型(专利) 指对产品的形状、构造或者其结合所提出的适于实用的新的技术方案。反映具有一定技术含量的技术成果情况。

外观设计(专利) 指对产品的形状、图案、色彩或者其结合所作出的富有美感并适于工业上应用的新设计。反映拥有自主知识产权的外观设计成果情况。

普通高等学校 指按照国家规定的设置标准和审批程序批准举办,通过全国普通高等院校统一招生考试,招收高中毕业生为主要培养对象,实施高等教育的全日制大学、独立设置的学院和高等专科学校、高等职业学校和其他机构。

成人高等学校 指按照国家规定的设置标准和审批程序举办的,通过全国成人高等学校统一招生考试,招收具有高中毕业或同等学历的在职从业人员为主要培养对象,利用函授、业余、脱产等多种形式对其实施高等学历教育的学校。包括广播电视大学、职工高等学校、农民高等学校、管理干部学院、教育学院、独立函授学校、其他机构等。

小学学龄儿童入学率 指调查范围内已入小学学习的学龄儿童占校内外学龄儿童总数(包括弱智儿童,不包括盲聋儿童)的比重。

小学学龄儿童入学率=已入小学学习的学龄儿童数/校内外学龄儿童总数*100%

文化事业机构 指从事专业文化工作和为专业文化工作服务的独立建制的单位,不包括这些单位另外举办独立核算的其他机构和各部门的业余文化组织。

艺术表演团体 指从事戏曲、音乐、舞蹈、杂技等专业艺术表演,有独立帐户的单位,不包括半工半艺、半农半艺和民间职业剧团。

CHAPTER 14 第十四篇

卫生 体育 与其他

本篇内容包括：

1、医疗卫生事业情况

2、体育事业

3、司法情况

4、环境治理情况

14－1　主要年份卫生事业基本情况

年　份	卫生机构（个）	#医院、卫生院	卫生技术人员（人）	#医　生	护师、士	医疗床位（张）	#医　院
1952	280	41	3178	1484		1820	1800
1957	456	96	6199	2289		4377	4176
1962	979	123	9187	3173		7279	5321
1965	1056	138	10370	3490		8870	6404
1970	565	135	8698	2646		6658	5339
1975	871	153	12967	4164		10745	7685
1978	887	160	13969	4325		11138	8027
1979	855	161	14603	4511		11762	8278
1980	955	200	15622	4214		11757	8711
1981	937	199	15432	4374		12306	9182
1982	916	202	16736	4680		12092	9290
1983	965	210	17213	4914		12339	9391
1984	1036	196	17624	5086		12668	9821
1985	1091	207	18508	5664		13334	10427
1986	1115	204	19837	5779		14035	11430
1987	1151	193	21205	7330	5048	14862	12258
1988	1190	196	22265	8441	5507	15279	12626
1989	1193	199	22011	8819	6251	15844	13263
1990	1208	198	23593	9330	6550	16267	13557
1991	1219	199	24401	9763	7003	16920	14148
1992	1227	203	23961	9748	6858	16700	14044
1993	1149	203	23464	9964	6596	16435	13898
1994	1066	199	23849	9942	6783	17101	14464
1995	1067	199	24180	10275	6959	17137	14760
1996	2347	233	24579	10258	7182	18486	15864
1997	2216	234	25400	10792	7514	18321	15601
1998	2186	235	25906	10780	7705	18890	16237
1999	2184	234	25999	11064	7934	18673	15908
2000	1633	242	23034	10639	7999	19125	16686
2001	1607	244	23224	9369	7554	19079	13390
2002	1601	243	23164	9349	7544	17675	12635
2003	1265	240	22552	9678	7342	18008	13075
2004	1371	237	23763	10298	8246	18792	13902
2005	1675	240	25203	11056	9308	19425	14667
2006	1875	225	25695	11484	9440	19497	15005
2007	1872	221	27255	11601	10192	20159	15710
2008	1988	207	29496	12619	11056	22178	17303
2009	1899	216	32356	13413	12425	23389	18579

注：1996年起卫生机构数含个体办诊所。

14—2 每千人拥有卫生机构情况

年　份	每千人拥有卫生技术人员数（人/千人）	#医　生	护师、士	每千人拥有医疗床位数（张/千人）	#医　院
1952	1.34	0.63		0.77	0.76
1957	2.29	0.85		1.62	1.54
1962	3.01	1.04		2.38	1.74
1965	3.16	1.06		2.70	1.95
1970	2.43	0.74		1.86	1.49
1975	3.17	1.02		2.63	1.88
1978	3.19	1.00		2.55	1.00
1979	3.29	1.02		2.65	1.86
1980	3.47	0.94		2.61	1.94
1981	3.36	0.95		2.68	2.00
1982	3.58	1.00		2.58	1.99
1983	3.62	1.03		2.60	1.98
1984	3.65	1.05		2.62	2.03
1985	3.79	1.16		2.73	2.13
1986	4.01	1.17		2.84	2.31
1987	4.17	1.46	1.01	2.92	2.41
1988	4.33	1.65	1.08	2.97	2.46
1989	4.24	1.71	1.21	3.05	2.55
1990	4.41	1.77	1.24	3.04	2.53
1991	4.51	1.81	1.30	3.13	2.61
1992	4.41	1.80	1.26	3.07	2.59
1993	4.26	1.81	1.98	2.98	2.52
1994	4.29	1.79	1.22	3.08	2.60
1995	4.30	1.83	1.24	3.05	2.63
1996	4.31	1.80	1.26	3.24	2.78
1997	4.42	1.88	1.31	3.19	2.71
1998	4.47	1.88	1.33	3.16	2.80
1999	4.46	1.90	1.36	3.20	2.73
2000	4.23	1.80	1.36	3.08	2.83
2001	4.27	1.85	1.27	3.21	2.25
2002	4.21	1.82	1.26	3.15	2.20
2003	3.75	1.56	1.36	3.01	2.19
2004	3.89	1.69	1.35	3.08	2.28
2005	3.49	1.46	1.31	3.15	2.38
2006	4.15	1.84	1.51	3.13	2.40
2007	4.03	1.71	1.5	2.98	2.32
2008	4.32	1.85	1.62	3.25	2.53
2009	4.71	1.95	1.81	3.40	2.70

14—3 按经济类型分卫生事业基本情况

（2009 年）

项 目	机构数（个）	卫生技术人员（人）	#医 生	医疗床位（张）	#医 院
总 计	**1899**	**32356**	**13413**	**23389**	**18579**
国有单位	232	20687	8004	18618	16912
集体单位	210	4358	1743	3334	300
私 营	1194	5030	2597	682	639
其 他	263	2281	1069	755	728

14—4 各类卫生事业机构医疗床位数

单位：张

项 目	2000 年	2001 年	2002 年	2003 年	2004 年	2005 年	2006 年	2007 年	2008 年	2009 年
总 计	**19125**	**19079**	**17675**	**18008**	**18792**	**19425**	**19497**	**20159**	**22178**	**23389**
#医院、卫生院	13598	13390	12635	15886	16749	17461	17714	18595	20335	21746
疗养院、所	1133	1193	810	960	850	712	390	230	270	100
门诊部、所	6	25		48	59	10	28	35	10	30
社区卫生服务中心					50	160	205	155	268	336
专科疾病防治所、站	273	273	450	459	360	305	345	150	290	198
妇幼保健所、站	166	195	632	655	709	759	800	979	995	979
其他卫生事业机构	721	722			15	18	15	15	10	
医学科研机构	100	100	100							
高等医药院校	40	40								

14—5 各类卫生事业机构数

单位:个

项　　目	1995年	2000年	2001年	2002年	2003年	2004年	2005年	2006年	2007年	2008年	2009年
总　　计	**1067**	**1633**	**1607**	**1601**	**1265**	**1371**	**1675**	**1875**	**1872**	**1988**	**1899**
医院、卫生院	199	242	244	243	240	237	240	225	221	207	216
疗养院、所	5	5	5	5	6	6	5	3	2	1	1
社区卫生服务中心					1	4	11	22	22	34	38
门诊部、所	32	32	33	33	50	47	51	52	49	75	80
急救中心(站)					2	2	2	2	2	2	3
专科防治所、站	11	11	11	11	12	11	11	10	9	10	10
疾病预防控制中心	17	16	16	16	16	15	15	15	15	15	15
卫生监督所					1	1	6	9	10	10	10
妇幼保健所、站	11	14	14	14	16	16	16	16	16	16	16
药品检验所、站	6	6	6								
其他卫生事业机构	10	15	16	16	4	3	3	1	4	2	7
医学科研机构	5	5	5	5	3	3	3	3	3	3	3
高等医药院校	2	2	2	2							
医学在职培训机构	11	12	12	12	4	3	2	1	3	1	1
诊　所	740	1273	1243	1019	514	631	902	1079	1079	1259	1201
社区卫生服务站					154	156	136	147	147	137	129
其　他					242	236	272	290	290	216	169

注:1997年起"门诊部、所"数不包括"门诊所"数,仅包括"门诊部"数。(下同)

14－6 各类卫生事业机构卫生技术人员数

单位：人

项　　目	1995 年	2000 年	2001 年	2002 年	2003 年	2004 年	2005 年	2006 年	2007 年	2008 年	2009 年
总　　计	**24180**	**23034**	**23224**	**23164**	**22552**	**23763**	**25203**	**25695**	**27255**	**29496**	**32356**
医院、卫生院	16291	18024	18356	18296	17203	17657	17962	17930	19111	20302	22755
疗养院、所	389	361	349	349	178	171	200	50	49	48	15
门诊部、所	2983	652	643	643	574	515	714	738	845	1059	1093
社区卫生服务中心						57	187	516	611	939	1039
专科防治所、站	249	256	253	253	361	312	237	308	256	311	344
卫生疾病预防控制中心	1054	979	968	968	904	881	823	759	700	795	795
卫生监督所					31	32	156	192	210	188	184
妇幼保健所、站	256	383	412	412	905	925	966	990	1037	1162	1109
药品检验所、站	118	48	47	47							
其他卫生事业机构	353	408	391	391	71	81	107	74	109	127	188
医学科研机构	412	375	358	358	100	91	101	57	52	51	50
医学在职培训机构	679	451	445	445	4	6	2	2	9	2	2
中等医药院校	196	190	165	165							
诊　所	1200	907	837	837	1525	1525	2330	2578	2632	3087	3423
其　他					678	1510	1418	1501	1634	1425	1359

14—7 各类卫生事业机构医生数

单位:人

项 目	1995年	2000年	2001年	2002年	2003年	2004年	2005年	2006年	2007年	2008年	2009年
总 计	**10275**	**10639**	**9369**	**9349**	**9678**	**10298**	**11056**	**11484**	**11601**	**12619**	**13413**
医院、卫生院	6479	7276	7358	7338	6834	7101	7329	7385	7569	7914	8558
疗养院、所	138	134	139	139	49	50	56	16	10	13	3
门诊部、所	1435	360	351	351	324	294	385	384	423	532	567
社区卫生服务中心					8	28	94	236	280	390	424
专科防治所、站	112	115	113	113	147		117	136	113	145	150
急救中心站					11	11	6	6	6	8	7
卫生疾病预防控制中心	683	621	611	611	557	547	482	397	403	411	468
卫生监督所					21	19	94	117		80	
妇幼保健所、站	134	181	196	196	399	391	366	452	430	501	493
药品检验所、站	5	2	1	1							
其他卫生事业机构	33	82	83	83	2	9	25	11	19	28	44
医学科研机构	176	164	161	161	40	27	30	27	27	29	28
高等医药院校	391	263	261	261							
医学在职培训机构					3	3	1	1	5	1	1
诊 所	372	549	841	841	858	854	1307	1565	1565	1833	1990
其 他					422	823	764	751	751	734	680

14－8 各类医院数

单位：个

项目	1995年	2000年	2001年	2002年	2003年	2004年	2005年	2006年	2007年	2008年	2009年
医院	**60**	**71**	**71**	**70**	**74**	**74**	**84**	**78**	**77**	**73**	**82**
综合医院	15	16	16	16	45	45	46	43	44	38	41
中医医院	10	10	10	9	16	16	14	12	12	12	13
中西医结合医院	4	5	5	5	1	1	1	1	1	1	1
传染病院	1	1	1	1	1	1	1	1	1	1	1
精神病院	2	2	2	2	2	2	2	3	3	4	4
结核病院	1	1	1	1	1	1	1	1	1	1	1
口腔医院	1	1	1	1	1	1	1	1	1	1	1
眼科医院					1	1	2	2	2	2	1
儿童医院	1	1	1	1	1	1	1	1	1	1	1
骨科医院					1	1	1	1	1	1	1
美容医院	1	1	1	1	1	1	2	2	2	2	2
肿瘤医院	1	1	1	1	2	2	2	1	1	1	1
其他专科医院	1	1	1	1	1	1	5	5	7	8	14
其他医院	6	6	6	6			5	4			
卫生院	**152**	**171**	**171**	**171**	**166**	**163**	**156**	**147**	**144**	**134**	**134**

14—9 各类医院卫生技术人员数

单位：人

项目	1995年	2000年	2001年	2002年	2003年	2004年	2005年	2006年	2007年	2008年	2009年
医院	**12762**	**13511**	**13825**	**13795**	**13378**	**13838**	**14522**	**14825**	**15958**	**16828**	**19049**
综合医院	4501	4913	4913	4953	9005	9380	9591	9785	10723	10871	12583
中医医院	780	814	818	748	1737	1766	1754	1722	1843	2161	2309
中西医结合医院	3065	3172	3182	3182	629	618	625	806	814	979	982
传染病院	288	221	218	218	218	240	238	244	245	246	252
精神病院	620	440	429	429	434	420	410	426	433	500	522
结核病院	313	306	315	315	310	295	291	281	295	303	302
口腔医院	418	444	448	448	100	106	110	113	112	123	129
眼科医院					16	15	127	134	166	207	210
儿童医院	151	137	145	145	157	159	155	152	154	156	171
骨科医院					11	8	8	17	14	12	19
美容医院						21	44	49	54	62	64
肿瘤医院	532	667	697	697	742	791	798	797	825	868	909
其他专科医院	576	608	621	621	19	19	117	125	280	340	597
其他医院	883	939	944	944			254	174			
卫生院	**4424**	**4493**	**4511**	**4511**	**3825**	**3819**	**3440**	**3105**	**3153**	**3474**	**3706**

14—10 各类医院医生数

单位:人

项目	1995年	2000年	2001年	2002年	2003年	2004年	2005年	2006年	2007年	2008年	2009年
医院	**4621**	**5226**	**5361**	**5361**	**5136**	**5404**	**5738**	**5948**	**6158**	**6460**	**7088**
综合医院	1744	1850	1864	1864	3455	3658	3782	3907	4014	4202	4675
中医医院	273	351	345	345	795	767	793	775	869	892	949
中西医结合医院	978	1229	1255	1255	242	282	279	367	343	348	311
传染病院	58	61	60	60	56	67	61	71	78	78	86
精神病院	110	102	99	99	97	116	104	108	119	131	137
结核病院	95	93	95	95	98	88	91	84	98	111	110
口腔医院	150	176	183	183	61	65	67	73	78	84	82
眼科医院					8	7	60	52	70	74	57
儿童医院	87	49	56	56	64	69	67	64	67	69	81
骨科医院					6	3	3	6	5	5	6
美容医院						11	19	24	19	28	24
肿瘤医院	224	214	219	219	240	257	246	282	291	309	340
其他专科医院	252	244	256	256	14	14	69	73	107	129	230
其他医院	393	420	427	427			97	62			
卫生院	**1813**	**2032**	**1986**	**1980**	**1698**	**1697**	**1591**	**1437**	**1411**	**1454**	**1470**

14—11 各类医院护士数

单位:人

项　　目	1995年	2000年	2001年	2002年	2003年	2004年	2005年	2006年	2007年	2008年	2009年
医　院	**4707**	**5610**	**5727**	**5727**	**5810**	**5936**	**6201**	**6247**	**6928**	**7288**	**8495**
综合医院	1852	2164	2159	2159	3904	4057	4175	4139	4741	4774	5782
中医医院	199	243	243	243	594	635	633	630	661	800	889
中西医结合医院	1002	1341	1340	1340	227	236	232	308	341	435	475
传染病院	100	109	109	109	125	122	127	122	116	116	116
精神病院	293	279	272	272	266	266	256	261	257	295	289
结核病院	170	162	167	167	157	162	163	144	143	149	149
口腔医院	159	167	163	163	28	28	29	29	28	28	28
眼科医院					6	6	33	53	63	65	87
儿童医院	56	58	60	60	64	63	62	60	58	57	59
骨科医院					3	3	3	4	4	6	6
美容医院						8	21	20	18	25	27
肿瘤医院	200	313	323	323	383	347	357	367	391	406	369
其他专科医院	210	236	228	228	3	3	35	34	107	132	219
其他医院	305	321	313	313			75	76			
卫生院	**921**	**1083**	**1103**	**1103**	**1070**	**1141**	**1058**	**939**	**994**	**1106**	**1159**

14—12 各类医院医疗床位数

单位：张

项　目	1995 年	2000 年	2001 年	2002 年	2003 年	2004 年	2005 年	2006 年	2007 年	2008 年	2009 年
医　院	**11713**	**13573**	**13365**	**13215**	**13075**	**13902**	**14667**	**15005**	**15710**	**17303**	**18579**
综合医院	4094	4533	4517	4517	8631	9214	9189	9287	10046	10631	11570
中医医院	570	810	810	660	1444	1534	1571	1521	1597	1872	2102
中西医结合医院	2239	2658	2658	2658	522	522	622	848	753	753	941
传染病院	300	300	350	350	300	300	300	300	300	450	350
精神病院	930	880	880	880	890	890	890	1090	1090	1366	1190
结核病院	500	500	385	385	355	355	355	355	355	555	597
口腔医院	300	289	300	300	30	30	30	30	30	30	30
眼科医院							70	100	90	99	90
儿童医院	100	100	100	100	100	100	100	100	100	200	200
骨科医院					20	20	20	20	20	20	20
美容医院						20	40	40	27	40	27
肿瘤医院	627	722	650	650	753	887	1030	1058	1088	1099	1069
其他专科医院	489	435	328	328	130	30	139	144	214	188	393
其他医院	1061	1083	1090	1090			311	112			
卫生院	**2884**	**3088**	**3141**	**3141**	**2801**	**2847**	**2794**	**2709**	**2885**	**3032**	**3167**

14—13 县及县以上医院工作基本情况

年份	诊疗人数（人次）	#门(急)诊	入院人数（人）	出院人数（人）	治愈率（%）	病死率（%）	病床周转数（次）
1990	5625373	5576648	174436	174079	62.35	1.40	19.1
1993	5053064	4733380	132788	131257	65.00	0.80	18.6
1994	4675285	4336221	134944	134493	67.80	0.70	18.3
1995	4492111	4212624	124230	124017	67.20	0.70	17.1
1996	4838732	4508640	115656	115516	66.00	1.00	15.0
1997	4921130	4506292	111251	111370	64.66	0.57	14.4
1998	4960208	4580265	109636	109460	63.27	0.62	14.5
1999	4995665	4639718	116629	116048	61.50	0.65	13.0
2000	5542899	5123333	131586	132433	60.38	0.64	16.7
2001	5118519	4651382	134047	134328	56.78	0.61	17.4
2002	5441286	5051767	141038	140998	61.98	0.60	18.2
2003	5842174	5567886	157800	158143	67.80	0.47	21.5
2004	10729268	10467794	275582	275558	54.90	0.53	21.3
2005	11933688	11581875	294901	300831	54.03	0.53	23.6
2006	11863906	11704586	339960	341670	53.04	0.48	23.7
2007	13071508	12966732	393348	389684	54.97	0.43	26.1
2008	14018644	13845141	425068	454620	53.72	0.38	25.2
2009	15711417	15565915	488820	487759	52.03	0.32	26.3

14—14 各类医院工作基本情况

（2009 年）

项　目	诊疗人数（人次）	#门(急)诊	入院人数（人）	出院人数（人）	治愈率（%）	病床周转数（次）
医　院	**15711417**	**15565915**	**488820**	**487759**	**52.03**	**26.3**
综合医院	10410259	10273037	354142	353265	53.24	31.1
中医医院	2662773	2656217	42917	42626	53.64	20.9
中西医结合医院	733983	733983	22137	22213	51.73	26.5
传染病院	272109	272109	4870	4864	11.64	13.9
精神病院	221244	221244	6146	6180	22.31	5.2
结核病院	238931	238931	9054	9108	7.55	15.3
口腔医院	139574	139574	259	267	89.89	9
眼科医院	155988	155988	5378	5378	100	59.8
儿童医院	520713	520713	11048	11040	46.76	55.2
骨科医院	2530	2420	110	110	100	5.4
美容医院	5900	5900	178	178	100	6.8
肿瘤医院	120360	120360	25457	25368	41.76	16.9
其他专科医院	227053	225439	7124	7162	98.58	23.5
其他医院						
卫生院	**3786844**	**3713358**	**142636**	**137823**	**70.95**	**44.5**

14—15 体育设施情况

（年底数） 单位：个

项目	1995 年	2000 年	2001 年	2002 年	2003 年	2004 年	2005 年	2006 年	2007 年	2008 年	2009 年
体育场	185	365	479	588	588	403	403	416	418	418	418
体育馆		1	1	1	1	1	1	1	1	1	1
运动场	6	11	11	12	12	16	16	15	17	17	18
足球场	1	1	1	1	1	1	1	1	1	2	2
游泳池	36	44	51	59	59	79	79	85	88	49	86
有固定看台灯光球场	10	23	25	26	26	14	14	25	27	28	28

14—16 群众体育活动情况

项目	单位	1995 年	2000 年	2001 年	2002 年	2003 年	2004 年	2005 年	2006 年	2007 年	2008 年	2009 年
举办县级以上运动会												
次数	次	21	36	39	41	69	49	22	36	270	315	13
参加人数	万人	8	11	12	13	14	58	10	25	60	75	9

14—17 等级裁判员和运动员人数

单位：人

项　　目	1995 年	2000 年	2001 年	2002 年	2003 年	2004 年	2005 年	2006 年	2007 年	2008 年	2009 年
等级裁判员											
国际级裁判											
国家级裁判	3	1	2	1	1	1					
一级裁判	25	28	36	26	36	36			45	20	
二级裁判	40	52	64	146	138	164	46	156	30	70	129
三级裁判	181										
等级运动员											
国际级运动健将	1				2						
运动健将	5	4	2	1	1	1					
一级运动员	8	15	18	20	22	22		30	23	17	
二级运动员	52	82	104	246	229	358	109	243	265	367	276
三级运动员											
少年级运动员											

14—18 获国际和全国比赛冠军数

（1990～2009 年）

年　　份	世界冠军		全国冠军	
	项数（项）	人数（人次）	项数（项）	人数（人次）
1990	7	14	7	8
1991	1	2	1	2
1992	1	2		
1993	5	6		
1994	3	4		
1995	3	4	4	8
1996	1	1		
1997	1	1	5	7
1998	4	4	6	14
1999	6	8	4	6
2000	6	15	4	15
2001	2	2	2	7
2002	12	12	36	36
2003	5	4	23	23
2004			2	2
2005			8	8
2006	3	1	11	13
2007	3	3	13	12
2008	1	1	10	11
2009			4	8

14—19 律师 公证 调解工作基本情况

项　　目	单　位	1995 年	2000 年	2001 年	2002 年	2003 年
一、律师工作						
律师事务所	个	34	40	44	49	50
取得律师资格	人	118	151		274	171
＃专职律师	人	173	250	273	328	393
兼职律师	人	57	45	42	40	28
当年办理诉讼代理总数	件	5011	5970	5198	6906	6601
＃经济诉讼代理	件	1083	1085	882	1137	882
民事诉讼代理	件	2496	2530	2297	3198	3054
刑事诉讼辩护及代理	件	1433	2115	1787	2266	2011
行政诉讼代理	件		240	232	305	93
聘请常年法律顾问单位	个	1010	1110	648	776	561
非诉讼法律事务	件	5542	6861	6213	5446	4944
解答法律咨询	件	16300	16750	16550	34393	5472
代写法律事务文书	件	6520	6700	6620	10607	9167
二、公证工作						
公证处	个	14	14	14	14	14
公证人员	人	129	147	137	144	144
＃公证员	人	86	91	86	87	91
办理公证书	件	116666	220381	268892	212635	234988
国内公证	件	24494	19469	17966	17812	17115
国内经济合同公证	件	5545	1980	1332	1602	1167
国内民事公证	件	18949	17489	16634	16210	15975
涉外公证	件	92172	200912	250926	194823	200731
三、调解工作						
专职司法助理员	人	112	122	115	126	181
人民调解委员会	个	3102	3080	2959	2971	3114
调解人员	人	50152	55725	57245	56166	63762
调解民事纠纷	件	26102	29209	29100	30221	30281

14—19　续表

项　　　目	单　位	2004 年	2005 年	2006 年	2007 年	2008 年	2009 年
一、律师工作							
律师事务所	个	52	56	61	66	73	89
取得律师资格	人	184	171	213	373	708	786
#专职律师	人	412	442	476	521	581	580
兼职律师	人	53	32	33	34	56	60
当年办理诉讼代理总数	件	7573	7966	9983	9483	8537	9095
#经济诉讼代理	件	873	970	1178			
民事诉讼代理	件	3858	4000	4727	5446	5403	5712
刑事诉讼辩护及代理	件	2585	2528	3711	3730	2902	3015
行政诉讼代理	件	257	297	367	307	232	370
聘请常年法律顾问单位	个	742	760	798	916	861	958
非诉讼法律事务	件	3716	4120	3514	1690	2248	2726
解答法律咨询	件	25342	30008	29175			
代写法律事务文书	件	8949	8239	13878	36567	28491	28606
二、公证工作							
公证处	个	14	14	14	14	14	14
公证人员	人	155	180	183	189	191	196
#公证员	人	94	89	89	82	82	79
办理公证书	件	255802	264703	280935	284830	274530	310453
国内公证	件	16637	17569	20748	24702	21086	29328
国内经济合同公证	件	1142	529	719	1287	1234	1430
国内民事公证	件	15495	17040	20029	23415	19852	27898
涉外公证	件	236188	232437	248759	248695	240111	257753
三、调解工作							
专职司法助理员	人	191	216	225	259	270	263
民调解委员会	个	3198	3051	3087	3090	3078	3091
调解人员	人	47881	47805	40397	38689	33816	37069
调解民事纠纷	件	29153	19015	17920	30636	38581	32652

注:“律师工作”中的“取得律师资格”2005 年起改为“法律职业资格”。

14—20 国内公证文书办理情况

单位:件

项目	1995年	2000年	2001年	2002年	2003年	2004年	2005年	2006年	2007年	2008年	2009年
经济合同公证	**5545**	**1980**	**1332**	**1602**	**1167**	**1142**	**529**	**719**	**1287**	**1234**	**1430**
#购销	25	4	3		22	9	1		2	10	5
联营	31	25	1	1	1	1	3		3	4	3
贷款	2971	245	31	18	14	8	19	185	548	464	843
招标、投标	96	73	34	24	22	6	1	21	13	2	3
科技协作											2
劳务合同	80	49		21		178		1	3		1
建筑工程承包	47	2	2		6				1		
农村经济承包	139	32	30		2	8		4	2	3	3
乡镇企业承包	58	6	10					1	1		
财产租赁	29	3		13	4				37		2
企业租赁	7		2	3	2				1		1
其他经济合同	443	428	503	241	238	22	37	69	66	17	8
法人资格	109	25	7	21	32	22	11	13	5	22	34
法人委托书	91	111	108	410	522	516	232	165	200	65	261
民事法律关系公证	**18949**	**17489**	**16634**	**16210**	**15795**	**15495**	**17569**	**20029**	**23415**	**19852**	**27898**
#收养	26	9	131	5	20	18	13	33	54	27	19
解除收养	2		6	12	9	11	19	27	30		
继承权	748	1429	1646	1778	2065	2154	2275	2954	3476	3474	4229
遗嘱	484	989	1158	914	614	420	338	591	465	416	388
产权	2	78	351	218	226	237	113	179	34	23	57
亲属关系	224	1648	1548	1220	851	734	1030	1097	1000	908	685
房屋买卖	219	110	71	50	32	70	59	41		16	15
房屋租赁	63	1	2		4					3	
留学协议	7	21	32	350	34	7	12	9	28	2	
遗赠扶养协议	70	5	61	362	14	390	408	462	492		
其他民事协议	1093	1341	1608	1376	922	932	769	385		353	161
委托书	444	1295	565	1371	2223	2821	3782	5086	6143	5485	11190
赠与书	589	908	1184	736	449	380	346	544	799	683	581
声明书	1881	4079	3907	3559	4272	4059	3989	3689	3900	3987	5642
宅基地使用权		3	1	8	7	14	9	8	9		
计生合同	10750	344	190	194	92	236	430	744	555	151	58
证据保全	47	160	29	314	105	168	279	278	267	247	199

14—21 企事业单位污染治理情况

项目	单位	1995年	2000年	2001年	2002年	2003年
一、废水						
废水排放总量	万吨	20764	17162	17066	17753	22060
#工业废水	万吨	7878	5555	5021	4368	4951
工业废水处理量	万吨	4873	3013			
工业废水排放达标量	万吨	2675	4024	4450	4294	4865
二、废气						
废气排放总量	亿立方米	264.65	309.79	424.62	446.45	531.16
燃料燃烧废气排放量	亿立方米	198.73	259.08	302.05	349.61	401.04
#经过消烟除尘的	亿立方米	192.09	242.60			
生产工艺废气排放量	亿立方米	65.92	50.71	122.57	96.84	130.11
#经过净化处理的	亿立方米	22.39	42.25			
烟尘排放量	万吨	0.94	2.27	2.05	1.64	1.45
工业粉尘排放量	万吨	0.07	0.06	0.01	0.02	0.01
工业粉尘回收量	万吨	1.02	0.79	0.60	0.56	0.69
三、废物						
工业固体废物产生量	万吨	84.74	89.26	92.96	99.71	117.17
工业固体废物排放量	万吨	0.44	0.10	0.04	0.03	0.04
工业固体废物处置量	万吨	29.33	3.10	4.27	6.16	3.64
工业固体废物综合利用量	万吨	54.60	75.58	68.15	89.24	107.53
"三废"综合利用产品产值	万元	6537	20373	11272	6466	4427
"三废"综合利用利润	万元	2939	2191			
四、污染治理						
污染治理资金总额	万元	4909	5120	18913	35007	24906
#基本建设资金	万元	3037	368			
更新改造资金	万元	605	369			
环境保护补助	万元	470	499	276	442	229
贷款	万元	30	356	114	2297	228
#治理废水	万元	1752	3049	1081	7629	3678
治理废气	万元	1497	1366	522	7224	2160
治理固体废物	万元	1238	51	150	3445	1009
治理噪声	万元	152	244	27	31	158
当年安排治理项目	个	138	172	67	94	107
当年竣工项目	个	116	153	41	84	85

14—21 续表

项　　目	单　位	2004 年	2005 年	2006 年	2007 年	2008 年	2009 年
一、废　水							
废水排放总量	万吨	24068	26532	28342	27085	29351	30361
#工业废水	万吨	5053	5113	5631	6220	5659	4287.81
工业废水处理量	万吨						
工业废水排放达标量	万吨	4910	4950	5417	5979	5429	3859.7
二、废　气							
废气排放总量	亿立方米	624.14	886.98	756.2	990	1209	1810.3
燃料燃烧废气排放量	亿立方米	416.7	636.95	575.4	730	948	1548.6
#经过消烟除尘的	亿立方米						
生产工艺废气排放量	亿立方米	207.4	250	180.8	260	261	261.7
#经过净化处理的	亿立方米						
烟尘排放量	万吨	1.5	1.9	2.1	0.85	0.834	0.7198
工业粉尘排放量	万吨	0.026	0.19	0.02	0.28	0.29	0.2126
工业粉尘回收量	万吨	1.63	4.65	1.67	1.67	1.64	1.5
三、废　物							
工业固体废物产生量	万吨	130.32	136.32	209.16	269.11	380.37	425.13
工业固体废物排放量	万吨	0.02	0.01		0.01		0.61
工业固体废物处置量	万吨	2.87	4.12	2.92	2.02	2.3	12.24
工业固体废物综合利用量	万吨	121.4	126.3	200.5	251.88	374.64	401.16
“三废”综合利用产品产值	万元	6178	8613.5	17175.8	18251	25222	33844
“三废”综合利用利润	万元						
四、污染治理							
污染治理资金总额	万元	27709	34416	41419.1	31789	42102	15196.6
#基本建设资金	万元						
更新改造资金	万元						
环境保护补助	万元	107				3631.3	3317.9
贷　款	万元	300					
#治理废水	万元	6147	3410	12847	6126	2678	6563.6
治理废气	万元	8256	9891	8196	11547	377	1250
治理固体废物	万元	17	2517	1300	90.5	15	7328
治理噪声	万元	324	201	495.5	24.1		1.8
当年安排治理项目	个	105	104	87	145	50	38
当年竣工项目	个	102	88	79	137	46	34

主要统计指标解释

卫生机构 包括医疗机构、疾病预防控制中心(防疫站)、采供血机构、卫生监督及监测(检验)机构、医学科研和在职培训机构、健康教育所等。医疗机构包括医院、社区卫生服务中心(站)、疗养院、卫生院、门诊部、诊所(卫生所、医务室)妇幼保健院(所、站)、专科疾病防治院(所、站)、急救中心(站)和临床检验中心。

医院 包括综合医院、中医医院、中西结合医院、民族医院、各类专科医院和护理院。

卫生技术人员 指卫生机构中医生、护理人员、药剂人员、检验人员等卫生技术人员。

等级运动员人数 指经考核正式批准授予等级运动员称号的人数。运动员等级分为国际级运动健将、运动健将、一级运动员、二级运动员、三级运动员、少年级运动员。

等级裁判员人数 指经考核正式批准授予等级裁判员称号的人数。裁判员等级分为国际裁判、国家级裁判、一级裁判、二级裁判、三级裁判。

律师 指依法取得律师执业证书,担任法律顾问,民事(刑事、行政)案件代理人、刑事案件辩护人,办理非诉讼业务,解答法律询问,代写法律事务文书等,为社会提供法律服务的人员。

公证人员 指在公证处工作的人员总称,包括公证处主任、副主任、公证员、公证员助理(助理公证员)和其他从事辅助性工作的人员。

公证文书 指公证处根据当事人申请,依照事实和法律,按照法定程序制作的,具有法律效力的司法证明文书。根据公证书用途和使用地,公证书分为国内公证书、国内经济公证书、涉外民事公证书和涉外经济公证书四类。

调解员 指在人民调解委员会担负调解民间纠纷的工作人员,包括调解委员会的委员和调解小组的调解员。

调解民间纠纷 指调解委员会依照法律规定,根据自愿原则,用说服教育的方法调解民间发生的有关民事权利和义务的争执,促成当事双方达到协议和谅解,解决纠纷。包括婚姻家庭纠纷,财产权益纠纷等,不包括法院受理调解的民事案件数。

CHAPTER 15 第十五篇

企业景气指数

本篇内容包括：

1、企业信心指数

2、企业综合经营指数

15—1 企业家对宏观经济环境的判断

（2009 年）

项　　目	一季度	二季度	三季度	四季度
企业家对宏观经济的信心指数	**98.72**	**112.03**	**117.13**	**126.52**
一、不同类型企业对宏观经济的判断				
国有企业	102.30	112.47	111.75	112.78
集体企业	88.89	100.00	100.00	100.00
有限责任公司	97.89	110.15	121.06	117.22
股份有限公司	110.64	124.26	127.17	158.77
私营企业	98.85	114.08	103.75	123.34
外商及港、澳、台投资企业	96.77	110.11	126.48	132.81
二、不同行业企业对宏观经济的判断				
工业企业	88.09	102.26	110.34	124.35
制造业	86.41	100.66	109.26	124.60
电力、煤气及水生产供应业	114.29	128.57	128.57	128.57
建筑业	121.07	128.69	120.61	113.28
交通运输、仓储及邮电通讯业	91.08	105.24	91.08	105.24
批发和零售贸易、餐饮业	119.59	130.58	127.36	142.07
房地产业	110.01	136.36	154.55	154.55
社会服务业	111.76	111.11	122.22	122.22
信息传输计算机服务和软件	130.77	146.15	158.46	146.15
住宿和餐饮业	118.58	120.00	150.00	127.81
三、不同规模企业对宏观经济的判断				
大　型	110.07	117.06	121.90	154.34
中小型	95.67	110.00	117.70	121.63
中　型	100.83	117.36	123.97	133.06
小　型	88.64	100.00	109.09	105.75

15—2 企业综合经营景气状况

（2009 年）

项　　　目	一季度	二季度	三季度	四季度
企业综合经营景气指数	**105.35**	**116.52**	**121.28**	**127.53**
一、不同类型企业的综合经营景气指数				
国有企业	111.76	121.02	119.61	124.72
集体企业	100.00	77.78	88.89	111.11
有限责任公司	110.85	110.62	111.76	119.24
股份有限公司	112.86	122.39	129.69	139.82
私营企业	110.59	119.34	127.19	135.66
外商及港、澳、台投资企业	100.97	116.87	125.80	130.69
二、不同行业企业的综合经营景气指数				
工业企业	93.16	109.68	112.58	119.76
制造业	90.21	109.37	111.62	119.27
电力、煤气及水生产供应业	142.86	114.29	128.57	128.57
建筑业	129.94	127.39	121.28	129.94
交通运输、仓储及邮电通讯业	100.00	107.69	129.54	146.15
批发和零售贸易、餐饮业	129.79	130.60	131.77	130.53
房地产业	100.92	122.73	136.36	136.36
社会服务业	147.06	144.44	155.56	144.44
信息传输计算机服务和软件	136.54	133.98	136.54	138.46
住宿和餐饮业	125.00	121.42	121.42	154.13
三、不同规模企业的综合经营景气指数				
大　型	118.48	116.85	119.79	128.82
中小型	103.37	114.76	119.14	125.00
中　型	110.00	124.79	128.93	133.88
小　型	94.32	101.12	105.68	112.64
四、不同观察指标的综合经营指数				
生产总量	71.35	110.35	124.44	120.48
盈利状况	82.62	106.58	114.18	111.10
流动资金情况	94.94	102.12	105.86	105.77
货款拖欠情况	96.10	102.69	96.08	103.22
劳动力需求	94.11	112.52	117.44	113.64
固定资产投资情况	98.84	105.12	108.31	108.01
产品订货	84.60	103.89	108.82	113.65
企业融资	88.69	92.72	92.44	90.58

主要统计指标解释

企业景气调查 是通过对部分企业家定期进行问卷调查,并根据企业家对企业经营状况及宏观经济形势的判断和预期来编制景气指数,从而对现实经济运行状况及发展趋势进行分析和预测的一种统计调查方法。

景气指数 又称为景气度,它是对企业景气调查中的定性指标通过定量方法加工汇总,综合反映某一特定调查群体或某一社会经济现象所处的状态或发展趋势的一种指标。通过其上升和下降的动态变化,反映经济发展状态及其变化过程。景气指数取值于0－200之间,100为景气指数的临界值;当景气指数大于100时,表明经济状况趋于上升或改善,处于景气状态;当景气指数小于100时,表明经济状况趋于下降或恶化,处于不景气状态。

企业家信心指数(也称宏观经济景气指数) 是根据企业家对企业外部市场经济环境与宏观政策的认识、看法、判断与预期而编制的指数,用以综合反映企业家对宏观经济环境的感受与信心。

企业景气指数(也称企业综合生产经营景气指数) 是根据企业家对本企业综合生产经营情况的判断与预期而编制的指数,用以反映企业的综合生产经营状况。

CHAPTER 16 第十六篇

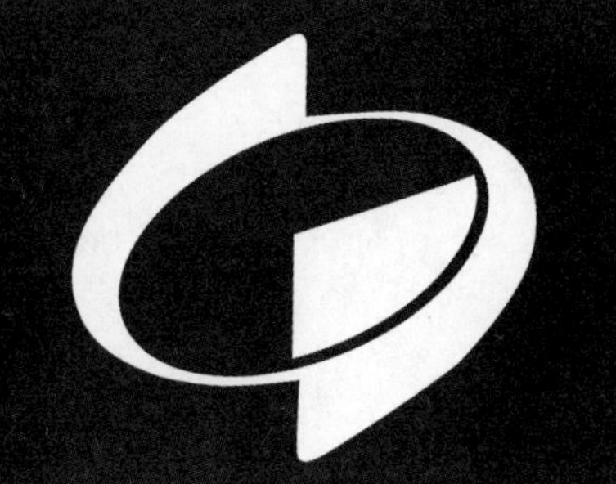

城市比较

本篇内容包括：

1、福建省九个设区市主要经济指标对比资料

2、全国26个省会城市主要经济指标对比资料

3、福州与15个副省级城市主要经济指标对比资料

16－1　福建省九个设区市主要经济指标对比资料

指标名称	单位	福州市		厦门市		莆田市	
		2009年	比上年增长(%)	2009年	比上年增长(%)	2009年	比上年增长(%)
年末常住总人口	万人	687	0.6	252	1.2	286	0.7
地区生产总值	亿元	2604.04	13.0	1737.23	8.0	691.42	14.5
第一产业	亿元	242.00	4.8	20.49	0.5	76.59	5.0
第二产业	亿元	1108.19	14.8	821.03	6.2	375.03	15.7
#工　业	亿元	891.64	13.7	678.18	6.1	318.95	14.3
第三产业	亿元	1253.85	12.9	895.71	10.2	239.80	15.6
人均地区生产总值	元	38015	12.1	68938	6.7	24260	13.9
农林牧渔业总产值	亿元	410.88	5.4	33.26	1.4	127.37	5.5
规模以上工业总产值	亿元	3634.66	14.5	2812.76	1.6	959.09	20.7
全社会固定资产投资	亿元	1646.72	31.5	882.12	－5.3	362.70	20.2
#城镇以上固定资产投资	亿元	1544.60	32.3	863.03	－5.5	302.04	23.9
#房地产开发投资	亿元	361.80	15.4	294.59	－9.9	63.33	0.4
社会消费品零售总额	亿元	1338.64	16.9	566.12	14.2	246.13	14.4
出口总额	亿美元	120.12	－11.6	276.58	－5.9	16.74	－2.5
财政总收入	亿元	325.44	12.9	450.41	10.1	63.15	19.7
地方财政收入	亿元	195.26	15.6	240.56	9.2	37.91	28.3
实际利用外资(验资口径)	亿美元	10.32	3.1	16.87	－17.4	4.03	209.1
在岗职工人数	万人	94.62	2.3	75.46	－0.1	26.67	2.0
职工平均工资	元	30704	11.6	36453	12.7	24654	12.8
城镇居民人均可支配收入	元	20289	9.1	26131	9.1	17308	10.1
农民人均纯收入	元	7669	7.4	9153	8.0	6921	7.5
居民消费价格总指数	%	99.2	－0.8	97.3	－2.7	99.1	－0.9

16—1 续表1

指 标 名 称	单 位	三明市		泉州市		漳州市	
		2009年	比上年增长(%)	2009年	比上年增长(%)	2009年	比上年增长(%)
年末常住总人口	万人	264	0.4	786	0.1	480	0.6
地区生产总值	亿元	800.24	13.2	3069.50	12.5	1178.01	13.3
第一产业	亿元	146.28	5.6	116.74	2.3	218.65	5.2
第二产业	亿元	365.36	17.6	1778.68	13.6	519.98	15.1
#工 业	亿元	312.87	16.7	1632.20	13.4	453.54	14.4
第三产业	亿元	288.60	11.7	1174.08	11.6	439.37	15.0
人均地区生产总值	元	30370	12.8	39227	11.6	24619	12.6
农林牧渔业总产值	亿元	233.22	6.0	205.17	2.5	386.43	5.2
规模以上工业总产值	亿元	974.28	22.3	4883.59	17.2	1436.18	19.2
全社会固定资产投资	亿元	678.26	32.3	976.50	13.5	579.21	31.2
#城镇以上固定资产投资	亿元	517.23	36.1	887.03	13.6	516.28	32.3
#房地产开发投资	亿元	74.81	12.3	146.72	8.8	99.31	—11.4
社会消费品零售总额	亿元	206.65	20.1	1055.46	15.7	400.21	16.8
出口总额	万美元	7.62	8.6	58.91	1.7	33.87	—12.6
财政总收入	亿元	67.18	6.4	316.20	19.9	113.79	12.0
地方财政收入	亿元	37.96	15.2	150.05	9.4	70.95	17.3
实际利用外资(验资口径)	亿美元	0.75	13.0	17.20	1.2	5.50	9.9
在岗职工人数	万人	20.58	0.2	133.92	6.7	34.76	—1.6
职工平均工资	元	27384	13.2	25273	13.7	25055	12.5
城镇居民人均可支配收入	元	16500	9.4	22913	8.0	16616	10.0
农民人均纯收入	元	6327	8.1	8563	7.4	7054	8.4
居民消费价格总指数	%	98.5	—1.5	97.8	—2.2	98.1	—1.9

16－1　续表2

指　标　名　称	单　位	南平市		龙岩市		宁德市	
		2009 年	比上年增长(%)	2009 年	比上年增长(%)	2009 年	比上年增长(%)
年末常住总人口	万人	290	0.3	278	0.4	304	0.3
地区生产总值	亿元	621.65	13.9	824.88	14.0	612.28	13.3
第一产业	亿元	139.71	5.7	114.50	4.0	113.55	5.8
第二产业	亿元	246.74	17.4	414.00	15.5	245.45	14.8
#工　业	亿元	198.61	15.7	352.26	13.8	200.54	13.9
第三产业	亿元	235.20	14.7	295.88	15.9	253.28	15.1
人均地区生产总值	元	21473	13.5	29725	13.6	20174	13.5
农林牧渔业总产值	亿元	229.12	6.3	189.67	4.6	196.53	6.2
规模以上工业总产值	亿元	597.07	20.2	845.61	21.9	617.33	22.7
全社会固定资产投资	亿元	502.03	26.7	433.97	34.5	287.15	21.0
#城镇以上固定资产投资	亿元	408.75	31.7	367.78	44.0	255.65	23.6
#房地产开发投资	亿元	40.77	4.1	49.65	23.7	32.55	－0.1
社会消费品零售总额	亿元	225.13	15.3	261.97	19.1	202.03	14.0
出口总额	万美元	6.45	1.7	5.92	29.0	6.99	－15.2
财政总收入	亿元	52.26	9.8	134.38	13.4	44.67	11.7
地方财政收入	亿元	31.39	11.9	54.34	17.4	27.54	13.7
实际利用外资(验资口径)	亿美元	0.62	5.1	1.52	13.4	0.57	48.7
在岗职工人数	万人	23.44	0.9	26.81	7.1	15.25	1.4
职工平均工资	元	25274	12.9	27638	14.9	27275	17.0
城镇居民人均可支配收入	元	15867	7.9	16572	5.6	15147	8.7
农民人均纯收入	元	6116	7.1	6252	8.3	5838	8.0
居民消费价格总指数	%	97.4	－2.6	98.7	－1.3	98.9	－1.1

16—2 全国26个省会城市主要经济指标对比资料

城市	土地面积（平方公里）	#市区面积	户籍总人口（万人）	地区生产总值（亿元）		第一产业增加值（亿元）	
				2009年	比上年增长（%）	2009年	比上年增长（%）
福州	11968	1043	638.33	2604.04	13.0	242.00	4.8
广州	7434	3843	794.62	9112.76	11.5	172.55	3.9
成都	12121	2172	1139.60	4502.60	14.7	267.78	3.7
南京	6582	4723	629.77	4230.26	11.5	129.18	4.1
哈尔滨	53068	7086	991.60	3258.10	13.0	417.40	6.8
沈阳	12860	3471	716.50	4268.50	14.1	207.10	7.3
长春	20571	4789	756.60	2848.60	15.0	223.90	−0.7
济南	8177	3257	603.27	3351.36	12.2	187.07	5.2
武汉	8494	8494	835.55	4620.18	13.7	149.06	1.6
西安	10108	3582	781.67	2719.10	14.5	110.38	6.3
杭州	16596	3068	683.38	5098.66	10.0	190.25	3.2
石家庄	15848	456	977.41	3114.90	11.1	305.30	0.2
太原	6988	1460	365.12	1545.24	2.6	31.10	4.1
合肥	7047	839	491.43	2102.12	17.3	108.69	6.2
南昌	7402	617	497.33	1837.50	13.1	111.90	7.7
郑州	7446	1010	731.50	3308.34	11.2	103.09	3.9
长沙	11819	955	651.59	3744.76	14.7	179.40	6.5
南宁	22112	6479	697.90	1492.38	15.0	211.24	5.8
贵阳	8034	2403	367.08	902.61	13.3	50.07	8.1
昆明	21015	4105	533.99	1808.65	12.8	114.09	5.8
兰州	13086	1632	323.59	925.98	10.8	30.55	6.2
西宁	7690	2311	193.94	501.07	13.3	19.18	5.3
银川	9555	2054	155.00	578.15	13.0	32.33	6.9
海口	2305	2305	158.24	489.55	10.8	34.08	8.1
乌鲁木齐	13788	9884	241.19	1094.52	9.5	16.37	6.0
呼和浩特	17224	2054	227.37	1643.99	15.9	78.09	4.3

16－2 续表1

城　市	第二产业增加值（亿元）		#工业增加值（亿元）		第三产业增加值（亿元）	
	2009年	比上年增长(%)	2009年	比上年增长(%)	2009年	比上年增长(%)
福　州	1108.19	14.8	891.64	13.7	1253.86	12.9
广　州	3394.65	8.8	3106.84	9.0	5545.56	13.6
成　都	2001.80	17.7	1664.81	18.7	2233.04	13.4
南　京	1930.66	10.1	1640.53	9.3	2170.42	13.5
哈尔滨	1226.90	13.3	916.50	13.2	1613.80	14.4
沈　阳	2127.40	16.4	1924.50	16.1	1934.00	12.3
长　春	1442.80	16.8	1193.50	15.8	1181.90	16.0
济　南	1453.55	12.1	1211.40	10.3	1710.74	13.0
武　汉	2142.14	16.0	1772.14	16.7	2328.98	12.2
西　安	1148.77	14.4	820.94	12.2	1459.95	15.1
杭　州	2434.89	6.8	2157.10	6.0	2473.52	13.9
石家庄	1558.50	11.6	1400.10	10.4	1251.10	13.0
太　原	675.54	－6.2	501.04	－11.6	838.60	10.2
合　肥	1104.98	22.5	840.48	24.2	888.45	12.4
南　昌	1016.43	14.6	753.20	16.2	709.16	11.7
郑　州	1786.50	11.2	1551.81	9.7	1418.75	11.7
长　沙	1893.58	16.3	1554.54	17.5	1671.78	13.9
南　宁	527.46	17.0	395.80	13.5	753.68	16.3
贵　阳	402.24	12.6	308.49	10.3	450.30	14.5
昆　明	824.59	12.9	632.36	9.7	869.97	13.7
兰　州	433.62	10.2	331.22	9.4	461.81	11.6
西　宁	249.34	14.3	209.88	14.1	232.55	13.1
银　川	285.79	15.1	238.51	14.3	260.02	11.5
海　口	119.78	9.1	83.11	5.7	335.69	11.7
乌鲁木齐	452.68	11.5	386.00	11.5	625.47	8.2
呼和浩特	593.25	17.3	487.08	16.2	972.65	16.1

16—2 续表 2

城　市	人均地区生产总值（元）		农林牧渔业总产值（亿元）		规模以上工业业总产值（亿元）	
	2009年	比上年增长(%)	2009年	比上年增长(%)	2009年	比上年增长(%)
福　州	38015	12.1	410.88	5.4	3634.66	14.5
广　州	88834	10.0	295.66	4.2	12502.08	10.2
成　都	35215		441.14	3.7	4864.34	
南　京	55290	9.5	223.66	6.7	6799.76	2.5
哈尔滨	32886	12.7	724.10	6.9	2001.10	9.7
沈　阳	54654	12.6	395.50	7.4	7637.10	17.0
长　春	38690	14.2	431.20	5.6	4461.70	26.9
济　南	50376	11.3	329.00	5.2	4025.41	2.9
武　汉	51136	12.5	251.79	2.9	5032.18	16.0
西　安	32351	13.6	178.70	6.3	2413.49	24.6
杭　州	43471	8.4	288.84	5.5	9367.79	0.9
石家庄	30428	9.9	543.00	0.7	4432.96	8.0
太　原	44319	1.9	50.31	3.1	1555.41	−18.0
合　肥	41543		185.79	6.5	2766.40	32.2
南　昌	39669	12.3	187.20	8.9	2075.11	15.9
郑　州	44241	9.9	184.12	4.0	4395.30	8.2
长　沙	56620	13.7	294.61	6.6	3311.39	22.1
南　宁	21479	13.8	349.48	5.8	976.97	12.9
贵　阳	22832	12.6	78.46	8.5	896.75	3.5
昆　明	28894	12.0	190.96	7.2	1827.08	2.0
兰　州	27904	10.2	50.43	8.2	1331.51	−1.8
西　宁	22865	15.2	34.88	1.1	545.62	5.4
银　川	34453	9.6	60.35	8.1	674.66	13.9
海　口	26366	8.0	54.37	8.2	309.22	−0.4
乌鲁木齐	38496	5.2	31.85	6.3	1272.38	−3.5
呼和浩特	61108	14.3	137.78	3.3	1153.49	24.3

16－2 续表 3

城 市	全社会固定资产投资（亿元）		＃城镇固定资产投资（亿元）		社会消费品零售总额（亿元）	
	2009 年	比上年增长（%）	2009 年	比上年增长（%）	2009 年	比上年增长（%）
福 州	1646.72	31.5	1544.60	32.3	1338.64	16.9
广 州	2659.85	26.3	2576.38	23.4	3647.76	14.4
成 都	4025.89	34.0			1949.95	20.3
南 京	2647.98	22.9	2153.27	75.6	1914.51	15.8
哈尔滨	1892.10	41.1	1892.10	41.1	1507.90	19.3
沈 阳	3519.95	17	3434.20	20.8	1778.60	18.1
长 春	2300.30	26.5	1691.70	24.1	1089.40	15.2
济 南	1655.37	17.0	1513.91	19.6	1617.87	19.3
武 汉	3001.10	33.3	2921.76	32.7	2164.09	17.0
西 安	2500.13	31.2	2367.58	32.5	1381.12	19.7
杭 州	2291.65	15.7	2195.17	16.6	1804.93	14.4
石家庄	2436.30	41.3	2228.70	41.3	1190.60	18.4
太 原	782.02	11.3	730.59	9.7	721.70	16.4
合 肥	2468.42	34.3	2357.78	33.1	703.42	19.6
南 昌	1479.32	34.6	1464.90	39.2	634.43	20.0
郑 州	2289.10	29.1	2002.20	31.6	1434.80	18.9
长 沙	2441.78	30.3	2238.47	30.7	1524.91	19.7
南 宁	1043.91	50.5	977.24	50.3	757.02	17.7
贵 阳	782.64	23.1	722.57	24.6	412.72	16.0
昆 明	1600.66	51.9	1555.10	53.6	864.61	23.4
兰 州	506.18	17.2	475.66	13.5	469.77	18.9
西 宁	312.04	41.0	280.58	38.2	201.60	18.6
银 川	492.10	34.6	474.67	35.7	185.48	19.0
海 口	277.03	25.1	269.19	24.8	277.20	18.5
乌鲁木齐	412.05	12.6	304.20	16.6	473.42	13.1
呼和浩特	834.63	25.0	800.81	25.0	641.21	19.0

16—2　续表 4

城　　市	进出口总值（亿美元）		#出口总值（亿美元）		实际利用外资额（亿美元）	
	2009 年	比上年增长(%)	2009 年	比上年增长(%)	2009 年	比上年增长(%)
福　州	178.60	−12.1	120.12	−11.6	10.32	3.1
广　州	767.37	−6.4	374.05	−13.0	38.75	2.7
成　都	178.63	15.4	104.98	15.5	27.97	24.6
南　京	337.45	−16.9	184.59	−21.8	23.92	0.8
哈尔滨	36.90	1.3	14.70	−15.7	6.00	11.4
沈　阳	65.70	−7.7	35.20	−14.3	54.10	−9.8
长　春	85.50	−2.7	10.90	−33.9	24.30	19.5
济　南	56.57	−29.5	30.47	−33.7	9.81	13.4
武　汉	114.73	−18.2	58.25	−16.0	29.35	14.1
西　安	72.55	3.1	33.30	−25.5	13.2	5.6
杭　州	404.17	−15.9	271.80	−19.1	40.14	21.2
石家庄	55.08	−21.2	43.09	−23.0	5.44	18.6
太　原	59.12	−37.1	19.44	−67.3	2.62	−16.2
合　肥	64.28	−16.6	44.48	−18.1	13	8.4
南　昌	34.73	2.2	21.30	−14.9	15.83	12.2
郑　州	36.00	−15.7	21.99	−25.2	16.24	18.6
长　沙	41.18	−20.3	24.46	−29.7	20.33	12.9
南　宁	27.88	49.3	23.84	50.3	2.78	23.4
贵　阳	18.11	−19.6	12.63	−10.4	1.12	19.1
昆　明	56.30	−22.9	29.69	−16.1	7.30	21.3
兰　州	4.88	−31.9	3.06	−47.8	0.43	−47.6
西　宁	4.44	−29.4	2.15	−44.0	0.3	−55.2
银　川	6.66	−47.5	4.70	−46.3	0.3	−22.1
海　口	38.11	5.6	9.98	−23.7	6.48	15.7
乌鲁木齐	36.83	−29.6	29.69	−38.2	1.25	23.8
呼和浩特	7.07	−21.2	3.47	−29.1	7.76	9.7

16—2 续表5

城　市	财政一般预算收入（亿元）		金融机构人民币存款余额（亿元）		居民储蓄存款余额（亿元）	
	2009年	比上年增长(%)	2009年	比上年增长(%)	2009年	比上年增长(%)
福　州	195.26	15.6	4740.58	22.9	2047.60	19.8
广　州	702.65	13.0	20401.72	24.2	7954.22	15.8
成　都	387.50	9.3	12415.93	49.3	4233.71	29.7
南　京	434.51	12.4	10886.92	29.7	3056.35	22.0
哈尔滨	193.40	17.9	5031.10	28.4	2249.50	18.0
沈　阳	320.21	10.0	6657.40	22.5	2948.50	19.3
长　春	142.70	19.8	4308.80	42.5	1834.20	21.7
济　南	210.20	13.0	6363.30	25.0	1911.50	20.3
武　汉	316.07	14.0	8615.35	31.1	3010.11	24.0
西　安	181.40	24.6	7522.08	30.8	3084.20	22.7
杭　州	520.05	14.4	14059.16	26.1	4223.58	23.5
石家庄	125.96	14.5	5163.06	25.6	2567.46	17.8
太　原	117.53	0.5	5892.15	31.4	2085.00	20.6
合　肥	180.97	12.4	3735.31	38.2	1031.81	22.6
南　昌	115.88	13.4	3289.88	31.6	1197.27	23.5
郑　州	301.92	16.0	6540.30	33.1	2511.20	21.5
长　沙	246.29	19.8	5277.98	38.2	1857.18	26.1
南　宁	120.46	29.7	3231.36	39.2	1116.20	25.6
贵　阳	105.36	18.3	2454.43	23.0	921.94	20.2
昆　明	201.61	15.2	5849.43	37.2	1945.41	25.9
兰　州	57.04	12.2	2621.20	21.6	1089.97	32.3
西　宁	28.15	20.0	1300.63	30.2	480.22	21.4
银　川	44.06	23.0	1278.97	28.7	519.40	22.7
海　口	38.44	23.9	1690.54	27.5	610.94	17.6
乌鲁木齐	113.54	12.4	2935.18	23.7	1040.71	19.3
呼和浩特	106.79	29.9	2125.71	30.0	775.89	21.4

16－2 续表6

城 市	金融机构人民币贷款余额（亿元）		城镇居民人均可支配收入（元）		农民人均纯收入（元）		城市居民消费价格指数(%)
	2009年	比上年增长(%)	2009年	比上年增长(%)	2009年	比上年增长(%)	2009年
福 州	4054.36	31.7	20289	9.1	7669	7.4	99.2
广 州	12598.16	23.2	27610	9.1	11607	12.6	97.5
成 都	9869.40	82.4	18659	10.1	7129	10.0	100.3
南 京	9064.13	26.4	25504	10.3	9858	10.1	100.1
哈尔滨	3433.30	30.2	15887	8.9	6776	13.7	100.2
沈 阳	5048.90	44.2	18474	8.6	8753	9.0	99.9
长 春	3819.30	35.8	16072	7.1	5662	7.0	99.8
济 南	5700.90	38.5	22722	9.2	7805	8.7	100.3
武 汉	7167.09	33.6	18385	10.0	7161	12.8	99.4
西 安	4482.63	38.5	18963	24.7	6275	20.4	99.7
杭 州	12687.86	29.7	26864	11.5	11822	10.6	98.6
石家庄	2886.57	38.8	16607	10.3	5977	9.3	100.3
太 原	4156.46	42.0	15607	2.5	6828	7.4	99.9
合 肥	3492.53	32.3	17158	10.1	6065	13.0	99.1
南 昌	2932.12	36.1	16472	9.0	6296	9.1	99.3
郑 州	4922.20	36.3	17417	8.0	8121	7.6	99.8
长 沙	5079.35	48.5	20238	13.1	9432	17.9	99.4
南 宁	3278.12	41.5	16254	12.5	4385	9.6	98.2
贵 阳	2070.34	27.5	15041	8.9	5316	10.3	97.7
昆 明	5450.79	35.9	16496	13.9	5080	10.2	100.8
兰 州	2007.19	32.0	12761	9.3	4001	14.2	99.6
西 宁	1174.38	37.0	12911	8.2	4699	19.2	102.2
银 川	1289.13	33.6	15715	8.7	5389	9.6	99.7
海 口	1357.45	43.9	15237	7.7	5643	8.2	99.9
乌鲁木齐	1626.88	33.7	13075	6.1	6666	9.0	100.4
呼和浩特	1970.48	35.9	22397	10.5	7802	10.7	100.1

16－3 福州市与15个副省级城市主要经济指标对比资料

城　市	土地面积（平方公里）	#市区面积	户籍总人口（万人）	地区生产总值（亿元）		第一产业增加值（亿元）	
				2009年	比上年增长（%）	2009年	比上年增长（%）
福　州	11968	1043	638.33	2604.04	13.0	242.00	4.8
广　州	7434	3843	794.62	9112.76	11.5	172.55	3.9
成　都	12121	2172	1139.60	4502.60	14.7	267.78	3.7
南　京	6582	4723	629.77	4230.26	11.5	129.18	4.1
哈尔滨	53068	7086	991.60	3258.10	13.0	417.40	6.8
沈　阳	12860	3471	716.50	4268.50	14.1	207.10	7.3
长　春	20571	4789	756.60	2848.60	15.0	223.90	－0.7
济　南	8177	3257	603.27	3351.36	12.2	187.07	5.2
武　汉	8494	8494	835.55	4620.18	13.7	149.06	1.6
西　安	10108	3582	781.67	2719.10	14.5	110.38	6.3
杭　州	16596	3068	683.38	5098.66	10.0	190.25	3.2
大　连	12574	2415	584.80	4348.70	15.0	313.40	7.8
青　岛	11282	1471	762.92	4853.87	12.2	230.25	3.0
宁　波	9816	2462	571.02	4214.6	8.6	183.80	4.1
深　圳	1992	1992	241.45	8201.23	10.7	6.47	－18.6
厦　门	1573	1573	177.00	1737.23	8.0	20.49	0.5

16—3 续表1

城市	第二产业增加值（亿元）		#工业增加值（亿元）		第三产业增加值（亿元）	
	2009年	比上年增长(%)	2009年	比上年增长(%)	2009年	比上年增长(%)
福州	1108.19	14.8	891.64	13.7	1253.86	12.9
广州	3394.65	8.8	3106.84	9.0	5545.56	13.6
成都	2001.80	17.7	1664.81	18.7	2233.04	13.4
南京	1930.66	10.1	1640.53	9.3	2170.42	13.5
哈尔滨	1226.90	13.3	916.50	13.2	1613.80	14.4
沈阳	2127.40	16.4	1924.50	16.1	1934.00	12.3
长春	1442.80	16.8	1193.50	15.8	1181.90	16.0
济南	1453.55	12.1	1211.40	10.3	1710.74	13.0
武汉	2142.14	16.0	1772.14	16.7	2328.98	12.2
西安	1148.77	14.4	820.94	12.2	1459.95	15.1
杭州	2434.89	6.8	2157.10	6.0	2473.52	13.9
大连	2127.20	15.8	1873.40	16.4	1908.00	15.3
青岛	2420.14	12.8	2174.43	11.1	2203.48	12.5
宁波	2247.80	5.4	2006.60	4.1	1783.00	13.3
深圳	3831.64	9.3	3597.61	8.6	4363.12	12.5
厦门	821.03	6.2	678.18	6.1	895.71	10.2

16—3 续表 2

城　市	人均地区生产总值（元）		农林牧渔业总产值（亿元）		规模以上工业业总产值（亿元）	
	2009 年	比上年增长(%)	2009 年	比上年增长(%)	2009 年	比上年增长(%)
福　州	38015	12.1	410.88	5.4	3634.66	14.5
广　州	88834	10.0	295.66	4.2	12502.08	10.2
成　都	35215		441.14	3.7	4864.34	
南　京	55290	9.5	223.66	6.7	6799.76	2.5
哈尔滨	32886	12.7	724.10	6.9	2001.10	9.7
沈　阳	54654	12.6	395.50	7.4	7637.10	17.0
长　春	38690	14.2	431.20	5.6	4461.70	26.9
济　南	50376	11.3	329.00	5.2	4025.41	2.9
武　汉	51136	12.5	251.79	2.9	5032.18	16.0
西　安	32351	13.6	178.70	6.3	2413.49	24.6
杭　州	43471	8.4	288.84	5.5	9367.79	0.9
大　连	70768	14.3	570.58	9.6		
青　岛	57251	11.4	408.61	1.9	9378.60	15.5
宁　波	59111		286.37	3.9	8152.45	−6.8
深　圳	92771	8.9	15.48	−12.9	15860.11	2.4
厦　门	68938	6.7	33.26	1.4	2812.76	−5.6

16—3 续表3

城 市	全社会固定资产投资（亿元）		#城镇固定资产投资（亿元）		社会消费品零售总额（亿元）	
	2009年	比上年增长(%)	2009年	比上年增长(%)	2009年	比上年增长(%)
福 州	1646.72	31.5	1544.60	32.3	1338.64	16.9
广 州	2659.85	26.3	2576.38	23.4	3647.76	14.4
成 都	4025.89	34.0			1949.95	20.3
南 京	2647.98	22.9	2153.27	75.6	1914.51	15.8
哈尔滨	1892.10	41.1	1892.10	41.1	1507.90	19.3
沈 阳	3519.95	17	3434.20	20.8	1778.60	18.1
长 春	2300.30	26.5	1691.70	24.1	1089.40	15.2
济 南	1655.37	17.0	1513.91	19.6	1617.87	19.3
武 汉	3001.10	33.3	2921.76	32.7	2164.09	17.0
西 安	2500.13	31.2	2367.58	32.5	1381.12	19.7
杭 州	2291.65	15.7	2195.17	16.6	1804.93	14.4
大 连	3273.50	30.2	2969.90	39.1	1396.70	18.1
青 岛	2458.9	21.8			1730.22	15.9
宁 波	2001.20	16			1434.4	15.9
深 圳	1709.15	16.5	1709.15	16.5	2598.68	15.4
厦 门	882.12	−5.3	863.03	−5.5	566.12	14.2

16－3 续表4

城 市	进出口总值（亿美元）		#出口总值（亿美元）		实际利用外资额（亿美元）	
	2009年	比上年增长(%)	2009年	比上年增长(%)	2009年	比上年增长(%)
福 州	178.60	－12.1	120.12	－11.6	10.32	3.1
广 州	767.37	－6.4	374.05	－13.0	38.75	2.7
成 都	178.63	15.4	104.98	15.5	27.97	24.6
南 京	337.45	－16.9	184.59	－21.8	23.92	0.8
哈尔滨	36.90	1.3	14.70	－15.7	6.00	11.4
沈 阳	65.70	－7.7	35.20	－14.3	54.10	－9.8
长 春	85.50	－2.7	10.90	－33.9	24.30	19.5
济 南	56.57	－29.5	30.47	－33.7	9.81	13.4
武 汉	114.73	－18.2	58.25	－16.0	29.35	14.1
西 安	72.55	3.1	33.30	－25.5	13.2	5.6
杭 州	404.17	－15.9	271.80	－19.1	40.14	21.2
大 连	422.41	－10.2	221.76	－12.6	60.17	20.2
青 岛	448.51	－16.4	272.99	－16.3	18.64	－29.4
宁 波	608.10	－10.4	386.51	－16.6	22.05	13.1
深 圳	2701.55	－10.4	1619.79	－10.6	41.6	3.2
厦 门	433.14	－4.6	276.58	－5.9	16.87	－17.4

16—3 续表5

城市	财政一般预算收入（亿元）		金融机构人民币存款余额（亿元）		居民储蓄存款余额（亿元）	
	2009年	比上年增长(%)	2009年	比上年增长(%)	2009年	比上年增长(%)
福州	195.26	15.6	4740.58	22.9	2047.60	19.8
广州	702.65	13.0	20401.72	24.2	7954.22	15.8
成都	387.50	9.3	12415.93	49.3	4233.71	29.7
南京	434.51	12.4	10886.92	29.7	3056.35	22.0
哈尔滨	193.40	17.9	5031.10	28.4	2249.50	18.0
沈阳	320.21	10.0	6657.40	22.5	2948.50	19.3
长春	142.70	19.8	4308.80	42.5	1834.20	21.7
济南	210.20	13.0	6363.30	25.0	1911.50	20.3
武汉	316.07	14.0	8615.35	31.1	3010.11	24.0
西安	181.40	24.6	7522.08	30.8	3084.20	22.7
杭州	520.05	14.4	14059.16	26.1	4223.58	23.5
大连	400.20	18.0	6874.78	30.7	2930.65	22.6
青岛	376.99	10.1	6301.98	33.4	2527.87	19.1
宁波	432.77	10.9	8083.94	30.2	2869.56	21.3
深圳	880.82	10.1	16938.19	30.2	5723.76	16.7
厦门	240.56	9.2	3160.42	30.0	1158.10	24.6

16—3 续表 6

城　　市	金融机构人民币贷款余额（亿元）		城镇居民人均可支配收入（元）		农民人均纯收入（元）		城市居民消费价格指数(%)
	2009 年	比上年增长(%)	2009 年	比上年增长(%)	2009 年	比上年增长(%)	2009 年
福　州	4054.36	31.7	20289	9.1	7669	7.4	99.2
广　州	12598.16	23.2	27610	9.1	11607	12.6	97.5
成　都	9869.40	82.4	18659	10.1	7129	10.0	100.3
南　京	9064.13	26.4	25504	10.3	9858	10.1	100.1
哈尔滨	3433.30	30.2	15887	8.9	6776	13.7	100.2
沈　阳	5048.90	44.2	18474	8.6	8753	9.0	99.9
长　春	3819.30	35.8	16072	7.1	5662	7.0	99.8
济　南	5700.90	38.5	22722	9.2	7805	8.7	100.3
武　汉	7167.09	33.6	18385	10.0	7161	12.8	99.4
西　安	4482.63	38.5	18963	24.7	6275	20.4	99.7
杭　州	12687.86	29.7	26864	11.5	11822	10.6	98.6
大　连	4894.28	34.8	19014	8.7	10725	9.2	100.2
青　岛	4873.53	30.2	22368	9.3	9249	8.7	100.5
宁　波	7424.87	30.9	27368	8.2	12641	10.4	99.4
深　圳	11646.34	28.6	29245	9.4			98.7
厦　门	2633.39	25.3	26131	9.1	9153	8.0	97.3

中国统计出版社最新资料书简目

（仅供参考，以最后出书为准）

统计资料

中国统计年鉴－2010
中国统计摘要－2010
国际统计年鉴－2010
2010 中国发展报告
中国第三产业统计年鉴－2010
中国区域经济统计年鉴－2010
中国劳动统计年鉴－2010
中国社会统计年鉴－2010
中国城市统计年鉴－2009
中国建筑业统计年鉴－2010
中国人口和就业统计年鉴－2010
中国工业经济统计年鉴－2010
中国商品交易市场统计年鉴－2010
中国房地产统计年鉴－2010
中国能源统计年鉴－2010
中国民政统计年鉴－2010
中国贸易外经统计年鉴－2010
2010 中国地区经济监测报告
中国科技统计年鉴－2010
中国农村统计年鉴－2010
中国农产品价格调查年鉴－2010
中国高技术产业统计年鉴－2010
中国教育经费统计年鉴－2009
中国农村贫困监测报告－2010
全国农产品成本收益资料汇编－2010
中国科学技术协会统计年鉴－2010
工业企业科技活动资料－2010
第二次全国残疾人抽样调查资料系列
中国棉花年鉴－2008/2009
中国城市(镇)生活与价格年鉴－2010
中国县(市)社会经济调查年鉴－2010
中国农村住户调查年鉴－2010(中、英文)
中国农村全面建设小康监测报告－2010
中国国内生产总值核算历史资料(1952－2004)
中国季度国内生产总值核算历史资料(1992－2005)
中国零售和餐饮业连锁企业统计年鉴－2010
大中型批发零售和住宿餐饮企业统计年鉴－2010
2005 年中国 1% 人口抽样调查系列资料

2010 年省级综合统计年鉴系列

北京 天津 河北 山西 内蒙古
辽宁 吉林 黑龙江 上海 江苏
浙江 安徽 福建 江西 山东
河南 湖北 湖南 广东 广西
海南 重庆 四川 贵州 云南
西藏 陕西 甘肃 青海 宁夏
新疆 新疆生产建设兵团

2010 年市(县)级综合统计年鉴系列

天津滨海新区
石家庄 唐山 邯郸 太原 大同
长治 阳泉 晋城 朔州 晋中
运城 忻州 临汾 呼和浩特
包头 沈阳 大连 长春 吉林市
四平 延吉 哈尔滨 齐齐哈尔
黑龙江垦区 上海浦东新区
苏州 无锡 常州 徐州 南通
盐城 镇江 江阴 丹阳 杭州
宁波 绍兴 台州 舟山 温州
金华 嘉兴 衢州 安庆 福州
福州经济技术开发区
厦门经济特区 南昌 上饶
济南 青岛 潍坊 东营 郑州
洛阳 三门峡 南阳 武汉 宜昌
十堰 荆州 黄冈 长沙 广州
东莞 惠州 深圳 桂林 南宁
柳州 来宾 河池 海口 成都
贵阳 昆明 西安 庆阳 银川
乌鲁木齐 吐鲁番

“十一五”规划教材

非参数统计 医学统计学
概率论与数理统计 统计学
现代金融投资统计分析
多元统计分析 经济计量学教程
应用时间序列分析
统计指数理论及应用
统计数据处理概论
质量管理统计方法 社会统计学
多元统计分析实验
企业经营管理统计
市场调查与预测
统计学原理(非统计专业使用)
统计学：从数据到结论
国民经济核算教程(国民经济统计学)
概率论与数理统计(经济、管理类专业使用)

重点图书

新中国六十年
挑大学选专业 2010—高考志愿填报指南
挑大学选专业 2010—考研择校指南

欲购以上图书请与中国统计出版社发行部联系
电话：(010)63376907，63376908　同楫行书店电话：68783171，68783172
通讯地址：北京市西城区三里河月坛南街 57 号　邮政编码：100826